B 品牌蓝皮书
BLUE BOOK OF BRAND

中国品牌发展报告
（2025）

THE REPORT ON GLOBAL DEVELOPMENT OF CHINA 'S BRAND
(2025)

沈开艳 刘瑞旗／主编
徐昂 李政阳／副主编

中国大百科全书出版社

图书在版编目（CIP）数据

中国品牌发展报告.2025/ 沈开艳，刘瑞旗主编.
北京：中国大百科全书出版社，2025. --（品牌蓝皮书
）. -- ISBN 978-7-5202-1939-6

Ⅰ. F279.23

中国国家版本馆 CIP 数据核字第 202533XL19 号

出 版 人	刘祚臣
策 划 人	林思达　曾　辉
责任编辑	林思达
责任校对	易希瑶
责任印制	李宝丰
封面设计	末末美书
出版发行	中国大百科全书出版社
社　　址	北京阜成门北大街 17 号
邮政编码	100037
电　　话	010-88390635
网　　址	http://www.ecph.com.cn
印　　刷	北京九天鸿程印刷有限责任公司
开　　本	710 毫米 × 1000 毫米　1/16
印　　张	25.5
字　　数	364 千字
版　　次	2025 年 6 月第 1 版
印　　次	2025 年 6 月第 1 次印刷
书　　号	ISBN 978-7-5202-1939-6
定　　价	99.00 元

《中国品牌发展报告（2025）》

编 委 会

主编介绍

沈开艳，1966年出生，江苏无锡人。现任上海社会科学院经济研究所所长、二级研究员、博士生导师。1986年毕业于南京大学经济系，获经济学学士学位；1991年、2001年毕业于上海社会科学院，分别获经济学硕士、博士学位。先后在美国麻省理工学院、印度尼赫鲁大学、英国剑桥大学、德国西图克工业咨询公司作访问研究。上海市领军人才，上海市政协委员，兼任上海市经济学会副会长、上海市妇女学学会副会长。

主要研究领域有社会主义政治经济学、中国经济改革与发展战略、区域经济与长三角一体化、印度经济等。主持国家社科基金项目、上海市社科基金项目、上海市决策咨询项目等省部级以上课题40余项，发表经济学学术论文百余篇，出版学术专著30余部。代表作有《上海经济发展报告》《浦东经济发展报告》《中国期货市场运行与发展》《中国特色社会主义政治经济学》《印度经济改革20年——理论、实证与比较》《结构调整与经济发展方式转变》《印度产业政策演进与重点产业发展》《西藏经济跨越式发展的理论与政策》等。作为主编，自2010年起已连续组织编撰了15年的《上海经济发展报告》，社会影响力大。主要成果获全国优秀蓝皮书一、二、三等奖，上海市邓小平理论研究优秀成果论文一等奖等。曾获授上海市先进女职工标兵、上海市"三八"红旗手、上海市侨界杰出人物提名奖、上海市宣传系统优秀党务工作者、上海市优秀网络评论员、上海社科院优秀研究生导师等荣誉称号。

刘瑞旗，1958 年出生。恒源祥集团创始人。中国传媒大学擘雅品牌研究院名誉院长，擘雅集团董事长，兼任国际武术联合会名誉副主席、中华商标协会副会长、国家知识产权专家库入选专家、南开大学特聘教授，曾任上海市政协委员、中国工业经济联合会主席团主席、国际毛纺组织中国国家委员会主席等职。先后被授予全国五一劳动奖章、上海市市长质量奖、中国杰出质量人、全国劳动模范、上海市领军人才等奖项。

自 1987 年以来，以文化的方式做品牌，带领恒源祥完成了"由字号到品牌""由单品到多品""由经营策略到品牌战略"的转变，使百年老字号焕发生机。先后主持完成"国家品牌战略问题研究""国家品牌与国家文化软实力研究""创新品牌战略问题研究"等国家软科学研究课题。在《求是》《光明日报》等国内媒体发表《实施品牌战略刻不容缓》《高度重视品牌的培育与提升》等重要论文数十篇，著有《羊羊羊》《品牌与文化》《品牌是记忆》《文化是习惯》等著作。长期以来，潜心文化与品牌的研究与实践，推动建设"品牌学""文化学"，为中国品牌建设做出突出贡献，培养了大批品牌与文化方面的高端人才。

序　言

　　近年来，全球经济正经历着由结构调整、产业升级、技术更迭等原因带来的根本性变革，同时也为我国经济的高质量发展带来了历史性机遇。在这一背景下，制造业的中低端锁定显然已经不适应新的时代要求，品牌正成为经济高质量发展的推动力之一。客观地看，国家做好品牌建设，财富向国家转移；组织做好品牌建设，财富向组织转移；个人做好品牌建设，财富向个人转移。因此，集中力量做长、做久一批优势品牌，加快形成以品牌建设引领经济高质量发展的新格局，将会有效促进我国的产业链升级，为制造业集群式发展创造新的经济增长空间。

　　以习近平总书记为核心的党中央对品牌的意义和价值有着深刻的认识。2014 年 5 月 10 日，习近平总书记在河南考察中铁工程装备集团时指示，要"推动中国制造向中国创造转变、中国速度向中国质量转变、中国产品向中国品牌转变"。2016 年 6 月，国务院办公厅印发了《关于发挥品牌引领作用推动供需结构升级的意见》，提出设立"中国品牌日"，以发挥品牌引领作用为切入点，大力推进品牌基础建设，增品种、提品质、创品牌。2020 年以来，习近平总书记多次对品牌建设作出重要指示，要求加快"三个转变"，要"实现技术自立自强，做强做大民族品牌""坚持绿色发展方向，强化品牌意识"，为我国品牌发展指明了方向。

　　《中国品牌发展报告（2025）》的编纂工作，正是在新的时代发展格局下对中国品牌建设实践的一次系统性总结。报告立足于当前全球产业格局深度调整的时代背景，着眼于中国品牌从规模扩张向质量提升的关键转型期，通过构建科学完善的品牌评价，为政府部门、行业组织和企业主体提供决策参考。在内容架构上，报告突破传统研究范式，创新性地将品牌价值评估与文化软实力建设有机结合，不仅关注品牌的经济贡献度，更注重品牌的文化影响力。特别是在数字经济快速发展的当下，报告深入分析了数字化转型对品牌建设带来的新机遇与新挑战，围绕着"产品、产业、行业"等品牌载体，为传统品牌转型升级提供了可资借鉴的实施路径。

我们认为，正确认识品牌的内涵，是发挥品牌引领作用的基础。品牌是记忆，是消费者记忆和认知中的文化集合里可以被投入市场并创造价值的部分。品牌从外在表现到个性内涵都附着了文化元素，品牌具有多重维度及内外张力，可与消费者建立情感共鸣与价值认同。品牌作为一种关系资源，体现与竞争对象的差异、浓缩消费者的信任、维系相关方的感情联系，既能为企业持续创造利润，也能为消费者创造附加价值，实现真正意义上的共赢。因此，企业和品牌方应清晰地认识到，产品的功能性定位并非品牌经营的全部要义，发掘和满足消费者的情感与价值需求才是品牌增值的"点金之手"，而做好品牌的关键则是将以物质为形态的有形资本经营转化为以品牌资产为核心的无形资本经营，持续提高无形资本经营的力度。

作为本报告的主编团队，我们始终秉持"全球视野、中国立场"的研究理念。在具体研究过程中，着重把握三个关键维度：一是历史维度，梳理中国品牌国际发展的演进轨迹；二是比较维度，分析中外品牌建设的差异特征；三是未来维度，研判品牌建设与发展的未来趋势。我们特别重视品牌建设的文化根基，着力探讨如何"以文化的方法做品牌"，将文化创造性地转化为品牌价值。同时，报告还重点关注区域品牌协同发展、中小企业品牌与文化培育等现实课题。需要特别说明的是，品牌建设是一项系统工程，本报告在案例覆盖的全面性、评价体系的科学性等方面仍有提升空间，我们诚挚期待各位专家学者、企业家和读者朋友提出宝贵意见，共同推动中国品牌实现从跟跑、并跑到领跑的历史性跨越，为全面建设品牌强国贡献力量。

中国传媒大学擘雅品牌研究院 名誉院长

刘瑞旗

摘　要

《中国品牌发展报告（2025）》分为 1 篇总报告和 18 篇国别分报告。主报告《中国品牌在世界发展现状与趋势分析》指出当前中国品牌在世界的发展仍处于较为快速的赶超阶段，产品、产业、行业、地区品牌的经济效应逐渐凸显，中国品牌的规模水平、增长速度、发展质量、经济影响和社会贡献在世界范围内显著提升。

主报告从全球经济环境变化与国际经贸规则的角度，分析了在世界经济大变局下中国品牌面对的挑战与机遇，评估了中国品牌（商标）在不同国家与市场类别中的发展，指出中国品牌在增长速度和体量上的优势及在市场基础与长期建设方面的不足。主报告进一步结合诸多行业实例，分析中国品牌在世界的产业化过程，以及差异化、数字化和低碳化发展的三大特征。最后，从贸易地位、投融资能力和市场表现三个方面分析了中国各行业的整体品牌形象、价值创造及未来发展趋势。

国别分报告具体研究了中国品牌在世界各地不同发展水平的 18 个代表性国家的市场规模、商业表现、社会信任度和影响力。基于相关国家当地的营商环境、文化特性及其与中国的经贸关系，分报告分别对中国品牌在世界各国的国际化标准、知识产权待遇、本土化策略和数字化营销等方面进行了从产品案例到行业整体的分析，指出中国品牌的发展模式、优势及对当地社会经济的贡献，同时对中国品牌出海的市场机遇与挑战进行展望。

《中国品牌发展报告（2025）》认为中国品牌在世界的知晓度、美誉度和消费者忠诚度都将继续提升；尤其以文化的方式发展品牌，是今后中国品牌进一步全球化发展的关键；中国亟需更完善的品牌制度环境及大量品牌人才储备。

Abstract

The Report on the Global Development of China's Brands (2025) consists of one main report and 18 country-specific sub-reports. The main report, Analysis of Chinese Brands' Global Development Status and Trends, highlights that Chinese brands remain in a rapid catch-up phase globally, with significant improvements in scale, growth speed, development quality, economic impact, and social contributions worldwide. Meanwhile, the economic effects of product, industry, sector and regional brands are gradually becoming prominent.

From the perspective of shifting global economic conditions and international trade rules, the main report examines challenges and opportunities for Chinese brands amid global economic transformations. It evaluates their development across different countries and market categories, noting advantages in growth speed and scale but gaps in brand management capabilities and performance. Through industry case studies, the report identifies three key features of Chinese brands' global expansion: differentiation, digitalization, and low-carbon development. It further analyzes China's overall brand image, value creation, and future trends by sector, focusing on trade status, investment capacity, and market performance.

The 18 country-specific sub-reports detail Chinese brands' market presence, commercial performance, social trust, and influence in 18 representative nations with varying development levels. By examining local business environments, cultural traits, and bilateral economic ties, these sub-reports analyze Chinese brands' internationalization standards, intellectual property treatment, localization strategies, and digital marketing efforts—from product—level cases to industry—wide trends. They outline Chinese brands' development models, strengths, and socioeconomic contributions in host countries while projecting opportunities and challenges for overseas expansion.

The Report on the Global Development of China's Brands (2025) concludes that Chinese brands will continue to enhance their global awareness, reputation, and consumer loyalty. Culturally driven branding is emphasized as critical for future globalization. It also underscores China's urgent need for a stronger institutional framework for brand development and a larger talent pool in branding.

目 录

B.1 中国品牌在世界发展现状与趋势分析

……刘瑞旗 沈开艳 徐 昂 王 佳 郭王玥蕊 张伯超 / 001

B.2 中国品牌在美国 …………………………… 李 卫 /084

B.3 中国品牌在日本 …………………………… 金 琳 王 佳 / 104

B.4 中国品牌在德国 …………………………… 徐雅卿 / 121

B.5 中国品牌在印度 …………………………… 沈开艳 何 畅 / 141

B.6 中国品牌在英国 ………………………… 郭王玥蕊 常佳怡 / 156

B.7 中国品牌在法国 …………………………… 李培鑫 / 172

B.8 中国品牌在俄罗斯 ………………………… 何 畅 / 185

B.9 中国品牌在意大利 ………………………… 谢 超 / 202

B.10 中国品牌在巴西 ………………………… 徐 昂 刘曦隆 / 215

B.11 中国品牌在澳大利亚 ……………………… 高云澄 / 236

B.12　中国品牌在韩国……………………………………… 张　文 / 256

B.13　中国品牌在西班牙…………………………………… 张晓娣 / 272

B.14　中国品牌在沙特阿拉伯……………………………… 刘朝煜 / 292

B.15　中国品牌在荷兰……………………………………… 谢　超 / 308

B.16　中国品牌在土耳其…………………………………… 刘朝煜 / 320

B.17　中国品牌在瑞典……………………………………… 王滢波 / 336

B.18　中国品牌在新加坡…………………………………… 李培鑫 / 349

B.19　中国品牌在南非……………………………… 袁煦筠　徐　昂 / 363

附　录…………………………………………………………… / 382

后　记…………………………………………………………… / 391

B.1
中国品牌在世界发展现状与趋势分析

沈开艳　刘瑞旗　徐　昂　王　佳　郭王玥蕊　张伯超[*]

摘　要： 当前中国品牌在世界的发展仍处于较为快速的赶超阶段。中国品牌的规模水平、增长速度、发展质量、经济影响和社会贡献在世界范围内显著提升。首先，报告从全球经济环境变化与国际经贸规则的角度，评估了在世界经济大变局下中国品牌面对的挑战与机遇，特别指出对标国际知识产权规则与抓住新一轮科技革命的重要性。其次，报告通过解读马德里商标体系和59个国家与地区国际商标注册的长期数据，分析了中国品牌（商标）在不同国家与市场类别中的发展，指出中国品牌在增长速度和体量上的优势，以及在品牌经营能力与绩效方面的不足。报告进一步分析了45个产业类别的长期品牌（商标）与海外投资数据，认为在传统制造业品牌转型升级的同时，科学仪器、机械设备和服务产业的中国品牌发展迅速，并分别结合诸多实例分析了中国品牌在世界的产业化过程及差异化、数字化和低碳化

---

* 作者团队：沈开艳，上海社会科学院经济研究所所长、研究员，主要研究方向为社会主义政治经济学、中国经济改革与发展、区域经济战略与长三角一体化、印度经济等；刘瑞旗，中国传媒大学璧雅品牌研究院名誉院长、国家知识产权专家库入选专家、中华商标协会副会长，研究方向为品牌与文化研究；徐昂，历史学博士、理论经济学博士后，上海社会科学院经济研究所助理研究员，主要研究方向为经济史、品牌经济等；王佳，经济学博士，上海社会科学院经济研究所助理研究员，主要研究方向为制度经济学、国际经贸规则等；郭王玥蕊，经济学博士，上海市乡村振兴研究中心助理研究员，主要研究方向为空间政治经济学；张伯超，经济学博士，上海社会科学院经济研究所副研究员，主要研究方向为企业创新与数字经济。

发展的三大特征。最后，报告从贸易地位、投融资能力和市场表现三个方面分析了中国行业品牌的整体形象，并结合农产品、纺织服饰、新能源汽车、跨境电商等行业品牌的发展情况，分析了中国行业品牌在世界的创新发展趋势。报告还认为，中国品牌在世界的知晓度、美誉度和消费者忠诚度都将继续提升；以文化的方式发展品牌，是今后中国品牌进一步全球化发展的关键；中国亟需更完善的品牌制度环境及大量品牌人才储备。

关键词： 中国品牌　产品品牌　行业品牌　产业品牌　经济全球化

一、引言

品牌是记忆，是一种无形资产。品牌在全球经济发展中的重要性日渐凸显，价值上亿美元的国际品牌成为持续推动全球经济扩张的重要市场力量。品牌的内涵已经超越传统产品商标与企业管理的层面，成为社会经济发展的重要议题，乃至国家战略的一部分。[①] 从有形的经济形态来看，中国品牌已经从简单的产品品牌向服务品牌、产业品牌、行业品牌转型发展；随着社会经济发展进入新阶段，个人品牌、组织品牌与地区品牌等相对无形的品牌形态，日益发挥出对社会资源配置的影响力，体现出与经济高质量发展的同步性。

建设品牌强国是新时代中国经济高质量发展的重要途径，也是建设现代

---

① 相关重要前人研究参见刘瑞旗、李平等：《国家品牌战略问题研究》，北京：经济管理出版社，2012年；[日]田村正纪著，胡晓云、许天译：《品牌的诞生：实现区域品牌化之路》，杭州：浙江大学出版社，2017年；Douglas Holt, Douglas Cameron. *Cultural Strategy: Using Innovative Ideologies to Build Breakthrough Brands* (Oxford: Oxford University Press, 2012)；何佳讯、黄海洋、何盈：《品牌全球化、国家品牌形象与产品品类内外溢出效应》，《华东师范大学学报》（哲学社会科学版）2020年第52卷第6期；黄升民、张驰：《改革开放以来国家品牌观念的历史演变与宏观考察》，《现代传播》2018年第40卷第3期；何佳讯、吴漪：《品牌价值观：中国国家品牌与企业品牌的联系及战略含义》，《华东师范大学学报》（哲学社会科学版）2015年第47卷第5期；等等。

化经济体系的必然产物。中国产品品牌的繁荣，与扩大内需及深化供给侧结构性改革的要求相一致；中国产业品牌的发展，能促进全要素生产率的进一步提高，提升产业链、供应链韧性和安全水平；中国行业品牌的提升，有助于优化中国对外贸易结构，增强中国价值链地位与参与世界经济的水平；中国地区和城市品牌的塑造，有助于推进城乡与区域经济协调发展，吸引全球投资与全球生产要素。

当前，中国已有一批具有世界影响力的品牌企业，这些品牌包括国家电网、海尔、中化、华润、中国南方电网、保利、河钢、中国华电、五粮液、徐工、青岛啤酒、中国国航、北大荒、东方电气、通威、波司登、飞鹤、中国航油、恒力、协鑫、圣象、九牧、长虹、双星轮胎等。根据世界品牌实验室的评估，2024 年中国 500 个最具价值品牌的总价值为 38.57 万亿元，较 2023 年增加 4.24 万亿元，增幅为 12.35%；其中有 108 个中国品牌的价值超过了 1000 亿元。

中国品牌在世界的发展是中国品牌高质量发展的重要组成和时代特征。中国经济逐渐摆脱长期为国际品牌贴牌生产的"世界工厂"模式，越来越多的本国自主品牌发展起来。近十年来，中国品牌走向国际市场的步伐明显加快，发展需求日益突出，品牌影响力不断增强，具体体现在：第一，中国品牌规模效应在全球经济与贸易格局中不断增长，已占据重要地位；第二，中国品牌进入由发达国家品牌长期垄断的国际市场，在传统和先进产业均取得突破；第三，中国品牌开始参与、推动世界其他地区的经济发展，在各国产生经济互动，形成良好的社会溢出；第四，中国品牌参与全球资源分配、全球产业布局和全球行业规则制定，帮助发展中国家与欠发达国家经济发展，促进世界经济的均衡发展。本报告将从全球经济变局对中国品牌发展的影响及产品（服务）、产业、行业三个层面，对中国品牌在世界的发展做具体分析。

二、中国品牌与全球经济变局

（一）品牌对经济高质量发展的重要意义

1.品牌发展创造社会经济价值

（1）品牌发展优化市场资源配置

第一，品牌的成功运营能够增强企业的资本吸引力，获得更多的投资和融资机会。首先，强势品牌能够吸引更多的资本投入，包括风险投资、银行贷款等，从而为企业发展提供金融支持。其次，品牌能够降低企业的融资成本。知名品牌企业更容易获得银行贷款，在融资过程中往往能够享受更低的利率。最后，知名品牌能够吸引风险投资和私募股权投资，股权融资可以降低债务比率，有助于企业优化资本结构、降低财务风险。

第二，品牌能够吸引更多高素质的劳动力，提升企业的人才储备和管理水平。首先，知名品牌具有强大的吸引力，更能够吸引高素质人才。优秀的人才可以为企业带来创新能力、管理经验等，进而提升企业的核心竞争力。其次，员工对品牌的认同感可以激发员工的归属感和自豪感，减少员工流动带来的成本，从而提升劳动生产率。最后，品牌企业普遍重视员工的培训和发展，通过对员工培训的投入可以提高员工的技能水平和知识水平，提升企业的人力资本水平。

第三，品牌可以驱动企业不断进行技术研发和创新。首先，品牌可以促进技术创新。品牌企业通常更加重视技术创新，愿意为技术创新提供资金支持，吸引优秀的技术人才，持续进行技术创新，提升产品的核心竞争力。其次，品牌可以促进技术扩散。知名品牌的创新成果、产品更容易被其他企业模仿和借鉴，从而推动整个行业的技术进步。

（2）品牌发展促进经济总量增长

随着经济全球化和市场竞争的加剧，品牌经济作为一个地区综合实力的重要标志，其作用日益凸显。

第一，品牌可以拉动消费。品牌可以提高产品附加值，赋予产品独特的价值和形象，使其在市场上能够获得更高的溢价。品牌的差异化能够满足消费者多元化的需求，激发消费潜力，扩大市场规模。品牌还通过引领消费趋势和提升产品品质，促进消费结构的升级。

第二，品牌可以促进投资，推动产业结构的升级。品牌的发展壮大能够带动上下游产业链的协同发展，形成良好的产业生态系统，推动整体经济的增长。同时，品牌建设要求企业不断提升产品质量和技术含量，推动高附加值产业的发展。品牌企业在研发投入和创新方面具有明显优势，能够引领产业升级，提升整体经济的竞争力和国内生产总值（GDP）水平。

第三，品牌可以提升企业国际竞争力，扩大出口和国际市场份额。知名品牌更容易进入新市场，通过出口能够扩大产品的国际市场份额，进而促进GDP增长。知名品牌的国际影响力不仅能够提升企业自身竞争力，还能提升所在国家的整体形象和软实力，吸引更多的国际投资和合作机会，推动经济的进一步发展。

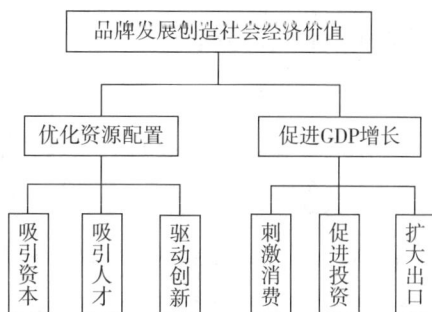

图1-1　品牌发展创造社会经济价值

2.品牌发展助力世界一流企业建设

（1）品牌发展对我国企业发展的重要性

对于我国企业而言，品牌不仅是市场竞争的利器，更是提升企业组织效率和经营效益的关键。

第一，品牌发展对企业组织结构的优化至关重要。品牌建设需要高效的管理体系和明确的组织架构，强大的品牌能够推动企业优化内部管理流程，提升决策效率和执行力。品牌的文化理念在企业内部的传播，有助于形成统一的组织目标和团队协作精神，提升整体组织效率。品牌发展可以促使企业组织结构向扁平化和灵活化转变，使企业更迅速地响应市场变化。

第二，品牌发展可以推动经营模式的创新。品牌企业通过产品和服务的创新，满足消费者多样化和个性化的需求，能够在市场上形成差异化竞争优势，提升市场占有率。品牌的发展促使企业探索新的营销渠道和模式，如电子商务、社交媒体等，推动企业经营模式的转型升级。

第三，品牌发展有助于塑造企业文化。品牌是企业价值观的体现，通过品牌建设，企业能够凝聚员工共识，形成独特的企业文化。强大的品牌认同感能够提升员工的归属感和自豪感，提高员工的工作积极性，增强企业凝聚力。

第四，品牌发展可以降低企业经营成本，增强企业抗风险能力。知名品牌往往具有较大的市场份额，能够实现规模效应，降低生产成本；还能够优化供应链管理，降低采购成本和物流成本。

（2）品牌发展对中国企业在世界舞台的重要性

对于中国企业而言，随着"走出去"战略的深入实施，品牌建设已成为提升国际竞争力、实现可持续发展的关键。

首先，品牌是企业进入国际市场的重要通行证。强大的品牌影响力和良好的品牌形象能够提升企业在国际市场的竞争力，不仅能够带动出口增长，还能够提升企业的全球化管理能力和综合竞争力。

其次，品牌发展可以为企业的跨国并购和合作提供坚实基础。通过并购海外知名品牌或者与国际品牌企业合作，我国企业能够迅速提升自身的品牌价值和市场地位，推动企业的国际化进程。品牌企业在国际化过程中积累的经验和资源，能够为企业的持续发展提供重要支持。

最后，品牌发展可以提升企业国际竞争力。知名品牌能够在新的市场中快速获得消费者认可，缩短市场进入时间，降低市场进入壁垒。特别是品牌能够有效地跨越文化差异，在全球范围内进行传播，帮助企业开拓海外市场。

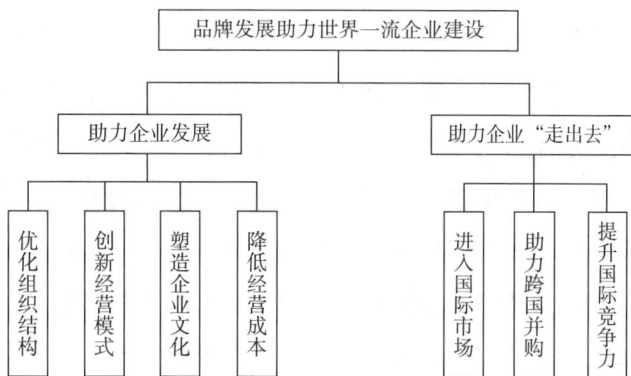

图 1-2　品牌发展助力世界一流企业建设

3.品牌发展引导全球财富流动

（1）发达国家品牌的贸易能力与全球财富流动

发达国家品牌凭借其强大的影响力，不仅在其国内市场占据主导地位，而且对全球财富流动产生深远的影响。

首先，发达国家品牌通过出口、直接投资等方式，将商品和服务输送到全球各地，从而影响全球财富的流动。跨国公司通过品牌优势，在全球范围内进行直接投资，将资本和技术向海外转移，促进了资本与技术资源的优化配置。

其次，发达国家品牌通过塑造全球化的消费观念和生活方式，影响了全球消费者的消费行为，从而影响全球财富的流动。发达国家品牌通过塑造独特的品牌文化，潜移默化地影响着消费者的消费习惯，带动全球消费趋势。

最后，发达国家品牌通过技术溢出、人才培养等方式，对全球经济的发展产生长期而深远的影响。发达国家企业通常在研发方面投入较大，不断推出新产品、新技术，以保持品牌竞争力，其技术创新往往会带动全球的技术进步，进而促进全球财富的增长。

（2）品牌发展促进中国贸易平衡与结构优化

在全球化经济背景下，品牌发展通过多种机制，可以促进中国的贸易平衡与结构优化，提升国家的整体经济竞争力。

首先，品牌发展有助于提升出口产品的附加值。品牌的发展要求企业不断提升产品质量和附加值，通过技术创新和产品优化，提高产品的市场竞争力和溢价能力。这不仅可以增加出口，还改善了出口产品的结构，使中国从以低附加值产品为主的出口模式逐步向高附加值产品的出口模式转变。

其次，品牌发展有助于推动产业升级与结构优化。品牌发展促使传统产业向高附加值和高技术含量方向升级，传统产业通过引入先进技术和管理模式，实现产业结构的优化和升级。同时，品牌发展也为新兴产业的成长提供重要动力，吸引更多的资本和人才，推动产业快速发展和壮大，提升国家经济的整体竞争力。

最后，品牌发展有助于吸引外资。品牌发展能够提升中国投资环境的吸引力，吸引更多外资企业与中国企业合作，共同打造国际品牌。同时，品牌发展有助于提升国外消费者对中国产品的信任度，且知名品牌的产品更不容易受到贸易保护主义的影响。

（二）全球经济环境变化对中国品牌发展的影响

1. 全球经济增长不确定性增加

全球经济增长的不确定性日益增加，对中国品牌的发展产生了深远影响。

首先，全球经济波动导致贸易需求发生变化。世界银行2025年1月发布的《全球经济展望》预计，2025—2026年，全球经济将增长2.7%，远低于新冠疫情暴发前十年3.1%的全球经济增速。发展中经济体在2024—2025年将增长4%；发达经济体2024年的增速将稳定在1.5%，2025年将升至1.7%。作为中国对外贸易主要出口市场，欧盟、美、日等发达经济体经济增速放缓，但同时全球经济增速出现分化，以新兴经济体为代表的国际市场需求为中国对外贸易带来新的机遇。中国品牌需要根据市场需求的变化，适当调整产品结构和市场策略，满足不同市场的需求。

其次，全球竞争环境日趋复杂化。发达国家品牌在技术和创新方面具有较大优势，新兴市场品牌则在成本和规模上具有竞争力。中国品牌在全球市场中既面临发达国家品牌的技术竞争，也面临新兴市场品牌的价格竞争，需要在技术创新和成本控制方面寻求平衡，提升综合竞争力。

最后，新兴市场的崛起为中国品牌提供广阔发展空间。一方面，新兴市场国家人口众多，消费潜力巨大，中产阶级的崛起带动消费升级，为中国品牌发展提供了新的增长点。同时，"一带一路"倡议、区域经济合作协议的签署等降低了中国产品进入新兴市场的壁垒。另一方面，新兴市场的政策环境和市场风险较高，政治不稳定、经济波动、法律法规变化等因素，也会影响中国品牌的市场运营。

2. 全球贸易格局发生变化

在全球化深入发展的背景下，全球贸易体系和贸易格局正在经历深刻变化，对全球经济产生深远影响，也对中国品牌的发展产生重要影响。

第一，全球贸易体系、贸易格局变化对中国品牌的发展既带来挑战，也伴随着机遇。关于挑战，贸易保护主义抬头，各国贸易保护主义政策频出，关税壁垒、非关税壁垒增多，增加了中国产品进入国际市场的难度。关于机遇，一是区域经济一体化的深化促进了中国与区域内国家的贸易合作，为中国品牌提供了更多进入其市场的发展机会；二是数字贸易的兴起为中国品牌提供了新的营销渠道和增长点。

第二，区域自由贸易协定作为一种重要的经济合作形式，已成为推动区域经济一体化的重要力量。关于机遇，一是市场准入与贸易便利化，为中国品牌进入区域市场提供便利化的条件并降低贸易成本；二是投资环境优化，为中国企业在区域内国家的投资提供法律保障，促进品牌发展；三是产业链、供应链融合发展，为中国企业深入参与全球价值链、产业链提供了更多机会。关于挑战，一是区域内竞争加剧，中国品牌面临来自其他成员国的竞争压力；二是知识产权保护问题，中国企业在知识产权保护方面面临挑战；三是服务贸易开放压力，对中国服务业的开放提出了更高的要求；四是技术标准与法规差异，增加了中国企业适应不同区域贸易协定的难度。

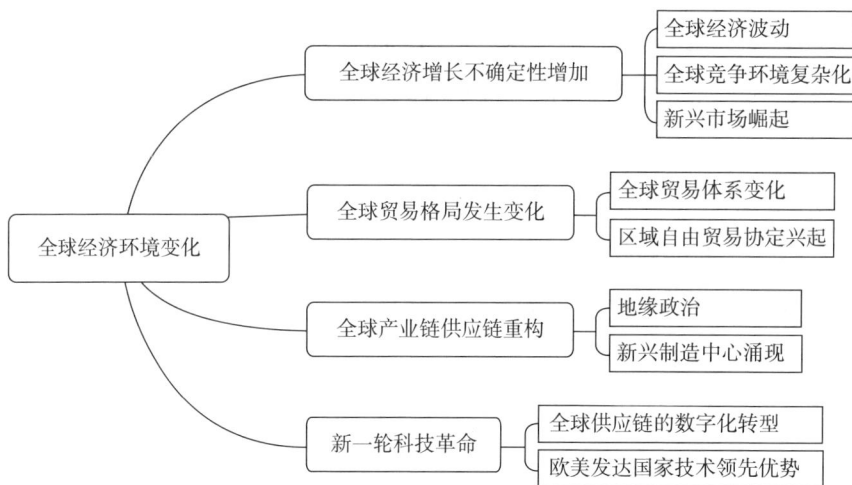

```
                                                    ┌─────────────┐
                                          ┌────────│ 全球经济波动 │
                     ┌──────────────────┐ │         └─────────────┘
                     │ 全球经济增长不确定性增加 │─┤         ┌──────────────┐
                     └──────────────────┘ ├────────│ 全球竞争环境复杂化 │
                                          │         └──────────────┘
                                          │         ┌─────────────┐
                                          └────────│ 新兴市场崛起 │
                                                    └─────────────┘
                     ┌──────────────────┐          ┌─────────────┐
                     │ 全球贸易格局发生变化 │────────│ 全球贸易体系变化 │
  ┌──────────────┐   └──────────────────┘ │        └─────────────┘
  │ 全球经济环境变化 │──┤                      └───────┌──────────────┐
  └──────────────┘   │                              │ 区域自由贸易协定兴起 │
                     │                              └──────────────┘
                     │ ┌──────────────────┐        ┌─────────────┐
                     ├─│ 全球产业链供应链重构 │────────│ 地缘政治 │
                     │ └──────────────────┘ │       └─────────────┘
                     │                      └───────┌──────────────┐
                     │                              │ 新兴制造中心涌现 │
                     │                              └──────────────┘
                     │ ┌──────────────┐            ┌──────────────────┐
                     └─│ 新一轮科技革命 │────────────│ 全球供应链的数字化转型 │
                       └──────────────┘ │           └──────────────────┘
                                        └──────────┌──────────────────┐
                                                   │ 欧美发达国家技术领先优势 │
                                                   └──────────────────┘
```

图 1-3　全球经济环境变化对中国品牌发展的影响

3. 全球产业链、供应链重构

全球产业链、供应链的重构是近年来国际经济环境中最显著的变化之一。这一过程受多种因素驱动，包括技术进步、地缘政治紧张局势、贸易保护主义抬头和新冠疫情的影响等。

第一，地缘政治带来的全球供应链布局新变化。一是中美经贸摩擦长期化趋势，加速全球供应链收缩与重构。受美国加征关税和出口管制措施影响，外贸企业为控制成本逐步向东南亚等综合成本相对更低的地区布局供应链。二是地缘局势紧张，如俄乌冲突带来对俄贸易新需求。三是跨国公司加速构建平行供应链导致投资分散和外贸订单转移。为应对地缘政治影响，跨国公司纷纷提出"中国+1"或"中国+N"战略，通过分散投资和多元化采购在全球布局平行供应链，来降低风险。

第二，随着全球产业链、供应链的重构，新兴制造中心在全球各地涌现。一方面，新兴制造中心的崛起，导致全球制造业竞争加剧，我国品牌在国际市场上面临更大的成本压力。另一方面，新兴制造中心为中国品牌提供了新的市场机遇。特别是在"一带一路"倡议的推动下，中国品牌可以通过区域经济合作，增强在新兴市场的竞争力。

第三，全球产业链、供应链重构给中国品牌发展带来新的风险与机遇。关于风险，一是供应链重构可能导致供应链断裂，影响产品的生产和销售；二是供应链重构可能引发贸易摩擦，增加中国企业的经营成本；三是技术壁垒增高，发达国家对关键技术和核心零部件的垄断与控制，增加了中国企业的技术获取成本。但产业链、供应链的重构也为我国品牌发展提供了新的市场机遇：一是企业可以通过多元化布局，拓展全球市场，减少对单一市场的依赖；二是产业链、供应链重构为中国品牌提供了扩大内需市场的机会，可以依托国内的庞大市场培育自主品牌；三是产业链、供应链重构促使中国企业加大研发投入，提升技术创新能力，从而提升品牌竞争力。

4. 新一轮科技革命

第一，全球供应链的数字化转型是新一轮科技革命的重要组成部分。全球供应链数字化转型对中国品牌发展的影响巨大：一是全球供应链的数字化转型通过优化物流、仓储和配送等环节，提高了供应链的整体效率；二是数字技术的应用提升了供应链的透明度和可追溯性，提升产品质量管理和风险控制能力；三是全球供应链的数字化转型提升市场响应速度和客户满意度；四是数字化转型推动企业的技术创新和商业模式创新。中国品牌可以通过数字技术的应用，开发出更具市场竞争力的产品，为企业创造新的增长点和竞争优势。

第二，在新一轮科技革命中，欧美发达国家凭借其技术领先优势在全球市场上占据重要地位。这一优势对中国品牌的发展带来了挑战：一是欧美发达国家的技术领先优势使其产品在市场上具有较高的竞争力；二是中国品牌在某些高技术领域依然依赖欧美技术，面临技术封锁和供应链风险，这限制了中国品牌的自主创新能力，形成了创新瓶颈；三是欧美发达国家的知识产权保护和技术标准制定，使中国品牌在进入国际市场时面临更多的知识产权壁垒和市场准入壁垒。

（三）国际经贸规则变迁对中国品牌发展的影响

1. 市场准入和贸易壁垒

当前国际经贸规则正经历深刻变革，尤其是与市场准入和贸易壁垒相关的规则变化，对全球贸易环境及中国品牌发展产生了深远影响。

许多国家和地区对市场准入条件进行了调整，特别是在技术标准、环境保护和劳动标准方面，提出了更高的要求。一是虽然整体来说关税壁垒逐步降低，非关税壁垒在国际贸易中的作用日益凸显。技术性贸易壁垒的增加，使中国品牌在进入国际市场时面临更多的技术合规要求；卫生与植物卫生措施的严格化，对中国品牌特别是食品和农产品出口提出了更高的要求。二是全球对环境保护和劳动权利的关注度不断提升，许多国家在贸易协定中加入了环境标准和劳动标准条款，这要求中国品牌在生产过程中遵循更严格的环境保护和劳动权利标准。三是数据本地化、数据跨境流动限制等数字贸易壁垒阻碍了中国企业的数字化转型和全球化发展。四是投资限制的增加。部分国家对中国企业的投资设置了诸多限制，增加了中国企业在海外的投资风险与合规成本。

2. 知识产权保护

近年来，国际社会对知识产权保护的重视程度不断提高，通过各种多边及双边协定强化知识产权保护规则（附表 1）。如世界贸易组织的《与贸易有关的知识产权协定》（TRIPS）强化了全球知识产权保护的最低标准，要求成员国在专利、商标、版权等方面提供全面的法律保护。当前知识产权保护的高标准体现在以下两个方面：一是通过国际合作，加强了跨国界的知识产权执法力度，打击侵权行为；二是随着数字经济的快速发展，不断强化数字经济中的知识产权保护，如通过立法和技术手段保护数字作品的版权、确立国际规则，逐步明确互联网平台在知识产权保护中的责任。

知识产权保护规则变化一方面有利于中国品牌提升技术创新与研发能力。中国品牌可以通过自主研发和技术创新，增强市场竞争力。如华为通过大规模研发投入和技术创新，在5G等通信技术领域取得了领先地位，提升了国际市场竞争力。另一方面，强化的知识产权保护规则可以保障中国品牌防止品牌被侵权和仿冒，维护品牌形象和市场地位。

3.竞争政策和反垄断法

国际规则中关于竞争政策的主要变化：一是竞争中立原则强化，即各国越来越强调市场竞争的公平性，要求所有市场主体，在市场竞争中遵循竞争中立原则；二是随着数字经济的快速发展，各国都在积极探索适用于数字经济领域的竞争规则，如明确数字平台的竞争行为规范，加强对数字平台的监管，防止其滥用市场支配地位；三是多边和双边规则融合，即多边贸易体制下的竞争规则与双边投资协定中的竞争规则逐渐融合，形成了一个复杂的竞争规则体系。

关于反垄断的规则变化，一是全球反垄断合作加强，通过双边多边协定，国际组织加强了成员国之间的反垄断执法协作和信息共享，许多自由贸易协定也包含了反垄断相关条款，加强反垄断执法合作；二是反垄断执法力度不断强化，全球范围内对垄断行为和不正当竞争行为的处罚更加严厉，如欧盟和美国近年来对科技巨头的反垄断调查和处罚显著增加。

4.跨境电商和数字经济

跨境电商作为数字经济的重要组成部分，正在深刻改变全球贸易格局。国际经贸规则中与跨境电商有关规则的主要变化体现在以下几个方面。一是多边和区域自由贸易协定中，关于跨境数据流动和数据隐私保护的条款不断完善。欧盟《通用数据保护条例》（GDPR）等法规的出台，标志着全球范围内数据隐私保护标准的提升。二是强调消费者保护与网络安全。国际经贸规则加强了对跨境电商中消费者权益的保护，确保消费者在跨境购物中的安全和权益。三是关于税收与关税政策。部分国家对跨境数字服务和电商交易征收数字服务税，增加了跨境电商企业的税收负担，如法国和意大利对大型科技公司征收 3% 的数字服务税。四是强化平台监管与竞争政策。各国不同程度地加强了对跨境电商平台的监管，防止垄断和不正当竞争行为。

跨境电商的规则变化一是有利于中国品牌扩大市场准入，提升竞争力。自由贸易协定中关于跨境数据流动和电子合同的规定为中国品牌拓展海外市场提供便利，可以降低中国品牌进入国际市场的门槛，促进跨境电商的便捷化和高效化。二是跨境电商快速发展为中国品牌提供新的销售渠道，数字营销技术的应用为中国品牌提供了更多的营销手段。三是跨境数据流动限制的相关规则可能会增加中国品牌的运营成本，限制数据的自由流动。四是中国企业需要加强知识产权保护，以应对海外市场的竞争。如跨境电商企业可能面临知识产权侵权的风险而遭受诉讼。五是中国电商平台在海外运营可能面临反垄断调查和监管。

三、中国产品品牌在世界

本报告认为在社会生产过程中，品牌主体以具体产品与服务为基础，创造了基于商标的产品品牌；不同层次的产业主体围绕产业关联或产业链，完成自身品牌的产业化，形成产业品牌；品牌的产业化又进而促成一个国家或地区的代表性行业（即同类产品或服务领域）在更广范围内的形象和市场认同，即行业品牌。以下报告着重以产品、产业、行业三个维度，分析中国品牌在世界的发展现状与趋势。

中国品牌在世界的发展是以产品品牌为基础的。产品品牌的物质载体是由产业活动单位或法人单位提供的单品或同类产品或服务。在实际经济活动和法律制度中，商标是产品品牌的具体载体，商标的传播与价值能够反映产品品牌的发展情况。本报告广泛收集了世界知识产权组织（WIPO，World Intellectual Property Organization）的国际商标数据（基于《马德里协定》《马德里议定书》和《里斯本协定》①），以及 56 个国家知识产权或商标管理机构和 3 个跨国地区组织——欧盟知识产权局（EUIPO）、非洲知识产权组织（OAPI）、非洲地区知识产权组织（ARIPO）的长期历史数据②，对中国产品品牌在世界的发展进行分析。

（一）中国产品品牌的国际商标注册趋势

中国产品早在近代就有相关品牌已走出国门，但仅限于少数。根据世界知识产权组织数据，近代中国的海外商标多为在华外资、侨资企业向欧美国家进行注册，相关产品种类以初级工业品和农产品为主，其他产品在国外的注册显得微不足道。中华人民共和国成立以后，计划经济体制下的国营企业根据国家的外贸与外汇需求，有限地走出国门，如梅林（MALING）、回力（Warrior）等品牌。雷允上、蝴蝶牌（缝纫机）、上海啤酒、白象（电池）等品牌也一度进入个别外国市场。1982 年，《中华人民共和国商标法》通过，至 2019 年前后经过四次修正。1992 年以后中国开始社会主义市场经济体制改革，中国品牌开始真正启程，走向全球。2002 年，中国加入世界贸易组织以后，中国品牌的全球化发展开始不断加速。不过，中国在全球贸易价值链中长期处于"微笑曲线"的中间环节，中国产品体量、规模与生产部门不断发展的同时，产品与服务的贸易附加值和品牌溢出价值与西方发达国家的发展水平存在较大差距。

1. 中国品牌国际化的追赶历程

如附图 1 与附图 2 所示，随着 20 世纪 80 年代起全球经济一体化进程的加快，各国品牌的国家化商标注册进入到快速发展期。历史上，最先实现品牌全球化的是以德国、法国、瑞士、意大利、荷兰、西班牙等国为代表的

---

① 即 1891 年签订的《商标国际注册马德里协定》（简称《马德里协定》）、1995 年 12 月 1 日生效的《商标国际注册马德里协定有关议定书》（简称《马德里议定书》）和 1979 年在斯德哥尔摩签订的《保护原产地名称及其国际注册里斯本协定》（简称《里斯本协定》）。中国于 1989 年加入《马德里协定》，成为马德里联盟成员；1995 年加入《马德里议定书》，成为第一批缔约国。

② 除特别说明外，本部分原始数据均来自 WIPO 的全球品牌数据库（Global Brand Database），本部分数据的存量统计均截至 2024 年 7 月。

欧洲发达国家的品牌。这些国家的品牌国际化伴随了欧洲一体化的进程。英国、日本、美国品牌也紧随其后，尤其当美国签订《马德里议定书》以后，美国的马德里商标注册飞速增长，2014 年其数量超越 1922 年就签订《马德里协定》的德国，此后一直稳居世界第一。在全球各国马德里商标的注册中，发达国家品牌长期占据绝对主导。2008 年金融危机之后，传统发达资本主义国家 ① 的马德里商标注册平均速度开始落后于其他国家平均增速，但其数量与商标价值仍居于领先地位。

加入世贸组织以后，中国品牌开始追赶进程。2002 年，中国的马德里商标新增注册数第一次超过 1000 个，至 2008 年超过了英国、日本、荷兰、西班牙等国家。中国国际商标在 2003—2013 年以波动的形态向上增长，中国每年平均新增马德里商标 1668 个，每年平均较上一年多新增 195 个，年均增速 15.79%。

2014 年 5 月 10 日，习近平总书记提出了"推动中国制造向中国创造转变、中国速度向中国质量转变、中国产品向中国品牌转变"的要求。2017 年起，我国将每年 5 月 10 日定为中国品牌日。中国产品品牌也开始在国际市场日益突出。2016—2017 年，中国的马德里商标每年新增注册数先后超过意大利、瑞士、法国，此后一直位居世界第三。

2014—2020 年，中国平均每年新增马德里商标 4847 个，每年平均较上一年多新增 856 个，年均增速 21.95%。2020 年中国新增注册马德里商标 7383 个，达到历史峰值。2022 年开始，受新冠疫情与经济全球化进程受阻的影响，各国的品牌国际化趋势都进入降温阶段（图 1-4 与附图 2），2023 年中国新增马德里商标（品牌）5592 个。

以 2004—2008 年、2009—2013 年、2014—2018 年、2019—2023 年为历史阶段划分（图 1-5），各国商标在世界的发展更为清晰。近 20 年来，美国、中国、英国、日本四国的马德里商标数据增长迅速，美国品牌发展最为迅

---

① 这些国家有美国、德国、法国、瑞士、意大利、英国、日本、荷兰、西班牙九国，其中法国、瑞士、意大利、荷兰、西班牙在 19 世纪末就加入了《马德里协定》。

猛，中国次之，而欧洲大陆国家的国际商标注册稳步增加，德国、法国、瑞士相较意大利、荷兰、西班牙等国的增长优势有所扩大。

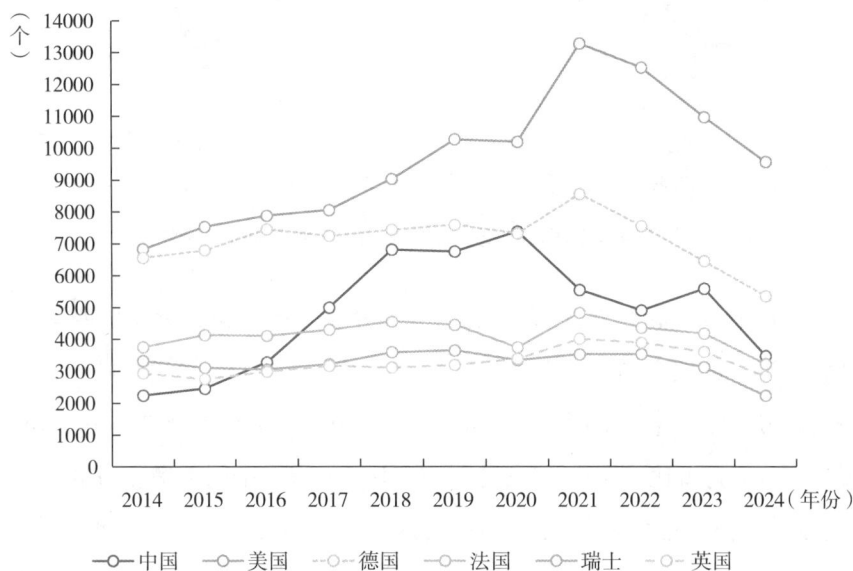

图 1-4　2014—2024 年六国马德里商标年度注册趋势

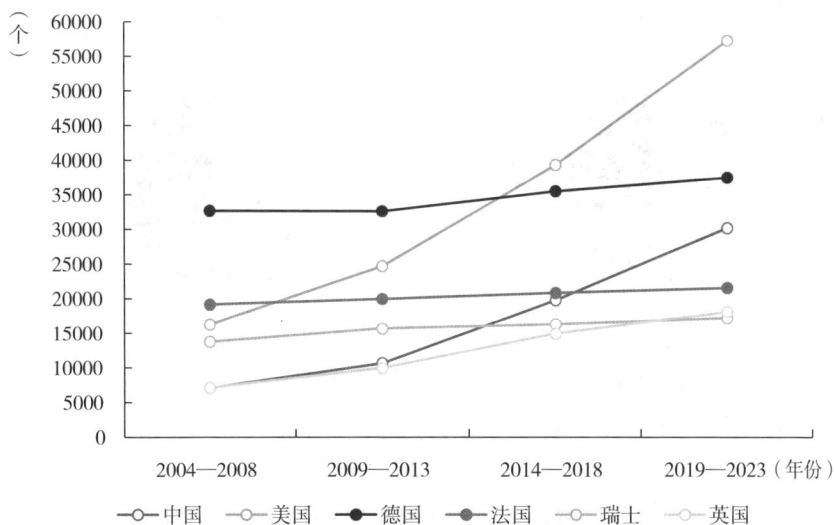

图 1-5　六国马德里商标分阶段注册总数

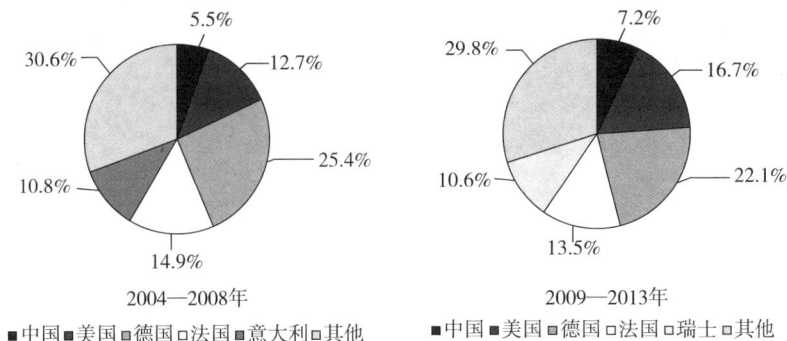

图 1-6　十国马德里商标分阶段（2004—2013 年）注册总数相对占比

　　各个品牌大国之间的表现差距也出现分化。中、美、德、法四国在十个品牌大国（其他六国是瑞士、意大利、英国、日本、荷兰、西班牙）的马德里商标新注册数量中的占比在不断增加，2019—2023 年比 2004—2008 年还增加了 6% 的占比（图 1-6、1-7）。其中，中国在十国新增注册的占比从 2004—2008 年的 5.5% 增长到 2019—2023 年的 13.3%。在中国品牌走向全球的过程中，只有美国企业保持了更为强劲的国际品牌发展势头，其在十国马德里商标新增注册数的占比从 2004—2008 年的 12.7% 增长到 2019—2023 年的 25.3%。

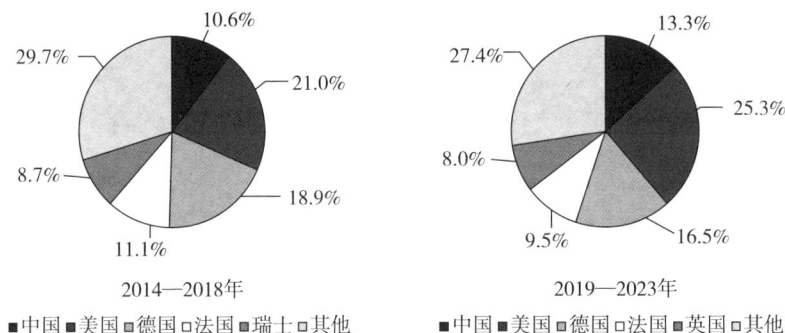

图 1-7　十国马德里商标分阶段（2014—2023 年）注册总数相对占比

2. 中国品牌马德里商标注册的存续能力与净增长

　　一国品牌的国际化发展情况不仅体现于新品牌的增量，商标使用时间的延续性更反映了品牌发展的质量。鉴于马德里商标的有效期为 10 年，本报告考察了一些国家截至 2013 年注册商标的存续时间，并分析了这些国家国际商标在 1994—1998 年、1999—2003 年、2004—2008 年与 2009—2013 年四个历史时期注册后的延续能力（图 1-8）。

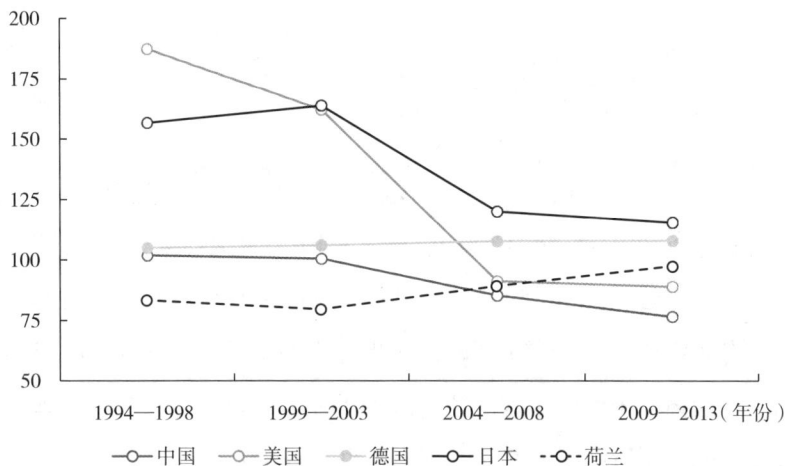

图 1-8　各阶段五国马德里商标迄今延续能力相对指数

其中，日本的国际商标平均使用时间明显高于其他国家，即日本品牌的平均延续能力最强。德国、法国、荷兰、西班牙等国的商标延续性有所提升，而美国、英国、中国的马德里商标在 2000 年以后快速扩张的过程中，有不少商标被注销或撤销。中国马德里商标与发达国家商标在延续能力上的差距，可能源自中国企业对品牌经营的理念和文化不同，也可能源于中国品牌发展的行业特征，抑或是中国品牌在长期稳健经营和国际市场竞争能力方面尚有提升的空间。

表 1-1 2002—2013 年各国注册马德里商标迄今有效存续比例

国家	存续比例	国家	存续比例
1 日本	60.35%	6 瑞士	47.11%
2 德国	53.17%	7 美国	46.70%
3 意大利	49.62%	8 荷兰	44.66%
4 英国	49.42%	9 西班牙	43.89%
5 法国	48.90%	10 中国	41.08%

资料来源：WIPO Global Brand Database（截至 2024 年 7 月底）。

根据计算，全球 2002—2013 年注册的马德里商标目前尚有 47.74% 处于有效注册状态（即至少进行了续期），表 1-1 中九个发达资本主义国家的马德里商标平均存续比例为 49.70%。中国在 1994—2003 年期间注册的马德里商标现存有效比例（36.53%）要略高于世界平均水平。在加快融入经济全球化的同时，增强中国国际品牌的可持续发展能力，建立更长久的品牌经营战略和理念，成为今后中国企业、品牌走向世界的重要目标。

考虑到品牌在国际市场的扩张性与持续性，国际商标的净增长能进一步综合反映一国品牌的全球化水平。[①]2005 年以后，欧洲大陆发达国家的马德里商标每年净增长数快速下降，2008 年全球金融危机的影响最为深远，至今各国未能恢复到前期水平（图 1-9）。此外，英国、日本的年净增注册数平稳增长，美国的马德里商标的净增长最为迅速。相较而言，中国品牌近十余年来的年均净增长位居世界前列，2015—2018 年的出海增长速度一度超过了美国。

---

① 由于无法获得所有国家知识产权管理部门的数据，此部分仍以马德里商标注册情况为对象。

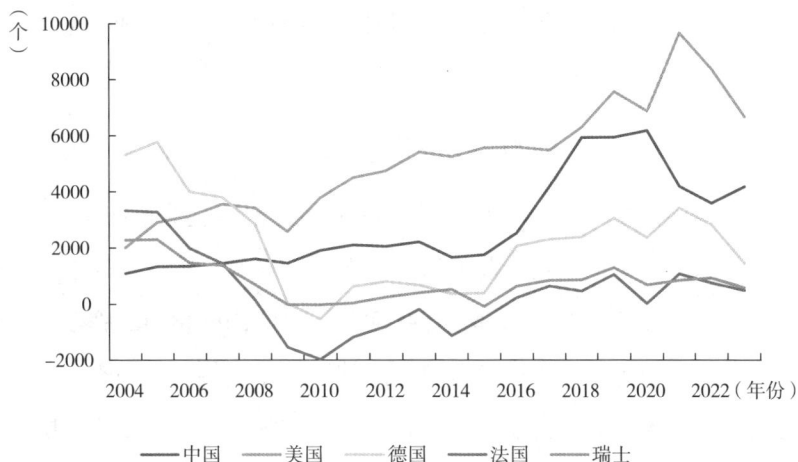

图 1-9　2004—2023 年五国马德里商标每年净增长数

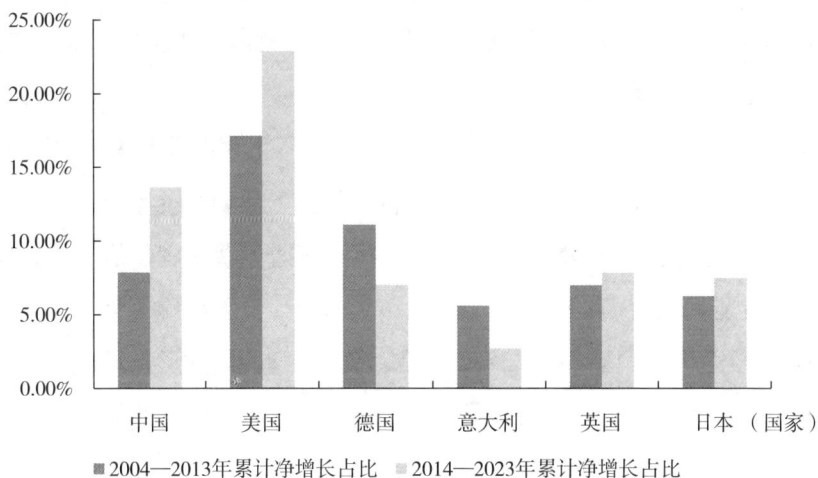

图 1-10　六国马德里商标净增长量占全球总净增长量百分比

　　截至 2024 年 7 月，中国有效的马德里商标存量居世界第五位，次于德国、美国、法国、瑞士四国，约占全球存量的 1/16，相当于德国和美国存量的 42.06% 与 54.76%（附图 3）。值得注意的是，前 5 名国家的马德里商标存量合计占据了全球总量的 51.57%，前 15 名国家拥有的马德里商标占82.92%。从商标数量上看，中国在世界品牌的发展上已经取得品牌大国的地位，在与美国、德国尚有较大差距的同时，已经超过了意大利、英国、日本等国拓展品牌全球化的总体发展水平。

（二）中国头部企业的品牌国际化

一方面，中国产品品牌在世界的发展离不开中国企业走向国际的努力。产品品牌依靠企业主体塑造产品或服务的购买者认知，形成反馈循环，建立品牌的信任和忠诚度。对于品牌全球化而言，企业国际化与品牌全球化相辅相成。其一，中国企业走出去，可以为品牌国际化提供平台和资源，通过进入新的国际市场，为品牌提供了更广阔的发展空间。其二，企业在国际化过程中能够获取、整合全球资源，复合利用当地材料、技术、人才、产业链等资源，建设适应海外市场的品牌。其三，企业国际化有助于分散经营风险，减少品牌国际化的成本和对单一市场的依赖，增强品牌在不同市场的生存能力。此外，中国企业通过国际市场的成功经验与教训，能够反哺本土市场，提高品牌的整体价值。

另一方面，中国企业经营与品牌建设的国际化存在一些差异。企业经营注重海外地区的生产、销售、服务等具体的业务活动和有形资产，而品牌经营则更侧重于品牌在国际市场上的知名度、美誉度及品牌价值的建立和维护。中国企业跨国经营的主要内容包括市场研究、资源配置、跨国投资、全球供应链管理等，而国际品牌经营则更专注于品牌的国际形象塑造、品牌忠诚度提升、品牌价值评估和品牌国际化战略。

1. 中国头部企业在世界品牌市场的表现

在战略目标上，中国企业经营的战略目标可能包括全球市场份额的扩大、成本效益最大化、风险分散等。品牌的国际化战略目标则更倾向于品牌资产的增长、品牌影响力的扩大以及在全球范围内建立一致而积极的品牌形象。品牌的国际化经营则需要企业对每个品牌进行单独的战略规划和管理，以确保每个品牌都能在国际市场上成功。

表1-2　全球马德里商标有效拥有数最多的四十家企业

序号	国别	商标持有企业简称	马德里商标持有数（个）	序号	国别	商标持有企业简称	马德里商标持有数（个）
1	法国	欧莱雅 L'Oréal	3435	21	德国	拜尔斯道夫 Beiersdorf	682
2	瑞士	诺华 Novartis	2045	22	德国	拜耳知识产权 Bayer Intellectual Property	677
3	瑞士	雀巢 Nestlé	1777	23	瑞士	菲利普·莫里斯 Philip Morris	668
4	德国	汉高 Henkel	1436	24	德国	博西家用电器 BSH	666
5	德国	历德 Lidl	1372	25	法国	赛诺菲 Sanofi	628
6	匈牙利	吉瑞制药 Richter Gedeon	1284	26	德国	勃林格殷格翰国际 Boehringer Ingelheim International	618
7	英国	葛兰素 Glaxo	1176	27	荷兰	阿克苏诺贝尔涂料 Akzo Nobel Coatings International	612
8	德国	宝马 B.M.W.	1102	28	德国	奥古斯特斯多克 August Storck	611
9	美国	苹果 Apple	1060	29	法国	雷诺 Renault	604
10	法国	比奥法尔马 Biofarma	977	30	瑞士	阿贝克隆比－费奇欧洲 Abercrombie & Fitch Europe	603
11	匈牙利	逸吉斯制药 Egis Gyógyszergyár	968	31	瑞士	米格罗斯 Migros	600
12	斯洛文尼亚	克尔卡制药 Krka Tovarna Zdravil	960	32	卢森堡	里格贸易 Rigo Trading	598
13	德国	巴斯夫 BASF	931	33	德国	默克 Merck	574
14	荷兰	联合利华知识产权 Unilever IP	884	34	保加利亚	欧洲游戏技术 Euro Games Technology	562
15	比利时	杨森制药 Janssen	883	35	德国	巴厘岛化学 Brillux	551

续表

序号	国别	商标持有企业简称	马德里商标持有数（个）	序号	国别	商标持有企业简称	马德里商标持有数（个）
16	德国	梅赛德斯－奔驰 Mercedes-Benz	787	36	美国	微软 Microsoft	546
17	中国	华为 Huawei	739	37	法国	Savencia	546
18	荷兰	皇家飞利浦 Koninklijke Philips	705	38	德国	Adp Merkur	518
19	瑞士	先正达 Syngenta	703	39	德国	大众 Volkswagen	513
20	日本	资生堂 Shiseido	694	40	德国	西门子 Siemens	483

　　鉴于中国企业处于"走出去"的发展阶段及中国企业在全球产业链中的地位，大量中国企业更注重有形资产的增长与产品市场的拓展，品牌化经营还未成为中国企业海外发展的战略核心。各国头部企业实体拥有注册国际商标数量的排名，能够反映出在商标权背后，品牌对于全球财富创造与产业链控制的实际影响力。在全球拥有有效马德里商标最多的40家企业中（表1-2），德国占据15席，瑞士占据6席，法国、荷兰各自分据5席和3席，美国和匈牙利各据2席，中国的华为公司居第17位。中国的荣耀（Honor）（中国企业第二位）和美国的谷歌（Google）公司都在前一百名以外，其他具有一定地位的中国企业还有小米（Xiaomi）、OPPO、比亚迪（BYD）、伊利（Yili）等。

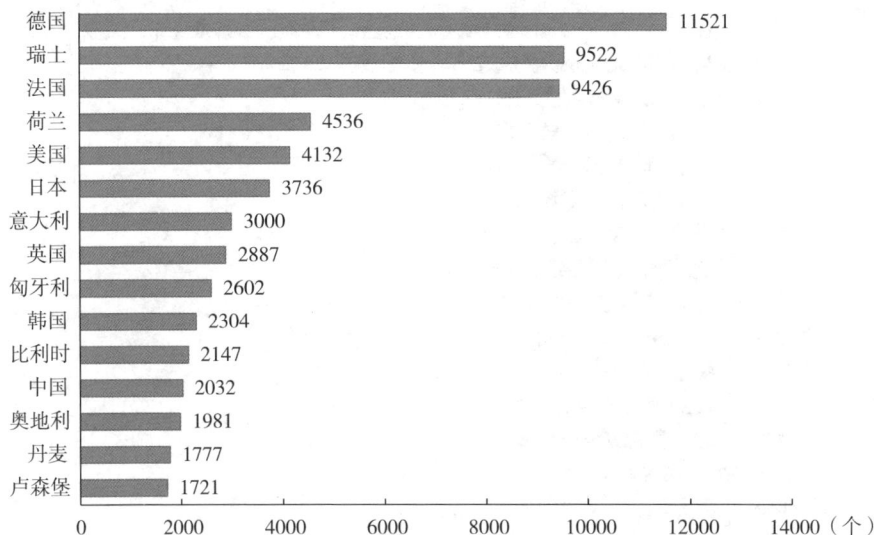

图 1-11　各国马德里商标注册前十五名企业商标总数

在知识产权领域，拥有头部品牌和大量品牌的企业具有重要的产业链优势和传播优势。各国知名大企业在品牌（商标）领域的竞争激烈，法国爱马仕（Hermès）、韩国三星电子（Samsung）与现代汽车（Hyundai）、日本任天堂（Nintendo）、意大利费列罗（Ferrero）等企业只能位居 40 名以外。表1-2 中的 40 家企业拥有 35778 个有效马德里商标，占全球 908812 个有效马德里商标总数的 4%，德国、瑞士、法国重要企业的有效商标持有数尤为突出。

2. 中国企业持有国际品牌的数量与行业特征

在商标注册方面的头部企业不仅自身多为品牌巨头，也是各国品牌国际化的引领者（附表 2）。一般而言，头部企业拥有商标数越多的国家，该国头部企业拥有国际商标的中位数也越大。奥地利、丹麦等国大企业商标国际化的程度差异较小，所持国际商标中位数排名明显提升。中国头部企业拥有国际商标的中位数落后于 11 个发达国家，大约处于第三梯队（韩国、西班牙、俄罗斯、芬兰、瑞典等国）之首。

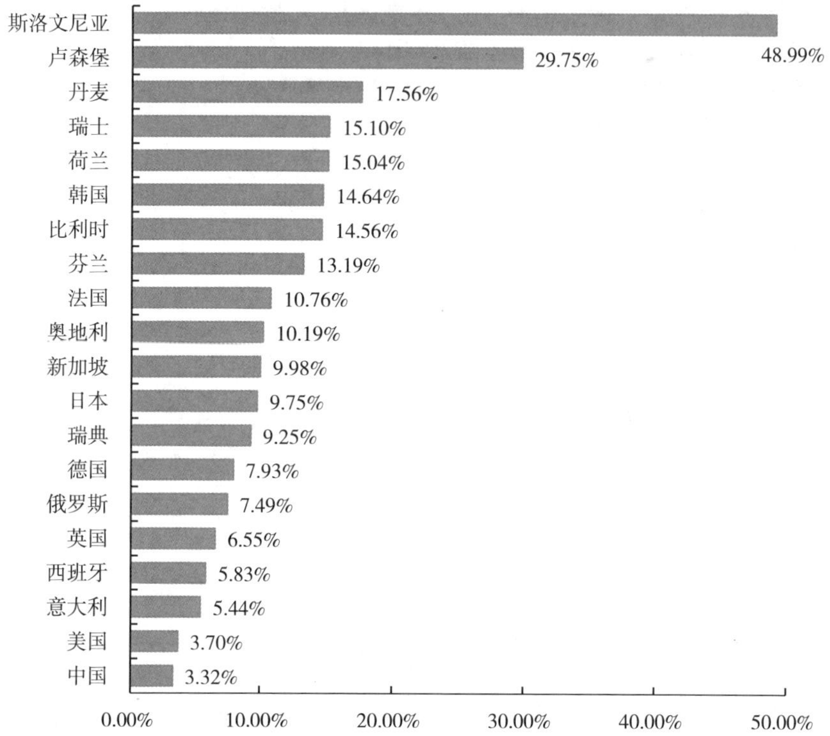

图 1-12　二十国前十五名企业马德里有效商标数在该国有效存量中的占比

值得注意的是，中国头部企业拥有的马德里商标数占本国马德里商标总数的比例在品牌大国中最低，美国次之（图 1-12）。相较而言，欧洲的国际商标更多地集中在头部企业，尤其是比利时、匈牙利、斯洛文尼亚等国的国际化品牌几乎均由若干大企业持有。

中国品牌的品牌国际化由不同行业的头部企业引领，反映出中国经济结构的历史变迁和高质量发展的内在转向（附表3）。在社会主义市场经济体制改革初期，以代加工（贴牌）企业为主的产品品牌（包括台资、港资企业）较为突出。除了烟草、农产品外，普通家用电器、日用化工品、服饰鞋帽等轻工业产品通过出口贸易成为中国产品品牌在世界的主要代表。中国加入世贸组织以后，本土汽车制造、专业日用品（儿童和体育）、化工类等企业使中国品牌出海日渐多样化，金融、航空等服务品牌也进入国际市场。

2014 年以后，信息技术设备、医疗器械、商务服务类的中国企业改变了中国产品品牌单一的"物廉价美"的国际形象。2018 年以后，包括汽车在内的中国新能源产品在国际市场异军突起。中国品牌在高端设备制造、科技行业领域开始确立牢固地位，逐渐改变了相关行业原有的品牌结构。同时，中国品牌在世界的发展从单一的产品运输出口渠道，拓展为境外产业投资、国际合作与并购、互联网服务与传播等多渠道的传播方式。

（三）中国产品品牌在全球不同地区的发展趋势

作为品牌经济的后发国家，中国品牌进入经济全球化的进程迟于西方资本主义国家，在不同类型的国家与地区的发展程度存在差异。市场化发展程度与地缘因素是中国品牌选择海外市场时的重要衡量因素。为了深入理解中国品牌在全球的发展情况，本节在 WIPO 马德里商标的数据基础上，增加了59 个国家和地区性商标管理机构的数据，对不同市场和地理区域进行划分，并做比较研究。

1. 中国品牌在不同市场（国家）的发展

综合不同国家的经济发展情况、市场国际认可度和数据可得性，图1–13、1–14、1–15 展现了中国、美国、德国、日本四国在发达国家、新兴市场国家和前沿市场国家的国际商标注册情况。在过去二十年，中国作为国际品牌市场的新晋者，在各类市场发展水平国家中的增长速度均遥遥领先。通过不同渠道，中国在发达国家的商标注册数增长超过了 62 倍，相比之下，德国大约增长 1.8 倍，美国、日本两国分别增长 1.2 倍和 1.3 倍左右。中国在新兴市场国家的国际商标的注册增长超过 45 倍，美、日两国则超过 3 倍，德国约 1.9 倍。在经济发展水平较弱的前沿市场国家，中国的国际商标注册增长超过 16 倍，美、日两国分别略低于 2 倍和 2.7 倍。

2019—2023 年底，中国的国际商标注册数量在以上三类国家市场中分别约增长 173%、155% 和 52%。在竞争最为激烈的新兴市场国家，美、德、日三国同期注册增长约为 33.65%、22.09% 和 36.23%。

从年均绝对净增长数来看，中国在发达国家的商标注册净增数在2009—2013年超越了日本，并爆发式地在2019年以后超越了美国和德国（图1-13）。在新兴市场国家（图1-14），2019年之前，中国与德国、日本每年的国际商标净增数大致接近，而美国始终以3倍以上的数量领先。2019年以后，中国年均净增20774个国际商标，开始超过德国与日本，并缩小了与美国（年均净增33330个商标）的差距。类似的情况也发生在前沿市场国家（图1-15）。在可获得数据的8个国家，中国品牌的发展增速相对平稳，国际商标年均净增数已接近美国的水平。

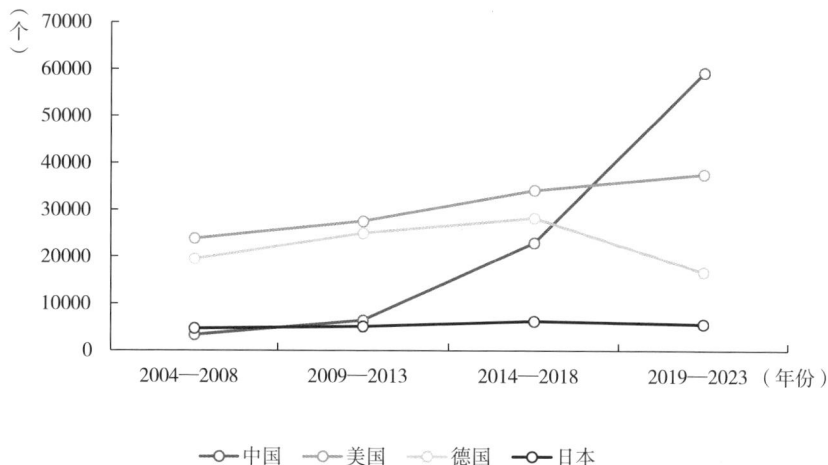

图 1-13　中、美、德、日四国在发达国家 * 年均净增国际商标数

* 包括法国、英国、新加坡、澳大利亚、新西兰、瑞士、丹麦、西班牙、加拿大、以色列十国。

从净增长速度来看，20年来中国的国际商标在发达国家和新兴市场国家基本维持略高于20%的年均净增长率（表1-3）。在前沿市场国家，中国的商标增长速度在2013年以后放缓，近年来保持在11%左右的平均增长水平；相比之下，其他发达国家也明显放缓了在前沿市场国家的扩张趋势，在新兴市场国家则继续保持较快的增长速度。显然，新兴市场国家对于中国与其他大国的品牌一样具有重要价值。

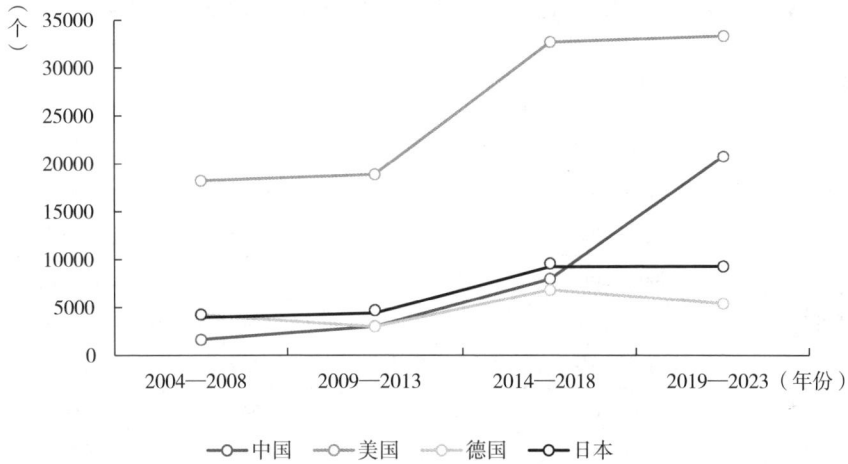

图 1-14　中、美、德、日四国在新兴市场国家 * 年均净增国际商标数

* 包括巴西、墨西哥、埃及、卡塔尔、阿联酋、印度尼西亚、马来西亚、菲律宾、泰国九国。

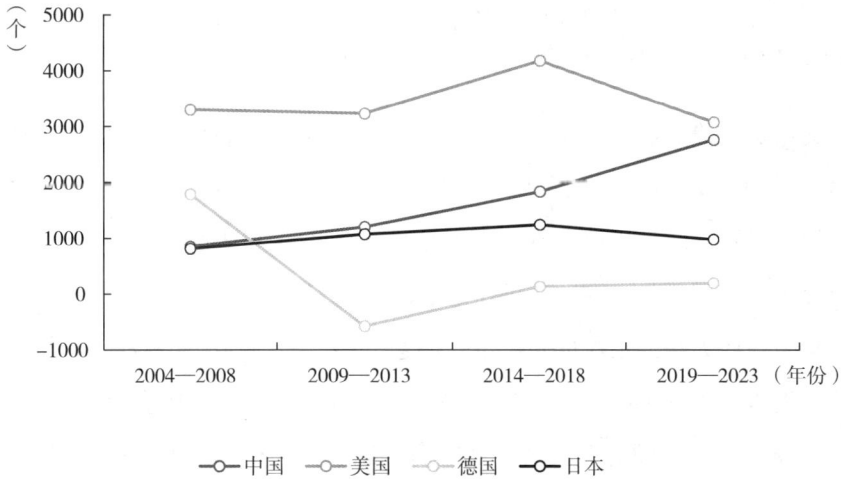

图 1-15　中、美、德、日四国在前沿市场国家 * 年均净增国际商标数

* 包括约旦、阿曼、突尼斯、肯尼亚、越南、塞尔维亚、巴林、摩洛哥八国。

表1-3　中、美、日三国在不同经济发展水平国家商标注册年均净增长率

商标指定地区	时间段	中国注册商标增长率	美国注册商标增长率	日本注册商标增长率
发达国家 *	2004—2013	22.50%	4.14%	4.87%
	2014—2018	24.92%	4.09%	4.40%
	2019—2023	22.25%	3.71%	3.28%
新兴市场国家 **	2004—2013	22.04%	8.53%	7.34%
	2014—2018	19.90%	8.34%	9.35%
	2019—2023	20.61%	5.97%	6.38%
前沿市场国家 ***	2004—2013	20.46%	7.04%	8.64%
	2014—2018	11.90%	5.64%	6.52%
	2019—2022	10.99%	3.36%	4.01%

* 包括法国、英国、新加坡、澳大利亚、新西兰、瑞士、丹麦、西班牙、加拿大、以色列十国。

** 包括巴西、墨西哥、埃及、卡塔尔、阿联酋、印度尼西亚、马来西亚、菲律宾、泰国九国。

*** 包括约旦、阿曼、突尼斯、肯尼亚、越南、塞尔维亚、巴林、摩洛哥八国（前沿市场国家的数据截至2022年底）。

　　无论是在绝对数量还是在增长速度方面，中国品牌在发达国家市场的拓展最为有力。图1-16反映了中国、美国、德国、日本在不同区域发达国家的商标注册年均增长情况。其中中国品牌在欧洲发达国家的发展趋势，已经远超美国、德国、日本在这些国家趋于减缓的发展趋势，展现出数量上的竞争优势。在西太平洋沿岸的4个发达国家，中、美两国的商标注册净增长已处于相近水平（图1-17）。在北美的加拿大和美国市场，中国品牌成为唯一高速拓展的一支国际力量；由于美国商标制度对商标实际使用的严格要求，2019—2023年中国国际商标注册净增长的实际质量还有待时间的考验。中国品牌在相对健全、严格的知识产权环境中，抓住了相关国家和地区在全球新冠疫情过后经济恢复的契机，展现出了蓬勃的生命力。

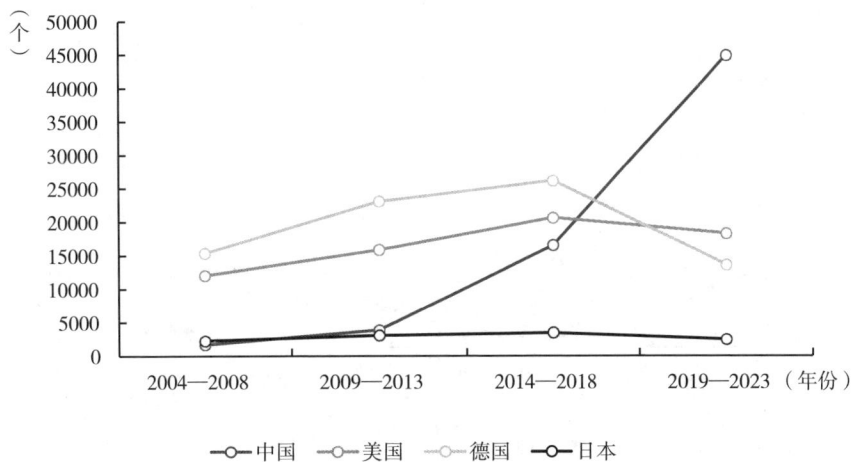

图 1-16　中、美、德、日四国在欧洲发达国家*年均净增国际商标数

* 包括法国、英国、瑞士、丹麦、西班牙五国。

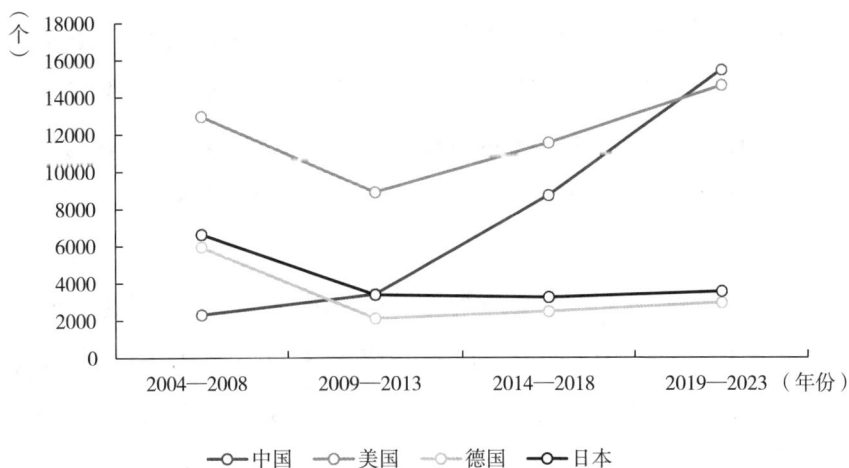

图 1-17　中、美、德、日四国在太平洋西岸发达国家*年均净增国际商标数

* 包括新加坡、韩国、澳大利亚、新西兰四国。

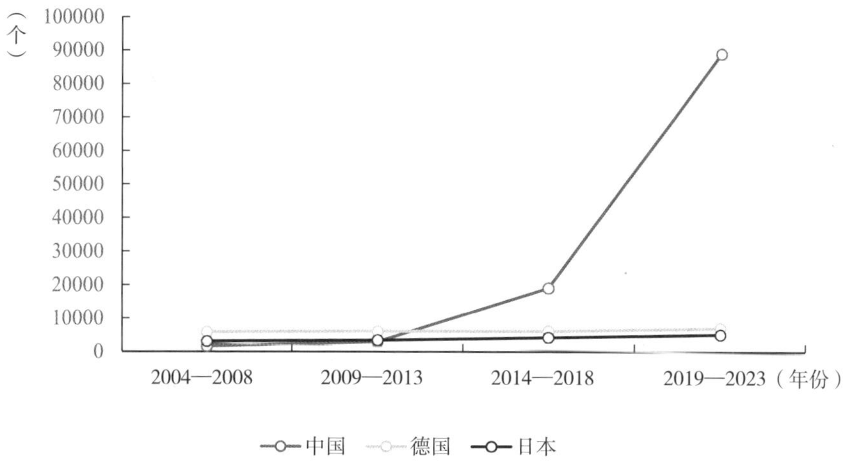

图 1-18　中国、德国、日本在美国和加拿大市场年均净增国际商标数

2. 中国品牌在不同地理区域（国家）的发展

从地理位置划分区域，可以从另一角度看到中国商标更为具体的全球化发展。中国品牌在欧洲注册数量的快速增长不仅发生在传统西欧发达资本主义国家，在东欧与巴尔干地区同样增速最快。中国与东盟各国经贸关系的互惠发展，也促使中国品牌在当地的生根发芽。中国每年在上述国家与地区的注册商标净增长数量远远超出其他国家品牌在当地的净增数量，中国品牌正成为当地经济全球化的重要推动力量。

在欧洲与东盟地区，西欧仍然是每年中国企业注册国际商标最多的指定区域，领先美、德、日三国在西欧地区的各自注册数均为两倍多（图1-19）；中国品牌在东欧、巴尔干地区的年新增注册水平相近，净增注册数量要多于东盟地区（图1-20、1-21）。这些在近十年内发生的趋势，反映出了中国经济发展质量与结构性转变的基本面，也是中国坚持推进全球经济一体化与多边经济合作的重要见证。当然，中国在上述地区的品牌总量与德国、美国等国家尚有差距，欧洲与东盟的发展环境也有很大不同。尤其是在东盟，美国、日本、德国的企业均保持着与中国相近的品牌发展态势（图1-22）。

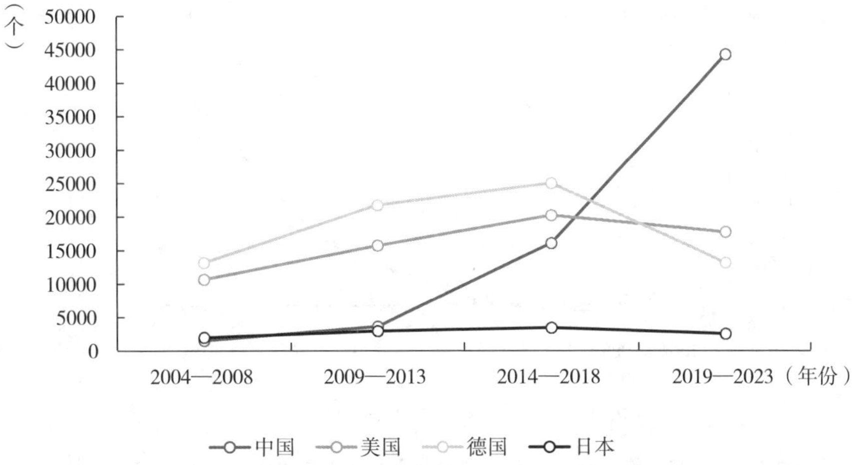

图 1-19 中、美、德、日四国在西欧地区 * 国际商标年均注册净增数

* 包括英国、法国和摩纳哥三国。

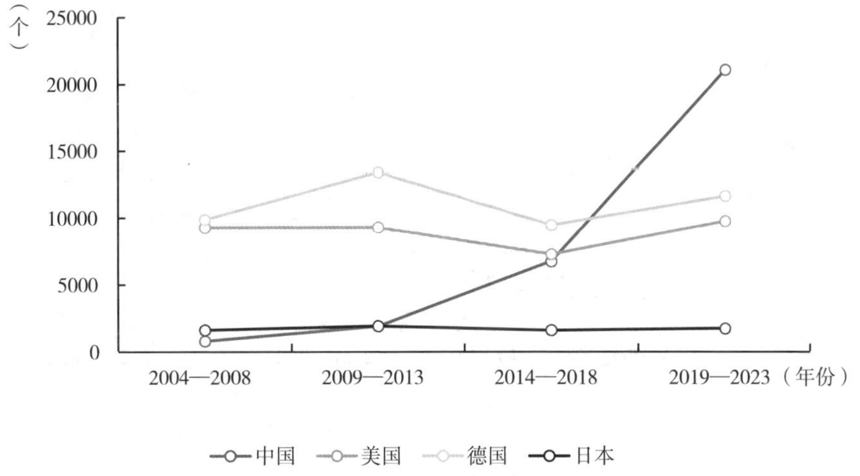

图 1-20 中、美、德、日四国在东欧地区 * 国际商标年均注册净增数

* 包括乌克兰、摩尔多瓦、爱沙尼亚三国。

图 1-21　中、美、德、日四国在巴尔干地区 * 国际商标年均注册净增数

* 包括塞尔维亚、保加利亚、黑山、北马其顿四国。

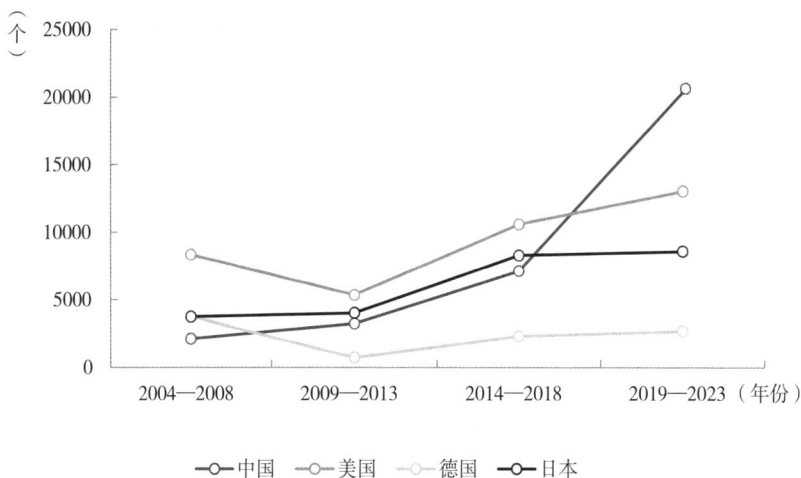

图 1-22　中、美、德、日四国在东盟地区 * 国际商标年均注册净增数

* 包括除缺乏数据的缅甸以外的印度尼西亚、马来西亚、菲律宾、泰国、越南、新加坡、文莱、柬埔寨和老挝九国。

在拉美地区、阿拉伯地区、撒哈拉以南非洲地区和印度，美国企业在品牌建设方面仍保持着相当的数量优势，2019—2023 年在上述地区的国际商标年均注册净增数分别是中国的 3.46 倍、2.34 倍、6.7 倍和 1.45 倍（图 1-23、

1–24、1–25、1–26）。在绝对数量方面，美国品牌在拉美地区的优势最为明显；在相对优势方面，美国品牌在撒哈拉以南非洲地区维持着主导地位。中国品牌商标的增长数量在前三个地区超越了德国与日本，而在印度已经拉开了相对两国的优势。

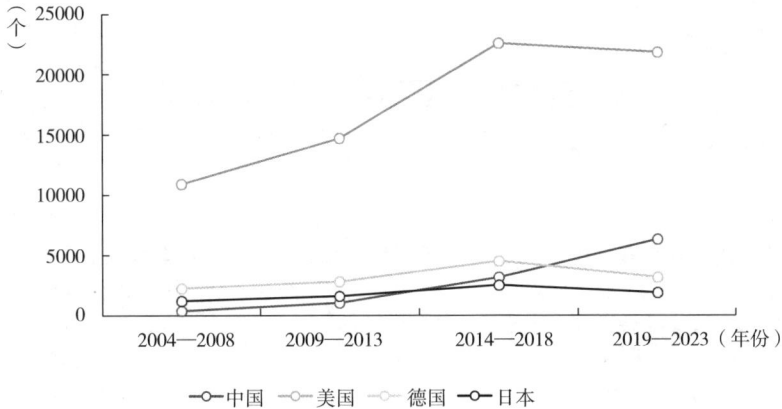

图 1-23　中、美、德、日四国在拉美地区 * 国际商标年均注册净增数

* 包括巴西、墨西哥、伯利兹、哥斯达黎加、特立尼达和多巴哥、乌拉圭等六国。

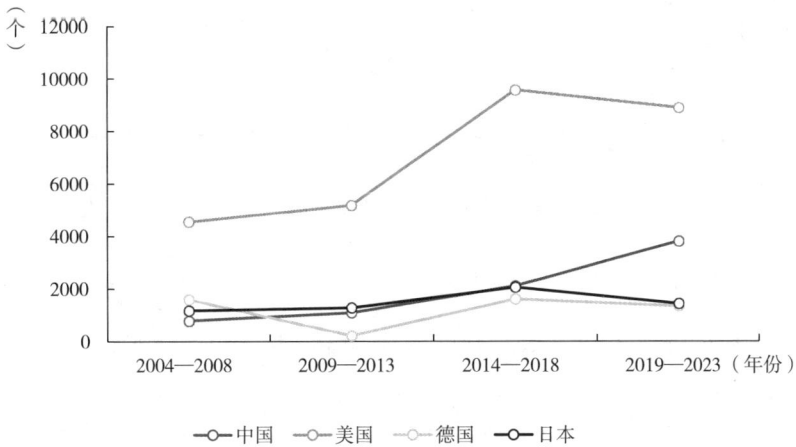

图 1-24　中、美、德、日四国在阿拉伯地区 * 国际商标年均注册净增数

* 包括阿曼、阿联酋、巴林、约旦、卡塔尔、埃及、阿尔及利亚、摩洛哥八国。

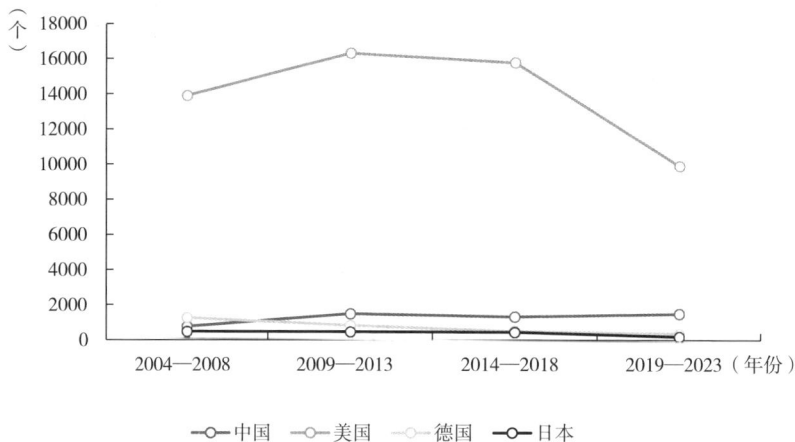

图 1-25　中、美、德、日在撒哈拉以南非洲地区*国际商标年均注册净增数

* 包括肯尼亚、博茨瓦纳、加纳、冈比亚、莫桑比克、纳米比亚、圣多美和普林西比、斯威士兰、津巴布韦、马拉维、赞比亚十一国。

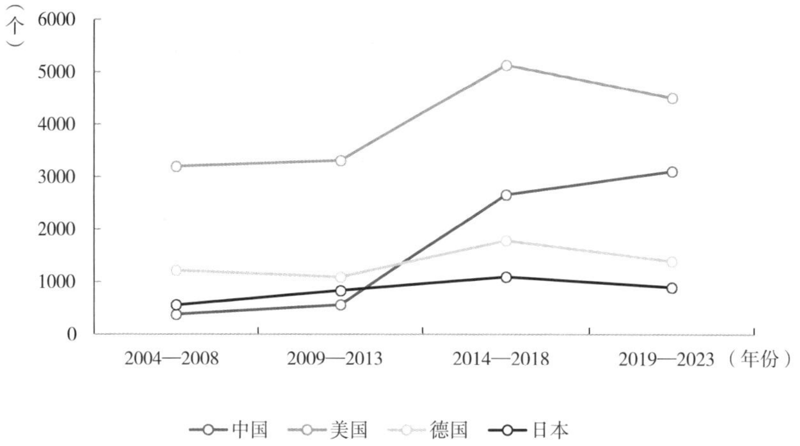

图 1-26　中、美、德、日四国在印度国际商标年均注册净增数

从中国品牌和企业自身的发展看，以商标作为基本载体的中国产品品牌在各地区均有很大发展。在过去 20 年间，中国在东欧地区的国际商标净增长了 130 倍之多，在巴尔干地区和西欧地区分别增长了 95 倍和 84 倍左右，增长幅度最少的是在阿拉伯地区（23.5 倍）和撒哈拉以南非洲地区（39

倍）。2019年以来，中国国际商标在东欧地区和巴尔干地区的数量分别增长了85.02%和84.72%，在西欧和拉美地区的增幅为68.15%和61.56%，增幅最小的是在撒哈拉以南非洲地区（12.27%）和印度（25.34%）。

从中国产品品牌数量的年均增长率来看，中国企业的商标注册在西欧地区和东盟地区容易受到多边关系和地缘政治的影响而产生波动，在印度和拉美地区更容易受到相关国家内部经济政策与政治局势的影响。2019—2023年的国际商标注册趋势显示，来自中国的国际商标在东盟地区年均净增长率从2014—2018年的16.69%提高至20.44%（图1-27），在撒哈拉以南非洲地区的年均净增长率始终在10%以下；增速放缓最突出的是，中国企业在印度市场的国际商标注册的年均净增长率，从2014—2018年的28.74%降为12.94%（图1-28）。

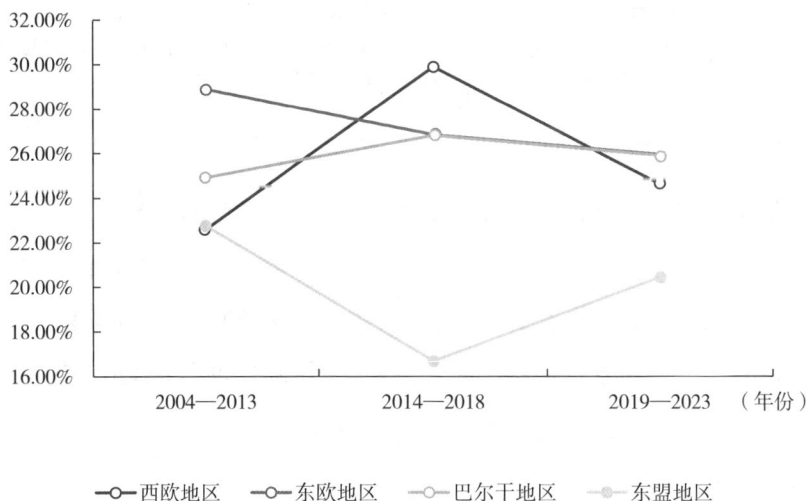

图1-27 中国在全球八个地区（组1）国际商标注册年均净增长率

数据说明：

（1）西欧地区包括英国、法国和摩纳哥三国。

（2）东欧地区包括乌克兰、摩尔多瓦、爱沙尼亚三国。

（3）巴尔干地区包括塞尔维亚、保加利亚、黑山、北马其顿四国。

（4）东盟地区指除缺乏数据的缅甸以外的印度尼西亚、马来西亚、菲律宾、泰国、越南、新加坡、文莱、柬埔寨和老挝九国。

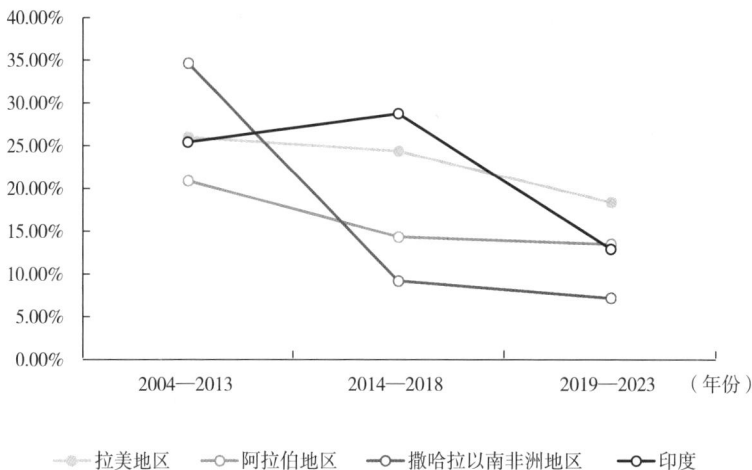

图1-28　中国在全球八个地区（组2）国际商标注册年均净增长率

数据说明：

（1）拉美地区包括巴西、墨西哥、伯利兹、哥斯达黎加、特立尼达和多巴哥、乌拉圭六国。

（2）阿拉伯地区包括阿曼、阿联酋、巴林、约旦、卡塔尔、埃及、阿尔及利亚、摩洛哥八国。

（3）撒哈拉以南非洲地区包括肯尼亚、博茨瓦纳、加纳、冈比亚、莫桑比克、纳米比亚、圣多美和普林西比、斯威士兰、津巴布韦、马拉维、赞比亚十一国。

（四）中国品牌在世界的文化透视

商标是品牌在法律意义上的有形载体，而一个品牌的无形价值与文化内涵远远超出了商标本身。品牌文化能够决定品牌的无形资产与价值，既是经济活动的过程，也是文化现象。一方面，中国品牌特有的文化内涵是中国品牌走向世界的重要动力；另一方面，中国品牌国际化也需要适应不同国家和地区的文化差异，以获得当地消费者的认可。

1. 人口流动带动品牌国际化

中国人在全世界的人口流动直接带动了中国文化和生活方式的传播。全球越来越多的中国游客、留学生、海外工作人员，都通过直接接触的方式与其他国家的人群进行文化交流。尤其是各代移民的流动与华裔社群的发展更使得中国元素能稳定地在世界各地传播。不少中国商品和服务品牌跟随人口在全球流动，通过文化载体（如食品、服饰、工艺品等）的交换，影响了其他地区消费与生活习惯的转变。"老干妈"辣酱在国外市场的畅销，就是海外华人把中国口味和食物带到全世界的例子；国内网红小吃柳州螺蛳粉逐渐从地方特色小吃成为大产业，远销至欧美、东南亚、中东、非洲的40余个国家也属此例；近年来"海底捞"火锅在各国成功的连锁经营，代表了中华特色的饮食品牌进入世界标准化餐饮服务行列。

中国消费者成为不少中国品牌出海初期的海外主要消费群体。在新式茶饮行业，现象级品牌霸王茶姬（CHAGEE），依托华人社区与东方茶文化，在东南亚地区开设一百多家门店。该品牌名称致敬中国经典戏曲《霸王别姬》，产品设计融入戏曲服装、传统刺绣、篆刻木等元素，门店装修以木质、篆书饰墙的禅意中国风格为主，四大系列产品取名均化用了中国传统典故，包括"伯牙绝弦""兰亭序""柑濡以沫""桃花缘"。

对中国人而言，冰激凌本是舶来品。同样凭借在中国市场的成功，2018年蜜雪冰城（MIXUE）以"高质平价"的产品特点和"你爱我❤我爱你，蜜雪冰城甜蜜蜜"的品牌口号进入海外新鲜冰激凌零售市场，并打造了家喻户晓的品牌歌曲和品牌知识产权（IP）电影。2024年上半年，蜜雪冰城已拥有海外门店4000家，成为全球第五大快餐连锁店。

在服务业领域，大量往来国内外的旅客，直接成为中国航空品牌改变国际航线格局的基本支撑。随着中国与中东国家经贸往来一片火热，中国国际航空、东方航空、南方航空与阿联酋、沙特阿拉伯、卡塔尔等国企业密切发展合作，互相开通直飞航线，承载中国人飞向世界各地，拓展了品牌发展空间。

2. 文化适应与品牌本地化

品牌信息和品牌价值的传递，需要跨越不同文化背景，满足海外受众和消费者的实际需求。近年来，中国企业针对国外市场的文化背景与不同地区的生活习惯，创新创造了不少知名品牌产品。比如，在马来西亚推广东方茶文化时，霸王茶姬突出"海上丝茶之路"和马来亚文化，门店空间融合了峇迪美学和现代感的审美设计，并推出全球首家 Drive-Thru（得来速）门店。

产品功能对本土生活习惯的适配，仍然是中国品牌在海外市场本土化最突出的特征。其中最突出的是，中国家电品牌从最初的"出海创汇"，正走向"出海创牌"的全球化经营。以拥有七大全球品牌的海尔（Haier）家居为例，品牌针对日本紧凑的住房环境，与日企共同研发出小体积、大容量的洗衣机产品；针对美国与澳大利亚等国家庭大量储存食物的生活习惯，生产大型对开门冰箱等大容量家电，同时达到产品能效等级；针对欧洲家庭囤放海鲜的需求，推出多款全空间保鲜冰箱：这些适配性产品均取得了很大成功。

又如，由莱科技（Ulike）捕捉到国外消费者居家美容美体的需求，抢先美容院线冰点脱毛科技的家用化，通过与丝芙兰、乐天免税、中免集团等国际化妆品牌或大型零售集团深度合作，成为"宅美容"文化的国际领先品牌。

在智能手机品牌方面，华为根据欧洲消费者对手机设计的审美和使用习惯，推出具有高质量屏幕、长续航和安全隐私保护功能的手机，在欧洲市场获得了较高的市场份额，提升了品牌的国际知名度。针对非洲市场，深圳传音研制了深肤色拍照、低成本高压快充、超长待机、防汗液 USB 端口等技术，推出更适合非洲音乐的低音设计、喇叭设计和收音机功能设计。"传音"通过多品牌战略为不同消费层级提供产品，并在音乐、内容聚合等领域开发了契合非洲用户偏好的移动互联网应用，成为"非洲手机之王"。

中国光伏技术品牌也推出适应国外使用场景的产品。隆基绿能的光伏组件被广泛应用于欧洲、美国、印度等地区的分布式太阳能发电项目，特别是欧洲的家庭屋顶光伏系统和小型商业光伏电站。隆基绿能通过提供高质量的产品和完善的售后服务，帮助当地用户降低能源成本。铂陆帝（Bluetti）倡导"能源无忧，地球无忧"的理念，为日本、美国、德国、澳大利亚、尼日利亚等 70 余个国家提供便携式、户用式太阳能储能设备和光伏储能一体化服务，实现清洁能源的利用。

3. 文化"密钥"开启品牌"心时代"

随着互联网信息传播的普及与人们消费需求的改变，品牌市场的物质需求日益转换为心理需求、情感需求等精神需求。比如，OPPO 手机品牌清晰定位以年轻人为主的消费市场，推出了一系列时尚而高性能的智能手机，满足了年轻消费者对于手机拍照功能及时尚感、科技感的体验需求。

中国传统文化强调生命体验，擅长对个人心性与情感进行艺术化表达。凭借对各国当地生活习惯与心性需求的理解，中国品牌尤其在发达国家和新兴市场国家的消费升级中表现出色。带有中国特定文化元素的"潮品"，如潮流玩具、美妆用品、流行服饰、电子数码用品等越来越多地走出国门，吸引全球消费者。

泡泡玛特（POP MART）抓住"Z世代"人群的"萌化、少女化、拟人化"的二次元文化消费需求，打造MOLLY、妹头、Satyr Rory等众多国内外知名IP。最重要的IP——MOLLY娃娃，以金发碧眼、嘟嘟嘴的小女孩形象，加上盲盒的营销方式火爆出圈。泡泡玛特还举办了不少富含中国文化元素的潮玩展，参加各类博览会；与三星堆博物馆合作推出的联名款LABUBU金面铜人手办、与著名艺术家韩美林合作推出的联名款珍藏MEGA及唐宫夜宴系列等都获得了好评。

国货彩妆品牌花知晓（Flower Knows）取意"少女心意，有花知晓"，通过社交媒体与私域互动的营销投入，建立起国风少女彩妆的品牌认知。品牌进入日本、东南亚和欧美等国家及地区后，通过本地化的营销手段（如加强线下药妆店布局等），成为各国"中国风"美妆的爆款。

在许多国家的文化中，宠物被视为家庭成员之一。对此，小佩宠物（PETKIT）提出"以爱相伴，世界大不同"的品牌理念，研发了包括智能食物喂食器、智能饮水器、智能猫砂盆等在内的多款宠物智能产品，建立针对当地市场的独立站，满足宠物主对科学养宠的需求。

在互联网产品方面，2020年底，紧随腾讯视频和爱奇艺的出海步伐，知名视频网站"哔哩哔哩"（Bilibili，简称B站）以"二次元"文化社区的核心定位布局东南亚。东南亚市场具有人口结构年轻、用户消费意愿强、对"二次元"动漫接受面广、互联网与智能手机渗透率高的特点。除了借助全球领先的短视频娱乐平台TikTok触达本土用户外，B站鼓励当地市场的专业用户制作差异化内容，结合独特的"弹幕"文化和"一键三连"机制，吸引了大量的海外用户。轻松、包容、陪伴式的高互动氛围，成为 B 站在海外打造优质泛娱乐文化社区的基础。

4. 文化体验塑造中国品牌新形象

文化和科技的融合，使中国文化的丰富历史积淀与中国产品、中国服务不断结合，催生了新的文化品牌，也赋予中国品牌独具魅力的文化引力。在数字化、智能化技术的推动下，中国的数字媒体、文化遗产保护、影视工业等领域的技术提升，带动了中国品牌的工业设计、文创产品、文化服务等方面的技术创新和产业更新。中国品牌在世界的形象，已经开始摆脱以往人们关于"廉价制造"的记忆。

中国文化通过演艺、广播影视、电影、图书版权、动漫、游戏、文化旅游、艺术品、创意设计等诸多领域的文化产品走向世界。2023 年以来，在巴黎举行的中法时装周及在英国、泰国、俄罗斯等国举办的中国电影节等活动，都是中国文化品牌的重要展示。国产影视作品《苍兰诀》《庆余年》《三十而已》《三体》《长安三万里》《熊出没》等作品，在海外受到外国观众的喜爱。中国的现实题材电视剧也一度在海外热播：《人世间》被迪士尼买下海外发行权，中国传统文化价值观引发其他东亚国家年轻人的共鸣；《山海情》在 YouTube 上线两周后总播放时长超过 250 万小时，已在全球 50 多个国家播出。

与此同时，中国文化体验日益受到全球玩家追捧，中国手机游戏《王者荣耀》融合了中西不同文化元素。这一游戏将中国历史与神话人物融入角色设计，展现大量汉代、魏晋、唐代等时期的中国服饰特征；引入古筝、二胡等中国传统乐器演奏的背景音乐；对中国水墨和敦煌壁画等艺术形式进行数字化加工；游戏机制嵌入中国传统的"五行"观念和节日元素。游戏还与京剧、越剧、苏绣、峨眉武术、潍坊风筝制作等国家非物质文化遗产项目合作，并运用中国式山水、楼阁、诗词等构成精美画面，营造富有中国特色的虚拟世界。

从"Made for China"到"Made for Global"，B 站重视优质内容生态的客户体验，集中发力国创动画、纪录片和游戏等领域；在品牌合作方面，先后与华纳兄弟 Discovery、BBC Studios 等国际品牌以委托制作、联合出品、IP 衍生开发与成片采购等方式，展开一系列的深入合作，以多元化的优质纪录片向世界讲述中国故事。2023 年，B 站还以展商身份亮相美国洛杉矶动漫展、拉斯维加斯授权展、东京授权展、法国戛纳电视节等，创造全球受众的现场文化体验，展示并推荐优秀国产内容。[①]

四、中国产业品牌在世界

（一）中国品牌在世界的产业化

1. 中国国际品牌（商标）与中国产业发展

品牌产业化是中国品牌升级发展的大势所趋。一方面，产业化发展是中国品牌企业壮大自身经营能力、塑造品牌优势、提升品牌价值的必由之路。另一方面，中国品牌从市场国际化走向经营全球化，不仅要求中国企业思考自身产品品牌的核心能力与市场地位，更要求中国相关的市场主体进行国内外的产业布局、联通与整合。以餐饮服务业为例，快餐业是东南亚最大的餐饮细分赛道，但以西式为主的海外快餐品牌在当地市场占据绝对优势。中国连锁餐饮品牌海底捞等进入东南亚以后，着力东南亚供应链管理，逐步实现"种植基地—智能工厂—智能仓储—冷链运输—中央厨房—数字门店"的供应链一体化，从而开辟了以火锅餐饮为代表的细分赛道。

在一般意义上，不同类别国际商标的增长情况能反映中国不同产业部门

---

① 庞晓华：《在内容出海浪潮中与世界深度交流——B 站海外市场拓展观察》，《中国记者》2024 年第 8 期。

的品牌发展。根据WIPO品牌数据库与尼斯分类（Nice Classification）①，中国近三十年来各类别马德里国际商标注册数增长迅猛，中国品牌在国际市场的影响力日益扩大。1994—2003年，中国各类别马德里国际商标注册数累计共有896个；2004—2013年注册的马德里商标有8712个来自中国，是前一个十年的9.7倍；2014—2023年注册的马德里商标有49692个来自中国，约为2004—2013年的5.7倍。

从产业分类看，1994—2003年，中国品牌注册数量排名前三的产业类别分别为"9-科学仪器""25-服装、鞋帽""7-机械设备"。2004—2013年，中国品牌注册数量排名前三的产业类别分别为"9-科学仪器""7-机械设备""25-服装、鞋帽"。2014—2023年，中国品牌注册数量排名前三的产业类别分别为"9-科学仪器""7-机械设备""35-广告、商业"（表1-4）。可以看到，三个时间段中国商标注册数量最高的皆为"9-科学仪器"产业类别，注册数量相较于上一阶段皆呈现出近10倍的提升，且远高于其他产业类别。近十年，"7-机械设备"和"35-广告、商业"产业类别的注册数突飞猛进，已超过了"25-服装、鞋帽"产业类别，中国品牌出海已逐步向附加值更高的产业拓展。

2023年中国品牌新注册数为5592件，相较于上年注册数同比增长14.07%。截至2023年，中国各类别马德里国际商标注册累计59465件。中国品牌注册数量排名前三的产业类别分别为"9-科学仪器""7-机械设备""25-服装、鞋帽"（表1-5）。

表1-4　不同阶段的中国商标注册数量前十名产业分类

排名	1994—2003年前十产业类别名称	总注册数	2004—2013年前十产业类别名称	总注册数	2014—2023年前十产业类别名称	总注册数
1	9-科学仪器	168	9-科学仪器	1707	9-科学仪器	10416

---

① 尼斯分类是用于对商品和服务进行分类的国际标准分类，共分为45个类别（商品34类、服务11类，详见附表4），从商品和服务的性质、用途、形式、材质等方面进行了划分，为商标注册和商标使用提供了标准。

续表

排名	1994—2003 年前十产业类别名称	总注册数	2004—2013 年前十产业类别名称	总注册数	2014—2023 年前十产业类别名称	总注册数
2	25- 服装、鞋帽	158	7- 机械设备	1216	7- 机械设备	5779
3	7- 机械设备	98	25- 服装、鞋帽	1006	35- 广告、商业	4139
4	11- 照明、供暖、制冷、通风装置	86	12- 运输工具	838	25- 服装、鞋帽	3750
5	12- 运输工具	79	11- 照明、供暖、制冷、通风装置	793	12- 运输工具	3634
6	18- 皮革、人造革及其制品	71	6- 普通金属	474	11- 照明、供暖、制冷、通风装置	3377
7	3- 香料和精油	59	18- 皮革、人造革及其制品	464	42- 科学、技术服务	2970
8	30- 咖啡、茶、可可、糖	59	5- 医药、兽药、农药	442	5- 医药、兽药、农药	2626
9	5- 医药、兽药、农药	56	21- 家用器皿、炊具	399	30- 咖啡、茶、可可、糖	2461
10	34- 烟草	46	30- 咖啡、茶、可可、糖	387	10- 医疗器械	2308

资料来源：WIPO Global Brand Database。

表 1-5 按照尼斯分类的中国商标注册数量前十名产业（2023 年）

排名	代码	类别名称	总注册数（个）
1	9	科学仪器	12264
2	7	机械设备	7075
3	25	服装、鞋帽	4942
4	12	运输工具	4552
5	35	广告、商业	4551
6	11	照明、供暖、制冷、通风装置	4249
7	42	科学、技术服务	3326
8	5	医药、兽药、农药	3134
9	30	咖啡、茶、可可、糖	2920
10	10	医疗器械	2585

资料来源：WIPO Global Brand Database。

从产业分类的商标注册数增速来看，2023 年有 27 个产业类别的中国品牌商标注册数量相较于上年实现了增长，有 20 个产业类别的中国品牌商标注册数增速超过 10%，其中，"8- 手工具和器具""43- 餐饮住宿""32- 啤酒、矿泉水、软饮料"和"21- 家用器皿、炊具"类别的商标注册数增速表现尤为突出，商标注册数同比增长超过了 50%（表 1-6）。

表 1-6　2023 年中国商标注册数量增速前十名产业

排名	代码	类别名称	2022 年注册数（个）	2023 年注册数（个）	增速
1	8	手工具和器具	87	158	81.61%
2	43	餐饮住宿	64	108	68.75%
3	32	啤酒、矿泉水、软饮料	57	89	56.14%
4	21	家用器皿、炊具	187	288	54.01%
5	20	家具、镜子、相框	111	163	46.85%
6	3	香料和精油	230	332	44.35%
7	29	肉、鱼、家禽及野味	143	197	37.76%
8	4	肥皂和洗涤剂	32	43	34.38%
9	12	运输工具	380	491	29.21%
10	25	服装、鞋帽	291	362	24.40%

资料来源：WIPO Global Brand Database。

在中国不同产业国际品牌（商标）的快速发展中，大量中国产品 IP 伴随具体产业品牌的发展而出现。尤其是在一些新兴出海部门出现了如 Ulike、艾雪（Aice）、麦酷酷（MAKUKU）、52TOYS、科沃斯（Ecovacs）、追觅（Dreame）等新锐品牌，这正是中国产业出海或市场新赛道产业化的结果。

以泡泡玛特（POP MART）为例，该品牌从 2016 年正式转型潮流文化娱乐产业，秉持"创造潮流，传递美好"的品牌理念，围绕全球艺术家挖掘、IP 孵化运营、消费者触达、潮玩文化推广、关联产业投资整合等策略重点，构建起覆盖潮流玩具全产业链的一体化平台。2018 年，泡泡玛特正式出海，目前在全球 30 余个国家和地区开设了超过 450 家线下门店和超过 2300 家机器人商店，拥有超过 4000 名员工。品牌还通过全球官网独立站和亚马逊、速卖通、虾皮和 Lazada 等主流电商平台，服务全球超过 80 个国家和地区的数百万粉丝。2023 年泡泡玛特的营业收入和净利润再创历史新高，全年实现营收 63 亿元，同比增长 36.5%。

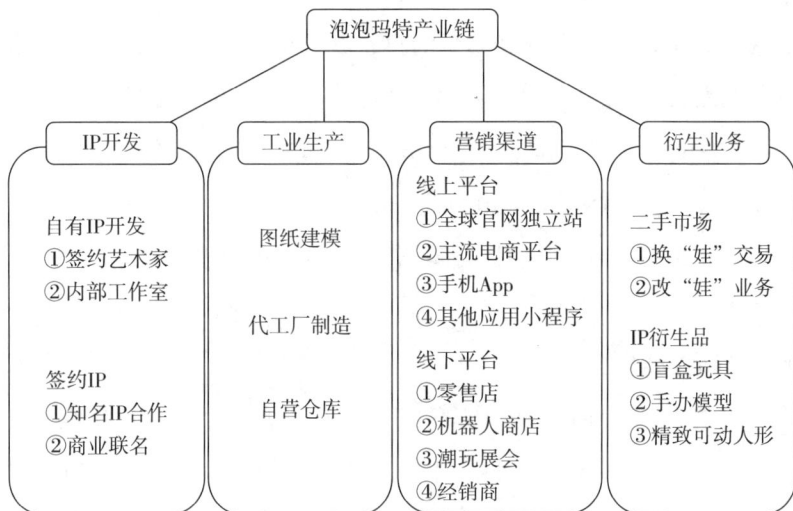

图 1-29　泡泡玛特产业链结构图

2. 中国产业品牌的价值成长

品牌产业化有利于发展中国品牌的整体实力，也是品牌发展对社会经济的溢出作用的重要形式。以消费品市场为例，华为、海尔、海信、联想、TCL 等国内传统消费头部品牌，成为中国产业品牌全球化的主力；在此过程中，深圳消费电子产业、福建晋江鞋业、湖南邵阳打火机产业、江苏纺织服装产业、山东胶东现代设备制造产业、杭州萧山羽绒产业等中国代表性产业带①树立了在全球同业中的地位，从原来的"贴牌加工"整体转向自有品牌的出海经营，推动地方产业在世界的品牌口碑。

---

① 《中国企业出海洞察及全球趋势展望》，霞光智库 2024 年 11 月 22 日，https://mp.weixin.qq.com/s/RtBum87daewtyxIkTikQBA，访问日期：2025 年 4 月 7 日。

全球领先的品牌估值与咨询公司 Brand Finance 每年发布的"全球品牌价值 500 强"报告，已成为评判全球品牌价值的重要参考依据。在《2024 年 Brand Finance 全球品牌价值 500 强》报告评价中，美国品牌上榜数量最多，共计 201 个；中国入围 500 强榜单的品牌数量位居第 2 位，共计 72 个；法国和日本品牌皆入围 33 个，并列第 3 名（图 1-30）。中国占据前十名品牌中的两个席位，分别为排名第 7 的抖音和排名第 10 的中国工商银行。根据 Brand Finance 的统计数据，抖音的品牌价值已达到 842 亿美元，增长了 28%，并且在市场上拥有非常高的认知度，全球平均认知度高达 91%，抖音现今已经实现了从媒体渠道向电子商务平台的成功转型。中国工商银行作为全球大型银行之一，2024 年其品牌价值已达到 718 亿美元，相较于 2023 年同比增长 3%。尽管增长幅度不大，但中国工商银行的财务状况良好，且品牌知名度有所提高。

除了计算品牌价值之外，Brand Finance 还通过衡量品牌的营销投资、利益相关者权益和业务绩效平衡计分卡确定品牌的相对实力。在全球 500 强中，微信作为中国著名的社交媒体和即时通信应用品牌，实力指数得分为 94.3 分（满分为 100 分），被评为世界上最强的品牌，品牌实力评级为 AAA+。除微信外，只有 11 个品牌获得 AAA+ 品牌实力评级，分别为 YouTube、谷歌、滨海湾金沙、五粮液、德勤、可口可乐、Netflix、劳力士、法拉利、茅台和中国工商银行。微信卓越的品牌实力得益于其在中国市场的重要地位。根据 Brand Finance 的最新跟踪数据，81% 的中国受访者是微信用户，微信在"满足客户需求"方面获得了中国市场的第一名。在 Brand Finance 全球 500 强研究中，微信获得了最高的净推荐值。

从产业分布来看，Brand Finance 全球 500 强入榜品牌数排名前十的产业部门分别为银行业（71 家）、零售业（53 家）、保险业（28 家）、工程与建设业（27 家）、电信服务业（26 家）、传媒业（24 家）、汽车制造业（24 家）、石油与天然气产业（22 家）、电子产业（19 家）、服装产业（19 家）（图 1-31）。入围"全球品牌价值 500 强"的中国品牌分布在 18 个产业部门

（表 1-7）。其中，中国银行业品牌入围 14 家，并且中国工商银行、中国建设银行、中国农业银行和中国银行占据了全球最具价值银行品牌排行榜的前四位。中国零售业品牌上榜 6 家，分别是淘宝、天猫、京东、美团、阿里巴巴、拼多多。"全球品牌价值 500 强"上榜的 5 家地产业品牌皆为中国品牌，依次是万科、华润置地（中国香港）、保利、碧桂园、中国海外发展（中国香港）。6 家入围的烈酒品牌中有 5 家中国酒业品牌，分别是茅台、五粮液、泸州老窖、杏花村汾酒、洋河。

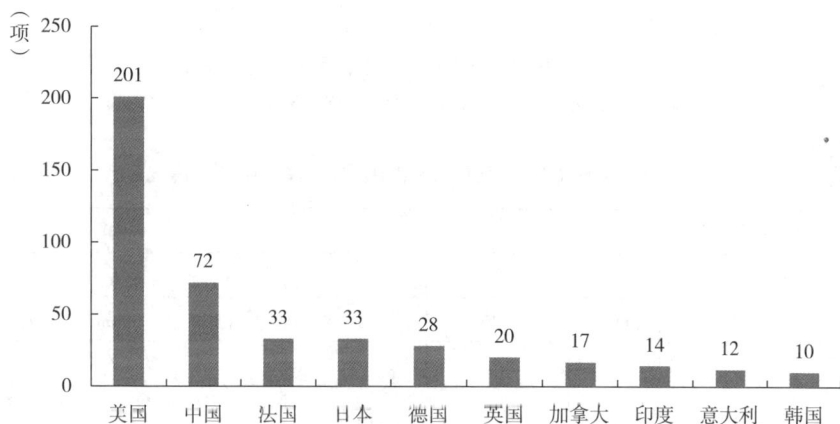

图 1-30　全球品牌价值 500 强数量排名前十国家

资料来源：根据《2024 年 Brand Finance 全球品牌价值 500 强》整理绘制。

与其他国家入选的 500 强品牌对照，中国品牌在地产（100%）、烈酒（83.33%）、电子（36.84%）、工程与建设（33.33%）等产业的品牌数量占比具有较大优势；在保险（25%）、食品（20%）、银行（19.72%）、传媒（16.67%）、软饮（16.67%）、石油与天然气（13.64%）等产业的品牌数量方面占有重要比重。在一些产业部门，中国产业品牌的价值增长实现突破，比如汽车品牌"比亚迪"、软饮品牌"农夫山泉"、服装饰品品牌"周大福"、公共事业品牌"国家电网"、多元产业品牌"海尔"等。

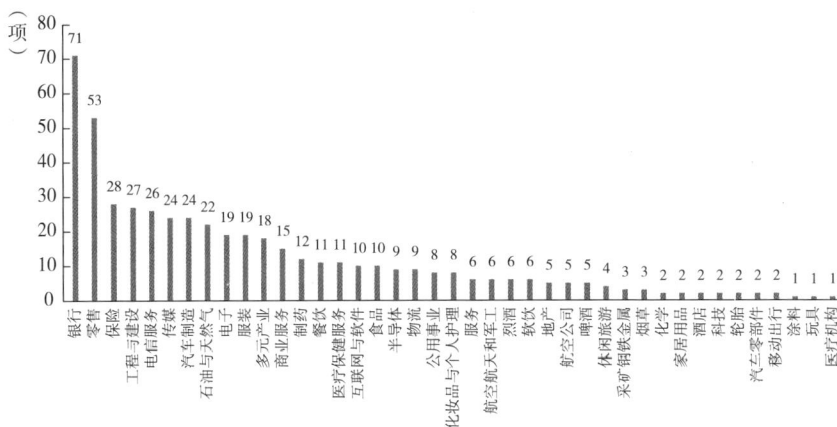

图 1-31　全球品牌价值 500 强品牌产业分布情况

资料来源：根据《2024 年 Brand Finance 全球品牌价值 500 强》整理绘制。

表 1-7　全球品牌价值 500 强中中国品牌产业分布情况

产业部门	银行	工程与建设	保险	电子	零售	地产
计数	14	9	7	7	6	5
产业部门	烈酒	媒体	石油与天然气	电信服务	食品	物流
计数	5	4	3	2	2	2
产业部门	汽车	软饮	服装	公用事业	半导体	多元产业
计数	1	1	1	1	1	1

资料来源：根据《2024 年 Brand Finance 全球品牌价值 500 强》归并、整理。

在越来越多的中国品牌跻身全球品牌价值 500 强的同时，中国品牌在一些产业部门仍有待提升。比如在全球品牌众多的零售产业，中国仅集中于电商服务品牌，实际占比有限（11.32%）。在上榜品牌数量最多的十个产业中，中国产业在电信服务、汽车、服装的品牌价值明显不及其他产业。在多元产业（科技）、商业服务、餐饮、医疗保健服务、互联网与软件、半导体、物流、化妆品与个人护理、IT 服务、航空航天和军工、航空服务、啤酒、休闲旅游、采矿钢铁金属、烟草等产业中，中国还未出现世界级的产业品牌。最后，在品牌全球化的视角下，中国的一些产业品牌巨头仍以国内业务为主，金融、电信服务、传媒、烈酒等头部品牌的海外品牌价值提升还有很大空间。

（二）中国产业品牌在世界的差异化发展

1. 中国产业品牌发展的差异化策略

一般而言，品牌产业化伴随品牌全球化的过程发生，以产品出口进入国际市场，经过在各国授权许可、建立销售子公司、国外生产、分包等递进或并行的阶段，最终建立子公司网络，形成一个复杂的跨国运营网络。在出海的实际过程中，中国品牌往往根据产业特点和当地产业条件，采用适合自身条件的策略方式，形成鲜明的差异化特征。

首先，中国品牌的整体贸易结构发生地区性变化。全球产业链布局多元化的趋势与区域投资贸易条件的差异化，成为中国产业品牌在世界发展的重要挑战。[1] 近三年，中国对东盟、美国、欧盟、日本等前十大出口目的地的出口约占出口总额的3/4，但出口集中度有所回落。中亚、非洲、墨西哥等新兴市场经济体成为中国出口主要增量市场；同时，美、日占中国出口份额和中国占美、日进口份额均在下降。在人工智能（AI）服务领域，主要采用app应用先行策略的中国AI产业品牌，在北美取得了远高于欧洲、拉美等地区的收入占比（47%），而印度贡献了最多的下载数量。[2]

其次，中国品牌针对不同国家采用了国际并购、建立产销中心、供应商合作、技术研发合作、服务出海、海外投资产能等不同出海模式。在区域选择上，东南亚因经济增长快、人口年轻，吸引传统产业与文娱企业；中东凭借高发展水平和政策优势，吸引中国产能与技术输出；欧洲市场成熟，两

---

[1] 当前，以生产性服务业和国家战略性新兴制造业为重点，全球各国倾向于建立从研发、设计到物流、金融等各环节齐备的全产业链集群，以提高本国产业链的自主性。全球头部品牌正在通过地理分散生产和供应来源，减少对单一市场或供应商的依赖。与此同时，全球经济的区域化发展不断加快，区域内贸易增长，区域间贸易摩擦和壁垒增加。截至2023年末，全球各经济体实施的区域贸易协定已经高达366个，较2017年增加了74个，其中仅2021年就新增44个。

[2] 《中国应用出海报告：全球增长、影响力和市场机遇》，Adjust 2025年2月6日，https://mp.weixin.qq.com/s/BZcDYpVscZ97BFWqIxEvdw，访问日期：2025年4月7日。

大战略推动新能源产业涌入；非洲虽市场初级但发展迅速，吸引基础设施等投资。[①]

中国品牌需要适应世界各地区不同的法律、政策与社会环境。在中东市场，涉及云服务、AI等高科技领域，中东国家政府往往要求与当地国有企业成立合资公司；在印度，当地政府直接对OPPO、小米等中国智能手机品牌提出了分销结构、领导层和分销渠道本地化的运营要求。

各国不同的文化与消费者习惯也会影响中国品牌的出海策略。在东南亚，伊利（Yili）评估了"从0到1"和"从1到10"发展方式的利弊，选择在泰国收购当地有品牌基础的生产商，或是依托印尼当地的子品牌，传播"亚洲乳业第一"的伊利母品牌。经过数年市场培育，转而进行绿地投资。又如玲珑轮胎（LINGLONG）的含义难以靠拼音使外国消费者熟悉，故而以多品牌的策略，在美国、南美、欧洲等地通过收购当地品牌来拓展市场。

成立于2015年的蒙牛子品牌——艾雪（Aice），敏锐捕捉到印尼的冰激凌下沉市场，通过免费发放冰柜并提供电费补贴，扎根印尼小商店，同时开放公益工业旅游项目、开展当地奥运营销等，成为印尼"小巷"里走出的冰激凌巨头。艾雪从十几人的创始团队，发展出四座本地工厂和完整的供应链与冷链设施，为当地提供2万余个就业机会，销量居印尼第一、菲律宾第二。

中国各类别国际商标在主要国家和地区的注册情况，则反映出中国产业品牌在更为成熟的欧美市场更具发展势头。45个产业类别中，有32个产业类别的中国品牌（商标）在德国的注册数最多；9个产业类别的中国品牌（商标）在法国的注册数最多；"7-机械设备""31-谷物、面包、糕点、糖果""34-烟草"3个产业类别的中国品牌（商标）在俄罗斯的注册数最多；"38-通信"产业类别的中国品牌（商标）在英国的注册数最多。对每个产业类别商标注册数量排名前三的国家进行分析发现，45个产业类别中，中国国际商标在德国、法国和意大利地区注册分布较为集中，商标注册数分别在

[①]《出海：中国企业在全球不确定性下的战略选择》，麦肯锡2024年9月23日，https://mp.weixin.qq.com/s/BBiXjm1k0TPuRisdTnP0ow，访问日期：2025年4月7日。

44 个、39 个和 34 个产业类别中名列前三（表 1-8）。在中国商标注册数量前三的重要产业类别中，"9- 科学仪器"商标注册数排名前三的对象国分别为德国、法国和意大利；"7- 机械设备"商标注册数前三的对象国分别为俄罗斯、德国和意大利；"25- 服装、鞋帽"商标注册数前三的对象国分别为法国、意大利和德国。

表 1-8　中国品牌（商标）在相关国家注册数前三名和第一的类别数

商标注册目标国	注册数排名前三的类别数	注册数排名第一的类别数
德国	44	32
法国	39	9
意大利	34	—
俄罗斯	7	3
英国	5	1
美国	3	—
新加坡	1	—
越南	1	—
西班牙	1	—

资料来源：WIPO Global Brand Database 和尼斯分类（45 个类别）。

2. 比亚迪（BYD）：国产新能源汽车的"突围赛"

经过 20 多年的高速发展，比亚迪已在全球新能源汽车领域崭露头角。其足迹遍布六大洲、70 余国、400 多座城市，成为首个打入欧美日韩等发达市场的中国汽车品牌。比亚迪在全球设立了 30 多个工业园，与荷兰、瑞典、德国等多个国家的经销商建立了深度合作关系，业务涵盖电子、汽车、新能源及轨道交通等领域，营业额和总市值均超千亿。[1]2023 年以来，比亚迪在泰国、哥伦比亚、新加坡等国接连拿下累计纯电汽车销量冠军，在巴西、新西兰等国的市场也处于绝对领先态势，这一系列佳绩源于比亚迪在海外市场上对其全产业链布局的有效推进与实施。

---

[1]　比亚迪官网：https://www.bydglobal.com/cn/AboutByd/CompanyIntro.html.

从 2013 年起，比亚迪便在美国、巴西、匈牙利、印度、摩洛哥、越南、乌兹别克斯坦、泰国 8 国设工厂并投入生产。同时，在墨西哥、摩洛哥、越南、土耳其、印度尼西亚 5 国进行建厂规划，不断布局覆盖全球的生产网络。从最初的产品出海到产能出海，再到全产业链布局，比亚迪形成了带动上下游企业（如电池、材料、充电桩等）开拓海外市场的协同发展格局。

比亚迪在全球市场的成功突围，离不开其全产业链布局和过硬的核心技术。作为全球首个停产燃油车、全力发展新能源乘用车的企业，比亚迪掌控着电池、电机、电控等新能源车全产业链的核心产品部件自主研发和生产能力。通过设计、研发、制造、销售、售后服务闭环的全产业链布局，比亚迪在国际市场上展现出了强大的竞争力。比亚迪电动乘用车和商用车成功出口至欧洲、东南亚等地，其纯电动大巴更是成为欧洲城市的公共交通工具投入运营。2024 年，比亚迪与印度阿达尼集团达成合作，将 304 台电动重卡发运至印度港口投入运营，助力阿达尼集团在 2025 年实现全港口牵引车电动化。这一合作不仅彰显了比亚迪在商用车领域的实力，更为全球绿色港口建设提供了有力支持。[①]

比亚迪根据海外市场不同环境和消费习惯灵活调整市场策略，也是其能成功拓展海外市场的关键。在德国、美国等发达国家，比亚迪主要推广高端电动汽车；在东南亚等新兴市场，则推出经济实惠的电动车型，以适应消费者对价格的敏感度。这种灵活的市场策略，使得比亚迪在全球市场迅速占据了较高的市场份额。同时，比亚迪非常注重本土化人才梯队建设，通过针对性的人员派遣和与当地猎头服务机构合作，能够加深其对于不同地区海外市场的了解，完善的售后服务网络也为其在全球市场的成功奠定了坚实基础。

如今，比亚迪已成为全球新能源汽车市场的佼佼者。其全产业链布局、过硬的核心技术、精准的市场策略及本土化的人才梯队建设，共同构成了比亚迪在全球市场的核心竞争力。比亚迪的成功不仅为中国新能源汽车产业树

---

① 《比亚迪商用车畅销全球，为绿色世界注入中国能量》，中国物流与采购网 2023 年 12 月 22 日，http://www.chinawuliu.com.cn/zixun/202312/22/623545.shtml，访问日期：2025 年 4 月 7 日。

立了榜样，更为中国产业品牌在全球市场的崛起注入了新的活力。

（三）中国产业品牌在世界的数字化发展

1. 中国产业品牌的数字化转型

数字化转型是中国新质生产力和经济高质量发展的重要内涵。中国品牌在复杂多样的国内市场环境中积累了丰富经验、数据资源，以及持续创新的商业模式，形成开拓海外市场的重要优势。中国数字服务产业品牌引领了全球数字化的实践：华为云、腾讯云等知名品牌凭借在大数据、AI和云计算领域的技术优势，已经成功进入中东、非洲和拉美等新兴市场，覆盖游戏、电商、社交和汽车等多个行业，为当地企业数字化转型提供基础设施和解决方案；独立边缘云服务供应商"白山云"在全球超过50个国家和地区的300多个城市部署了1700多个边缘节点，在"一带一路"沿线地区的市场布局成果显著。

2015年起，茄子科技（SHAREit Group）凭借超蓝牙60倍传输速度的近场传输工具，解决新兴市场网络基建不完善、用户传输数据不便的痛点，成为新兴市场的"国民应用"。之后，茄子科技重点自主研发全球广告平台，深度覆盖游戏、电商、泛娱乐、金融科技等重点领域企业客户，提供定制化移动广告解决方案，形成了以"自有流量+自有平台+本地化资源"为核心的整合营销出海服务生态。2018年，茄子科技在新加坡推出PayerMax数字支付品牌，支持全球超600种支付方式、超70种交易币种和20余种本地语言，持有沙特、阿联酋、新加坡、菲律宾、泰国、印尼、中国香港等多地政府监管机构颁发的牌照及金融机构的官方认证。同时，PayerMax与国内80%的Top 30社交出海品牌、75%的Top 30游戏出海品牌均建立了合作关系，服务超1000家全球客户。

随着大数据、人工智能（AI）、物联网（IoT）、区块链和云计算等技术的发展，数字化转型成为全球产业品牌发展的重要趋势。通过先进的数字技术推动产业链的管理、生产、物流和服务等各环节的优化和智能化，产业品牌的整体效率、经营灵活性、网络协调性、市场应变能力大大提升。在 2024 年 Brand Finance 全球品牌价值 500 强中，中国的抖音（TikTok/Douyin）、微信（WeChat）、腾讯（Tencent）、网易（NetEase）等互联网传媒品牌，华为（Huawei）、宁德时代（CATL）、美的（Midea）、小米（Xiaomi）、格力（Gree）、联想（Lenovo）、海尔（Haier）、海康威视（Hikvision）等电子产业品牌，以及淘宝（Taobao）、天猫（Tmall）、京东（JD.com）、美团（Meituan）、阿里巴巴（Alibaba.com）、拼多多（Pinduoduo）等零售业品牌无一不受益于中国产业经济的数字化飞跃。

基于数字化赋能，人工智能和机器人技术日益参与到产业链环节的自动化，并最终传递到品牌的市场营销环节。以中国服饰品牌为例，原本以中低端市场为主要对象的国内中小品牌，通过根据消费者数据区分定制产品线与营销内容、设计适用于社交媒体的广告与推广活动、融合海外电商平台与线下本地化渠道、建立数字化品控机制与高效供应链等不同手段，拓展对欧美、东南亚市场的差异化渗入。

在其他互联网产业中，腾讯、爱奇艺、优酷、快看漫画、网易云等泛娱乐品牌，均已布局海外市场。一方面，在中国品牌国际化的过程中，科技应用与互联网产业日益发挥巨大作用，使世界人民能够打破对中国的固有印象，从视觉、听觉、触觉等感官的直接互动中，亲身体验中国文化、接触中国品牌。另一方面，中国泛娱乐品牌面临与更为强劲的世界品牌（如 YouTube、Netflix、Disney 等）同台竞技。这些品牌拥有更成熟的运营模式和更丰富的资源。激烈的竞争更加考验内容的品质和制作水平。此外，不同国家和地区间的文化差异，对中国品牌的内容传播仍存在天然壁垒；在全球化运营过程中，涉及版权、知识产权等法律问题也需特别注意。

表 1-9　若干中国服饰品牌数字化（营销）模式

品牌	数字化（营销）模式	具体内容
Shein	"自主品牌 + 平台"	以 "自主品牌 + 平台" 为双引擎，通过自主平台形成 "快速时尚" 的发展模式
Shein	社交媒体营销	利用 Instagram、YouTube 等社交平台与网红合作推广，精准触达目标消费者，增强品牌认知度和用户忠诚度
Shein	数字化供应链	通过销售数据智能化管理，实时监控、调整库存与生产计划，高效管理生产和物流
Aelfric Eden	聚焦 TikTok 营销	将 TikTok 作为主营销阵地，与大量时尚穿搭网红合作，推行二创视频（包含 OOTD、卡点 BGM、潮流舞蹈等主题）、线上活动、鼓励用户参与穿搭挑战等多元化营销策略
Aelfric Eden	多渠道销售布局	积极布局亚马逊、速卖通、eBay 等电商平台，拓展销售渠道
Coofandy	依托跨境电商巨头	借助母公司赛维时代在跨境电商领域积累的运营经验、供应链资源及品牌孵化能力走向国际
Coofandy	积累线上口碑	以高品质男装产品，在亚马逊等平台积累大量好评，提升品牌形象和市场竞争力
海澜之家	外延 + 孵化多品牌矩阵	通过外延扩张与孵化，打造涵盖多品类、多风格的品牌矩阵，满足不同目标客户群体需求
海澜之家	线上、线下全渠道营销布局	深耕线上渠道，通过短视频、达人直播等方式实现线上销售增长，同时优化线下门店布局，加大购物中心门店拓展力度

2. 中国游戏：数字技术与传统文化的 "双向奔赴"

2018—2023 年，全球游戏市场玩家数量呈稳步增长趋势，预计 2025 年全球游戏玩家数量将达到 36 亿人，全球游戏收入达 2100 亿美元。游戏产业链是一个庞大而复杂的体系，游戏软件开发、硬件制造、配件制造、宣传推广、发行销售及游戏运营等多个环节紧密相连，共同构成产业生态系统。随着技术的不断进步和市场的不断变化，上下游产业链也在不断优化和升级（表 1-10）。

表 1–10　游戏产业部门

	上游产业链	中游产业链	下游产业链
具体部门	游戏开发团队 美术、音效、剧情制作团队	游戏发行商 游戏运营商	游戏渠道商 用户服务团队
主要职责概述	负责游戏从设计到制作的核心环节，打造游戏产品的基础框架和核心竞争力	确保游戏顺利进入市场、维持良好运营状态，推动游戏在市场中的持续发展	将游戏推广给玩家并提供优质服务，提升游戏知名度和玩家满意度

近年来，中国游戏产业通过《王者荣耀》《英雄联盟》《绝地求生》等游戏产品一举成为国际市场的重要力量。数字化技术与智能设备等领域的变革也给游戏产业带来全球性的市场新机遇（表 1–11）。

表 1–11　数字技术对游戏产业的促进作用

技术类别	技术功能	具体表现
人工智能技术	智能 NPC 与游戏平衡调整	让 NPC 行为更智能、自然，依数据优化游戏平衡
	内容生成与创意辅助	AIGC 自动生成场景、角色、剧情等，辅助美术设计，降本增效
	个性化推荐与用户体验优化	分析玩家数据，提供个性化游戏推荐，实时优化游戏难度等
虚拟现实（VR）与增强现实（AR）技术	沉浸式游戏体验	VR 创建虚拟环境，玩家身临其境
	现实与虚拟融合	AR 将虚拟与现实结合，拓展游戏场景与受众
	拓展游戏边界	催生 VR 社交、AR 实景解谜等新游戏形式
云游戏技术	硬件门槛降低	通过网络连云端畅玩，降低准入门槛
	跨平台游戏体验	支持多设备、操作系统，提高黏性
	游戏更新与分发优化	方便更新维护，实时推送内容，优化分发渠道
游戏引擎技术	画面质量提升	渲染逼真画面、光影，视觉震撼
	开发效率提高	提供工具、资源库，简化流程，缩短开发周期，降成本
	多平台适配性增强	方便游戏的多平台移植，扩大市场
区块链技术	数字资产确权与保护	为虚拟资产提供所有权证明，确保安全、可交易等
	去中心化经济系统	智能合约保障游戏经济交易公平、高效，形成生态
	跨游戏互操作性	打破游戏壁垒，实现资产互通互用，丰富玩家体验

在此过程中，独特而丰富的文化体验成为中国游戏产业的核心专长。米哈游（miHoYo）的爆款国产游戏《原神》创造了一个由 7 个国家组成的幻想世界，每个国家都有其独特的文化元素和背景故事。其中部分游戏场景、角色与道具的设计分别参考了中国自然景观，以及中国传统建筑、戏曲、美食和节日；游戏音乐大量融入了中国传统乐器和五声调式，结合西方的浪漫派和声织体，细腻展现东、西方不同文化的碰撞与融合，使游戏在全球范围内具有广泛吸引力。

2024 年 8 月上市的国产游戏《黑神话：悟空》运用各种先进技术，打造了充满东方美学色彩的史诗级背景故事，为玩家提供了沉浸式的虚拟世界和中国文化体验，满足了全球玩家对中国文化的好奇和兴趣。对于这款游戏，海外媒体测评反响热烈。各类好评主要针对精美的美术画面、音乐、丰富的故事性及《西游记》这一文化 IP 的展现；同时，游戏科学（Game Science）公司用"虚幻 5"引擎对游戏场景的开发，已经达到了世界一流水平，许多国外测评玩家直呼"震撼"。

技术创新是全球游戏产业变革的核心推动力，而文化创意是中国游戏产业走向世界的关键。中国游戏产业通过长线运营、全球性 IP 打造、品类多元化发展及深耕游戏本地化等推广方式，取得了一定成绩。中国游戏品牌在周边地区布局已成常态化，在北美、欧洲市场布局也逐步加速。2023 年，中国出海移动游戏在日本、韩国游戏市场实现扭亏为盈。

（四）中国产业品牌在世界的绿色发展

1. 中国品牌的绿色发展理念

绿色低碳发展是中国品牌产业化与国际化的必然趋势。品牌的全球化不仅要满足环境监管要求，还要考虑减少碳足迹、提升能源效率、使用可再生资源等因素。国际能源署发布的 2023 年度市场报告——《2023 年可再生能源》高度评价"中国对全球实现'可再生能源增加两倍'目标发挥着至关重要的作用"。① 2013—2022 年，我国绿色贸易规模基本保持增长态势，年均增长 3.18%，在全球的占比提升了 2.3%。②

新能源、绿色材料、循环经济等领域的技术进步正在推动中国产业品牌的绿色转型。除比亚迪外，新能源车产业中的奇瑞汽车（Chery）业务遍布全球 80 多个国家和地区，2023 年奇瑞出口超过 93 万辆新能源汽车，连续 21 年位居中国品牌乘用车出口第一。上汽集团、赛力斯、阿维塔、哪吒等汽车品牌分别进入欧洲、中东、东南亚等市场。锂电池产业中的宁德时代、亿纬锂能、当升科技等品牌均进入国际供应链，与海外企业建立合作。光伏产业中的隆基绿能、晶澳科技、阳光电源均在海外进行了产业投资，天合光能、固德威、阿特斯等品牌则是能源解决方案的重要提供商。中国"新三样"③的产业品牌在不断拓展业务的同时，体现出中国品牌在应对全球气候变化、推动能源转型方面的责任感和使命感。

中国品牌积极开展全球绿色低碳环保技术交流合作。2016—2022 年，中国专利权人获得绿色低碳技术发明专利授权 17.8 万件，占全球该类授权的 31.9%，年均增速达 12.5%，明显高于全球 2.5% 的整体水平。从创新主体看，中国共有 13 家品牌进入全球该项专利授权量排名前 50 名，仅次于日本（15 家）。这 13 家包括 8 家企业品牌和 5 家科研机构品牌，其中既有国家电网、南方电网等央企品牌，也有以宁德时代、比亚迪为代表的民营品牌。④

环境、社会和公司治理（ESG）标准也成为中国品牌国际化经营的重要内容。青岛啤酒作为我国第一家"A+H"交叉上市企业，自 2008 年起进行绿色转型与 ESG 信息披露。在绿色发展理念的引领下，青岛啤酒通过奥运体育营销、青岛国际啤酒节、三亚国际音乐节等方式扩大百年品牌的国际影

---

① 《中国绿色技术助力全球能源转型》，《人民日报》海外版 2024 年 4 月 20 日。

② 《10 年间我国绿色贸易规模全球占比提升 2.3 个百分点》，新华社 2023 年 8 月 30 日，https://www.gov.cn/yaowen/liebiao/202308/content_6900962.htm.

③ "新三样"指新能源汽车、电池、光伏三个产业。

④ 国家知识产权局：《中国是全球绿色低碳技术创新的重要贡献者》，新华社 2023 年 7 月 18 日，https://www.gov.cn/lianbo/bumen/202307/content_6892808.htm.

响力。在 2023 布鲁塞尔啤酒挑战赛上，青岛啤酒 IPA 从 37 个国家 1811 款啤酒中脱颖而出获得金奖，为品牌国际化踏出坚实一步。据 2024 年 Brand Finance 发布的"中国品牌价值 500 强"榜单，青岛啤酒品牌价值达 2646.75 亿元，位列榜单第 22 名，连续 21 年蝉联中国啤酒品牌桂冠。[1] 受其影响，珠江啤酒、古井贡酒、山西汾酒等公司亦开始披露社会责任报告。中国企业正在以含"质"量更高、含"绿"量更高的产业品牌引领着全球消费市场。

2. 宁德时代（CATL）：推行全产业链"零碳战略"

在全球能源转型的浪潮中，宁德时代以其前瞻性的视野和坚定的决心，正引领着一场绿色革命。宁德时代围绕以可再生能源和储能为核心实现固定式化石能源替代、以动力电池为核心实现移动式化石能源替代、以电动化 + 智能化为核心实现市场应用的集成创新三大发展方面，全面推动能源替代与市场应用的"零碳战略"，为全球绿色能源领域勾画了一个宏伟的发展蓝图。

宁德时代积极构建全产业链服务闭环，从电池生产到使用，再到梯次利用、回收与资源再生，构建了一套完整的生态体系。这一闭环不仅体现了公司对资源循环利用和可持续发展的高度重视，也为其在全球动力电池市场的领先地位奠定了坚实基础。例如，2015 年收购邦普布局电池回收业务，便是其循环经济理念的重要实践。

在全球化经营方面，宁德时代展现出了强大的市场洞察力和战略执行力。面对纷繁复杂的国际环境，宁德时代抓住欧盟等地区对碳排放严格限制带来的市场机遇，推动当地汽车制造商的电动化转型。通过深化全球战略、优化全球成本结构、推动技术合作与输出、优化供应链，进一步整合全球资源，提升其在全球动力电池市场的竞争力和影响力，巩固其产业领先地位。

同时，在全球资源竞争日益加剧的背景下，宁德时代采取了更为稳健和长远的投资策略。公司通过入股海外矿产勘探公司、参与资源开发项目等方

---

[1]《青岛啤酒品牌价值达 2646.75 亿元，连续 21 年行业第一》，和讯网 2024 年 6 月 26 日，https://news.hexun.com/2024-06-26/213315819.html，访问日期：2025 年 3 月 31 日。

式，加深了对锂电池产业上游原材料的掌控力，并与多家国内外上游材料企业加深合作，保证了产业链安全。

宁德时代在"零碳战略"的引领下，正稳步迈向绿色能源的新纪元。到2025年，公司计划实现核心运营的碳中和，所有电池工厂都将升级为"零碳工厂"。到2035年，宁德时代要实现电池价值链碳中和的目标，即生产的所有电池都将达到"碳中和"标准。展望未来，宁德时代将以"零碳"战略为引领，不断推动全产业链的绿色转型和可持续发展。

五、中国行业品牌在世界

（一）中国行业品牌对世界经济增长的贡献

1. 中国行业品牌在世界的贸易地位

中国品牌在全球范围内的影响力日益增强，国内许多行业整体性走向世界。中国行业品牌反映了国际市场对中国同类产品、产业品牌的整体记忆与认可度，是让世界了解中国品牌的重要名片。中国行业品牌的声誉也是中国国家品牌的重要组成部分，反映了该行业在国际市场的综合实力。良好的行业品牌能够增强各类中国品牌的市场信任与选择，吸引投资与资源，助力品牌国际化发展，同时推动品牌的创新与可持续发展，正向激励品牌建设。

从出口结构看，截至2023年，中国对外出口主力仍然为机械器具、电气设备及其零件（41.60%），其次为纺织原料及纺织制品（8.90%），贱金属及其制品（8.35%）、化学工业及其相关（6.90%）、车辆航空器、船舶等运输设备（5.58%）。出口商品数据表明，中国仍然是以制造业为主的产品输出国，以机电设备（占出口总值的58.6%）和劳动密集型行业（占出口总值的17.3%）为主要出口行业。

从全球出口占比看，中国玩具、家具行业在全球出口的占比分别为59.7%和42.1%；纺织和服装行业出口分别占全球出口的42.21%和31.58%；

电信设备、办公设备、电子数据处理设备、铁道与电车道机车和贱金属及其制品等行业均达到了 30%。集成电路和电子元件占比达 28.09%，汽车和运输设备等占比较低，分别为 9.84% 和 7.95%。纺织服饰行业、通信设备行业、计算机及其他电子设备行业是中国在世界的重要品牌行业（表 1–12）。[①]

表 1–12　中国若干行业出口在全球出口的占比

行业	出口占比 * 第一	出口占比第二	出口占比第三	出口占比第四
食品	欧盟（36.58%）	美国（8.27%）	巴西（7.05%）	中国 **（4.09%）
钢铁	欧盟（33.88%）	中国（16.39%）	日本（5.92%）	韩国（5.47%）
化学品	欧盟（46.48%）	美国（10.71%）	中国（9.24%）	瑞士（5.41%）
纺织	中国（41.45%）	欧盟（21.73%）	印度（5.57%）	土耳其（4.09%）
服装	中国（30.06%）	欧盟（29.66%）	孟加拉国（8.65%）	越南（5.66%）
办公与电信设备	中国（28.68%）	欧盟（17.55%）	中国香港（13.71%）	中国台湾（10.39%）
汽车	欧盟（44.56%）	中国（9.10%）	墨西哥（8.48%）	日本（8.41%）

* 出口占比指某一国家或地区的全球同行业货物出口额占比。

** 中国出口数据指中国大陆地区的出口数据。

资料来源：WTO & UNCTAD。

从出口增速看，2015—2022 年，中国占全球出口份额增长 0.5%。总体上，中国出口份额上升主要源自"新能源汽车、电池、光伏"新三样的强劲竞争力、电气机械设备以及跨境电商的发展。2023 年，"新三样"产品合计出口 1.06 万亿元，首次突破万亿元大关，增长了 29.9%。船舶、家用电器的出口分别增长 35.4% 和 9.9%。这反映了中国制造向中国创造、中国速度向中国质量、中国产品向中国品牌的重要转变。

在全球范围内，服务贸易的规模和重要性日益提升，服务行业品牌在品牌经济中的地位不断凸显。据世界贸易组织（WTO）统计，2023 年全球服务出口 79134.5 亿美元，同比增长 8.3%，占全球货物和服务出口总额的 25%，占比较上年提高 2.3%。通过服务贸易的发展，中国各行业品牌能够

---

① 《中国出口的全球份额（2001—2023）：趋势、结构及展望》，粤开证券 2024 年 4 月 22 日，https://news.qq.com/rain/a/20240422A00PFJ00，访问日期：2025 年 4 月 23 日。

在世界市场获得更多的市场准入，拓展出更多的品牌渠道（跨境电商），推动品牌技术的合作与升级（表1-13）。高质量的服务输出能塑造行业整体形象，服务标准国际化能提升中国行业的国际市场认可度。

2023年，中国服务贸易逆差扩大至1708.7亿美元，全年服务出口3811.2亿美元，同比下降10.1%，在全球出口的占比为4.8%。但是，相关行业的服务出口仍在不断发展，保险、旅游、维护和维修服务等行业的出口仍保持较快增长，分别同比增长59.4%、52%、20.7%。[①]

表1-13　中国重要出口服务业在全球出口的占比

建筑服务		生产性服务		商品相关服务	
地区*	出口占比**	地区	出口占比	地区	出口占比
欧盟（1）	27.6%	欧盟（1）	56.6%	欧盟（1）	52.44%
中国（2）	27.5	中国（2）	11.6%	中国（2）	10.08%
韩国（3）	6.2%	英国（3）	3.4%	美国（3）	5.84%
通信、计算机与信息服务		运输服务		其他商业服务	
地区	出口占比	地区	出口占比	地区	出口占比
印度（2）	10.2%	美国（3）	7.2%	印度（4）	5.9%
中国（3）	8.3%	中国（4）	6.4%	中国（5）	5.4%
美国（4）	6.5%	阿联酋（5）	3.2%	新加坡（6）	4.1%

* 地区指提供出口服务的国家或地区，括号中为出口占比的全球排名。

** 出口占比指全球同行业服务出口额占比。

资料来源：WTO & UNCTAD。

全球服务贸易的数字化转型和绿色化增长，也与中国品牌出海的特征不谋而合。2016—2023年，中国可数字化交付的服务贸易占比从28.8%提升至41.4%，出口服务占比从44.7%增加至57.5%；相关电信、计算机和信息服务行业出口稳步增长4.9%，占可数字化交付的服务出口的41.2%。随着中国服务外包加快向数字化、智能化、高端化方向转型，离岸知识流程外包

---

① 2023年，中国服务进出口9331.2亿美元，同比增长4.9%，增速高于同期货物进出口增速和全球主要经济体服务贸易增长水平，占货物和服务进出口总额的13.6%。

行业加速发展。尤其是新兴的离岸云计算开发及应用服务、离岸知识产权服务、离岸人工智能技术开发及应用服务外包等细分行业，2023年的执行金额分别同比增长367.3%、221.2%和63.7%。同时，随着低碳、环保、清洁能源等技术领域的不断发展，中国新能源技术研发服务外包同比增长125.8%；碳排放认证与评价、碳市场和碳金融等新兴服务行业，正成为服务贸易发展新动能。[①]

2. 中国行业品牌在世界的投融资能力

中国品牌的产业化出海，带动了相关行业整体的对外投融资。近年来，中国品牌在世界的投资整体表现突出。2023年中国对外直接投资流量达1772.9亿美元，占全球份额的11.4%，连续12年名列全球前三；对外直接投资存量达2.96万亿美元，占全球份额的6.7%，连续7年排名进入全球前三。2023年，流向租赁和商务服务、批发和零售、制造、金融四大行业品牌的投资规模均超过百亿美元，合计投资占当年流量总额的78.1%。2023年末，中国所有行业大类均有对外直接投资存量产业，流向租赁和商务服务、批发和零售、金融、制造、采矿、信息传输/软件和信息技术服务、交通运输/仓储和邮政7个行业的投资存量规模均已超过十亿美元，合计占中国对外直接投资存量的89.3%（图1-32）。按照三次产业划分来看，2023年末中国对外直接投资存量主要集中在第三产业（服务业），金额占中国对外直接投资存量近八成，第二产业金额占中国对外直接投资存量的19.7%，第一产业金额占中国对外直接投资存量的0.4%。

品牌企业是中国各行业对外投资的主体。从境内投资者的行业分布看，从事制造业的境内主体对外投资最为活跃，占境内投资者的三成以上。批发和零售业紧随其后，占21.5%。租赁和商务服务业占14%，信息传输/软件和信息技术服务业占9.8%，科学研究和技术服务业占5.4%，农/林/牧/渔业占3.6%，建筑业占2.8%（表1-14）。

---

① 中华人民共和国商务部：《中国服务贸易发展报告2023》。

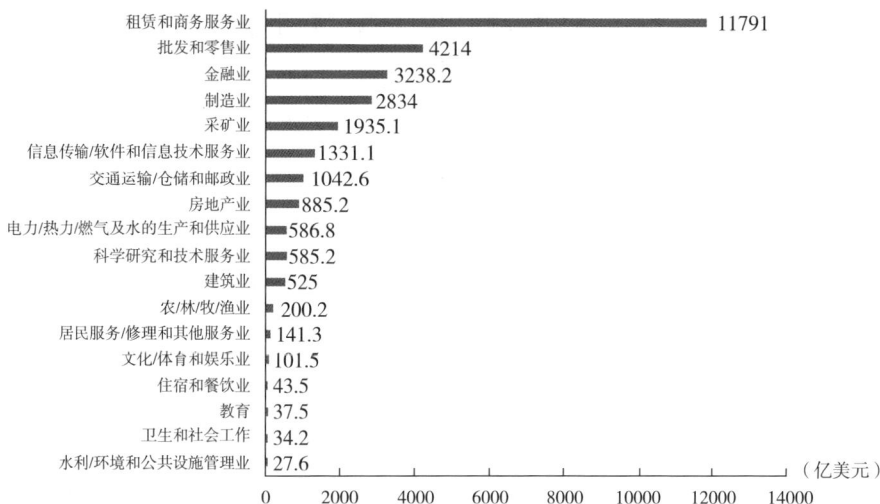

图 1-32　2023 年末中国对外直接投资存量产业分布情况

资料来源：《2023 年中国对外直接投资统计公报》。

表 1-14　2023 年末中国境内投资者产业构成情况

行业类别	数量（家）	占比（%）
制造业	9856	32.1
批发和零售业	6623	21.5
租赁和商务服务业	4292	14.0
信息传输 / 软件和信息技术服务业	3000	9.8
科学研究和技术服务业	1667	5.4
农 / 林 / 牧 / 渔业	1100	3.6
建筑业	861	2.8
交通运输 / 仓储和邮政业	773	2.5
其他	2569	8.3
合计	30741	100.0

资料来源：《2023 年中国对外直接投资统计公报》。

2023 年末，中国对外直接投资者在全球 189 个国家和地区设立投资企业 4.8 万家，覆盖了全球超过 80% 的国家和地区。其中，批发和零售业、制造业、租赁和商务服务业依然是境外企业最为集中的行业，合计数量近 2.9 万家，占境外企业总数的 59.9%（表 1–15）。Google 发布的《2023 中国全球化品牌》报告也从侧面证实，中国零售行业品牌和线上服务行业品牌的整体成本优势十分明显，具有相当的影响力。

表 1–15　2023 年末中国境外企业的产业分布情况

行业类别	数量（家）	占比（%）
批发和零售业	13369	27.6
制造业	9346	19.3
租赁和商务服务业	6252	12.9
建筑业	3885	8.0
信息传输 / 软件和信息技术服务业	3682	7.6
科学研究和技术服务业	2936	6.1
农 / 林 / 牧 / 渔业	1694	3.5
交通运输 / 仓储和邮政业	1598	3.3
采矿业	1234	2.6
其他	4369	9.1
合计	48365	100.0

资料来源：《2023 年中国对外直接投资统计公报》。

在海外融资方面，医疗健康、智能硬件、新能源与环保 3 个中国行业成为 2022—2023 年海外金融投资的热点行业，行业内分别有 5 家、4 家和 3 家企业获得国际投资，另有企业服务、汽车、电商、软件、科技、物流、餐饮休闲等行业获投（表 1–16）。中国品牌的在大陆以外二级市场的融资也具有突出的行业特征，其中科技行业、金融行业、消费行业、新能源 / 环保行业最为突出。

表 1-16　近年来中国企业海外上市的主要行业分布

上市国家和地区	主要上市行业	相关上市公司所在细分行业
中国香港	金融行业	银行、保险、证券等行业
	科技行业	互联网、AI、大数据、云计算等行业
	地产建筑行业	各类房地产开发与建筑工程行业
	消费服务行业	餐饮、零售、旅游、娱乐等行业
	医疗健康行业	制药、医疗器械、医疗服务等行业
	工业制造行业	汽车制造、机械制造、电子制造等行业
美国	科技行业	人工智能、半导体、互联网等行业
	医疗健康行业	生物制药、医疗器械、医疗服务等行业
	金融行业	金融行业（金融科技与国际化业务部分）
	教育行业	在线教育、职业教育等行业
	新能源行业	新能源汽车、光伏、风电等行业
英国伦敦	科技行业	金融科技、人工智能、生物科技等行业
	消费行业	消费、零售等行业（尤其是知名消费品牌）
	资源能源行业	矿产资源开发、能源生产等行业
	金融行业	金融行业（涉及国际化业务部分）
新加坡	金融科技行业	金融科技服务、数字货币、区块链等行业
	航运物流行业	航运、物流等行业
	绿色行业	新能源开发、节能环保技术研发等行业
	消费行业	面向东南亚市场的消费、零售行业

　　最后从海外上市的中国头部品牌看，中国品牌价值前 50 家海外品牌价值总计为 20563 亿元，比上年增加了 1884 亿元，增长了 10.1%。其中 16 个行业的企业进入榜单，电子行业与家电行业处于领先地位，海外品牌价值分别达到 3453 亿元和 3176 亿元，分别占总值的 16.8% 和 15.45%；此外，排名前 50 的品牌还涉及装备制造、金融、互联网、交通运输、石油、汽车、通信、零售等行业。①

① 根据每日经济新闻、清华大学经济管理学院中国企业研究中心发布的"2024 中国上市公司品牌价值排行榜"。

3.中国行业品牌在世界的市场表现

首先，行业收入结构是中国行业品牌在世界发展的最直接体现。根据麦肯锡的研究报告，2015—2023 年中国汽车与零部件、材料和医疗行业产生海外业务收入的企业数量在该行业所有上市企业数量的占比有大幅增加，分别从 65%、57%、47% 上升至 89%、79%、63%。值得注意的是半导体行业的数据从 100% 降至 81%，耐用消费品与服装行业、电气设备等行业也有微弱下滑。这与相关行业的国产替代或产业升级转向有很大关联。

其次，全球相关市场占有率能反映出中国行业品牌的整体市场地位。中国是全球最大的纺织品和服装生产国及出口国，纺织和服装两个行业的市场份额超过三分之一；中国在空调、冰箱、洗衣机等家电制造及光伏组件、太阳能电池板、电动汽车、动力电池、钢铁、稀土、锂电池隔膜、无人机制造行业的全球市场份额占比都超过了 60%。在一些细分行业中，中国的电子商务、移动支付、5G 技术应用、水下机器人、特高压输电设备、海工装备及相关科研技术（高产杂交水稻、超导、可燃冰开采、量子技术等）行业均有一定优势。

其三，从市场的区域分布看，东南亚、中东等新兴区域也逐渐成为中国品牌出海的重要目的地。中国品牌在新兴市场的投资与当地文化有紧密关联。中东地区特殊的文化背景、较高的消费能力叠加完善的互联网基础设施，使得跨境电商、新消费、社交文娱、金融科技、企业服务、新能源等成为中国产业品牌出海中东的热门赛道。东南亚庞大的年轻群体及与中国相似的文化习俗，使其成为中国移动游戏品牌出海的主要区域之一，跨境电商、移动游戏、食品饮料等也是中国品牌出海东南亚的热点领域。①

最后，从实际营收数据上看，有 19 家中国 A 股上市企业 2023 年的海外业务收入超过 800 亿（其中 14 家超过 1000 亿），集中在电子设备、家电、汽车、石油与有色开采、基础建设工程、金融、供应链集成服务等行业。其中，消费电子行业的"立讯精密"成为国内上市品牌海外业务收入最多的品牌企业（2067.56 亿元），占其营业总收入比的 89.16%。

---

① 36 氪研究院：《2023—2024 年中国企业出海发展研究报告》，2024 年 1 月 30 日。

在海外业务营收占比方面，2023 年有 17 家中国 A 股上市企业中海外业务的营收占比超过 50%（其中 6 家超过 75 亿），多数来自电子设备行业，另外还来自有色冶炼和加工、太阳能组和其他专业制造行业。其中，传音控股海外业务营收 613.20 亿元，营收占比高达 98.43%。从 2019 年以来的海外业务增速上看，芯片行业代表企业的海外营收增长预期最为突出，而汽车制造、化学工业、专业设备制造、有色冶炼与加工和电子设备的部分品牌企业均有可观的预期。

以电池行业为例，国外收入已普遍成为中国头部电池企业的主要收入来源（表 1-17）。除主营锂电储能电池的派能科技及华宝新能外，主营电子消费类电池的珠海冠宇、德瑞锂电、豪鹏科技的国外收入占比亦超过 60%。2023 年，行业领军品牌——宁德时代获得 BMW、Daimler、Stellantis、VW、Hyundai、Honda 等多家海外主流车企的供应资格，海外出货量持续提升。根据 SNEResearch 统计，2023 年宁德时代海外动力电池使用量市占率为 27.5%，较上一年年同期提升 4.7%。[①]

表 1-17　中国电池行业国外营收情况

品牌	国外营收（亿元人民币）	增速	国外收入占比
宁德时代	1309.92	70.30%	32.70%
欣旺达	204.56	-9.40%	42.70%
德赛电池	135.14	-12.90%	66.60%
亿纬锂能	133.01	5.30%	27.30%
孚能科技	98.73	124.70%	60.10%
珠海冠宇	71.47	5.70%	62.40%
派能科技	30.87	-46%	93.60%
豪鹏科技	27.43	11.40%	60.40%
华宝新能	21.11	-30%	91.20%

[①]《宁德时代高增长的不确定因素：海外市场、市占率与储能前景》，证券之星 2024 年 3 月 25 日，https://www.thepaper.cn/newsDetail_forward_26774379，最后访问日期：2025 年 4 月 28 日。

（二）中国行业品牌的发展趋势

1.农产品行业：以中国地理标志为例

地理标志是一种重要的知识产权类型，是优质产品生产者开拓新市场、改善生活的重要品牌工具，也是实现可持续发展的绿色解决方案。中国农产品品牌出海与地理标志的国际化发展相得益彰、相互赋能。中国通过加强绿色有机地理标志农产品培育发展，强化地理标志运用，不断加强农业品牌（商标）建设；农业生产"三品一标"（品种培优、品质提升、品牌打造和标准化生产）提升行动取得了非凡成效，中国地理标志发展成为中国品牌在世界的重要表现方面。

趋势一：地理特产不仅代表地方土特产业的稀缺品质，也是文化传承的有形彰显，成为地区经济重要的品牌资源。2018年以来，国家知识产权局制定发布了统一的地理标志专用标志和保护制度。截至2024年8月底，中国累计认定地理标志保护产品2523个，以地理标志作为集体商标、证明商标注册7385件。2023年度，中国地理标志直接产值超过9600亿元，实现四连增；建设国家地理标志产品保护示范区123个。[①] 平谷大桃、蒲江雀舌、新会陈皮、龙口粉丝、镇江香醋、郫县豆瓣、绍兴酒、贵州茅台酒、柳州螺蛳粉等农产品品牌被推向世界市场。

趋势二：中国通过实现与各国的协议互认，推进地理标志的整体出海。截至2024年8月底，通过单独申请、互认试点和协同互保等模式，累计推动110个地理标志在欧盟获得保护，有142个来自法国、美国、欧盟等国家和地区的产品在中国获得地理标志保护。《区域全面经济伙伴关系协定》《中欧地理标志保护与合作协定》等国际协定的签署也有助于推动中国地理标志产品更大范围、更大规模、更高质量地跨境流动。[②]

趋势三：各类会议、论坛成为近年来传播中国地理标志文化的重要手

---

① 《全国已累计认定2523个地理标志产品及保护产品》，《新京报》2024年9月16日，https://www.bjnews.com.cn/detail/1726454986168466.html.

② 同上。

段。2023 年，中国举办了国际地理标志品牌合作大会，贵州茅台、浙江安吉白茶和绍兴黄酒、福建福鼎白茶、江苏南京云锦、广西柳州螺蛳粉、黑龙江五常大米、宁夏贺兰山东麓葡萄酒、江苏宜兴紫砂、安徽红星宣纸、内蒙古科尔沁肥牛、河北唐山骨质瓷、山东沾化冬枣等一大批具有代表性的中国地理标志品牌悉数亮相；来自奥地利、西班牙、英国、法国、意大利、塞尔维亚、葡萄牙、德国等欧洲国家的知名地标产业企业被重点邀请参展交流。通过推动地理标志品牌的国际合作，中国特色品牌参与在国际市场的影响不断扩大、中华优秀传统文化在世界的认可度持续提升。

2. 传统行业：以中国纺织服装行业品牌为例

面对复杂的国际形势和激烈的商贸竞争，作为传统老牌行业的纺织行业，其品牌出海是高质量发展的选择，也将是未来重要的增长点。随着 2023 年中国纺织品服装出口额达到 2936.4 亿美元，中国在全球纺织服装出口市场中的地位依旧稳固，占全球纺服出口份额的三成左右。这标志着中国纺织行业在生产制造能力和贸易规模上的长期领先，以及在国际合作与融合发展上的优势。

趋势一：产品出海已经无法满足行业发展需求，行业品牌出海势在必行。随着国内劳动力成本上升，劳动密集型行业的招工难、用工贵问题开始显现，纺织业过去以产品出海为主要模式的优势不再，以产业链整体出海及品牌出海为特征的出海思路已经势在必行。例如，中国著名品牌红豆将产业链布局到柬埔寨西哈努克港，建设海外园区，利用柬埔寨价格低廉的劳动力和原材料，重塑产品比较优势和品牌优势。

趋势二：搭乘跨境电商便车，加快纺织服装行业品牌出海速度。根据海关总署初步测算，2023 年中国跨境电商进出口总额 2.38 万亿元，增长15.6%，增长势头强劲。跨境电商凭借线上交易、非接触式交货、交易链条短等优势，助力各国消费者、生产者"买全球、卖全球"。中国纺织行业品牌正搭乘跨境电商平台东风，以直达 C 端的贸易新形势实现快速出海。

趋势三：立足品牌自主研发和文化赋能，强化行业品牌差异化与辨识度。近年来，马面裙"出圈"，"新中式"走俏，"国潮风"吹到了海外市场，带动传统纺织业转型升级。透气性好、舒适度高，中国传统提花面料已广泛应用于各类丝巾、服装、配饰上，时尚气质与文化内涵相得益彰，成为穿在身上的"文化使者"。

趋势四：中国行业品牌出海的"含智量""含绿量""含金量"将不断提高。2023年，中国制定了《纺织工业提质升级实施方案（2023—2025年）》，明确到2025年，规模以上纺织企业研发经费投入强度达到1.3%，70%的规模以上纺织企业基本实现数字化网络化；形成20家全球知名的企业品牌和区域品牌，时尚引领力进一步提升。这将推动中国纺织工业实现高端化、智能化、绿色化、融合化发展，进一步巩固纺织优势行业领先地位。

3.新兴制造行业：以中国新能源汽车行业品牌为例

中国新能源汽车行业的国际化进程已经进入快车道。2023年，中国汽车产销量均首次迈上3000万辆台阶，跃升为全球最大的汽车出口国。其中，新能源汽车产销量在全球的占比超过60%，连续9年位居世界第一，各路品牌纷纷开始了全球销售和市场扩张。

趋势一：出口"量价齐升"。得益于技术和品牌的发展，中国新能源汽车出口规模大幅增长，2022年全年中国共出口67.9万辆新能源汽车，同比增长1.2倍，占汽车总出口量的21.8%，较2021年提升了6.4%，同时纯电动乘用车出口均价由2018年的0.08万美元/辆一路上涨至2022年的2.12万美元/辆，推动了市场规模扩大，并带动中国汽车业转型升级。以中国最大新能源汽车品牌比亚迪为例，2021年，比亚迪将挪威作为开拓海外乘用车业务的首个试点市场。随后，比亚迪的"乘用车出海"计划在欧洲其他国家快速铺开，并逐步扩展到全球61个国家和地区。2023年比亚迪出口汽车数量为24.2万辆。这一数字反映了比亚迪在新能源乘用车出口方面的显著增长，同比增幅达到了334%。

趋势二：产品智能化和个性化水平快速提升。随着年轻消费者逐渐成为新能源车的重要消费群体，智能化和个性化开始成为新能源车购买时的重要考量因素。目前出口的新能源车型大多具备智能网联功能，部分新能源车还配备了高端的娱乐系统，让汽车超越了仅仅作为代步工具的角色。此外，新能源车企还聘请了国际化设计团队来确保新车型的外观吸引力，具有活力的外形愈发受到国外消费者的喜爱。比如，吉利汽车推出的中高端个性化品牌——领克，就聘请了原保时捷的著名设计师进行设计，最终使领克以其倔强、不服输的外形特征得到全球年轻消费者的喜爱。

4. 服务行业：以中国跨境电商行业品牌为例

近年来，拼多多跨境电商平台（Temu）、抖音国际版（TikTok Shop）、阿里旗下的速卖通（AliExpress）和快时尚独角兽希音（Shein）作为中国电商出海"四小龙"引领中国跨境电商行业品牌的崛起，显现了中国电商不同寻常的巧实力。中国电商正在全球开疆拓土，其最大优势在于资源整合能力。以速卖通为例，作为出海"四小龙"中唯一自建物流的平台，其核心优势在于菜鸟全球物流智慧网络提供的"5 日达"能力。

跨境电商平台要快速提升单量，非常重要的一个突破口就是物流时效。速卖通背靠阿里集团强大的物流整合能力，升级供应链。UPS、联邦快递、DHL 等老牌国际物流巨头的跨境物流，主要集中于航空物流。成立仅十年的"菜鸟"打通全链路的跨境物流，基于国内经验，大力做地面基建，在全球建立了多个分拨中心、物流枢纽和跨境仓库，除飞机外，还整合了卡车、火车等不同的运力资源，建立了一张高弹性的网络。再结合阿里集团本就有优势的数字化能力，速卖通的商业效率足以去全世界开拓商业疆土。

表 1–18　Google × Kantar BrandZ 中国全球化品牌 50 强部分榜单

排名	品牌	品类	品牌力
1	ByteDance（字节跳动）	内容娱乐 app	2791
2	Xiaomi（小米）	消费电子	1058
3	Shein（希音）	线上时尚 / 电子商务	1032
4	Lenovo（联想）	消费电子	1004
5	HUAWEI（华为）	消费电子	746

续表

排名	品牌	品类	品牌力
6	AliExpress（速卖通）	电子商务	723
7	Haier（海尔）	家电	649
8	Temu	电子商务	638
9	OPPO	消费电子	635
10	Hisense（海信）	家电	631

资料来源：https://www.sohu.com/a/788797749_121955401。

趋势一：全球消费渗透率快速提升，跨境电商出海已成大势所趋。2023年是中国跨境电商飞速崛起的一年，进出口总额高达2.38万亿元，同比激增15.6%，刷新了历史纪录。也是在这一年，出海"四小龙"迎来了它们的出海元年。2023年iOS全球购物类app渗透率排行榜显示，Shein、Temu、速卖通分别荣登第2、第3和第4的宝座，海外影响力显著。2024年，受海外通胀影响，消费者对价格的敏感程度提升，间接利好中国跨境电商平台。2024年上半年，有三分之二的西方市场消费者至少在中国购物平台上完成过一次购买。据报道，Temu实现半年销售额约200亿美元，超过2023年全年的180亿美元。TikTok Shop已成长为东南亚第三大电商平台，并重点发力美国市场，扶持直播业务。Shein在海外市场的布局更久，2023年GMV约450亿美元，同比增长超55%，2024年上半年总收入达到180亿美元，但面对十分拥挤的赛道，收入增速和利润下滑也较明显。①

趋势二：价格竞争和利润逐步下降，差异化比较优势亟待确立。跨境电商内卷的情况下，许多卖家为了争夺市场份额，采用降价策略，甚至推出各种促销活动。这种价格战无疑加剧了行业内的利润压缩，许多卖家因此面临严重的亏损风险。有报道指出，有Temu卖家在单月内销售出高达40万单商品，然而其利润却仅为7000元，利润率竟不到2%。此外，跨境电商市场正

---

① 《出海"四小龙"的2024年：奔跑、对抗、背刺与寻求新选项》，《21世纪经济报道》2025年1月3日，https://www.21jingji.com/article/20250103/herald/019facecbedc29be3e7885ba5e60fd55.html，访问日期：2025年4月30日。

面临市场饱和与增长困难的双重挑战。随着出海"四小龙"等企业的成功，越来越多的企业涌入这一领域，导致市场竞争愈发激烈。随着类似入局者的不断涌现，跨境电商行业所剩下的红利越来越少，市场逐渐进入一种饱和状态。与此同时，亚马逊等本地电商巨头因其深厚的市场积淀和强大的品牌影响力，稳固的市场地位难以撼动，这始终是出海"四小龙"面临的一大难题。因此，未来中国的跨境电商在出海过程中要尽快强化自身品牌 IP 显示度、美誉度和影响力，进而塑造起自身独特比较优势，将是大势所趋。

（三）中国行业品牌影响力的成长

行业品牌的影响力主要体现在以下几个方面：一是品牌忠诚度，即消费者对某一行业品牌的忠诚程度，其决定了顾客对品牌的选择偏好和关注程度。二是市场占有率，市场占有率是品牌影响力的另一个重要指标，表示品牌在市场中的占有情况，直接反映了品牌的竞争力和市场表现。三是全球（区域）领导力，品牌在全球或特定区域的领导力也是衡量品牌影响力的重要方面。这包括品牌在全球或特定区域的市场表现、行业地位以及影响力。四是受众口碑，受众口碑是品牌影响力的直观体现。通过受众的反馈和评价，可以直观地了解品牌在受众心中的形象和印象。五是品牌关注度，品牌关注度是衡量品牌热度的重要指标，反映了品牌在消费者心中的知名度和受欢迎程度。六是品牌知名度，品牌知名度是品牌在市场中的认知程度，是品牌影响力的基础之一。七是感知品质，感知品质反映了消费者对品牌产品或服务的评价，是品牌影响力的重要组成部分。八是品牌授权能力，品牌授权能力反映了品牌在市场中的扩展能力和影响力范围。这些方面共同构成了品牌影响力的多维评价体系，在此评价体系基础上，形成"中国品牌 500 强"和"世界品牌 500 强"等权威榜单，本部分将以上述权威榜单为基准，通过分析入围的各重点行业品牌排名情况来分析中国品牌在世界的影响力基础和影响力表现。

1. 中国行业品牌影响力的基础——基于"中国品牌 500 强"评价的行业分析

"2024 中国品牌 500 强"榜单涵盖了 28 个不同行业，食品饮料行业入选数量最多。从行业数量分布来看，有 10 个行业的入选数量超过 20 个。按照入选数量排序依次是：食品饮料（51）、计算机 & 电子（41）、零售（36）、银行（35）、交通运输（31）、汽车（29）、新能源（25）、家电（25）、医药医疗（24）、家居建材（23）。这些行业加起来的总数合计 320 个，占了全部名单的 64%。从行业平均价值来看，有 7 个行业达到千亿级别。华为和三大运营商领衔的通信行业有 8 家企业入选，平均价值 2138 亿，高居榜首；中石油、中石化、中海油领衔的石油石化行业有 11 家入选，平均价值 1441 亿，位居次席。其他 5 个行业分别是：传媒（15 家，平均价值 1409 亿）、保险（12 家，平均价值 1363 亿）、银行（35 家，平均价值 1266 亿）、公用事业（15 家，平均价值 1253 亿）、工程建筑（12 家，平均价值 1185 亿）。

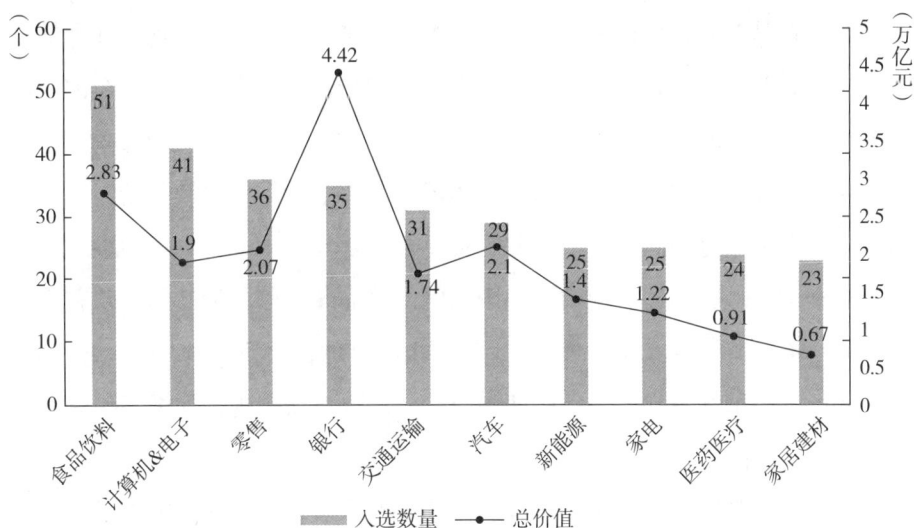

图 1-33　中国品牌 500 强分布前十的行业品牌数量与品牌价值

房地产行业的入选数量已从 2021 年的 41 家骤降至如今的 12 家。而战略性新兴产业发展正处于抢占制高点、向更高位跃升的重要关口，代表了新一轮科技革命和行业变革的方向，新一代信息技术、人工智能、生物技术、新能源、新材料、高端装备、绿色环保发展潜力巨大，未来或有更多的行业龙头出现在"中国品牌 500 强"名单上。

2. 中国行业品牌影响力的表现——基于"世界品牌 500 强"评价的行业分析

2024 年 1 月 12 日，GYBrand 全球品牌研究院独家编制的 2024 年度"世界品牌 500 强"榜单（英文版）重磅发布。这是一份全面展示世界一流企业品牌建设成就的榜单，共有来自 33 个国家的 500 个知名品牌入选。其中，美国有 181 个品牌上榜，中国有 73 个品牌上榜，中美两国入选数量合计 254 个，占了世界品牌 500 强完整名单的 50.8%。中国的入选数量排名已经由 2023 年的第三名上升至第二名，仅次于美国。

世界品牌 500 强中，中国品牌的行业分布广泛，涵盖了从消费品到科技、金融等多个领域。

在消费品领域，中国品牌如华为、腾讯、字节跳动等，展现了强大的品牌影响力和商业实力，这些品牌不仅在国内市场占据领先地位，也在国际市场上获得了一定的认可。

在科技领域，中国品牌如华为、腾讯、字节跳动等，以其创新能力和技术实力，在全球范围内建立了强大的品牌影响力。

在金融领域，中国工商银行、国家电网等品牌，以其稳健的经营和优质的服务，不仅在国内市场占据重要地位，也在全球金融品牌中占有一席之地。

此外，中国品牌在能源、医药健康等领域也有所表现，如中国华电、通威等品牌，在能源领域具有一定的国际影响力。

这些中国品牌不仅在国内市场占据领先地位，也在全球范围内展现出品牌价值和影响力，成为推动中国消费品工业和经济发展的重要力量。行业分布的广泛性反映了中国品牌在全球经济中的重要作用和影响力。

在 2024 年榜单中，有 3 个行业的总价值超过 1 万亿美元，分别是科技行业、银行业和零售业。而在这 3 个最具价值的行业品牌中，都有中国行业品牌的身影。科技行业中，有 5 个科技品牌的价值超过千亿美元。其中，苹果占了科技行业总价值的 17.44%，微软占 16.50%，谷歌占 15.09%，华为占 6.28%，三星占 5.51%。

银行业方面，在全球银行排名前十的名单中，中国占据一半且包揽前四。其中，中国工商银行占了银行业总价值的 7.97%，中国建设银行占 6.11%，中国农业银行占 5.84%，中国银行占 5.11%。

零售业方面，有 2 个零售品牌的价值超过千亿美元。其中，亚马逊占了零售业总价值的 29.62%，沃尔玛占 11.92%。但是也应当注意到，中国的拼多多是行业增速最快的品牌，截至 2024 年，其品牌价值占到该行业品牌总价值的 2.39%。

六、结论与展望

（一）结论

中国品牌在世界的发展，既是中国产品、产业和行业在世界面前的形象展示，也是全球市场对中国品牌价值及其影响力的认同过程，更是各国对中国经济软实力最直接的记忆。中国品牌在世界的发展，是中国参与新型经济全球化、跻身全球资源配置、推动全球经济均衡发展的重要途径，也是总体衡量中国经济规模发展与质量提升的标尺之一。

在产品品牌方面，中国品牌（商标）在世界各重要市场仍处于高速发展阶段，在数量规模上快速追赶、赶超各发达国家。在北美与欧洲发达国家市场、新兴国家市场、前沿国家市场，中国品牌的规模性增长都十分突出。尤其在欧洲国家和东盟国家，中国品牌的发展速度都远超其他国家，一骑绝尘。虽然在拉美国家、阿拉伯国家、撒哈拉以南非洲地区和印度，美国品牌的总量和增长仍保持优势，但中国品牌的增长数量已经超过其他国家。

在产业品牌方面，中国各产业类别的国际品牌（商标）均不断增长。近年来，中国"9-科学仪器"产业类别的商标注册数远高于其他产业类别，机械设备和服务产业的国际品牌（商标）数量也有较快发展。同时，中国产业品牌在不同领域、不同地区采取了差异化的发展策略，并积极推进数字化的转型，积累了不少成功经验。中国品牌积极贯彻绿色低碳发展理念，各产业品牌不断推动向高端制造和绿色低碳方向转型；尤其在能源与农业品牌领域，积极探索与各国建立开放共享的绿色低碳技术交流合作模式，同时增强相关产业品牌的知识产权保护和国际市场中的知名度。

在行业品牌方面，中国以机电设备与劳动密集型行业为主的出口行业在国际市场上总体维持"低成本"的特征和优势；以"新三样"为代表的新兴行业发展迅速，中国知识服务行业崭露头角；以制造业、批发与零售行业和商业服务业为代表的中国行业积极开展海外投资。从市场表现上看，中国电子设备、汽车、有色冶炼与加工行业在海外的整体营收情况比较突出。值得注意的是，传统行业一方面广泛运用跨境电商等新技术、新平台、新渠道进行海外推广，另一方面注重科技创新和文化赋能，推动行业品牌的形象更新。随着各行业"含智量""含绿量""含金量"不断上升，中国新兴行业品牌在海外的知名度和美誉度正在不断提升。

然而，在新增国际品牌（商标）的总量上，中国与美国、德国仍有一定差距；中国产品品牌在全球市场发展的势头仍逊于美国品牌的扩张速度。此外，中国品牌在国际市场上的存续能力及头部企业的品牌培育与国际化品牌经营能力，同跨国企业、发达国家的国际品牌仍存在明显差距。中国品牌在高端制造、新能源及科技市场化应用领域的快速发展，已成为世界市场的重要力量。而在一些核心技术产业、生产性服务业、文化娱乐业等领域，中国品牌仍有待进一步追赶国际品牌巨头。

（二）趋势展望

目前全球经济波动导致贸易需求发生变化，国际市场格局与贸易环境日趋复杂化。在新兴市场的崛起为中国品牌提供广阔发展空间的同时，也伴随着复杂的市场环境和激烈竞争。同时，随着国际贸易规则的调整、贸易保护主义的抬头、区域贸易协定的兴起等，世界市场中的中国品牌也将进入震荡、多变和更为复杂的发展环境，并面临贸易与技术壁垒、法律与国际规则限制、社会文化适应等难题。

各国市场正共同受到全球经济波动、贸易格局与产业布局调整的影响，中国品牌全球化要想在增速和增量方面创出新高会遇到不小阻碍。尤其在受到全球经济环境影响较大的新兴国家市场，中国品牌的发展势头将继续跟随中国品牌在发达国家市场的发展情况。中国经济发展的巨大成就与引领全球经济发展的方向，决定了中国品牌在全球继续保持较快发展的总体态势不会停止。

第一，中国品牌在世界品牌市场中的位置，尚未与中国经济在全球经济中的地位相匹配。在中国品牌成功进入一部分国家市场的同时，仍有相当的地区市场有待中国品牌的开拓。中国传统行业品牌与新兴行业品牌"走出去"的趋势将持续深化，行业品牌的出海将更加多元化。仅以农业品牌为例，众多中国农产品品牌的地理标志与全球地理标志体系的互认互保还处于起步阶段。

第二，大量中国品牌正从品牌产品制造，转向产业化模式。中国品牌在引领产业经济发展方面作用显著，具体表现为中国出现一大批品牌企业在产业链、供应链的话语权不断增强，积极介入全球产业布局调整，对全球价值链形成影响。品牌产业化将进一步推动中国品牌从低附加值产业向更多元、附加值更高的产业拓展；品牌对产业空间布局的优化，也会促使中国各地区形成能够对接国际市场的行业、区域品牌，并引导中国品牌海外产业布局的合理化。

第三，中国品牌正普遍地从国际化向适合的全球化的模式转变。一是中国品牌的初衷正在从"去海外做生意"向"在全球做生意"转变。越来越多的中国品牌将眼光投向全球市场，从海外起程再回到国内壮大的路径成为一种趋势。二是中国品牌正从"模仿重做"向"创造需求"转变，努力创造细分市场。一方面，提升品质标准，增强核心能力，逐步摆脱"跟随者"位置，以创新优势引领全球行业标准；另一方面，开启"心智"密钥，以优质的服务和体验，增强品牌与购买者之间密切的情感联结。

第四，中国品牌的发展目前仍以出海企业的单打独斗为主，品牌主体国际化的多品牌经营与不同中国品牌在资本运作、产业生态、市场信息方面的抱团合作仍较有限。个别行业的出海以饱和库存出海为主要特征，容易出现本国品牌同质化竞争的情况，另一些行业尚处于国际化的初级阶段，国际化程度和本地化能力均显不足。中国品牌相互合作，共享海外市场的信息、渠道和资源，推动形成规模效应和品牌效应，才能增强中国产业品牌的产业链议价能力。

品牌的文化内涵决定品牌个性，中国文化造就了有别于他国品牌的中国品牌文化。中国品牌向全世界传递了全人类对美好生活的向往，并为当地社会经济创造了就业和经济溢出，有助于中外文化的互通。文化软实力是品牌传播的核心力量。中国品牌在世界的发展，仍将依靠大量华人群体的全球性流动和文化交流，通过文化融合实现品牌的本地化，借助文化元素开启市场互动，并以科技赋能更好实现品牌（文化）的国际化传播。中国品牌将与各国文化深度接触。中国品牌需要以积极的姿态去了解当地的文化习惯，找准市场需求，增强中国品牌出海的文化适应性。

中国品牌在世界的发展途径，已经从原有单一的货物出口贸易，发展出跨境电商、数字营销、跨国产业投资、国际品牌合作与并购、互联网全球化服务等诸多新方式。在全球经济快速变革时期，科技、人才、资金等生产要素及品牌的资源整合能力，都制约着品牌的发展。中国品牌在世界的进一步发展，亟须大量与世界市场相适应的专业品牌研究、设计、管理和营销人才。

最后，中国品牌在世界的发展与在国内市场的发展质量相同步。优质的国内品牌营商环境与积极的品牌政策，能够提升全社会对品牌的关注度，为中国品牌生长提供良好土壤，促进中国品牌经济市场主体的成长。在制度建设方面，中国自身推动建立更加高效的知识产权（包含商标与地理标志）体制机制，建立同国际通行规则相衔接的合规机制，将有力推动国内品牌走向海外市场，寻求新增长。

主要参考文献

［1］何佳讯.战略品牌管理［M］.北京：中国人民大学出版社，2021.

［2］何佳讯，黄海洋，何盈.品牌全球化、国家品牌形象与产品品类内外溢出效应［J］.华东师范大学学报（哲学社会科学版），2020:52（06）.

［3］黄升民，赵新利，张驰.中国品牌四十年（1979~2019）［M］.北京：社会科学文献出版社，2019.

［4］刘瑞旗.实施品牌战略刻不容缓［J］.求是，2011（6）.

［5］刘瑞旗，李平，等.国家品牌与国家文化软实力研究［M］.北京：经济管理出版社，2014.

［6］刘瑞旗，李平，等.国家品牌战略问题研究［M］.北京：经济管理出版社，2012.

［7］张弛，黄升民.中国品牌成长的结构性因素及其变革动力［J］.现代传播，2021,43（2）.

［8］道格拉斯·霍尔特，道格拉斯·卡梅隆.文化战略：以创新的意识形态构建独特的文化品牌［M］.北京：商务印书馆，2013.

［9］田村正纪.品牌的诞生：实现区域品牌化之路［M］.杭州：浙江大学出版社，2017.

［10］阿盖什·约瑟夫.德国制造：国家品牌战略启示录［M］.北京：中国人民大学出版社，2015.

［11］Simon Anholt. Brand New Justice: How Branding Places and Products Can Help the Developing World［M］.Oxford：Butterworth-Heinemann，2005.

［12］Joseph S. Nye Jr.. Soft Power: The Means To Success In World Politics［M］.New York：Public Affairs，2004.

B.2
中国品牌在美国

李 卫*

摘 要： 美国是中国品牌产品在全球最重要的出口市场之一。在美国的机械、电子、纺织等行业中，美国市场对中国品牌的认可度较高。从早期出海的海尔、联想到近年来的抖音（TikTok）、希音（Shein）、名创优品等品牌均积极推进在美国的本土化战略。美国消费者及Z世代群体对品牌创新的包容与品牌消费的价值取向，也为中国品牌提供了发展机遇。然而，中国品牌仍面对美国严格的知识产权保护制度和跨境电商经营规范。从短期看，中国品牌在美国发展的不确定性源于全球地缘政治风险与宏观经济变局。

关键词： 中国品牌 品牌出海 美国市场 本土化战略 消费文化

一、中国品牌在美国的发展概况

美国是典型的消费驱动型国家，居民具有较高的消费能力与意愿，作为全球第一大消费市场，长期以来是中国品牌出海的必争之地。

---

* 李卫，经济学博士，上海社会科学院经济研究所助理研究员，主要研究方向为经济思想史、政治经济学等。

（一）中国品牌在美国的发展历程

中美互为重要贸易伙伴，经济互补性强。20世纪90年代，美国对华提出"构建面向21世纪的建设性战略伙伴关系"，为中国品牌进入美国提供契机。这一时期，美国陷入高赤字、高国债困境，通胀抬头，居民收入明显降低，性价比消费成为潮流；而中国的家电、棉纺、化妆品和食品工业经过飞速发展，头部品牌已具备出海实力，海尔、小天鹅、海信等纷纷尝试在美国投资建厂，成为出海的先锋。

2001年，中国加入WTO，此前以代工形式、凭借低劳动力成本优势进入美国市场的中国中小企业迎来发展的黄金时期，"Made in China"在美国消费者生活中占据重要位置。2001—2007年，来自中国的商品帮助美国家庭平均年购买力提高了1500美元。[①]头部品牌在这一时期以跨国并购方式进入美国，不仅为了获得海外收入，也为了优化技术和品牌资源。2004年，联想收购IBM个人电脑业务，是这一时期的典型代表。

2014年，中国成为美国第一大进口国。但2017年，美国政府将"美国再次强大"确定为国家首要利益，中美贸易摩擦扩大。受此影响，2018年起，头部品牌并购的规模和数量快速下滑，海外直接建厂再次成为品牌出海的主要形式。据中国商务部数据，截至2022年底，中国对外投资存量（除中国香港和避税地外）第一为美国。美国中国总商会发布的《在美中资企业年度商业调查报告2023》显示，多数受访企业对美国市场环境感到满意，并且形成了各自的本土化战略，预计继续增加投资；《在美中资企业年度商业调查报告2024》显示，多数企业认为地缘政治风险将带来更具挑战的市场环境，但对预期未来收入持乐观态度。

2019年以来，跨境电商发展进入成熟期，社交媒体营销也成为品牌传播的重要渠道，线上线下结合、分销、直播等新模式持续渗透，为中小品牌进入美国创造了有利条件。原先的中小代工厂商纷纷转型，创立自有品牌，通

---

① Jaravel X, Sager E, "What are the Price Effects of Trade? Evidence from the U.S. and Implications for Quantitative Trade Models," CEPR Discussion Papers, 2019.

过社交媒体与亚马逊等电商平台进入美国。这些企业的规模大多为100余人的营销管理团队加200至300人的生产工厂，通过大数据直接面向美国的特定客群，并及时对评价和意见进行反馈，深受美国青年消费者喜爱。这一时期，部分新锐品牌在美国市场异军突起。TikTok迅速崛起为美国最受欢迎的短视频应用，Shein成为深受美国年轻人喜爱的快时尚品牌，Temu一度登顶美国App Store免费购物应用榜首，Anker蝉联亚马逊移动电源销量冠军，大疆成为美国消费级无人机领域的王者，此类案例不胜枚举，成为中国品牌加快向高端化、智能化、绿色化迈进的重要例证，呈现出中国品牌在美国的崭新形象。

据美国商务部消息，2022年中美贸易总额增至6903.8亿美元，创历史新高。但疫情后，地缘政治风险加剧，美国着力减少对华供应链依赖，短期内将是中国品牌在美发展的最大不确定性。

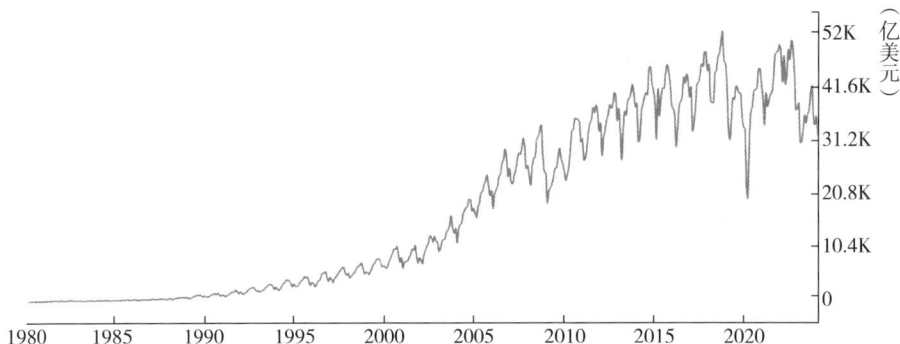

图 2-1　美国进口中国商品贸易额

资料来源：美国人口调查局。

（二）中国品牌在美国的主要行业分布

中国品牌在美国市场涉及行业领域十分广泛（图2-2）。据Jungle Scout统计，2021年中国商品占美国所有进口总额的42%，纺织品、日用品、金属等均处于领先地位。

1. 纺织品

中国是美国最大的纺织品进口市场。据美国商务部数据，2021年中国占美国服装进口总额约28.2%。2022年，美国进口中国纺织品增长至537亿美元，占美国服装进口总额的29.7%。2023年1—10月，美国最大的纺织品服装进口地仍是中国，累计从中国进口纺织品服装215.9亿美元，占服装进口总额的24%。

2. 机械和电子

机械和电子包括各类家用电器和电子产品。中国品牌不仅价格具有竞争力，品质和技术水平也得到美国消费者的认可。2017年，美国从中国进口此类商品占美国对华进口商品的比例为37.0%，2021年为29.3%。2022年美国对中国的进口额增至2489亿美元，占美国对华进口总额的26.8%。

3. 杂项制品

杂项制品是一个折中的组合，乐器、家具、钟表、玩具和游戏等都是被归于其中的热门商品。2022年，中国仍是美国杂项制品的主要来源国，进口额较2021年小幅增长，达694亿美元，占美国此类商品进口总额的50.7%。

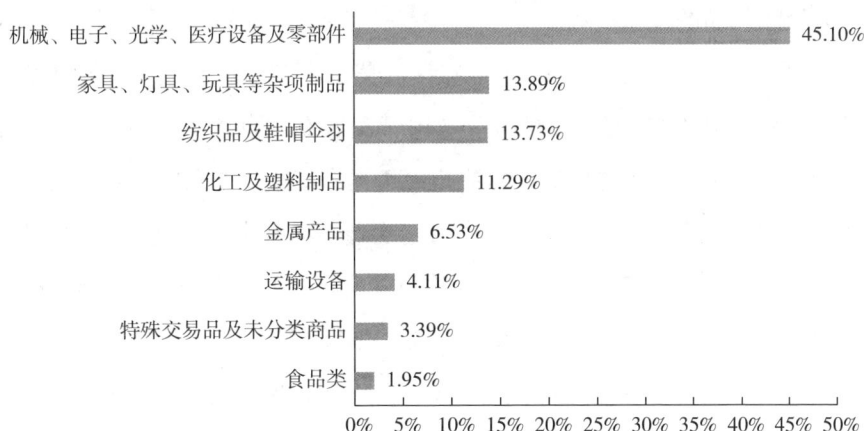

机械、电子、光学、医疗设备及零部件 45.10%
家具、灯具、玩具等杂项制品 13.89%
纺织品及鞋帽伞羽 13.73%
化工及塑料制品 11.29%
金属产品 6.53%
运输设备 4.11%
特殊交易品及未分类商品 3.39%
食品类 1.95%

图 2-2　2023 年中国向美国出口主要商品类别及占比

资料来源：根据中国海关总署数据整理。

4. 金属产品

美国是世界第一大金属进口国。除了传统的钢铁和铝产品，美国还从中国进口大量的稀有金属，园艺工具、组合锁、文件柜等家居必需品也属于金属进口类。

（三）制度差异带来的挑战

1. 美国的知识产权保护制度

美国的知识产权制度严格，相关法律较为成熟，品牌运营必须合规，否则可能面临制裁与巨额赔偿。美国知识产权保护的主要形式是专利、版权、商标和商业秘密。知识产权长期被视为美国经济的基础与核心利益所在，政府、企业、个人及各种商业组织都有强烈的知识产权保护意识。

商标保护标志、名称和口号等，外形、声音、颜色、味觉均可申请注册商标。1946 年颁布的《兰哈姆法》，规定了商标使用在先原则。这一对商标实际使用的检查制度，意在确保商标不发生恶意抢注。如果能够提供使用在先的证据，即使商标没有注册，只要处于使用状态同样可获得法律保护。

版权保护原创性的文学、音乐和艺术作品，确保创作者拥有复制、分发和公开展示作品的独家权利。

专利保护发明和创新。1996 年修订的美国专利法，确立了专利先发明原则，并将专利保护期延长到 20 年。由于美国专利申请费用高昂，可申请临时专利，专利经市场检验后，再决定是否提交正式的专利申请。

商业秘密并没有准确的定义，所有与商业活动有关的信息都有可能成为商业秘密。美国非常警惕外国公司以并购方式获得美国尖端技术，或未经授权入侵美国公司网络等行为。1996 年，美国制定《联邦商业间谍法》，将盗窃商业秘密列入刑事责任问题，这是美国知识产权保护最为严厉的法律。商业秘密每年都会作为《特别 301 报告》（美国贸易代表办公室公布的关于世界各国的知识产权保护的年度报告）中单独的一部分，足以显示美国政府的重视。

为保护本土企业的知识产权，美国还特别制定了"337条款"，用来反对进口贸易中的知识产权侵权和不公平竞争行为。美国国际贸易委员会（USITC）根据《美国关税法》第337条款可对侵犯美国知识产权的进口商品进行驱逐，甚至可扩大到侵权产品的"下游"或次级产品及上游产品的零部件。337调查中约90%的案件为专利侵权，其余为商标侵权和盗用商业秘密等。337调查应诉费用高昂，是反倾销的几十倍。2002—2017年美国对华337调查涉及的行业占比依次为：电子工业（55%），电器工业（11%），通用设备（7%），医药工业（6%），其他（5%），专用设备（5%），文体、工美和娱乐用品（5%），化学原料和制品工业（2%），汽车工业（3%）和仪器仪表工业（1%）。①

此外，美国还有不少民间知识产权保护组织。1984年成立的国际知识产权联盟（IIPA）是美国最大的民间知识产权联盟组织。由于知识产权纠纷专业技术性强，司法解决费时费力，不少纠纷是通过民间组织调解和仲裁解决的。

2.跨境电商经营规范

近年来，跨境电商经营规范问题逐渐引起美国政府与企业的重视。美国消费者极其重视商品口碑，消费者评价与产品销量对品牌形象有着重要影响，这些均有助于中国中小品牌在激烈市场竞争中脱颖而出，但刷单与刷好评将构成商业欺诈而面临美国政府与企业的严厉制裁。根据美国联邦贸易委员会（Federal Trade Commission）的规则，操纵评论的商家和写虚假评论的个人触犯消费者权益保护法构成商业欺诈，虚假评论每条每次最高处罚可达5万美元。同时，美国电商平台也积极规范市场，2016年亚马逊在美国地区清理水军刷分，起诉了超过1000名刷好评的卖家。不仅如此，亚马逊对销量造假、评价造假的卖家进行大规模封杀、销号、余款余货冻结，2021年亚马逊平台整顿导致至少5万中国跨境电商商户受到影响。

---

① 于洋：《美国337调查的发展历程、特征事实及中国应对》，《亚太经济》2022年第2期。

二、中国品牌在美国的机遇与挑战

美国文化对劳工权益、环保等社会责任有较高要求，疫情后消费者习惯的改变与消费者结构中 Z 世代占比提高等新的变化，对中国品牌既是机遇也是挑战。

（一）美国的品牌消费文化

1. 美国消费者的品牌态度

美国的品牌消费兴起于 20 世纪 70—80 年代，品牌形象与个人身份认同产生联系。90 年代后，美国居民消费回归理性，观念转向性价比，但品牌消费早已成为生活中必不可少的一部分。根据科韬广告（Criteo）的一项调研，超半数购买者表示其决策受到品牌价值观影响，35% 消费者会因品牌理念与自身价值观相符而产生复购意向，而 47% 消费者会因品牌理念与自身价值观相悖而放弃购买。

由于较高的全球化程度、多元化的文化氛围与消费层次感，美国消费者愿意与喜爱的品牌分享他们的兴趣，以换取奖励和个性化的互动，也愿意容忍企业为创新、优化与改善而进行的试错，市场包容性良好。中国品牌容易找到细分市场，且试错成本较低。但一大挑战在于，美国消费者更偏爱本土品牌。美国机构 Visual Capitalist 发布的"美国 2021 年最有声誉的 100 个品牌"中，中国品牌仅华为（88 名）、TikTok（94 名）入选；而英国机构 Brand Finance 发布的 Brand Beta US 2021 评选出的 100 个在美国最受欢迎品牌中，美国本土品牌占绝大多数，中国品牌无一入选。

近年来，美国消费者对品牌的期望不断提高，希望品牌对社会和环境负责。据益普索发布的《2023 国内品牌出海发展报告》，53% 美国消费者表示企业"承担道德、社会责任"与"提供高品质的商品"同等重要，71% 消费者偏好从有社会责任感的公司购买商品。[①] 他们希望品牌采用合乎道德标准

---

① 《2023 国内品牌出海发展报告》，益普索 2023 年 10 月，https://www.163.com/dy/article/IH6HP7VO0511B3 FV.html，访问日期：2025 年 3 月 31 日。

的工作和管理模式,包括员工福利(同工同酬、性别平等、种族多元等)、环境可持续(减少排放、节约用水、使用再生能源等)、支持促进社区发展(教育与技能提升类项目、提供就业机会等)。这对中国品牌既是挑战,也是机遇。Engagement Labs 发布的《2023 年美国人最喜爱品牌排行榜》指出,消费者对品牌充满热情,能够与消费者进行积极互动的品牌可能增加销售额及提高品牌忠诚度。因此,这些努力值得尝试。

2. 美国民众的消费习惯

疫情期间,更多美国人养成了网购的习惯,Facebook、Instagram、TikTok 等社交媒体打破了地域限制,成为美国消费者了解中国品牌信息的重要渠道(图 2-3)。

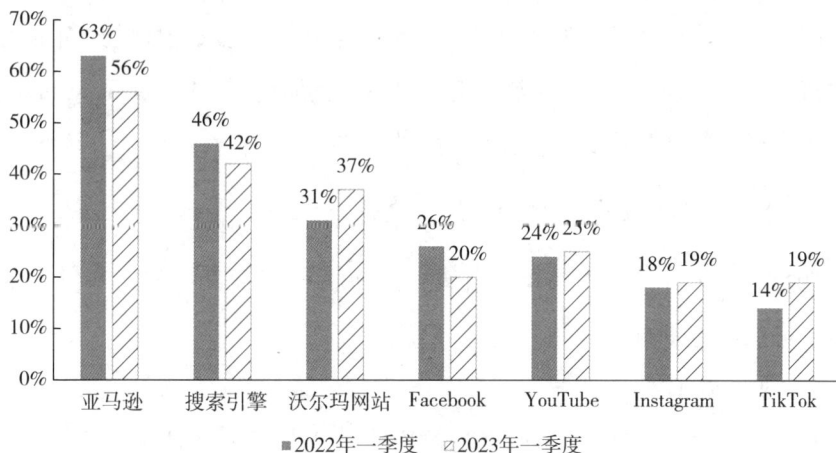

图 2-3　2022 与 2023 年第一季度美国消费者线上购物搜索渠道分布对比

资料来源:Jungle Scout, *Consumer Trends Report: Q1 2023*。

但美国市场仍以线下渠道为主,据 Statista 数据显示,2022 年美国线下零售额占比达 87%。此外,国际购物中心协会(ICSC)在 2023 年研报中指出,实体店和网上销售之间有强相关性:开设实体店不仅会增加消费者在新店的购物,还会增加其网上购买,总销售额将平均增加 6.9%,新兴零售商的销售额增长更是高达 13.9%;反之,关闭实体店平均降低销售额 11.5%,

新兴零售商的销售额降幅为 5.2%。① 因此，若要在美国市场快速稳妥发展，"线上 + 线下"的全渠道布局势在必行。

疫情之后，美国居民消费意愿强烈，但部分中等收入家庭受裁员影响，加上通胀引起的生活成本增加，消费更加谨慎。他们追求更少杠杆和更高折扣，批发渠道的支出复合年增长率是杂货店、大众市场或大型商店等其他渠道的两到三倍。消费者在商场自有品牌上的支出也在增加，在所有消费商品中的同比份额从 2021 年底的 15% 增长到 2022 年底的 30%。② 国际购物中心协会（ICSC）对 2023 年假日购物预测指出，79% 的消费者计划比平时更早开始假日购物，四分之一的人已在 8 月或更早开始了假日购物。在计划提前购物的消费者中，51% 的人是为了获取提前促销。这些都显示出美国消费者的性价比偏好上升。

同时，美国消费者更加注重实体体验，寻求"有意义的体验，而不是炫耀财富"。与之相应，品牌与消费者的对话也更加重要，Engagement Labs 的研究表明消费者对话推动了所有购买中的 19%。

（二）人口结构变化对品牌发展的文化意义

2023 年，Z 世代已占到美国总人口的 20.69%，预计对美国消费市场将产生不可忽视的影响。

1. Z 世代的消费态度

Z 世代在 20 多年的人生中经历过次贷危机与新冠疫情两次重大冲击，对未来经济的不确定性感到不安。据 2023 年 Harmony Healthcare IT 的调查，18—26 岁的美国人被诊断患有不同程度焦虑症的比例高达 61%。Z 世代更愿意为不稳定的经济预期做好规划，更谨慎使用信用卡，以性价比为重要考虑因素。国际购物中心协会（ICSC）在 2023 年的研报《Z 世代消费者的崛起》

---

① "The Halo Effect III: Where the Halo Shines," ICSC, June 7, 2023, accessed March 31, 2025, https://www.icsc.com/news-and-views/icsc-exchange/icsc-halo-effect-iii.

② 《2024 美国消费市场与社会趋势报告》，引米咨询2024 年 1 月，https://www.163.com/dy/article/IR8F2HGN0511B3FV.html，访问日期：2025 年 3 月 31 日。

中指出，48% 的受访者表示折扣零售商是首选的购物目的地。

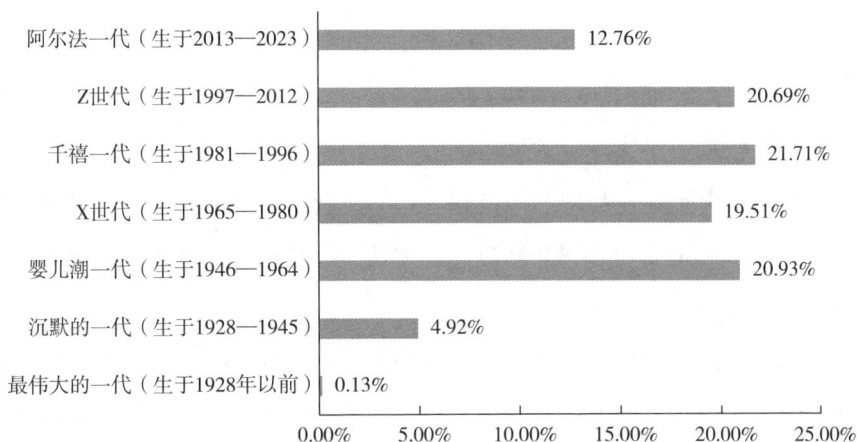

图 2-4　2023 年美国各代人口分布

阿尔法一代（生于2013—2023）　12.76%
Z世代（生于1997—2012）　20.69%
千禧一代（生于1981—1996）　21.71%
X世代（生于1965—1980）　19.51%
婴儿潮一代（生于1946—1964）　20.93%
沉默的一代（生于1928—1945）　4.92%
最伟大的一代（生于1928年以前）　0.13%

0.00%　5.00%　10.00%　15.00%　20.00%　25.00%

图 2-4　2023 年美国各代人口分布

资料来源：Statista 全球统计数据库。

　　Z 世代是第一个完全在数字和移动技术环境下成长起来的群体，深受社交媒体影响。他们从更广泛的渠道获取品牌信息：85% 认为社交媒体影响他们的购物决策，将 Instagram 和 TikTok 列为首选平台；56% 认为朋友和家人的推荐最重要；其次是网上评论（54%）；与店员互动，亲自查看产品（43%）；有影响力的人（39%），如网红、博主等。但他们同样注重体验感与便利性，对实体店购物的偏好很强烈。在调查中，60% 受访者表示，他们更愿意把钱花在体验上，而不是物质上。商场和购物中心很快适应了这些不断变化的需求，70% 的受访者表示，他们认为零售中心和商店在设计体验方面做得很好，能为 Z 世代消费者提供有趣的场所。能够立即获得物品，并有机会在购买之前看到、触摸和尝试产品使得97%的受访者选择实体店购物。[1]显然，全渠道策略有助于品牌接近 Z 世代消费者。

---

[1] "The Rise of the Gen Z Consumer," ICSC, June 7, 2023, accessed March 31, 2025, https://www.icsc.com/news-and-views/icsc-exchange/the-rise-of-the-gen-z-consumer.

2. Z 世代的品牌态度

美国皮尤研究中心 2020 年的研报《步入成年却前途未卜：迄今为止，我们对 Z 世代的了解》显示，美国 Z 世代比前几代在种族和族裔上更多元，受教育程度更高。他们缺少品牌忠诚，购物习惯更反映价值取向。他们更有可能光顾那些致力于实现社会变革、分享他们的价值观和反映他们对自己期望的品牌，并勇于捍卫与他们价值观一致的品牌。而当前，60% 的 Z 世代消费者认为，需要企业和品牌共同协作才能使世界从过去几年的危机和不确定性中恢复过来。[①]

《Z 世代消费者的崛起》指出，Z 世代是具有较强社会责任意识的一代：心理健康是这一代人最关心的问题，53% 的受访者表示愿意支持优先考虑这一问题的品牌；47% 的受访者表示有兴趣支持解决环境、气候变化和可持续发展以及种族和性别平等问题的品牌；42% 的受访者表示，公平贸易、采购道德和适宜的工资是选择支持品牌时的重要考虑因素；性少数群体的权利也是 Z 世代关注的问题，26% 受访者表示有兴趣支持重视这一问题的品牌。品牌价值观与社会责任、可持续发展等理念的融合能够成为中国品牌吸引 Z 世代的重要突破口。

（三）美国消费者对中国品牌的总体感知

早期由于极高的性价比，美国消费者对中国品牌接受度较高，但也产生了"便宜货"的刻板印象。而随着中国制造业技术不断提高，加上跨界合作、赛事赞助、KOL 代言等多种营销方式的推广，美国消费者对中国品牌的感知大为改观。中国品牌逐渐与创新联系起来，总体形象也从单一的生产者变成了多元的创造者。哈佛大学 Growth Lab 的研究显示，以 2019 年出口复杂度（出口产品的先进性与复杂性）为判断标准，中国全球排名第 16 位，较 2018 年上升 3 位，美国则排名第 11 位。在质量可靠、性价比高之外，中

---

① 《出海掘金必读：了解美国消费者》，英敏特 2024 年，https://china.mintel.com/insights/consumer-research/expanding-overseas-american-consumer/#download，访问日期：2025 年 3 月 31 日。

国品牌正在拥有时尚、潮酷、科技、创新、绿色等众多标签。华为、TikTok成功入选美国机构 Visual Capitalist 发布的 "美国 2021 年最有声誉的 100 个品牌" 榜单。益普索发布的《2022 中国品牌全球信任指数》显示，美国消费者对中国品牌整体印象为 "非常好" 和 "比较好" 的比例分别为 13% 和 19%，合计 32%，对中国品牌的认可度较高。①

从市场实际情况看，美国消费者对中国品牌的态度，并未受到贸易摩擦和地缘政治因素的实质影响。调研公司 YouGov 的报告指出，55% 受访者对中国品牌持开放态度，愿意在假日季购买中国品牌，购买时主要考虑产品质量（40%）、产品性价比（33%）、价格实惠（26%）、网上的用户好评（24%）和品牌美誉（23%）。②

三、中国品牌在美国的代表性案例

以下根据具有代表性的中国品牌进入美国的大致时间，依次介绍八个拓展美国市场的成功案例。

（一）海尔（Haier）：美国市场的早期探索者

海尔 Haier 是海尔集团旗下最早的品牌。1999 年，海尔投资 3000 万美元在南卡罗来纳州建立海外工业园，并面向当地招聘。不久后，通过对用户观察，依托大学生公寓场景，海尔推出 "电脑桌冰箱"，迅速占据当地细分市场 50% 份额，并荣获 2003 年全美产品设计 "金锤" 奖。2006 年，美国家用电器协会（AHAM）公布的数据显示，海尔已占据美国小容积冰箱市场 50% 的份额。

---

① 《2022 中国品牌全球信任指数》，益普索 2022 年 9 月 23 日，https://www.fxbaogao.com/view?id=3383933，访问日期：2025 年 3 月 31 日。
② 《抢滩北美：2022 假日购物季营销洞察》，The Trade Desk2022 年 11 月 8 日，https://jsj.top/f/rSKeKo，访问日期：2025 年 3 月 31 日。

为推广品牌形象，海尔在纽约肯尼迪机场的电车、迈阿密和芝加哥的广告牌上发布广告，并将最新款 DVD 同迈克尔·乔丹的影片宣传一起在电视上播放。2002 年，海尔买下有 77 年历史的纽约市标志性建筑物，更名为"海尔大厦"，作为海尔在美国的总部。2006 年，海尔和 NBA 成为全球战略合作伙伴，NBA 通过其广大的媒体资产加速了海尔在美国的发展。

2016 年，海尔收购通用（GEA）的家电业务。通过产品整合覆盖从超高端到大众市场全部价格带，同时借助 GEA 积累深厚的渠道资源全面触达各类消费群体。当前，海尔产品已顺利入驻美国前十大连锁集团，并获得"最佳供货商""免检供货商资格"等荣誉，在全美拥有国际化服务中心与免费热线电话，这意味着海尔已经走进美国主流市场。根据万得数据统计，2021 年，海尔冰箱销量居全美第一，份额为 26.3%；洗衣机销量居全美第二，份额为 23.5%。

海尔始终致力于成为美国用户最喜爱的品牌，研发策略完全依据美国本土用户量身定制。为跻身高端市场，2023 年海尔针对美国用户周末集中洗衣的特征与对环保、有机、可持续发展理念的推崇，推出 Combo 大滚筒洗衣机，在优化洗涤效果的同时帮助消费者减少碳足迹、节省能源和延长衣物使用寿命。虽然其零售价高达 2899 美金，但迅速受到美国用户追捧，被媒体称为"史无前例的洗衣机"，并带动海尔大滚筒洗衣机整体份额从 4% 迅速上升到 19%，海尔品牌的高端与环保属性也获得了美国市场的认可。

（二）联想（Lenovo）：以并购融入美国市场

2005 年，联想集团以 12.5 亿美元并购 IBM 个人电脑业务，使联想在全球个人计算机市场（PC）市场上获得了广泛的品牌认知。

联想通过对 IBM 的 ThinkPad 重新整合，为自有品牌逐步进入美国市场提供了强大的供应链和分销渠道。联想采用了新的销售思路，在保持品牌原有的高品质、稳定性和安全性特征的同时，使 ThinkPad 更接近于普通笔记本电脑的售价，成为美国几大品牌中性价比最高者，促进 ThinkPad 销量进一步攀升。2007 年，联想宣布将与美国最大的电子消费产品连锁店百思买进一步加强合作，百思买在全美约 300 家零售店提供联想笔记本电脑销售。2013 年，联想部分产品开始回归美国制造，为用户提供订制化服务，位于美国北卡罗来纳州的生产线正式投产。

在联想 PC 产品线里，ThinkPad 仍面向商业用户和高端个人用户，ThinkPad X1 Fold 在美国国际消费类电子产品展览会上获得包括"2020 最佳笔记本产品"在内的共计 43 项大奖。其他子品牌系列中，ThinkBook 针对中小企业用户，ThinkBook Plus 是强调创新的 Pro 版，Yoga 则面向高端消费用户群体。借由 ThinkPad 品牌在美国市场的原有影响力，联想不断增强消费者对主品牌的认同。据 Canalys 数据，2024 年第一季度，联想销量居美国第三，市场份额 17.6%。

此外，联想沿袭 PC 战略，在 2014 年以 29 亿美元收购摩托罗拉智能手机业务，为联想手机在美国市场提供强大的品牌支持。2023 年，联想手机在国际消费电子展 CES2023 发布全新旗舰手机 ThinkPhone。该型号由联想旗下摩托罗拉与 ThinkPad 合作打造，在摩托罗拉手机硬件的基础上融入 ThinkPad 的经典材质与设计，加入 ThinkPad 企业用户安全功能及全套移动办公组件，可与 ThinkPad 无缝协同工作，为企业用户提供完整的商务体验。这种子品牌之间的联动为联想手机冲击高端市场提供了丰富的品牌联想，为联想手机赢得了美国消费者的认同。市场调研机构 CIRP 的报告显示，在 2023 年 4 月至 2024 年 3 月，联想手机在美销量上升至第三位，占据 13% 市场份额。

知名度低是不少中国品牌在美国的首要障碍，联想作为外来品牌，通过并购美国行业领导者品牌增强自身品牌影响力，具有重要的启示和参考价值。

（三）大疆（DJI）：开拓引领无人机新市场

大疆是目前全球顶尖的消费级无人机品牌，也是在海外市场从起步就走高端定位路线的中国品牌。海外航模论坛用户及关注航拍技术的影视从业人员是大疆的主力消费人群。2012 年，大疆推出世界首款航拍一体机"大疆精灵 Phantom 1"，并将产品送到好莱坞和硅谷，许多明星、名流成为大疆的首批粉丝和种子用户。2014 年，大疆无人机被美国《时代周刊》评为"十大科技产品"，被《纽约时报》评为"2014 年杰出高科技产品"。2017 年 5 月，大疆在纽约召开新品发布会，推出小型掌上无人机"晓"Spark。2018 年 5 月，微软与大疆宣布达成战略合作。

大疆迅速崛起重要的原因之一是坚持独立研发和创新，其无人机飞行控制、图像传输、增稳云台、航拍相机、智能悬停避障等关键技术均为自主研发，在行业中具有明显优势。2017 年底，大疆全球专利申请量累计超过 7500 件，专利占比为 35% 以上，至 2023 年大疆及其关联公司共有 15000 余件专利，专利占比已达 77.33%。凭借技术实力，大疆力压一众美国本土无人机品牌，市场占有率惊人。据 Bard College 在 2020 年的研究，美国 50 个州的政府部门均使用无人机，其中 90% 由大疆制造，在紧急救援领域更有高达 92% 的无人机由大疆制造。在民用市场上，据 Drone Industry Insights 的数据，2023 年大疆占美国消费级无人机市场份额接近 80%。

但受地缘政治影响，大疆在美国也面临重重压力。2020 年底，美国商务部以"危害美国国家安全"为由，将大疆列入"实体清单"。2024 年 6 月，美国众议院通过《反制中国无人机法案》，计划以国防为由限制大疆无人机在美国销售。

（四）一加（OnePlus）：精品路线与口碑运营

同为手机品牌，一加进入美国的方式与联想不同。一加创立初期就将目光放在海外高端市场，每年只推单系旗舰机型，保证每位用户都有高度相同的旗舰体验，这种精品路线非常符合美国人对手机质量的评判标准。一加的首款产品即被美国《时代周刊》称为"梦幻手机"，改变了美国消费者对中国品牌的印象。2017 年，一加 5T 再度入选《时代周刊》评选的五款最好智能手机榜单。

美国手机市场与中国不同，主要以运营商为主导，四大电信运营商 AT&T、Sprint、T-Mobile 和 Verizon 的实体渠道约占手机总销量的四分之三。2018 年，一加与美国第三大运营商 T-Mobile 达成合作，新款产品 6T 进驻其全美 5600 余家线下门店，成为首个以高端产品打入美国运营商渠道的中国品牌。这一战略合作不仅拉动了在美销量，也增加了美国消费者对一加手机的了解。

此外，一加的美国营销策略采用低成本运营的口碑营销模式。一加将线上社区打造成为数码爱好者聚集交流的平台，通过精准锁定有社群影响力的技术爱好者群体，借力意见领袖打造产品良好口碑，同时倾听用户声音，让用户在社区中分享想法，共同改善产品体验，"与用户共创"成为一加区别于其他品牌的特色标签。为强化其尖端科技形象，2019 年一加特别邀请"钢铁侠"扮演者小罗伯特·唐尼担任品牌推广大使。2018—2020 年，在知名科技媒体 PC Magazine 的年度读者选择奖榜单中，一加连续三年斩获第一。

2020 年，一加与美国最大运营商 Verizon 达成合作，继续巩固其在美国市场的地位，成为当年美国市场上销量唯一增长的手机品牌。市场调查公司 Counterpoint 的数据显示，在 2020 年第三季度至 2021 年第四季度美国智能手机市场中，一加销量已成功跻身前五。

（五）安克（Anker）：聚焦用户需求

伴随智能手机不断发展，消费者对其依赖度持续上升，加上芯片升级等多重因素导致手机耗电量大增，带来了高频充电的需求，同时，美国长期以来户外文化盛行，是便携储能需求最高的国家之一。

安克在美国市场拥有极高人气，甚至一度成为充电器的代名词。通过亚马逊平台进入美国市场是中国中小品牌的最佳方案，安克正是起步于此，并迅速成为"Best Seller"，曾连续 3 年蝉联亚马逊美国移动电源销量冠军，获得亚马逊颁发的"杰出中国制造奖"。

针对美国消费者对社交媒体博主推介接受度高的特点，公司在

YouTube、Facebook 等营销渠道广泛投放广告，海外意见领袖的推广视频动辄上百万播放量为公司树立了良好的品牌认知，再通过社交平台扩大品牌知名度，以细水长流的日常推广逐步建立用户的品牌认可。同时，安克积极按照美国用户的习惯进行微创新。安克基于亚马逊 VOC（买家之声）将消费者反馈体系化，聚焦解决其中的关键问题，如早期超过 78% 用户负面反馈集中在充电协议的不兼容，安克首创 PowerIQ 技术解决这一问题，不仅消费者满意，还增加了品牌噱头，多协议兼容充电器成为安克第一个超级爆款。此外，公司还通过焦点小组调研和专家访谈等方式觉察用户痛点，并以自身强大的研发能力有效解决，积累起显著的品牌竞争优势。为满足用户线下挑选与体验的诉求，安克近年来不断开拓线下渠道，线下收入占比由 2017 年的 23.3% 提升至 2022 年的 33.7%。

对用户需求的深度触达与本地化营销是安克品牌塑造成功的关键，叠加产品性价比优势，虽然依托亚马逊平台而非自有渠道，但安克在美国市场多个细分领域中仍销量靠前。

（六）希音（Shein）：新型电商模式的代表

Shein 依靠科技创新驱动成为快时尚行业颠覆者。疫情期间，Shein 通过新型跨境电商模式快速占领美国市场，2020 年 1 月至 2021 年 6 月其快时尚领域市场份额从 7% 迅速跃升至近 30%。

Shein 通过"小单快反"的数字化按需生产模式，将上下游数千家工厂整合成更柔性、更敏捷、更高效的供应链，统一于严格的生产制造标准、质量管理标准、ESG 制造标准，在确保品质的同时将库存率从传统的 30%—40% 直接降低到个位数。同时，Shein 积极推出传统工艺的解决方案与创新工艺，有效提高签约工厂的生产效率。以"上新快"著称的传统快时尚品牌 Zara 从打样到生产需要 15 天，而 Shein 最快只需 3 天。2023 年 4 月，Shein 在美国上线平台模式，逐步形成"自营品牌 + 平台"双引擎发展的独特模式，提升在全球市场上的综合竞争力。

Shein 有明确的品牌定位，"时尚、精美、高性价比"的自主品牌服饰受到大量美国消费者的喜爱。针对美国消费者特别是年轻消费者积极拥抱的 ESG 理念，Shein 承诺按照标准采用可持续材料、技术和生产工序，从"负责任供应商"采购，全面禁止有害材料，与美国可持续时尚企业 Queen of Raw 合作，并在平台内推出"Shein Exchange"二手平台延长单件服装生命周期。这些努力成功抓住了消费者的心。2023 年 12 月，美国知名咨询公司 Morning Consult 的报告显示，Shein 位列"2023 年十大增长最快品牌总榜"第四名，是唯一入选的中国品牌。

2024 年 5 月，Shein 成为美国第三大在线时尚零售商。遗憾的是，地缘政治风险对 Shein 也产生冲击，因在华供应链问题导致其在美首次公开募股（IPO）遭受多方阻力。

（七）名创优品（MINISO）：提供情绪价值的创意百货

名创优品是创意生活百货品牌，进入美国市场之初曾采取海外代理形式，但品牌影响力有限，其后转为自建渠道。2020 年 10 月，名创优品在纽交所上市。

在营销方面，名创优品根据美国节庆、文化习俗开展小巴车巡游等线下活动；在线上，名创优品积极融入 Facebook、Instagram 及 TikTok 等社交媒体，在 2022 年圣诞发起 MINISO PentaClaus 挑战赛活动。

美国是全球第一大 IP 潮流消费市场。名创优品依据这一市场特征，通过用户大数据、私域用户调查的方式，筛选用户感兴趣的 IP，与迪士尼、NBA、故宫文化等 80 余个拥有全球知名 IP 的品牌深度合作，打造特色联名款潮流产品。每款产品的研发都从使用者角度出发，注重产品功能合理性和使用耐久性，并突出"情绪价值"大于"功能价值"的理念来构建品牌势能，利用敏捷的供应链整合能力，快速把产品送到消费者面前，成功吸引了美国的年轻一代。以盲盒品类为例，IP 系列盲盒新品在美国经常掀起排队抢购潮，已成为美国市场的重点发展品类。

2023 年 5 月，名创优品首家全球旗舰店亮相美国纽约时代广场，门店形象、消费场景和服务等都进行了升级，在设计上不仅融合了名创优品自有 IP 公仔 MINI Family、DUNDUN 鸡等主题元素，还强化特色专区打造，根据当地热销品类设置了盲盒、玩具、香氛、美妆等十大专区。通过构建全渠道零售生态和场景创新，名创优品提升了消费者的购物体验，以极致性价比与高频上新的 IP 潮流好物满足美国市场超强的消费需求。与仅有线上业务的 Shein 不同，截至 2023 年底名创优品在美国的门店数量已突破 100 家，这意味着为当地创造了更多就业机会。

四、总结与展望

美国多元化的市场需求为各类中国品牌提供了机遇，是中国品牌最重要的海外市场之一。总体来看，中国品牌在美较为成功，逐渐与创新联系在一起，在消费电子、生活用品等领域取得了较高市场认可，为美国消费者留下了良好印象。

美国的制度文化环境，以及疫情之后美国消费的新变化对中国品牌既是挑战也是机遇。面对不同的法律环境，中国品牌在品牌运营上需要储备足够的法律资源，多与相关领域的专业人士沟通，从而得到更充分的支持，特别是中小品牌缺乏头部品牌强大的资本与渠道能力，需严格遵守跨境电商相关规定。

卓越的产品质量是品牌竞争力的基础，而科技是最易被消费者感知和量化的指标，精品路线更易吸引美国消费者的注意，要注意避免恶性竞争，价格战可能削弱整体中国品牌的印象。同时，无论是头部品牌，还是中小品牌，进入美国市场应注重采用本土化策略，适应美国消费者的习惯，符合目标客群的价值观，社交体验式互动非常重要。全渠道营销会带来更强的品牌竞争力，头部品牌可考虑与美国本土品牌合作，通过资源互补和协同创新实现共赢。而对于中小品牌，通过跨境电商平台进入美国市场便捷灵活且风险可控，值得尝试。

在全球地缘政治风险与宏观经济变局之下，中国品牌在美发展仍受到一定程度的影响，特别是一些头部品牌面临巨大压力，在短期内这些不确定性难以完全消除。在宏观经济方面，美国刚进入降息周期，是否衰退的担忧仍未完全消除，美联储对未来以多大力度推进降息也存在不小分歧。使人感到乐观的是，美国通胀持续降温，零售在某种程度上正回归正常，支出模式和增长看起来更像疫情前的状态。过去几个月中，消费者习惯发生明显变化，面对地缘政治危机、经济稳定性和环境卫生的不确定性，消费者的应变能力得到了提升，开始从谨慎消费转向有意消费，在每次购买中都以多种方式寻求价值。牛津经济研究院（Oxford Economics）预计，2025 年的实际消费增长将从之前预测的放缓至 2.1%，加快至 2.7%。中国品牌在美国的发展之路仍将挑战与机遇并存。

B.3
中国品牌在日本

金　琳　王　佳[*]

摘　要： 近年来，中国商品已经渗透到日本人生活的方方面面，除了过去经常在超市、百元店中出现的"中国制造"到如今，从电动汽车、家电到美妆，也有许多"中国创造"进军日本市场。随着中国品牌产品质量的提升和创新能力的增强，日本消费者对中国品牌的认知度和接受度也正在逐渐提高，特别是在新能源汽车领域，比亚迪等品牌的销量增长表明了巨大的市场潜力。中国品牌正通过本土化策略、数字化营销、电商优势及提供个性化和高品质的消费体验来适应日本市场。面对文化差异和市场竞争等挑战，中国品牌需要持续创新和改进，进行长期投资，加快品牌建设和本土团队建设。同时，政策支持和抓住新兴消费趋势也将助力中国品牌在日本市场实现更快发展。总体来看，中国品牌在日本市场的发展前景广阔，但需不断创新以稳固和扩大市场份额。

关键词： 中国品牌　日本市场　国际化战略　本土化策略

日本作为世界第三大经济体，拥有成熟的市场和较高的消费水平，随着

---

* 金琳，上海社会科学院信息研究所日语编译，语言学硕士，主要研究方向为城市发展、国际大都市战略等。王佳，经济学博士，上海社会科学院经济研究所助理研究员，主要研究方向为制度经济学、国际经贸规则、土地财政制度等。

国内市场日趋饱和，中国企业开始寻求海外市场以实现更大的发展空间，而日本因其地理位置、文化相似性及经济实力，成为许多中国品牌出海的重要目的地。从历史角度来看，日本经济在二战后经历了快速的增长和发展，特别是在 1960—1974 年的高速增长期，GDP 平均增速高达 16.6%，[①] 这一时期的经济增长为日本市场的成熟奠定了基础。日本在 20 世纪 80 年代进入泡沫经济时期，尽管后来经历了经济停滞，但其技术实力和品牌影响力依然在全球范围内具有竞争力。

中国品牌在日本的发展也得益于中日两国经济关系的加强。随着全球化的推进和区域经济一体化的发展，两国在贸易、投资、技术合作等方面的交流日益频繁，为中国品牌进入日本市场提供了良好条件。此外，中国品牌的国际化战略、产品质量的提升、创新能力及对日本市场消费者需求的深入理解也是其在日本发展的重要基础。中国品牌通过不断的技术创新和市场适应，正在逐步提升其在日本市场的竞争力。

一、中国品牌在日本的发展基础与环境

（一）中国是日本最大贸易伙伴

中国与日本作为亚洲两个最大的经济体，长期以来在贸易领域保持着密切的合作。根据国家统计局数据，2023 年中日贸易总额 3180 亿美元，同比下降 10.7%。[②] 尽管出现了下降，但这一数值仍然显示出中日之间庞大的贸易规模。具体来看，中国对日本的出口商品总值为 1575 亿美元，同比下降 8.4%；而中国自日本的进口商品总值为 1605 亿美元，同比下降 12.9%。[③] 从历史数据来看，根据《2023 中日贸易投资合作报告》，2022 年中日贸易总额为 3574 亿美元，同比增长 3.36%，中国仍然保持了日本第一大货物贸易伙

---

① 全球经济指标官网（Trading Economics，TE）：https://zh.tradingeconomics.com/japan/gdp. 查询 1960—1974 年日本 GDP 数据。

② 国家统计局官网：https://data.stats.gov.cn/easyquery.htm?cn=C01. 查询 2023 年中日间贸易数据。

③ 国家统计局官网：https://data.stats.gov.cn/easyquery.htm?cn=C01. 查询 2023 年中日间贸易的进出口具体数据。

伴国的地位。此外，中国对日本的直接投资存量从 2006 年的 2.2 亿美元增长到 2021 年的 48.8 亿美元，年均增长 22.81%，2021 年增长 16.35%，已连续 13 年实现正增长。[①]

尽管全球经济形势复杂多变，中日之间的贸易关系依然紧密且具有韧性。从更宏观的视角来看，中日经贸合作的深化不仅对两国经济发展具有重要意义，也对区域乃至全球经济的稳定与增长起到了积极作用。随着区域全面经济伙伴关系协定（RCEP）的签署和生效，中日两国在贸易和投资领域的合作有望得到进一步加强，为双方带来更多的发展机遇。

（二）中国品牌在日本的文化环境

日本作为亚洲经济强国，拥有成熟的市场体系和高标准的消费需求，为外来品牌提供了广阔的发展空间。然而，中国品牌在进入日本市场时，需要面对一系列独特的挑战。首先，日本消费者对品牌忠诚度很高，倾向于选择那些已经建立良好声誉的品牌。因此，中国品牌需要通过提供高质量的产品和服务，逐步建立和提升自身的品牌形象，这不仅要求中国品牌在产品质量上下功夫，还要在售后服务、客户体验等方面进行持续优化。其次，日本市场对知识产权的保护非常严格。中国品牌在进入日本市场时，必须严格遵守日本的知识产权法律，避免侵权行为，这要求品牌在产品设计、商标使用等方面进行细致的规划和审查。再次，文化差异也是一个不容忽视的因素。日本消费者对产品的审美和使用习惯与中国有所不同，中国品牌需要深入了解日本文化，进行产品和营销策略的本土化调整以更好地适应日本市场。最后，政治因素也可能对中国品牌在日本的发展造成影响。中日两国之间的历史问题和政治摩擦可能会影响消费者对中国品牌的看法。因此，中国品牌需要通过积极的公关活动和社会责任项目，树立更好的国际形象，减少政治因素对品牌发展的负面影响。

近年来，随着中国经济的快速发展和全球化战略的推进，中国品牌在日

---

① 大连市贸促会，中国—日本商务理事会大连联络办公室：《2023 中日贸易投资合作报告》。

本市场拥有巨大潜力。通过不断的技术创新、品牌建设和市场适应，越来越多的中国品牌开始在日本市场崭露头角，如华为、小米等科技品牌和海尔、美的等家电品牌都在日本市场取得了一定的成功。

（三）中国品牌在日本的制度环境

中国品牌在日本注册商标时，需要向日本经济产业省下的特许厅（Japan Patent Office，JPO）提出申请。日本的特许厅是负责处理日本国内所有商标注册事宜的官方机构。日本的商标注册程序遵循日本的商标法规定，主要分为以下几个阶段。

申请阶段：申请人需要明确商标的图样或文字及希望指定的商品或服务类别，并选择合适的专利商标事务所提交申请。在提交注册申请之前，进行商标搜索以确保所申请的商标不与已注册或正在申请的商标冲突。申请信息包括商标图样、商品或服务的类别和具体商品或服务列表、申请人的详细信息等。可以通过在线或邮寄方式向日本特许厅提交商标注册申请。

形式审查：提交申请后，日本特许厅会先给予申请号，并进行形式审查，检查申请文件是否齐全、格式是否正确等。

实质审查：形式审查通过后，进入实质审查阶段，日本特许厅将对商标是否符合注册要求进行深入审查。

公示期：通过实质审查的商标将进入公示期，通常为2至3个月，供第三方提出异议。

注册阶段：若无异议或异议不成立，商标将被正式注册。申请人需在规定时间内缴纳注册费用，之后日本特许厅会发布商标公告。

维护：注册成功后，商标持有人需要定期进行维护，包括缴纳维护费用等以确保商标权利的有效性。

具体费用方面，申请阶段的费用为首类别12000日元，第二类别起每类别8600日元。注册阶段，10年保护期的官方费用为28200日元/类别，5年保护期为 16400 日元 / 类别。① 此外，在日本注册商标还需要考虑以下几点：代理机构，品牌通常通过当地的知识产权代理机构或律师来处理商标注册事宜，因为他们熟悉当地法律和程序；语言问题，申请材料可能需要翻译成日语；国际注册，如果品牌计划在多个国家注册商标，可以考虑使用马德里协议进行国际商标注册。

（四）中国品牌在日注册商标数量变化

中国品牌在日本注册商标的数量近年来呈现出显著增长的趋势。根据日本特许厅的统计，2014 年中国在日本的商标申请量还不足 2000 件，而到了 2023 年，已经增长到 14538 件。② 目前，这个数字还在持续增加，中国在日本已经位居外国商标申请量的第一位。这种增长与多种因素有关，包括中国品牌在日本市场被抢注的案例增多，促使中国企业更加重视在日本的商标注册，以及中日两国在知识产权领域的交流日益频繁。中国品牌在日本注册商标数量的增加也反映了中国企业国际化战略的推进和对品牌保护意识的增强。随着中国品牌的国际影响力不断扩大，在日本市场的商标注册将成为保护自身品牌权益、增强市场竞争力的重要手段。

二、中国品牌在日本的发展情况

近年来，中国商品已经渗透到日本人生活的方方面面，除了过去经常在超市、百元店中出现的"中国制造"，从电动汽车、家电到美妆，也有许多"中国创造"进军日本市场。

---

① 《商標制度の概要》，日本经济产业省特许厅 2022 年 2 月 7 日，https://www.jpo.go.jp/system/trademark/gaiyo/seidogaiyo/chizai08.html，访问日期：2025 年 3 月 31 日。

② 《五庁統計報告書》，日本经济产业省特许厅 2024 年 12 月 26 日，https://www.jpo.go.jp/resources/statistics/ip5_statistics-report.html，访问日期：2025 年 3 月 31 日。

（一）市场规模与增速

根据日本经济产业省公布的数据，截至 2019 年，进入日本的外资企业数量为 2808 家，其中亚洲企业有 822 家，占总数的 29.3%（图 3-1）。[①]其中，来自中国内地的有 317 家，排名第二的是韩国（165 家），排名第三的是中国香港（158 家）。

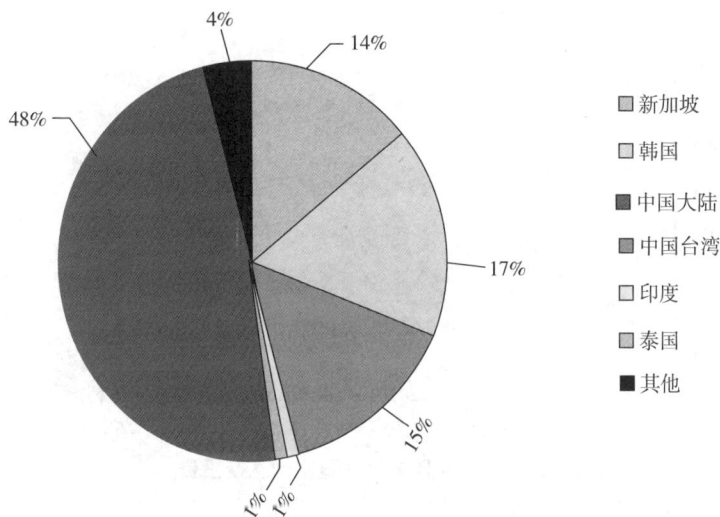

图 3-1　进军日本的亚洲企业数量分布（2019 年）

资料来源：日本经济产业省。

根据日本经济产业省最新公布的统计数据，中国大陆对日本的直接投资额从 2010 年底的 3.99 亿美元增加到 2020 年底的 7.003 亿美元，10 年间增长了约 17.5 倍（图 3-2）。[②]这与美国对日本的直接投资额在过去 10 年内仅增长约 1.25 倍相比，可以看出中国企业在日本投资的增长势头非常突出。

在投资金额上，截至 2020 年底，美国对日本的直接投资额为 910.21 亿美元（图 3-3），新加坡为 415.59 亿美元，韩国为 90.62 亿美元，中国香港

---

① 《外资系企業動向調査 – 令和元年（2019 年）調査結果》，日本经济产业省 2019 年，https://www.meti. go.jp/statistics/tyo/gaisikei/result/result_53/result_53k.html，访问日期：2025 年 3 月 31 日。

② 中华人民共和国商务部、国家统计局、国家外汇管理局：《2023 年度中国对外直接投资统计公报》。

为 88.19 亿美元，而中国内地为 70.03 亿美元。① 从统计数字上看，中国内地对日本直接投资额似乎较少，其原因在于中国内地在进行对外投资时受到的约束较多（如手续繁杂、对投资地区和产业有限制等）。因此，中国内地企业为了在世界各地享受税收优惠及实现海外上市的计划，通过在新加坡、中国香港、开曼群岛和英属维尔京群岛等离岸设立据点，再对日本和世界各地进行投资。

图 3-2　中国内地对日本的直接投资

资料来源：日本贸易振兴机构。

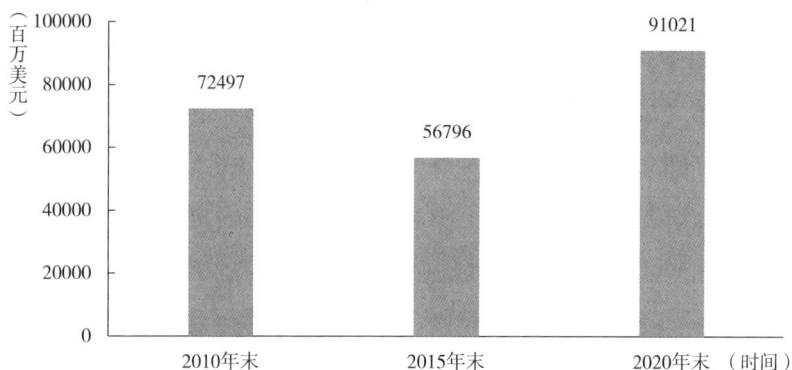

图 3-3　美国对日本的直接投资

资料来源：日本贸易振兴机构。

---

① 中华人民共和国商务部、国家统计局、国家外汇管理局：《2023 年度中国对外直接投资统计公报》。

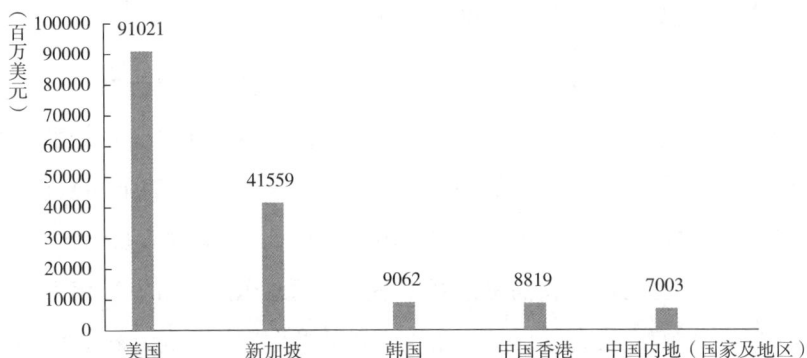

图 3-4　部分国家和地区对日本直接投资额（截至 2020 年底）

资料来源：日本贸易振兴机构。

（二）中国品牌进入日本的形式

中国品牌进入日本的形式可分为三种类型。第一种是以企业的尖端技术、有竞争力的产品和资金实力为背景开拓日本市场。主要包括通信业务、太阳能发电业务、共享经济、跨境电商、移动支付等，如支付宝（Alipay）、微信支付（WeChat Pay）、滴滴出行（DiDi）、京东（JD.com）、华为（Huawei）等。第二种是通过企业收购、技术合作等形式获得日本企业的技术、管理经验、品牌和制造能力，再将技术引入中国，促进中国业务升级，尤其在新能源、AI、半导体、医疗保健、环境保护等领域，如比亚迪、深兰科技、商汤科技等。同时，收购因资金问题而无法继续研发的企业、接受技术转让，以及收购继承人困难的中小企业的例子也不少。第三种是从事与来自中国的入境游相关的产业：经营免税店，如苏宁集团旗下的乐购仕（Laox）及中国医药集团旗下的嘉日免税店（JIARI）；开设温泉旅馆，如星野 TOMAMU 度假村 ①；开展医疗旅游合作，如日本医疗观光株式会社（JAPAN MEDICAL TOURISM Co.Ltd.）等。

---

① 中国企业曾以 180 亿日元的价格购得北海道占冠村的星野 TOMAMU 度假村的全部股权。

（三）日本消费者的品牌认知

日本消费者较为保守、忠诚于本土品牌的特点使外来品牌被接纳往往需要较长时间。日本社会对日本以外的亚洲产品的接受度不高，传统的日本观点认为中韩的产品都不如日本的品质好，比如日本的家电市场以往被认为较难进入。一方面日本企业传统上在家用电器领域拥有优势心理，另一方面日本消费者也有自己的审美和消费偏好。不过，随着东芝在日本股市退市，日系家电的全球影响力也大幅退潮。中国完备的产业链用性价比高的产品抓住了日本年轻一代消费者。随着品牌影响力的加深，中国产品在日本也逐渐摆脱"物美价廉"的刻板印象，在日本大型家电和高端商品领域不断提高市场占有份额。

日本年轻一代的消费者逐渐接受了中国品牌的家电，比如传统上日本人更喜欢白色的家电，但海尔采用的黑色不锈钢设计也在日本大受欢迎。海信等中国品牌推出的 85 英寸彩电，也逐渐改变了日本客户更喜欢小型电视的偏好。中国品牌的优势在于以低廉的价格提供足够多的功能。很多日本老年人还有着根深蒂固的"日本国货信仰"，在选择时会偏向日本国内品牌，但日本年轻群体更欣赏先进实用的设计和高性价比带来的实惠感觉，更青睐选择高性价比的中国品牌。总的来看，尽管一些优秀中国品牌的长期努力赢得了一定市场认可，但"粗制滥造""抄袭"等偏见的负面影响仍将在一定时间内存在。

（四）中国行业品牌的不同表现

比亚迪于 2023 年 1 月进入日本乘用车市场，在日本市场上推出两款车型，即 1 月底发售的多用途 SUV "ATTO3" 和 9 月发售的紧凑型 EV "DOLPHIN"，并计划将 EV 轿车 "SEAL" 投放到日本市场。截至 2023 年 12 月底，比亚迪在日本市场的销量为 1446 辆，其中 ATTO3 售出 1198 辆，DOLPHIN 售出 248 辆，[①] 这对于一个新进入日本市场的品牌来说，是一个很

---

① 《登陆日本一年，比亚迪"混"得如何？》，日本东方新报 2024 年 3 月 4 日，http://www.livejapan.cn/static/content/news/news_between/2024-03-04/1214306488777457664.html，访问日期：2025 年 3 月 31 日。

好的成绩，尤其是考虑到比亚迪品牌在日本市场的认知度几乎为零。截至 2024 年 2 月，比亚迪已在日本全国开设了 22 家代理店铺，覆盖日本 47 个都道府县的一半。新车型 SEAL 也将在 2024 年夏季发售。[①] 近年来，由于海外企业对日本市场不断展开攻势，日本汽车企业也开始行动，本田决定在 2040 年之前撤出汽油发动机汽车市场，丰田也提出到 2030 年投入 4 万亿日元，将纯电动汽车的全球销量提高至 350 万辆，[②] 日产也计划加强与法国雷诺的合作，SUBARU（斯巴鲁）已决定建设日本国内首座纯电动汽车专用工厂，但日本各家车企的纯电动汽车进入市场仍存在时间上的滞后。

中国品牌近年来在日本家电行业市场的表现也备受瞩目，中国品牌在日本冰箱市场中的份额大约为 28%，在过去 10 年中增加了约两倍。这显示出中国品牌在这一领域的显著增长和市场占有率的提升。而在平板电视行业，海信和 TCL 集团在日本平板电视市场上的市场份额在 2023 年扩大到了 21.4%，几乎是四年前的两倍。其中，海信的市场占有率超过了日本巨头索尼，排名第三。除了平板电视，中国品牌在其他家电品类中也在逐渐增加市场份额，海尔、海信等品牌的产品在日本市场的认知度和受欢迎程度在不断提高。这些中国品牌在日本市场获得成功的部分原因可以归于其产品的成本优势和技术创新，如海尔推出的洗衣机不仅价格具有竞争力，还具备变频装置、噪声和耗电量小，这些都是其竞争对手所没有的。

近年来，中国美妆品牌也开始进军日本市场。日本是世界第三大化妆品消费市场，市场规模约为 3.8 万亿日元，其中护肤类产品占比较高，四大传统化妆品巨头（资生堂、高丝、花王、普罗密思）占据 56% 的市场份额，欧美品牌占据 10% 以上，剩余 33% 为小众品牌，这为中国品牌提供了机

---

① 《登陆日本一年，比亚迪"混"得如何？》，日本东方新报 2024 年 3 月 4 日，http://www.livejapan.cn/static/content/news/news_between/2024-03-04/1214306488777457664.html，访问日期：2025 年 3 月 31 日。

② 《丰田纯电动车战略：计划到 2030 年纯电动车销量达到 350 辆，其中雷克萨斯 100 万辆》，全球汽车产业平台 2022 年 5 月 27 日，https://www.marklines.com/cn/report/rep2312_202205，访问日期：2025 年 3 月 31 日。

会。① 日本年轻一代开始探索更具个性化、更明艳的妆容，并在中国社交媒体的流行妆容中获得共鸣，这为中国美妆品牌提供了市场基础。日本市场对中国品牌的认知和接受度在逐渐提高，特别是在彩妆领域，中国品牌已经取得了一定的成绩。一些中国品牌通过 TikTok 等社交媒体平台在日本市场进行营销推广，并取得了显著效果，如花知晓品牌通过与日本知名偶像宫胁咲良的合作，在 TikTok 上实现了 5 亿观看量。尽管中国美妆品牌在日本市场取得了一定的进展，但仍面临用户获取成本高、与本土及国际品牌竞争压力大等挑战。中国美妆品牌在日本市场的潜力仍然很大，尤其是在彩妆和护肤领域，通过创新的营销策略和产品特色，有进一步增长的空间。

三、品牌案例分析

本部分将主要介绍三个中国出口日本的品类——电动汽车、连锁饮品和美妆，分别展示具有代表性的品牌在海外的发展情况，同时对若干品牌发展的教训进行总结。

（一）比亚迪

对于海外的乘用车厂商来说，日本汽车市场的壁垒很高。2023 年 1—11 月日本的进口车比例仅为 8%，30 年来从未超过 10%，② 日本企业的混合动力车（HV）和轻型汽车（日本国内的车型分类，指符合排量在 660cc 以下等条件的小型车辆）占优势。比亚迪在国际竞争力很强的日系车的大本营积累用户服务经验，把日本作为在全球开展业务的第一站。根据比亚迪的报告，日本的业务至少还有三个值得优化之处：一是产品质量，二是体验机制，三是

---

① 《2020 年度 化粧品産業動向調査報告書》，独立行政法人制品评价技术基础机构 2021 年 3 月，https://www.nite.go.jp/data/000123350.pdf，访问日期：2025 年 3 月 31 日。

② 《中国 BYD、EV 輸出攻勢の「登竜門」に日本　狙う年 3 万台》，日本经济新闻 2023 年 12 月 14 日，https://www.nikkei.com/article/DGXZQOUC174RY0X11C23A1000000/，访问日期：2025 年 3 月 31 日。

客户沟通。

同时，日本新车销售中的纯电动汽车（EV）占比为 2% 左右，低于中国、欧美和泰国。2022 年在日本销售的 EV 合计约为 6 万辆。[①]日系车一直在高性能的发动机汽车和混动车方面具有优势，但在扩充 EV 车型方面有所滞后。2023 年 11 月，EV 在日本进口车销售中所占的比率上升到约 11%。比亚迪为开拓日本市场正在增加投资，不仅在线上销售，而且计划扩大线下专卖店的规模，并进行纯电动汽车（EV）维修人员的培养。比亚迪的 EV 销售目标是到 2025 年在日本全国形成 100 家店规模，销售达到 3 万辆。2023 年秋季，比亚迪在日本发布了价格超过 2000 万日元（约合 100 万元人民币）的纯 EV。日系车企的 EV 还很少，因此，重视速度的比亚迪有可能在中长期对日本的 EV 普及率产生影响。

（二）蜜雪冰城与库迪咖啡（COTTI COFFEE）

蜜雪冰城和库迪咖啡等中国饮品连锁店纷纷在日本扩大开店规模。以 1 杯咖啡 100 日元起的低价为卖点，蜜雪冰城提出了到 2028 年开设 1000 家店的构想。中国连锁饮料品牌打算凭借以外卖为主的小型店展开攻势，将日本作为进军世界的起点，在蜜雪冰城池袋店（位于日本东京都丰岛区），工作日的白天总是人满为患。红茶 100 日元，珍珠奶茶 360 日元，价格是"贡茶"（源自台湾的奶茶品牌）同类产品的六成左右。品牌形象"雪王"手里举着的蛋筒冰激凌价格为 160 日元，具有较高的价格竞争力。

低价是中国饮品连锁品牌的优势，已经在日本东京池袋和本乡开店的库迪咖啡的招牌商品"生椰拿铁"，开业时价格为 180 日元；平时为 570 日元，库迪的美式咖啡在开业时只卖 100 日元。该店仅设置少量座位，并提供 app 下单系统，以低成本方式运营。由于店面较小，与普通餐饮店相比，更容易在市中心找到新的选址地点。

[①]《中国 BYD、EV 輸出攻勢の「登竜門」に日本　狙う年 3 万台》日本经济新闻 2023 年 12 月 14 日，https://www.nikkei.com/article/DGXZQOUC174RY0X11C23A1000000/，访问日期：2025 年 3 月 31 日。

（三）完美日记（PERFECT DIARY）

中国的化妆品品牌正在日本市场逐渐提高市场份额。中国女性使用艳丽色彩的化妆风格俘获了日本年轻人的心。这种趋势可能动摇以高品质为武器加强对亚洲出口攻势的日本化妆品企业的大本营。

在销售生活杂货的东京涩谷 LOFT，中国和韩国的化妆品也很受欢迎。畅销产品是中国的"完美日记"眼影盘（3520 日元，约合 181.9 元人民币）。其特点是从赤狐、老虎、豹、猫、小猪等动物眼睛获得理念上的灵感，印有动物眼睛和脸部的华丽包装十分引人注目。里面的眼影也十分精致用心。以赤狐眼影盘为例，打开盖子后，会看到带有"FUR（毛皮）""TONGUE（舌头）""FOX TAIL（狐尾）""CAVE（洞穴）"等名称的 12 色眼影，每色都能让人联想到狐狸。盒子里附带镜子和眼影刷。眼影中点缀着闪光粉和金线，可以描画出华丽的眼妆。

曾经有不少消费者对中国化妆品抱有"质量差"等负面印象。但随着中国品牌的产品质量不断提高，受中国市场欢迎的化妆品接连登陆日本市场。中国妆的特点是眉毛和眼线的线条分明、陶瓷白肌、烈焰红唇。对喜欢自然和可爱感觉的日本女性而言，中国妆给人一种"自我主张强烈的酷女孩"的印象。对中国女性而言，日本的妆容和化妆品曾是向往的对象，而如今在中国经济高速增长的背景下，中国妆和化妆品也开始影响日本女性。

（四）米哈游

米哈游作为开发运营二次元类游戏的资深厂家，早在 2015 年就在东京成立了分公司以承担日服的运营工作，凭借其早期研发的《崩坏》系列攒下了不俗的人气和玩家口碑。2020 年，米哈游携《原神》正式进军日本市场，自成功登陆 NS 平台后，这款游戏就成了中国真正意义上的第一款全平台游戏。根据 Sensor Tower 的统计数据，《原神》在日本上线第一周就创造了 19 亿日元的营收，并在 PS 主机平台长期占据下载量 TOP10。如此出色的战绩与其贴近日本玩家喜好的本地化宣发密不可分。2022 年，《原神》成为全球收入第三的手游，仅次于《王者荣耀》和《PUBG Mobile》。近期，米哈游还将推出旗下第一款回合制 RPG《崩坏：星穹铁道》，这也是一款全球发行的新作。

米哈游开发的《原神》等游戏以其精美的画面、引人入胜的剧情和开放世界的探索体验获得了全球玩家的好评。这些游戏不仅在技术上达到了高标准，而且在艺术表现和用户体验上也极具吸引力。米哈游在日本市场实施了深入的本地化策略，包括语言翻译、文化适配和社区互动，确保游戏内容和营销活动能够贴近日本玩家的需求和喜好。米哈游的游戏设计兼顾全球化视野和本土化需求，能够在不同文化背景下与玩家产生共鸣，这在日本市场显得尤为重要。

在市场营销和推广上，米哈游通过多渠道营销，包括社交媒体、视频平台、线下活动等，有效提升了品牌知名度和游戏的曝光率。特别是通过与知名品牌的联动营销，如与 KFC 的合作，建立官方社区和支持二创活动，积极与玩家互动，不断推出新的内容更新及游戏优化以保持玩家的兴趣和活跃度，这有助于延长游戏的生命周期并吸引新玩家，培养忠实的粉丝群体和强大的社区文化，进一步扩大其在日本市场的影响力。

（五）失败案例

中日两国虽然在地理上相邻，但文化上存在差异，这导致产品或服务在设计和市场策略上有时未能充分满足日本消费者的需求。例如，日本消费者对产品质量和细节的关注程度较高，如果中国品牌未能适应这一点，可能会遭遇市场接受度低的问题。此外，一些日本消费者对中国品牌持有固有的偏见，如认为中国产品"粗制滥造"或存在"抄袭"问题，这会影响中国品牌在日本市场的推广和销售。日本市场是一个成熟且竞争激烈的市场，本土品牌和其他国际品牌已经建立了强大的市场地位和品牌忠诚度。中国品牌作为后来者，需要克服激烈的市场竞争，建立自己的品牌形象和客户基础。

部分中国品牌在出海时，直接将国内模式复制到海外市场，而没有考虑到当地市场的特殊性，忽视了本土化的重要性，包括产品设计、市场推广策略等方面没有很好地融入当地文化，导致市场策略失效。一些品牌过于依赖流量和短期的营销策略，忽视品牌长期建设和与消费者建立信任的重要性。如由阿里巴巴控股的东南亚电商巨头 Lazada，尽管在东南亚市场取得了成功，但其在日本市场的尝试并不顺利。日本电商市场竞争激烈，且消费者对电商平台的忠诚度较高，Lazada 在品牌本土化和市场策略上未能有效适应日本市场，导致其在日本市场的推广效果不佳。

在美容彩妆领域，作为美妆品牌的橘朵在国内市场以其高性价比获得成功，但在出海日本时，其产品和营销策略未能适应日本市场的特点。橘朵在产品品质和创新上未能与日本市场的需求对接，影响了其在日本市场的竞争力。中国美妆品牌无论是去往成熟市场如日本、韩国、欧美等，还是去往新兴市场如越南、印尼等，都意味着不同的发展方向和打法，面对的挑战也千差万别，需要充分考虑各市场的不同需求特征。同时，一直以来"低价"的标签，长期来看也会阻碍中国美妆品牌向高端化发展。

在智能手机和智能硬件领域取得一定的国际影响力的小米在日本市场的推广过程中也遇到了挑战。为了凸显产品的快充性能，小米在日本投放的广告画面中出现了动画版的核爆炸蘑菇云场景，其中种种元素叠加不免引发了关于二战时期日本被投放原子弹的联想。因此，想要成功打入日本市场关键在于能否综合日本市场环境、竞争格局、文化差异等多个层面，制定出适应日本市场的策略。

这些失败案例提醒中国品牌在出海日本时需要深入了解和适应当地市场的需求和文化，制定有效的本土化策略，并在品牌建设、产品创新和市场推广上持续投入，才能在竞争激烈的日本市场取得成功。

四、总结与展望

中国品牌对日本市场的影响是多方面的，包括改变消费者偏好、提升市场占有率、引领技术革新、激发市场竞争和创新、促进供应链合作及影响商业生态和政策等。中国品牌的到来，不仅为日本市场带来了新的竞争动力，促使本土品牌进行创新和改进，还加强了两国在供应链和产业链方面的合作。中国企业通过与日本本土企业合作，实现了优势互补，共同推动了产业发展。与此同时，中国品牌也在不断学习和适应日本市场，推动了自身的国际化发展。

从近年来中国品牌在日本市场上不断增长的市场份额来看，随着中国品牌产品质量的提升和创新能力的增强，中国品牌在日本市场的发展趋势显示出积极的迹象，日本消费者对中国品牌的认知度和接受度也在逐渐提高，特别是在新能源汽车领域，比亚迪等品牌的销量增长表明了市场潜力。中国品牌正通过本土化策略、数字化营销、电商优势，以及提供个性化和高品质的消费体验来适应日本市场。同时，品牌价值的塑造和消费者体验的关注也成为提升竞争力的关键。面对文化差异和市场竞争等挑战，中国品牌需要持续创新和改进，进行长期投资，加快品牌建设和本土团队建设。同时，政策支持和抓住新兴消费趋势也将助力中国品牌在日本市场实现更快发展。总体来看，中国品牌在日本市场的发展前景广阔，但需不断创新以稳固和扩大市场份额。

参考文献

［1］胡左浩，陈曦，杨志林等. 中国品牌国际化营销前沿研究 [M].北京：清华大学出版社，2013.

［2］陈正辉.中国品牌的国际传播研究 [M].南京：江苏人民出版社，2022.

［3］Aimee Kim，等.赢得"后浪"：亚太地区 Z 世代消费者研究 [R].麦肯锡亚太地区 Z 世代调查，2019（11）.

［4］2023 年日本美妆行业发展概况分析及未来五年行业数据趋势预测 [R]. 日本美妆行业

报告，2023（7）.

［5］祝合良，郑新安.汽车的风口：中国汽车品牌创建与管理 [M]. 北京：中国经济出版社，2017.

［6］中华人民共和国商务部、国家统计局、国家外汇管理局. 2023 年度中国对外直接 投 资 统 计 公 报 [R/OL].（2024-09-24）[2025-03-31]. https://www.gov.cn/lianbo/bumen/202409/content_6976216.htm.

［7］独立行政法人制品评价技术基础机构.2020 年度化粧品産業動向調査報告書 [R/OL].（2023-03）[2025-03-31]. 2021 年 3 月，https://www.nite.go.jp/data/000123350.pdf.

B.4
中国品牌在德国

徐雅卿[*]

摘　要： 品牌，承载了质量、技术、文化和信誉，是企业乃至国家竞争
力的重要体现，品牌出海是赢得世界市场的战略选择。多年来，
中国品牌出海发展速度加快，在海外市场的知名度、美誉度和
影响力显著提升。德国作为欧洲最大的经济体和中国在欧洲最
大的贸易伙伴，与中国保持密切的经贸合作关系和深度的产业
链、供应链互嵌，是中国品牌国际化的重要平台和实力见证。
中国品牌依托国际技术合作研发、国内完善的供应链和本地化
策略等方式，在德国发展迅速，集中体现在汽车、消费电子和
电子商务三大领域，但同时面临激烈的市场竞争、知识产权纠
纷、地缘政治干扰等问题。未来发展机遇与挑战并存，中国品
牌需要进一步寻求转型和突破，以便在全球市场走得更远更稳。

关键词： 中德经贸关系　品牌出海　商标注册　品牌策略　市场机遇

改革开放后，随着中国经济的快速发展和"一带一路"倡议的推进，中
国企业纷纷走出国门，探索国际市场，寻找经济增长点，推动了中国品牌的
国际化进程，提升了中国企业在全球产业链中的竞争力和影响力。当前，全
球产业链、供应链价值链呈现重构趋势，发达国家产业链调整回流，品牌出

---

* 徐雅卿，广东省社会科学院经济学助理研究员，上海社会科学院经济研究所博士研究生。

海是破除脱钩断链、建立与世界紧密联系、整合全球资源、推动产业升级的有力举措。德国位于欧洲的中部，因其重要的地理位置和深厚的工业基础，被誉为欧洲的"心脏"、欧洲经济的"火车头"，成为众多中国品牌出海的首选地和优选地，中国品牌在德国市场站稳脚跟无疑对中国品牌国际化战略具有重大意义。

一、中国品牌在德国发展的经贸基础与发展特征

中德深入的经济合作为众多中国品牌进入欧洲市场奠定了坚实的基础。中德1972年建交之初，两国贸易额只有2.75亿美元，随后逐年上升，1993年突破100亿美元大关。[①]2023年双方贸易额达2067.8亿美元，比50年前增加了约752倍。2023年，中国连续8年成为德国最重要的贸易伙伴，德国连续49年是中国在欧洲最大贸易伙伴。据中国商务部统计，中德贸易额占中欧贸易总额的1/3，德国对华投资占到欧盟对华投资的1/3，中德经贸关系已经形成"你中有我、我中有你"的良好局面。[②]

（一）经贸合作：中国品牌在德国发展的基础

1. 对德投资创新高：中国品牌正在加速国际化

企业投资行为反映品牌的发展方向和战略。根据德国联邦外贸与投资署（GTAI）2024年5月14日发布的《2023年外国企业在德国投资报告》显示，2023年外国企业在德国的投资总额再创新高，主要集中在可再生能源、机械制造、电子产品等领域。在外国投资项目中，中国投资项目200个，位居第三位，同比增长42%，达到2017年以来最高值。前两名的国家分别是美国（235

---

① 《前景广阔的30年——纪念中德建交30周年》，央视网2002年10月12日，https://news.cctv.com/lm/522/41/57818.html，访问日期：2025年3月31日。

② 《为全球经济注入更多稳定性》，光明网2024年4月18日，https://baijiahao.baidu.com/s?id=1796648904928802120&wfr=spider&for=pc，访问日期：2025年3月31日。

项）和瑞士（202 项）。其中，中国企业在可再生能源领域的投资大幅增长，占投资项目数量的 20.5%，是 2022 年的 3 倍多；其他关键投资行业为机械制造 14.5%，同比增长 52%；电子产品 11.5%，同比增长 100%。中国企业所从事的业务最多的领域是市场和销售，占比 45%；生产和研发占比 22%。①

2. 中德产业链、供应链深度互嵌：中国品牌的全球角色与市场依存

表 4-1 显示了 2023 年中国对德国出口和进口额排名前十的商品。2023 年中国向德国出口的商品主要是电机、电气设备、机械设备、车辆及其零件等，从德国进口也以这些商品为主，这几个领域是中德产业链、供应链交互程度最高的领域。中国对德出口产品结构日益接近德国对华出口产品结构，既反映了中国品牌的产业升级、技术创新能力提升及其在全球价值链中的崛起，同时预示着中德两国在竞争与合作中的平衡与互动。

表 4-1　2023 年中国对德国出口和进口的主要商品

中国对德国出口的主要商品	出口额（亿美元）	中国自德国进口的主要商品	进口额（亿美元）
第 85 章 电机、电气设备及其零件；录音机及放声机、电视图像、声音的录制和重放设备及其零件、附件	194.22	第 87 章 车辆及其零件、附件，但铁道及电车道车辆除外	190.70
第 84 章 核反应堆、锅炉、机器、机械器具及零件	89.17	第 84 章 核反应堆、锅炉、机器、机械器具及零件	181.21
第 87 章 车辆及其零件、附件，但铁道及电车道车辆除外	38.93	第 85 章 电机、电气设备及其零件；录音机及放声机、电视图像、声音的录制和重放设备及其零件、附件	99.69
第 94 章 家具；寝具、褥垫、弹簧床垫、软坐垫及类似的填充制品；未列名灯具及照明装置；发光标志、发光铭牌及类似品；活动房屋	37.83	第 90 章 光学、照相、电影、计量、检验、医疗或外科用仪器及设备、精密仪器及设备；上述物品的零件、附件	89.10
第 90 章 光学、照相、电影、计量、检验、医疗或外科用仪器及设备、精密仪器及设备；上述物品的零件、附件	25.41	第 39 章 塑料及其制品	23.74

---

① 《中国在德国投资项目数量同比增加 42%》，德国联邦外贸与投资署 2024 年 5 月 15 日，https://www.gtai.de/cn/meta/press/fdi-report-2023-1771486，访问日期：2025 年 3 月 31 日。

续表

中国对德国出口的主要商品	出口额 （亿美元）	中国自德国进口的主要商品	进口额 （亿美元）
第 29 章 有机化学品	24.23	第 30 章 药品	17.13
第 73 章 钢铁制品	21.86	第 38 章 杂项化学产品	17.08
第 61 章 针织或钩编的服装及衣着附件	20.55	第 73 章 钢铁制品	12.38
第 39 章 塑料及其制品	20.43	第 28 章 无机化学品；贵金属、稀土金属、放射性元素及其同位素的有机及无机化合物	11.93
第 62 章 非针织或非钩编的服装及衣着附件	19.34	第 29 章 有机化学品	9.17

资料来源：中国海关总署。

（二）中国品牌在德国的基本特征

1. 整体规模特征

品牌进入国外市场需要进行商标注册，注册情况可以有效反映品牌在当地的发展状况。一般而言，商标注册渠道主要包括当地知识产权局（如德国专利商标局 DPMA）、马德里体系（Madrid System）和欧盟知识产权局（EUIPO）。马德里体系是一个国际商标注册系统，由世界知识产权组织（WIPO）管理，允许商标持有人在多达 131 个国家同时获得并维持品牌保护。欧盟商标（EUTM）由欧盟知识产权局（EUIPO）负责管理，通过该系统注册的商标只在欧盟范围内有效。与在单一国家注册商标相比，后两个渠道的优势在于，注册人只需要提交一份申请和缴纳一组费用就可以受到多个国家的商标保护。具体选择哪个商标体系取决于商标注册人开展业务的市场倾向。中国品牌在德国主要通过马德里体系和欧盟知识产权局两个渠道进行商标注册，但日益偏向于后一个渠道。对比图 4-1 和图 4-2，转折点发生在2012 年；2015 年之后，通过欧盟知识产权局注册的商标数量稳步领先。特别是在 2021 年，在欧盟知识产权局注册的商标数量是马德里体系的 11 倍，表明中国企业越来越重视欧盟市场的整体业务拓展和品牌保护，选择更加适合其业务需求的注册体系，以实现更高效的法律保护和市场运作。基于在欧盟知识产权局注册的商标数量，从图 4-2 中可以看到自中国加入世界贸易组织以来，进入德国的品牌数量呈现快速增长的趋势。短短 20 年的时间，中国在德国有效注册的商标从 2002 年的 20 个增长到 2023 年的 12749 个，其中 2021 年达到顶峰 32074 个。表 4-2 显示中国是在德国注册的商标数最多的国家，共注册商标 130556 个。

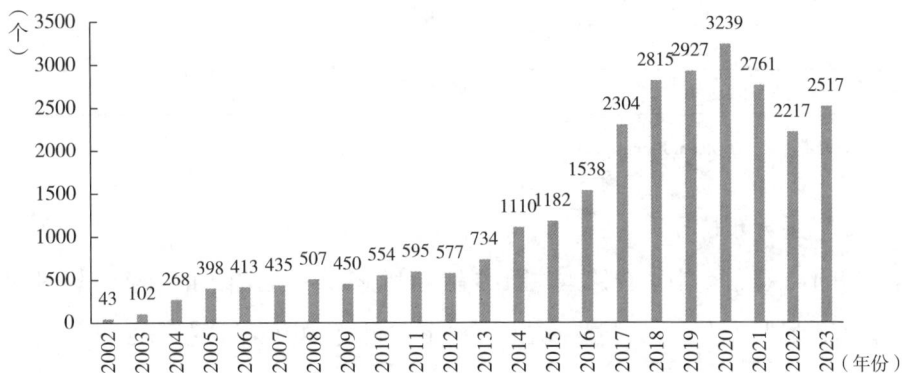

图 4-1　中国在德国有效注册的商标数量（马德里体系）

资料来源：WIPO Global Brand Database。

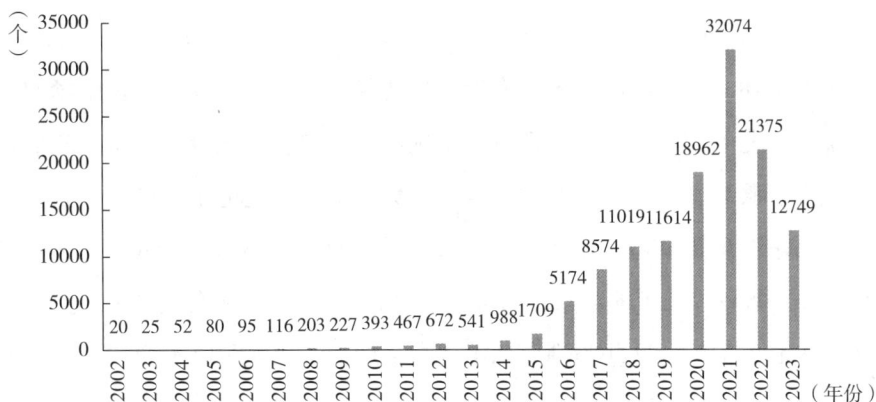

图 4-2　中国在德国有效注册的商标数量（欧盟知识产权局）

资料来源：WIPO Global Brand Database。

表 4-2　截至 2023 年在德国商标注册的主要国家

国家	在欧盟知识产权局注册的有效商标数（个）
中国	130556
德国	490
英国	213
法国	65
意大利	45

资料来源：WIPO Global Brand Database。

2. 行业分布特征

图 4-3 显示了中国在德国注册的有效商标数量排名前十的行业，从图可以看出，尼斯分类①9- 科学、航海、摄影、测量、电学、救护等装置行业的中国商标数量最多，达到了 39115 个商标。其次是 21- 家庭或厨房用具及容器行业和 11- 照明、供暖、蒸汽发生等设备行业，分别有 19183 个和 18094 个商标。其他行业的商标数量相对较少，但也有数千个注册商标。表 4-3 显示，在德国注册商标数量排名前 15 的中国企业中，主要是信息与通信技术公司，如华为、中兴等。

根据上述对中国品牌在德国发展所处的经济环境，以及在德国市场的整体特征和行业分布的分析，可以发现中国品牌主要集中在电子设备、通信设备、汽车、服装、家居等行业。而电子商务是满足上述电子产品、服装和家居用品需求的重要渠道。如在商标注册中涉及的尼斯类别中，电子商务品牌商标注册一般涉及第 9 类（电子设备）、第 35 类（广告和商业管理）、第 42 类（技术服务）等，这些类别商标申请数量增加，反映了电子商务品牌相关

① 尼斯分类，也称国际商标分类（Nice Classification），是由世界知识产权组织（WIPO）制定并管理的商标和服务分类系统。该分类系统将所有商品和服务分为 45 个类别，其中 1 至 34 类为商品类，35 至 45 类为服务类。尼斯分类的主要目的是简化和统一商标注册和保护程序，使商标持有者能够在不同国家和地区进行注册时使用相同的分类标准。

业务的增长。因此，下文主要聚焦于中国汽车、消费电子、电子商务这三大领域，研究中国品牌在德国市场的发展现状、经验、面临的挑战与机遇。

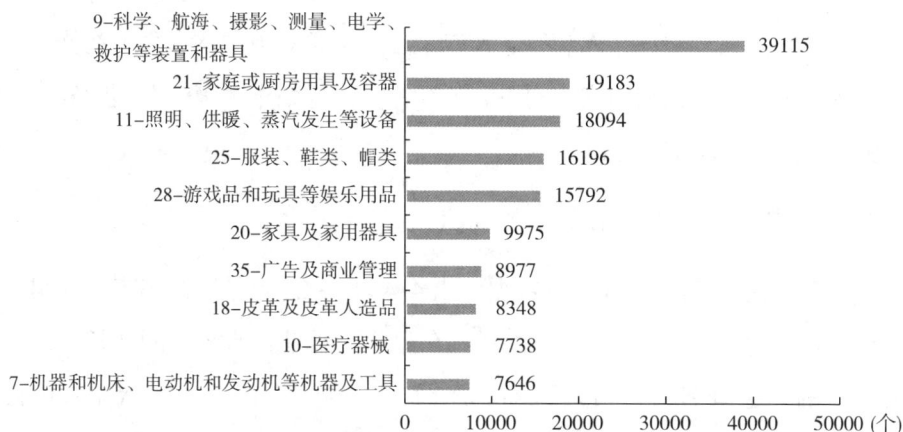

图4-3　中国商标在德国的行业分布（欧洲联盟知识产权局）

资料来源：WIPO Global Brand Database。

表4-3　在德国注册商标数量排名前15的中国企业

企业	注册商标数量（个）	企业	注册商标数量（个）
华为技术有限公司	1364	深圳迈瑞生物医疗电子股份有限公司	87
中兴通信股份有限公司	339	realme 重庆移动通信有限公司	66
荣誉设备有限公司	281	深圳市亿百网络科技有限公司	58
VIVO 移动通信有限公司	253	深圳市易思科技有限公司	55
广东 OPPO 移动通信有限公司	247	杭州贝尔库科技有限公司	54
傲基（AUKEY）科技有限公司	119	蔚来汽车安徽有限公司	53
YONG BIAN	89	深圳市大疆科技有限公司	47
深圳市华盛恒达电子科技有限公司	88		

资料来源：WIPO Global Brand Database。

二、中国汽车品牌在德国

德国是现代汽车的发祥地，也是欧洲的汽车工业基地，长期以来被本土化汽车品牌奔驰、宝马、大众等老牌汽车品牌主导。中国汽车品牌在德国市场占有率不如其他欧洲国家比利时、英国等，但近几年中国汽车品牌发展势头强劲，受到德国市场青睐。

（一）中国汽车品牌在德国的现状

根据德国交通部 KBA 统计数据（表4-4），2023年德国汽车市场乘用车注册总量为284.4万辆。其中，中国汽车品牌注册量具有较高的增长率，排名第一的是上汽名爵，销售21233辆，同比增长35.4%；长城汽车，销售4660辆，同比增长19316.7%；比亚迪4139辆；吉利领克2291辆，同比下降65.4%；蔚来1263辆，同比增长153.6%。达契亚春天、极星、Smart 精灵等在德国表现亮眼，2023年分别销售12407、6288、6716辆。在上述汽车品牌类型中，新能源汽车占据主导地位。2023年德国新能源车占乘用车注册市场24.6%，其中中国品牌（包含极星和 smart 精灵）占比约为4.1%。[①] 德国《日报》直言不讳地表示在新能源汽车领域中国品牌已经超越了德国品牌。[②]

与其他欧洲国家相比，中国汽车品牌进入德国较晚。上汽名爵最早是一个英国品牌，现隶属上汽集团。2020年进入德国市场，在海外沿用了 MG 的品牌资产，目前在德国拥有134个销售点。比亚迪是2022年8月宣布进入德国市场，截至2023年9月，比亚迪在乘用车领域已有7家经销商和9家销售服务网络，主打畅销车型元 PLUS 海外版，在公共用车领域已在德国10多个城市累计投入运营100多辆纯电动大巴。蔚来汽车2014年底在上海成立，第二年6月就在德国成立了子公司，这是蔚来第一家海外子公司，也是全球设计中心。此外，还有长城、领克、爱驰等越来越多的中国车企把进军

[①] 据作者计算。

[②]《透过上海车展细看"中国制造"，美媒：在电动车领域，中国制造商唱主角》，环球网2023年4月23日。https://baijiahao.baidu.com/s?id=1763921763732253966&wfr=spider&for=pc，访问日期：2025年3月31日。

欧洲市场的首站选在德国。

表 4-4　2023 年中国汽车品牌在德国市场的销量

汽车品牌	总注册量（辆）	电动汽车注册量（辆）	电动汽车占比（%）	同比增长（%）
长城	4660	4659	100	19316.7
比亚迪	4139	4139	100	—
吉利领克	2291	2290	100	−65.4
蔚来	1263	1263	100	153.6
上汽名爵	21232	18550	87.4	35.4
达契亚春天	12407	12407	100	—
极星	6288	6288	100	−10.3%
smart 精灵	6716	6716	100	—

资料来源：德国交通部官网：《德国 2023 年 1–12 月电动乘用车新注册量》，https://www.kba.de/DE/Presse/Pressemitteilungen/AlternativeAntriebe/2024/pm03_2024_Antriebe_elektro_12_23_tabelle.html；"达契亚春天"和"Smart 精灵"数据源于德国 KBA2023 年"按品牌和车型系列划分的乘用车新登记量"细分表。

（二）中国汽车品牌出海德国的经验

中国汽车品牌要想进入并扎根老牌工业和汽车大国德国难度很大，正所谓"在德国卖外国车，就像'德国人做了小笼包卖到上海南翔'一样困难"[1]。中国汽车品牌出海德国的成功离不开以下几点。

1. 中国在三电技术领域的领先为新能源汽车品牌提供支撑

随着新一代信息技术的更迭，当前全球汽车转型的主题是电动化和智能化，中国新能源汽车离不开三电（电池、电控、电机）技术的支撑。德国"汽车教父"费迪南德·杜登霍夫教授认为智能座舱和互连性、自动驾驶和电池技术方面的优势让中国品牌在这一市场的重要性越来越凸显。如比亚迪首款战略出海的全球乘用车——元 PLUS，依托比亚迪在新能源汽车领域 20

---

[1] 《"就像把德国产小笼包卖到上海南翔"，上汽高管披露出海秘诀》，南都汽车 2023 年 7 月 5 日，https://static.nfapp.southcn.com/content/202307/05/c7862558.html，访问日期：2025 年 3 月 31 日。

多年的技术积累，具备刀片电池、DM-i超级混动、e平台3.0等行业领先技术，完全遵循全球标准、全球设计、全球品质打造。在2023年德国国际汽车及智慧出行博览会上，在电池领域，宁德时代展示了使用磷酸铁锂材料、可实现大规模量产的"神行超充电池"，该产品能够帮助电动汽车实现"充电10分钟，续航400公里"。宁德时代已不再采用按照欧洲的标准和需求来生产的合作模式，而是实现了技术标准拓展和自主创新。

2. 中国汽车品牌根据自身优势完善产品、配套设施、销售服务等

以蔚来和比亚迪品牌为例，蔚来的主要优势在于充换电体系、优质体验和服务生态，这些优势与高端市场相契合，因此在销售模式上需要通过直营来保障。2022年10月7日，蔚来在柏林宣布开始在德国、荷兰、丹麦、瑞典四国市场提供服务，并且根据当地汽车消费习惯因地制宜选择订阅模式，分为短期和长期，以租代售。蔚来通过国内的以用户体验和服务为中心的"蔚来模式"在欧洲复刻，与欧洲消费者建立情感联通，输出品牌价值和形象。2023年3月，蔚来在法兰克福开设了德国第二家蔚来中心（NIO House）。比亚迪的优势在于产业链中上游的整合、技术研发及生产制造，在汽车技术和产业上游的核心零部件上与欧洲企业建立了牢固的合作，并将进一步扩大在欧洲的生产能力。在销售模式上，在起步期为了更快铺开市场，选择与区域内实力强大的经销商合作，如比亚迪与欧洲经销商集团Hedin Mobility合作，与德国最大的汽车租赁公司SIXT签约10万辆车的订单。在产品上，比亚迪实现全系出海，一次性覆盖多个市场，以满足不同层次的消费者需求，主销什么车型交由更熟悉本国市场的经销商决定。

3. 上下游产业链出海德国，缩短新能源汽车市场的供应链

在汽车电池领域，中国拥有宁德时代、蜂巢能源、孚能科技等世界领先的锂离子电池科技公司。宁德时代自2011年成立后不久，便顺应宝马对中国电池供应商的需求进入了国际市场。成为宝马的供应商后，宁德时代还与大众、戴姆勒、标致雪铁龙等集团建立了合作。2019年宁德时代在德国图林根州开工建设其首个海外电池工厂，并在2022年获得电芯生产许可；2020

年蜂巢能源在德国萨尔州建设电池工厂。

（三）中国汽车品牌出海德国的未来挑战和机遇

1. 未来挑战

在德国这样成熟、竞争激烈且对本土品牌忠诚度高的汽车市场，刚起步的中国新能源汽车品牌面临着严峻的挑战。一是中国车企的品牌影响力仍待提高，目前中国新能源汽车对德国出口量虽高，但出口的主力均为中国制造的外国品牌，中国本土品牌在德国销量占比依然较小。二是成本较高，整车出口、关税、海运、经销商让利等成本，导致中国车型的成本在海外普遍比国内高 50% 以上，极大影响了中国新能源车的竞争力。此外，德国电价在欧洲国家中处于高位，近几年，由于能源危机，德国电价暴涨，如 2022 年8 月，德国平均批发电价已超过 469 欧元 / 兆瓦时，比一年前的价格多出了5 倍。虽然 2023 年 10 月已降至 87.32 欧元 / 兆瓦时，但仍未回到 2020 年的水平。[①]电价的波动使新能源车企将面临更多不确定性，增加企业成本。三是中国汽车制造商在德国的服务网点不足和财务资源的限制。德国《经济周刊》2023 年 12 月 10 日文章以 "什么可能会阻挡中国电动汽车在德国的崛起" 为题刊文指出，中国品牌仍然有一个关键的弱点——中国汽车制造商在德国及欧洲缺乏服务点网络。

2. 未来机遇

一是德国绿色发展战略为中国电动汽车品牌提供了广阔的市场空间。为大力推进能源及产业绿色转型，德国计划至 2030 年实现 80% 的电力来自可再生能源，2045 年实现碳中和，并实施一系列支持措施。二是中国电动汽车品牌在德国市场依然有着巨大的潜力。当前，中国品牌在德国新车市场的份额仅为 1%，但预计到 2025 年，这一比例可能会增加到 3%。[②]这意味着市场

---

① 《一年援助近千亿元，德国政府通过电价补贴方案》，界面新闻 2023 年 11 月 11 日，https://baijiahao. baidu.com/s?id=1782226024737068515&wfr=spider&for=pc，访问日期：2025 年 3 月 31 日。

② 《德媒："一大弱点"减缓中国汽车在欧洲崛起，一半品牌将消失》，青木在德国 2023 年 12 月 11 日，https://baijiahao.baidu.com/s?id=1784935898869720717&wfr=spider&for=pc，访问日期：2025 年 3 月 31 日。

增长的空间巨大，中国品牌有机会在德国市场站稳脚跟。三是德国作为老牌汽车大国，上下游比较成熟，具有较大的合作空间。

三、中国消费电子品牌在德国

中国消费电子品牌出海德国主要经历了三大阶段。在初期探索阶段，中国品牌主要以原始设备制造商（OEM）和原始设计制造商（ODM）的方式出海，中国品牌的知名度较低，主要依赖于价格优势。随着技术积累和品牌意识的提升，中国品牌开始向自有品牌（OBM）转型，通过自主研发和品牌营销，一些品牌开始在德国市场上建立起一定的认知度，如华为和联想通过提供高质量的产品和服务，逐渐赢得了德国消费者的信任。这一时期，中国品牌陆续进入德国市场，产品线覆盖了从智能手机到家电的多个品类。当前，中国消费电子品牌正在朝着深入本地化、高端化的方向发展，通过建立研发中心、积极参与本地重要展会、参与环保和社会责任项目等方式，增强在高端市场的竞争力和品牌美誉度。

（一）中国消费电子品牌在德国的现状

消费电子细分领域有智能手机、穿戴设备、笔记本电脑、智能家电。德国基尔世界经济研究所（IfW）2023 年 2 月 15 日发布的报告显示，德国对中国笔记本电脑、手机和计算机部件等产品依赖程度较高，其中 80% 的笔记本电脑和 68% 的手机都来自中国，从中国进口的计算机部件（如声卡和显卡）的份额高达 62%。中国的消费电子品牌在德国也深受消费者的喜爱。如在智能手机领域，根据 2023 年 Statista Consumer Insights 对 16—64 岁的智能手机用户的调查数据显示，德国五大最受欢迎的智能手机品牌分别为三星、苹果、华为、小米、谷歌。其中，中国品牌华为的使用人数占比 7%，这一比例在 2021 年和 2022 年为 15%。小米 2021 年到 2023 年的份额分别为 1%、

4%和8%。① 虽然华为智能手机市场份额下降了，但在通信技术领域，华为市场占有率高，德国电信有70%的设备使用华为。② 在电脑领域，德国专业测试机构奇谱（CHIP）对在售的65款笔记本电脑的测试数据显示，在13款"优秀"级笔记本电脑中，中国品牌占据半壁江山，其中联想有3款分别位列第2、5、13，华为的3款位列第6、10、12。2021年，中国电脑品牌联想在德国办公电脑市场占比49%。③ 在智能家电领域，扫地机器人、洗地机产品等新兴品类，国内新秀品牌表现令人惊喜，科沃斯、小米、追觅等国内品牌产品频频登上德国评测的优质榜单。奇谱（CHIP）对27款德国市场售卖的智能扫地机器人评测结果显示，在5款最优质性能的产品中，追觅和小米两家中国品牌占据三席。④

（二）中国消费电子品牌出海德国的经验

1.建立本地研发中心，瞄准本土化和高端化

中国品牌在德国设立生产基地和研发中心，不仅能够减少物流成本，提高供应链效率，还能够深入了解德国消费者的需求和偏好，更好地适应和响应市场变化，开发出更符合当地市场的产品。例如，海信集团在显示技术和智能家电领域的全方位深度布局，推出了8K激光电视、高端超画质电视ULED X系列新品等，满足了德国消费者对高品质视听体验的需求。美的德国研发中心位于斯图加特，由多名欧洲家电行业顶级专家组成，专注于前沿研究成果及创新资讯，为美的集团突破性产品技术研发提供支持。海尔在欧洲形成了研发中心在德国纽伦堡、生产中心在意大利和波兰、营销中心在法

① 王乐：《华为成德国最受欢迎的智能手机品牌之一 小米增长迅猛》，CNMO网2024年1月23日，https://internet.cnmo.com/ent/767459.html，访问日期：2025年3月31日。

② 《德媒：西方无力对抗中国通信巨头》，《参考消息》2023年3月3日，https://china.cankaoxiaoxi.com/#/detailsPage/%20c539c382a2074e8cb84c5b47a6ec6cb1/1/2023-03-03%2016:11?childrenAlias=undefined，访问日期：2025年3月31日。

③ 《德国测出13款最佳笔记本电脑：中国品牌占据半壁江山》，COTEST2022年5月31日，https://www.sohu.com/a/552368666_120177930，访问日期：2025年3月31日。

④ 单玮怡：《数智化推动中国产品在德国掀起新风潮》，《经济参考报》2024年2月27日，http://www.jjckb.cn/2024-02/27/c_1310765483.htm，访问日期：2025年3月31日。

国巴黎的"三位一体"格局。海尔与德国弗劳恩霍夫 IPK 研究所共建创新研发中心，即"中德智能制造联合创新中心"，并与德国智能工厂协会在德成立 COSMOPlat 新一代人工智能联合实验室。海尔 COSMOPlat 牵头制定国际标准，加速全球新一轮工业革命的进程。

2. 通过战略并购、技术合作提升品牌知名度和形象

通过战略并购及与当地知名品牌合作，可以快速提升自身品牌形象和市场认可度。2011 年，联想收购了在德国具有较高知名度的消费电子品牌 Medion，帮助联想迅速扩大了在德国和欧洲市场的影响力，提升了其在当地的品牌形象。华为与德国著名相机品牌徕卡合作，推出了多款高端智能手机，如 P 系列和 Mate 系列。这一合作不仅提升了华为手机的摄像性能，还增强了其在高端市场的品牌形象和认知度。vivo 与德国光学公司蔡司合作，在手机摄像技术上进行联合研发，提升了手机的拍照性能和品牌科技感。小米与德国电信合作，利用其强大的分销网络，迅速拓展在德国市场的销售渠道，提升市场份额和品牌知名度。

3. 通过参加国际展会、资助体育赛事等实施品牌营销策略

中国消费电子品牌积极参加柏林国际电子消费品展览会（IFA）等国际展会，公开数据显示，IFA 2023 共有来自 48 个国家和地区的 2059 家参展商参与，其中约 1400 家中国企业，占到总参展企业的 67%。[1] 通过赞助体育赛事、合作营销等方式提升在德国的知名度和品牌形象，如海信成为 2024 德国欧洲杯的全球官方合作伙伴，这是海信自 2016 年后第三次成为欧洲杯官方赞助商，也是海信连续五次赞助世界顶级足球赛事。此外，中国消费电子品牌还通过开设线下品牌旗舰店和体验店，增加品牌的可信度和用户满意度，如小米和华为在德国主要城市柏林、慕尼黑等开设旗舰店和体验店，让消费者直接体验产品，提供优质的售后服务。

---

[1]《实探海信出海之路：如何在全球市场实现中国品牌的"本土化"》，红星新闻 2023 年 9 月 13 日，https://static.cdsb.com/micropub/Articles/202309/8f12764efd3bbffb77bf728cbe27e05e.html，访问日期：2025 年 3 月 31 日。

（三）中国消费电子品牌出海德国的未来挑战和机遇

1. 未来挑战

德国生活成本上升，消费电子市场低迷。德国消费电子市场在经历了疫情期间需求的异常旺盛后，出现了下降趋势，甚至在某些领域出现了急剧下降。根据 GFU[①] 统计数据，2023 年消费电子领域（包括消费电子、私人通信和 IT 产品）的营业额为 303 亿欧元，与 2022 年相比下降了 4.9%。其中通信产品领域在 2023 年出现负增长，销售额下降 2.2%，略低于 155 亿欧元。[②]英国媒体 Internet Retailing 发布的 2023 年版《RetailX 德国电商国家 / 地区报告》显示，由于害怕生活成本上涨，未来一年内，预计德国人将削减在时尚品类及消费电子品类等不必要支出。

中国消费电子品牌出海德国时常遇到知识产权侵权问题。2015 年，飞利浦在德国起诉小米，指控其侵犯多项通信技术专利；2018 年，诺基亚对华为提起专利侵权诉讼，指控其侵犯德国的多项移动通信专利；2019 年，西门子起诉 OPPO，指控其智能手机技术侵犯西门子专利。当前，OPPO、一加、vivo 等中国手机厂商因与诺基亚的专利诉讼问题，暂停了在德国的销售业务。随着全球化的不断深入和创新技术的发展，未来中国消费电子品牌在德国可能会遇到更多的知识产权争端。

2. 未来机遇

尽管德国消费电子市场整体下滑，但对高科技产品的需求不断增长。德国消费电子市场细分领域的发展为中国企业提供了机遇，消费者仍继续购买具有创新功能的高质量高价产品。以电视机产品为例，自 2022 年初以来，41 至 43 英寸设备的平均订单价格上涨了约 68 欧元。另外，消费者还倾向于购买可持续性产品和便利生活的产品。中国消费电子企业通过技术创新和产品升级，能够满足德国消费者对高品质产品的追求。在智能手机、人工智能

---

① GFU 前身是德国消费电子促进会，是 IFA 的品牌所有者，GFU 的目标是提供有关这些行业的趋势和创新的信息，并组织贸易展览。

② "The Market In Figures," GFU, accessed April 7, 2025, https://gfu.de/en/market-figures/the-market-in-figures/.

物联网（AIoT）、机器人、AR/VR 等科技硬件新品类上，中国品牌展现出引领行业的潜力。特别是在扫地机器人领域，中国品牌表现出引领海外市场的趋势。

德国众多国际展会平台为中国消费电子品牌拓展海外市场提供机会。如德国柏林国际消费电子展（IFA）和慕尼黑电子元器件展览会（electronica）分别是德国乃至全球最大规模和最具影响力的电子产品、电子元器件博览会之一，吸引来自世界各地的参展商和观众，展示最新的消费电子产品和技术创新平台，为中国消费电子品牌拓展商业联系和合作提供了机会。

四、中国电子商务品牌在德国

随着中国经济的快速增长和电子商务的兴起，一些中国电商巨头开始将目光投向德国，将大量中国制造的产品带入德国市场，如阿里巴巴旗下的全球速卖通（AliExpress）、阿里巴巴系的希音（Shein）、拼多多旗下电商特姆（Temu）等电商平台登陆德国市场，优质且价格"亲民"的中国产品在当地迅速掀起一股热潮。

（一）中国电子商务品牌在德国的现状

AliExpress 是较早进入德国的电子商务品牌，于 2010 年登陆德国市场，而 Temu 进入德国时间晚了 13 年，于 2023 年 4 月上线德国，但一经上线就成为增长最为强劲的跨境平台之一。根据全球网站数据分析平台西米勒网络（Similarweb）的报告显示，2023 年 1—11 月，Temu 和 AliExpress 的德国月活用户量分别为 1500 万和 580 万，位列活跃用户量最高的前十大购物软件。[①]与 AliExpress 和 Temu 提供较全品类和追求性价比的发展模式不同，Shein 专注于快时尚，通过快速上新和多样化的产品线，包括服装、配饰、美妆等，

---

① 单玮怡：《数智化推动中国产品在德国掀起新风潮》，《经济参考报》2024 年 2 月 27 日，http://www.jjckb.cn/2024-02/27/c_1310765483.htm，访问日期：2025 年 3 月 31 日。

积极利用社交媒体平台和网红营销，使其在竞争激烈的时尚市场中脱颖而出。据路透社报道，Temu 和 Shein 每日为德国输送约 40 万包裹。[①] 在品牌知名度上，AliExpress 在德国市场已有较高的知名度，许多消费者对其低价和多样性有较好的认知；Shein 在年轻消费者中拥有很高的品牌认知度，尤其是在时尚领域；Temu 作为相对较新的品牌，正在通过价格优势和创新的营销策略逐步提升知名度。

（二）中国电子商务品牌出海德国的经验

1. 凭借工厂直销的商业模式和发达的物流链，占据成本优势

Temu 和 Shein 采用工厂直销消费者的商业模式，依靠发达物流链，从中国跨国寄送运费廉价，省去众多中间环节，减少了代理商和批发商的加价，使中国电商品牌能够比众多当地产品更具有竞争优势，满足了德国消费者对高性价比商品的需求。另外，Temu 上的商品很多时候因价格低廉没有达到关税起征点而无须缴纳关税（欧洲消费品关税起征点为 150 欧元），降低了商品成本。

2. 领先的算法和数据分析能力为消费者提供多样化和个性化的产品选择

算法和数据分析更能理解消费者需求，更个性化的推送提高了用户"黏性"。这些品牌通过运用先进的人工智能和大数据技术，精准捕捉消费者的购物偏好和行为模式，实现精细化的产品推荐。智能推荐算法能够根据用户的浏览历史、购买记录和兴趣标签，向其推送个性化的产品选项，使消费者能够更快速地找到符合其需求的商品。同时，数据分析能力的提升帮助品牌在库存管理、供应链优化和市场需求预测方面取得显著进展，确保在广泛的产品种类中维持灵活的供应和高效的库存周转。这不仅提高了消费者的满意度，也提升了品牌的运营效率与市场响应速度。软件市场专家德尔克 - 霍里格指出，中国电商往往能比德国本土企业更快地对流行趋势做出反应，定向为客户提供符合需求的产品，这是他们成功的关键。

---

① 《"德国向中国电商宣战！"德媒：每天 40 万包裹入德》，青木在德国 2024 年 3 月 1 日，https://news.qq.com/rain/a/20240301A08PQR00，访问日期：2025 年 3 月 31 日。

（三）中国电子商务品牌出海德国的机遇和挑战

1. 未来挑战

一是德国电商市场竞争激烈。除亚马逊和亿贝（eBay）等国际巨头外，扎兰多（Zalando）和 About You 等欧洲最重要的电商平台都来自德国，欧洲电商店铺 500 强中有 112 家是"德国籍"。[①] 二是德国对电商商品的质量和合规性以及对商品透明度、广告宣传等方面有着严苛的要求。德国经济部官员指出 Temu 在遵循法规上略显不足，其电子产品测试采购结果往往不符合法律标准。德国联邦政府正筹备强化市场监督和海关措施，对进口商品实施全面管控，旨在维护规则的严格执行。三是欧盟关税改革可能导致中国电商商品成本上升。根据《欧盟关税改革：一个由数据驱动的更简单、智能、安全的关税同盟愿景》提案显示，欧盟计划取消目前 150 欧元以下进口货物免税的政策。

2. 未来机遇

德国"消费降级"为中国电商平台带来商机。俄乌冲突爆发后，能源危机、通货膨胀和经济下行等多种因素，使欧洲生活成本不断提高。据欧洲支付公司 Worldline2023 年发布的一项调查报告显示，欧洲超过一半人比以前选择使用更多的优惠券和折扣，以寻求更高性价比的商品。据德国《经济周刊》报道，2023 年圣诞销售季，2/3 的零售商对销售状况不满意；除了极个别的，其他所有产品领域的在线订购量都少于 2022 年。但中国品牌 Shein 和 Temu 在此期间却表现亮眼，成为 2023 年德国圣诞季最大的赢家。[②]

德国电子商务市场巨大，互联网普及率高、智能设备使用率不断提高。AliExpress2023 年底发布的《消费者洞察报告》称，德国消费者以 96% 的网购比例在欧洲名列榜首，52% 的顾客过去 3 个月的网购人均支出超过 288 欧

[①]《德国电商：迎来中国，更待进入中国》，《环球》2024 年 2 月 17 日，http://www.xinhuanet.com/globe/2024-02/17/c_1310763365.htm，访问日期：2025 年 3 月 31 日。

[②] 同上。

元，高于欧洲平均水平。① 根据 Statista 的数据，2020 年，29% 的德国消费者每周至少网购一次，31% 的消费者至少每月网购一次，按照这个网购频率来看，这是一个拥有巨大机会的市场。②直播购物作为一种新兴的电商模式，在德国也逐渐受到欢迎，中国电商可以利用这一趋势，通过直播带货等方式，增强与消费者的互动，提高品牌认知度和销售额。

五、总结与展望

本文系统梳理了中国品牌在德国的经贸合作基础、整体特征和行业分布，聚焦于汽车、消费电子和电子商务 3 个领域的中国品牌在德国的发展现状、经验和面临的机遇与挑战。近年来，中国品牌在德国发展迅速，除了中德经贸关系日益扩大和深化这个大背景外，主要归因于中国的技术创新水平和强大的供应链能力，这些原因为中国品牌扎根德国提供了有力的支撑。同时，企业依靠自身优势和本土化策略完善了产品质量、配套设施、销售服务。未来，中国品牌在德国发展的挑战和机遇并存。具体而言，主要面临以下挑战：在汽车领域，中国品牌虽然发展势头强劲，在技术方面特别是在"三电"技术上领先，但总体占德国市场份额较小，品牌影响力有待提高，出口成本较高，服务网点不足和财务能力限制等；在消费电子领域，德国消费电子市场相对低迷，中国知识产权侵权时常引发纠纷；在电子商务品牌领域，市场竞争激烈，电商商品的质量和合规性与德国的要求存在差距，欧盟关税改革可能导致中国电商商品成本上升。

当然，德国作为世界主要的发达国家之一，未来也将为中国品牌出海带来巨大的机遇，如德国对绿色发展战略的高度重视将为中国新能源汽车提供广阔

① 《全球速卖通发布消费者洞察报告：欧洲网购率最高的是德国和西班牙》，网经社 2024 年 1 月 16 日，https://www.100ec.cn/detail--6635641.html，访问日期：2025 年 3 月 31 日。
② 《打进"德国制造"老家，中国卖家如何在金字招牌底下找机会？》，大数跨境网 2022 年 11 月 30 日，https://www.10100.com/article/12161，访问日期：2025 年 3 月 31 日。

的市场，作为老牌汽车国家，成熟的汽车上下游供应链与中国汽车品牌存在较大的合作空间；德国消费者对消费电子市场细分领域创新产品需求的增加将激发中国品牌持续创新，德国本土众多的国际展会平台为中国消费电子品牌拓展海外市场提供机会；在互联网普及率和智能设备使用率较高的德国，消费者对高性价比产品需求的增加，将为中国电子商务品牌提供较大的市场。

总之，在全球化互利合作的基本逻辑保持不变的前提下，中德双方仍然具有较大的合作意愿、合作基础和合作空间。因此，中国企业在全球范围内持续高效配置资源的同时，完全可以利用在德品牌拓展的成果积累和成功经验，继续通过提升技术水平和本地化运营能力、加强知识产权保护意识和管理等有效手段，持续推动中国品牌走得更远更稳。

B.5
中国品牌在印度

沈开艳　何　畅[*]

摘　要： 印度作为具有超大规模市场优势的新兴经济体，是中国品牌
　　　　　"走出去"的重要目的地国家之一。本文首先分析中国品牌出海
　　　　　印度的总体情况和发展历程；然后选取智能手机、家用电器、
　　　　　新能源汽车、快消品、软件应用五个中国品牌出海印度主要涉
　　　　　及的行业领域，分析行业内中国品牌的总体发展情况；进一步
　　　　　在各行业内选取小米、海尔、比亚迪、希音（Shein）、TikTok
　　　　　五家代表性品牌，从发展策略、市场表现、运营模式等方面分
　　　　　析品牌案例；最后分析中国品牌未来出海印度的机遇与挑战。

关键词： 中国品牌　印度市场　行业分析　代表性品牌　品牌策略

一、中国品牌在印度发展的总体情况

　　印度是具有超大规模市场优势的新兴经济体，也是中国品牌"走出
去"的重要目的地国家之一。印度智库全球贸易研究计划（GTRI）报告公
布，中国已经在 2023 年超越美国成为印度最大贸易伙伴，中印双边贸易额
达 1184 亿美元，印度对华出口和进口均实现增长。其中，出口额为 166.7 亿

---

* 沈开艳，上海社会科学院经济研究所所长、研究员，主要研究方向为社会主义政治经济学、中国经济
　改革与发展、区域经济战略与长三角一体化、印度经济等；何畅，上海社会科学院经济研究所研究生。

美元，同比增长 8.7%；进口额为 1017 亿美元，同比增长 3.24%。中国品牌产品具有物美价廉优势，印度发展长期依赖中国制造。在中国出口印度产品中，工业品尤其是电子产品备受青睐。2023 年印度进口的电子产品、通信设备和电器产品总额为 898 亿美元，其中中国大陆的份额高达 43.9%，几乎占据市场半壁江山。

中国品牌在印度的发展并非一帆风顺，而是跌宕起伏、曲折向前。自2014 年莫迪执政后，印度强调要加强发展本国制造业以减少进口依赖，尤其是对中国产品的单方面依赖。在国家发展战略上，推出"印度制造"计划（Make in India Campaign），通过一系列激励措施来推动制造业发展。2019年，印度政府再次推出"印度制造 2.0"计划，重点发展高级化学电池、机电产品、汽车、制药、电信网络、纺织产品和技术、食品制造、太阳能技术、白色家电及特种钢十大制造业。2020 年，印度推出"生产挂钩激励计划"（PLI），为参与计划的企业提供高额补贴，在具有比较优势的战略部门增加国内生产，增强制造业竞争力以扩大出口规模，部分印度学者称之为"替代中国产业"计划。同时，地缘政治风险也为双边经贸合作增添不利因素。2020 年中印边境冲突导致双边关系急转直下，印度方面封禁了三百余款中国品牌应用软件，对中国企业跨国投资行为采取严格审查措施，直接导致来自中国的多家大型科技企业在印度的投资陷入停滞，印度监管机构也对多家中国企业启动调查程序，采取冻结银行账户、扣押资产等一系列措施。社会层面一度爆发全国性抵制中国货运动，对来自中国的进口商品采取延缓、推迟通关和扣押等报复措施。

二、中国品牌在印度主要涉及的行业领域

（一）智能手机行业

印度是全世界智能手机市场增长最快的国家，来自中国的手机品牌受到印度消费者的青睐。根据市场调研机构 IDC 统计，2023 年印度智能手机出货量 1.46 亿部，其中中国品牌手机占比超过了 60%，在市场份额排名前五的品牌中占据四席，依次为 vivo（15.2%）、realme（12.5%）、Xiaomi（12.4%）、OPPO（10.3%），其加总份额就超过 50%（图 5-1）。

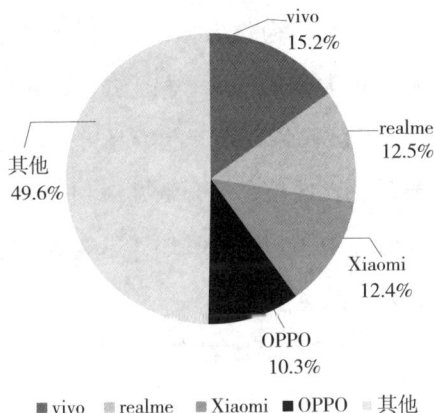

图 5-1　印度智能手机市场品牌份额占比

图表来源：作者绘制。

中国手机品牌在印度快速发展实现后来居上，主要得益于性价比优势和本土化策略两方面因素。此前，印度智能手机市场两极分化现象严重，功能齐全的优质智能手机价格高昂，消费者难以负担，而价格低廉的低端智能手机又难以满足消费者需求。印度普通工人的收入、消费水平直接决定了功能相对齐全且物美价廉的智能手机才能占领印度最广大消费市场，而生产高性价比的"千元机"恰好是中国手机品牌的竞争优势。同时，中国手机品牌在印度成功的关键还在于制造环节和供应链的本土化，当国外竞争对手采用"整机进口"模

式，并不得不为此支付更多关税时，中国手机品牌快速发展转型为本地化"全散件组装"模式，大幅降低了成本，提高了自身的性价比优势，也为当地提供了就业机会、带动了当地先进制造业发展，一定程度上实现双赢。

（二）家用电器行业

印度在家用电器行业具有超大市场规模，特别是随着近年来印度中产阶级人口规模扩大，中国家电品牌凭借其技术优势和多样化产品线，成功吸引了大量印度消费者。海尔（Haier）在印度市场拥有较高的市场份额，特别是在冰箱和洗衣机领域。2022年的数据显示，海尔在印度冰箱市场的份额接近10%，在洗衣机市场也保持着稳健的增长。美的（Midea）在空调市场表现尤为突出，在印度市场份额大约为6%—8%。美的的其他家电产品，如洗衣机和厨房电器，也在不断扩大市场份额。格力（Gree）约占印度空调市场份额的5%。格力凭借其技术优势和高效节能产品，逐渐赢得印度消费者的青睐。中国家电企业主要采取直接投资、合资办厂和本地生产等策略进入印度市场，通过在印度设立研发中心和制造基地，迅速响应本地市场需求，有效降低生产成本，不断提升产品竞争力。

持续的技术创新是中国家电品牌在印度市场成功的关键。智能家居产品和绿色环保技术满足了印度消费者对高科技和环保产品的需求，提升了产品附加值和品牌形象。针对印度消费者的特殊需求和偏好，中国电器品牌因地制宜在产品设计和功能上不断调整优化。比如，在空调、冰箱和洗衣机等耐用家电产品上进行技术改进，提高了产品的能效和耐用性。此外，还推出了一些专为印度市场设计开发的产品，以满足本地消费者的多样化需求。为赢得印度消费者信任，中国家电品牌非常重视售后服务网络建设，通过在印度密集设立服务中心，提供便捷的维修和保养服务，从而提升用户满意度。部分家电品牌还推出了延长保修和24小时客服等增值服务，以增强市场竞争力。

（三）新能源汽车行业

近年来，中国新能源汽车品牌在全球范围内迅猛发展，在印度市场的布局备受瞩目。中国正凭借在新能源汽车技术、生产和市场推广等方面的先发优势，积极进入印度市场，以期实现双赢的局面，主要的品牌包括比亚迪（BYD）、长城汽车（Great Wall Motors）、蔚来（NIO）等。中国的新能源汽车品牌在电池技术、动力系统及智能驾驶技术等领域具有先发优势，而印度新能源汽车发展起步较晚，中国品牌凭借其先进的技术和丰富的生产经验，可以快速填补印度市场的技术空白。

中国品牌在新能源汽车产业链上的完备布局为其进入印度市场提供了有力支持。已经建成的从电池生产、零部件供应到整车制造的完整产业链，能够大幅降低生产成本，提高市场竞争力。印度新能源汽车行业目前尚处于发展初期阶段，基础设施建设和产业链配套还不完善，中国企业的进入有效推动了印度新能源汽车产业链的快速完善，促进整个行业的健康发展。此外，中国新能源汽车品牌在市场推广和品牌建设方面都积累了丰富经验。印度作为一个人口众多、市场潜力巨大的国家，消费者对新能源汽车的接受度正在逐步提高。中国品牌借鉴在国内市场的成功经验，通过多渠道营销策略和品牌推广，迅速打开了印度市场，获得消费者的信任和青睐。

（四）快消品行业

中国快消品行业在印度的发展具有广阔市场前景。中国快消品品牌在生产效率方面具有明显优势，能够应用先进的生产技术和规模化生产模式以较低的成本生产出高质量产品。印度虽然拥有庞大的消费市场，但本土快消品行业的发展还不够成熟，而中国品牌凭借其成本优势和品控能力打开了印度市场，满足了当地消费者对高性价比产品的需求。

在供应链管理方面，中国品牌的成熟经验为其在印度的发展提供了有力支持。中国快消品品牌大都已经建立了从原材料采购、生产制造到物流配送的高效供应链体系，能够确保产品快速、稳定地供应市场。而印度市场因地域广阔和基础设施相对不完善，对供应链管理提出了更高的要求。中国企业通过引入先进的供应链管理模式，提升印度市场的物流效率，减少中间环节的成本损耗，从而提高市场竞争力。此外，中国快消品品牌在市场营销和品牌建设方面具有丰富经验。印度作为一个快速发展的新兴市场，消费者对快消品品牌的认知度和忠诚度正在逐步提升。中国企业借鉴在国内市场的成功经验，通过灵活多样的营销策略和品牌推广活动，迅速打开印度市场，提高品牌知名度和市场占有率。

（五）软件应用行业

随着中印两国经济增长和技术进步，具有国际竞争力的中国软件企业瞄准了印度这个庞大的市场，通过技术输出和市场开拓实现双赢，这一过程充满机遇和挑战。中国的软件应用品牌在印度市场逐步建立起一定的市场份额，特别是在社交媒体、电子商务、金融科技和娱乐应用领域。主要的中国软件应用品牌包括 TikTok、支付宝、微信、UC 浏览器和小米应用商店等。从市场需求来看，印度对高质量软件应用的需求不断增加。随着数字化转型的推进，印度企业和消费者对各类软件应用的需求迅速增长（图 5-2）。中国软件公司在这些领域具有丰富的经验和技术积累，能够提供高效、稳定和创新的解决方案，满足印度市场日益增长的需求。

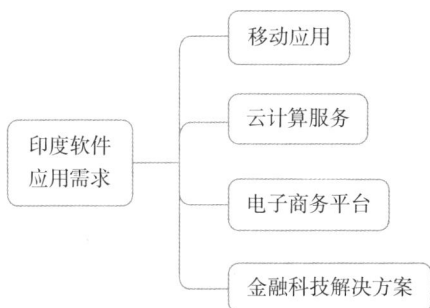

图 5-2　印度本土软件应用需求分类

图表来源：作者绘制。

印度政府近年来推出了多项支持数字经济的政策，如"数字印度"（Digital India）计划，旨在提升全国的数字基础设施和服务水平。这些政策一定程度上为中国软件公司在印度的业务拓展提供了有利条件。然而，印度本土软件企业及来自其他国家的国际软件公司也在积极争夺市场份额，印度政府对数据安全和隐私保护的严格监管也是中国软件公司必须应对的挑战，企业需要确保其产品和服务符合当地法律法规的要求。一些头部中国软件企业和顶流软件品牌已经在印度取得了一定的市场份额，并且在技术输出和市场拓展方面积累了宝贵经验。但就整体而言，中国软件应用行业在印度的发展仍处于初级阶段，还有很大的提升空间，需要进一步加强技术创新，提升产品和服务的本地化水平，积极应对市场竞争和监管挑战，才能在印度市场实现长期可持续的发展。

三、中国品牌在印度具有代表性的案例分析

（一）小米（Xiaomi）：印度智能手机市场的后起之秀

1. 小米手机在印度的发展策略和市场表现

小米是中国最大的智能手机制造商之一，也是印度最受欢迎的智能手机品牌之一，小米在印度的发展堪称成功典范。自进入印度市场以来，小米凭借其高性价比的产品、创新的营销策略和强大的执行力，迅速赢得了印度消费者的青睐，在多个产品类别中都取得了显著成就，短短几年内从一个新进入者成长为市场领导者。小米手机于2014年正式进入印度市场，首款产品是其备受赞誉的米3智能手机。在销售模式上选择在线直销，通过Flipkart等电商平台进行销售，避免了传统渠道的高成本负担，还通过限量抢购模式制造了市场热潮，迅速吸引了大量消费者的关注。此后，小米又推出了一系列价格亲民、功能强大的智能手机，如Redmi系列，以出色的性能、良好

的用户体验和实惠的价格吸引了印度大量中低收入消费者。小米还在印度推出了多种智能家居产品和生态链产品，如智能电视、空气净化器和可穿戴设备等。这些产品不仅丰富了小米的产品线，也进一步增强了品牌的市场竞争力。根据 Counterpoint Research 的数据，小米在 2020 年第一季度成为印度智能手机市场的领导者，占据了约 30% 的市场份额。此外，小米还在智能电视市场取得了显著成绩，成为印度智能电视市场的第一品牌。

2. 小米手机在印度的本地化生产运营模式

为了更好地适应印度市场，小米采取了本地化生产运营模式。一是在印度设立本地生产基地，与富士康合作建立了多家生产工厂，以降低生产成本，同时达到印度政府 "Make in India" 的政策要求。2019 年，小米宣布其在印度生产的智能手机占比已达到在印度销售手机总量的 99%。二是积极拓展线下销售网络，虽然初期主要依赖电商渠道销售，但随着品牌知名度的提升，小米开始在印度主要城市开设 Mi Home 体验店，并与本地零售商合作扩展线下销售渠道。截至 2023 年，小米在印度已有超过 2000 家线下门店，进一步提升了市场渗透率，通过建立强大的服务网络，确保用户能够获得快速和便捷的售后支持。

3. 小米手机在印度发展的现实挑战和未来展望

尽管小米在印度市场取得了巨大成功，但依然面临着一些挑战。一方面，随着三星、OPPO、vivo 和 realme 等品牌在印度加大投入，智能手机市场竞争日益激烈；另一方面，地缘政治导致的中印关系不确定性也可能对小米手机业务产生影响。然而，小米仍然对印度市场充满信心，计划继续扩大产品线，推出更多智能家居和物联网产品，以满足印度消费者日益增长的需求。此外，小米还将继续加大在印度的本地化投入，通过提升本地生产能力和服务水平，巩固其在印度智能手机市场的领先地位。

（二）海尔（Haier）：印度家庭喜闻乐见的家电品牌

1. 海尔家电在印度的发展策略和市场表现

海尔（Haier）作为全球领先的家电制造商之一，自 2004 年进入印度市场以来，通过采取本地化策略、多元化产品线和精细化市场运营，迅速在印度市场站稳了脚跟，成为印度家电行业的重要组成部分。近年来，随着海尔不断开展产品创新研发，其在印度市场的行业领导地位得以进一步巩固提升。海尔在2004年首次进入印度市场，初期主要通过进口产品销售来试水市场。为了迅速扩展市场，海尔采用了多种本地化策略，包括建立本地制造工厂和销售网络，不仅大幅降低了生产和物流成本，还有效缩短了产品从工厂到消费者手中的时间。2007年，海尔在普纳建立了第一家工厂，开始本地生产冰箱和洗衣机等产品，满足了印度消费者对高质量家电产品的需求，也响应了印度政府"Make in India"的政策导向。本地化生产也使得海尔家电能够灵活应对当地家电市场需求变化，从而提升品牌在当地的适应性和普及度。

2. 海尔家电在印度的多元化产品线运营模式

海尔在印度市场推出了一系列符合当地消费者需求的产品，包括冰箱、洗衣机、空调、电视、厨房电器等。所有种类产品都以高质量和创新设计著称，如海尔推出了一款专为印度市场设计的"双门双温"冰箱，满足了印度消费者对多温区储存的需求。此外，海尔还推出了适应印度气候特点的高效节能空调，赢得了广大消费者的青睐。在一系列广告宣传和赞助活动中，海尔逐渐树立起可靠品牌形象，并通过捐赠和赞助教育、医疗等公益项目，积极参与本地社区活动，增强了品牌的社会责任感和本地影响力。为了更好服务印度消费者，海尔建立了覆盖印度全国的销售网络和售后服务体系。截至2023年，海尔在印度拥有超过10000家零售网点和2000多个服务中心，确保每位消费者都能享受到便捷、及时的售后服务。此外，海尔还推出了"海尔智能家居"概念，通过物联网技术将家电设备互联互通，提升用户的生活便利性。

3. 海尔家电在印度发展的现实挑战和未来展望

海尔家电虽然在印度市场取得了显著成功，但也面临一些挑战。首先，印度家电市场竞争激烈，LG、三星等国际品牌及本土品牌都在积极争夺市场份额；其次，经济和政策环境具有不确定性，如汇率波动和关税政策变化可能影响海尔的运营成本。海尔计划继续扩大生产能力，推出更多创新产品，比如，在未来几年内进一步扩展其智能家居产品线，通过技术创新提升产品竞争力。

（三）比亚迪（BYD）：印度新能源汽车市场的领军品牌

1.比亚迪汽车在印度的发展策略和市场表现

自 2016 年进入印度市场以来，比业迪通过本地化生产、战略合作和技术创新，在印度市场逐步站稳了脚跟。比亚迪有望在未来凭借其领先的电动汽车技术和灵活的市场策略，进一步提升其在印度新能源汽车市场的地位，推动印度交通出行绿色转型。比亚迪进入印度市场最初主要通过与印度本土企业的合作，向市场推出电动巴士。比亚迪与印度公司 Goldstone Infratech 合作，推出了首款电动巴士 K9，凭借其长续航能力和低运营成本，迅速在印度的公共交通系统中获得认可。随后，比亚迪继续扩大其电动巴士产品线，满足不同城市的需求。2019 年，为更好地适应印度市场，比亚迪在印度安得拉邦（Andhra Pradesh）与 Olectra Greentech 合作建立了电动巴士制造工厂。这一合作不仅增强了比亚迪在印度的生产能力，还推动了本地就业和技能提升。此外，通过与 Olectra Greentech 的合作，比亚迪能够更灵活地响应市场需求，加快产品投放速度。2021 年，比亚迪在印度推出的电动 SUV 车型 E6，以其长续航里程、宽敞的内部空间和可靠的电池技术，迅速在印度市场获得好评。

2.比亚迪汽车在印度发展的比较竞争优势

比亚迪的电池技术在全球范围内享有盛誉，其磷酸铁锂电池（LFP）在安全性和寿命方面具有显著优势。此外，比亚迪的电动汽车具有较低的运营成本，这在印度这样一个对价格敏感的市场中尤为重要。比亚迪的电动巴士在多个印度城市投入使用，包括德里、海得拉巴和孟买等，这些巴士不仅减少了城市污染，还降低了公共交通的能源消耗。比亚迪的电动乘用车也逐渐在私人和商业用户中获得认可，特别是在企业车队和共享出行市场中。

3. 比亚迪汽车在印度发展的现实挑战和未来展望

随着印度政府大力推动电动汽车产业，越来越多的国际和本土品牌进入市场，竞争日益激烈。尽管印度政府在努力建设充电站等基础设施，但目前的覆盖范围和服务能力仍然有限，这对电动汽车的普及构成了一定的障碍。比亚迪计划继续加大在印度的投资，扩大本地生产能力，并与更多本地合作伙伴合作，以增强市场竞争力。比亚迪还计划推出更多创新产品，如电动货车和电动出租车，以满足印度市场多样化的需求。

（四）希音（Shein）：印度年轻人喜爱的快时尚电商品牌

1. 希音品牌在印度的发展历程和市场表现

希音是一家总部位于中国的全球知名快时尚品牌，自 2008 年成立以来，迅速在全球市场崛起。希音于 2018 年进入印度市场，凭借其物美价廉的时尚产品，迅速吸引了大量年轻消费者。然而，2020 年印度政府出于国家安全考虑，禁止了包括希音在内的 59 款中国应用软件，希音在印度的业务被迫暂停。2023 年，希音通过与印度最大的零售企业之一 Reliance Retail Ventures Limited（RRVL）达成合作，重返印度市场，有效规避了此前品牌发展的政治障碍。希音和 RRVL 的合作计划包括与印度本地的中小企业合作，以实现本地化生产，这一举措得到了印度政府的支持，因为它符合印度"自力更生"的经济发展战略。重返印度市场后，希音在主要大城市如德里、孟买和班加罗尔的订单量显著增长，每天处理约 2 万个订单，中小城市的订单量也在快速增长，显示出品牌在印度市场的广泛吸引力。

2. 希音品牌在印度的市场策略和业务模式

希音在印度市场的成功主要依赖高效的供应链和精准的市场策略。公司在全球范围内建立了专业的采购团队，并在英国伦敦、美国洛杉矶、中国香港和阿联酋迪拜设有设计工作室。尽管大部分产品仍从中国采购，但希音积极探索在印度本地设计和生产的可能性，进一步增强其市场竞争力。希音的主要用户群体为年轻人，公司通过社交媒体平台推广其产品，并利用大数据和人工智能技术分析市场趋势，优化产品设计和供应链管理。这种快速响应市场需求的能力，使希音能够在激烈的市场竞争中保持领先地位。

3.希音品牌在印度发展的现实挑战和未来展望

希音品牌产品以价格实惠、设计新颖、多样化著称，尤其是其服装、鞋类和配饰在印度市场上表现突出，价格在 500 至 4000 印度卢比的产品最受欢迎。然而，随着印度电商市场的快速增长，越来越多的国际和本地品牌进入市场，竞争日益激烈。尽管希音通过与 RRVL 的合作成功规避了一些政治障碍，但中印关系的不确定性仍可能对其未来发展产生影响。希音计划在印度市场继续扩大其产品线，推出更多本地设计的服装系列，与印度本地设计师和名人合作，推出联名款产品，进一步提升品牌影响力。还计划加大在印度的投资，建立更多的本地化团队和设施，以增强其市场竞争力和服务能力。

（五）TikTok（抖音国际版）：印度最受欢迎的网络社交平台

1.TikTok 在印度的发展历程和市场表现

TikTok 于 2018 年进入印度市场，迅速成为印度最受欢迎的短视频应用之一。在其高峰时期，TikTok 在印度拥有超过 2 亿用户，是字节跳动在中国以外最大的市场之一。TikTok 凭借其易于使用的界面和丰富的创意内容，吸引了大量年轻用户。通过与印度本地内容创作者合作，TikTok 成功在印度市场迅速扩展。2020 年 6 月，由于中印边境冲突引发的政治紧张局势，印度政府禁止了包括 TikTok 在内的多款中国应用软件，对 TikTok 在印度的业务造成严重打击。字节跳动不得不关闭其在印度的办公室，并解雇了大部分员工。2023 年，字节跳动计划通过与印度当地企业合作，重新进入印度市场。字节跳动正在与印度的房地产巨头希拉南达尼集团（Hiranandani Group）进行谈判，寻求合作伙伴关系。希拉南达尼集团经营数据中心业务，并推出了技术驱动的消费者服务平台 Tez Platforms。通过这样的合作，TikTok 可以满足印度政府的数据本地化要求，即所有用户数据必须存储在印度境内。

2.TikTok 重返印度市场的策略调整和风险挑战

为了重新进入印度市场，TikTok 计划遵循严格的数据存储和处理规范，以确保用户数据的安全和隐私。除此之外，TikTok 还计划与当地内容创作者和企业合作，重新建立其在印度的用户基础。然而，TikTok 在印度的重返之路并不平坦。首先是监管环境的不确定性。尽管字节跳动采取了积极措施来满足印度政府的要求，但中印两国之间的政治紧张局势可能会对其未来的运营产生影响。其次是市场竞争的加剧。自 TikTok 被禁以来，印度本地的短视频应用迅速崛起，占据了大量市场份额。品牌计划通过本地化策略和技术创新，重新建立其在印度的市场地位。将继续与印度本地合作伙伴紧密合作，确保其服务符合印度的法规要求，并满足印度用户的需求。未来几年，TikTok 可能会在内容创作、用户互动和平台功能等方面进行更多创新，以重振其在印度的品牌影响力。

四、中国品牌在印度发展的未来展望

印度作为一个人口众多、经济增长迅速的新兴市场，给中国企业带来了巨大的机遇。随着印度中产阶级的崛起和消费能力的提升，消费需求将持续增长，特别是在科技、家电、汽车和快消品等领域。印度经济近年来保持较高的增长率，成为全球经济增长的重要引擎之一。经济的发展将推动基础设施建设、城市化进程和居民收入的提高，这为中国品牌进入印度市场提供了良好的宏观环境。印度政府积极推动数字化转型，互联网和智能手机的普及率不断提高。数字化进程为电子商务、移动支付、互联网服务等领域带来了巨大的发展空间，中国品牌可以通过创新技术和商业模式在这些领域取得突破。

随着印度对科技产品需求的增加，中国的智能手机、消费电子和家电品牌在印度市场具有巨大的发展潜力。中国品牌以其高性价比和创新技术，已在印度市场取得一定的知名度和市场份额，未来有望进一步扩大。印度汽车市场正处于快速发展阶段，特别是新能源汽车领域。印度政府积极推动绿色能源政策，中国的新能源汽车品牌凭借技术优势和成熟的产品线，有望在印度市场占据一席之地。印度消费者对品质和品牌的追求不断提升，中国的快消品和食品饮料品牌可以通过本地化产品和营销策略，满足印度消费者的需求，逐步提升市场份额。中国的互联网服务和软件品牌，如电子商务、金融科技和社交媒体应用，在印度市场有着广阔的发展前景。凭借先进的技术和丰富的运营经验，中国品牌可以在印度的数字经济浪潮中占据重要地位。通过本地化运营、加强合作伙伴关系、利用数字化技术和创新商业模式，中国品牌可以更好地适应印度市场，抓住发展机遇。同时，需要应对监管政策、文化差异和市场竞争等挑战，通过不断提升自身竞争力和品牌影响力，实现长期可持续发展。

参考文献

［1］环球时报.印度市场还离不开中国手机 [EB/OL].（2022-08-15）[2024-06-06].https://baijiahao.baidu.com/s?id=1741183780505641409&wfr=spider&for=pc.

［2］中国电子报.中国彩电品牌"出海"步入收获期 [EB/OL].（2024-05-31）[2024-06-06].https://baijiahao.baidu.com/s?id=1800538622829047570&wfr=spider&for=pc.

［3］新京报.中国手机品牌在印度何以遭遇"至暗时刻"[EB/OL].（2022-07-27）[2024-06-06].https://baijiahao.baidu.com/s?id=1739490782863691007&wfr=spider&for=pc.

［4］雨果网.10个中国品牌，打下印度市场"半壁江山"[EB/OL].（2022-06-15）[2024-06-06].https://baijiahao.baidu.com/s?id=1735651303356399188&wfr=spider&for=pc.

［5］环球网.莫迪"印度制造"未奏效？多数印度人仍使用中国手机 [EB/OL].（2017-01-26）[2024-06-06].https://tech.huanqiu.com/article/9CaKrnK03Un.

［6］新浪科技.印度"围剿"中国手机 但"胜利"不会属于印度 [EB/OL].（2022-08-09）[2024-06-06].https://baijiahao.baidu.com/s?id=1740698741955301180&wfr=spider&for=pc.

［7］财经网.中国品牌进军印度汽车市场 专家称关键在于长期本土化战略 [EB/OL].（2020-02-17）[2024-06-06].https://baijiahao.baidu.com/s?id=1658795780779051453&wfr=spider

&for=pc.

［8］中国发展网.群雄逐鹿印度！海尔代表中国品牌胜出 [EB/OL].（2022–05–19）[2024–
　　06–06].https://baijiahao.baidu.com/s?id=1733244153809661945&wfr=spider&for=pc.

［9］蓝科技网.中国家电品牌在印度过于内敛 这是需要改变的短板 [EB/OL].（2020–04–03）
　　[2024–06–06].https://baijiahao.baidu.com/s?id=1662910169507793108&wfr=spider&for=pc.

［10］人民资讯.印媒称"印度奥委会放弃李宁服装赞助"，网友：运动员可能仍会用中国
　　手机记录胜利时刻 [EB/OL].（2021–06–09）[2024–06–06].https://baijiahao.baidu.com/
　　s?id=1702077691945335296&wfr=spider&for=pc.

［11］腾讯网.中国品牌在印度"扬眉吐气"，现场实拍印度人排队抢购中国商品！ [EB/
　　OL].（2023–08–14）[2024–06–06].https://new.qq.com/rain/a/20230814A0152B00/.

［12］环球网.占据近半壁江山！中国品牌手机霸占印度市场 [EB/OL].（2016–12–26）
　　[2024–06–06].https://tech.huanqiu.com/article/9CaKrnJZn49.

［13］蓝海亿观网.印度最受欢迎互联网品牌，亚马逊居首，谷歌其次，中国品牌占据
　　两个名额 [EB/OL].（2022–03–07）[2024–06–06].https://chuhaiyi.baidu.com/news/
　　detail/14742273.

B.6
中国品牌在英国

郭王玥蕊　常佳怡[*]

摘　要： 中国是英国的重要进口市场，中国的商品和服务满足了英国消费者对多样化和高品质产品的需求。在商标注册方面，中国企业在英国的注册活动日益频繁，注册数量呈现出增长态势，以华为、荣耀为代表的中国企业在英国的商标注册数量显著增长。中国品牌在英国市场的成功案例，不仅为中国品牌赢得了国际声誉，也为中英经贸合作提质升级注入了新动力。随着中英经贸关系进一步加深，中国品牌在英国市场的表现将更加亮眼。

关键词： 中英经贸关系　品牌出海　商标注册　案例分析　优势比较

一、中国品牌在英国的发展背景与基础

在中英两国三百多年的交往里，中英在思想文化、社会经济和政治关系等方面相互影响。而今，伴随着中英之间的国家外交、国民来往愈加频繁，更多的中国品牌出现在英国大众的视野，中国品牌在英国市场中已然占有一席之地。

---

* 郭王玥蕊，经济学博士，上海市乡村振兴研究中心助理研究员，主要从事空间政治经济学研究；常佳怡，上海财经大学金融学院全球金融硕士研究生。

（一）中国品牌在英国的经贸环境

友好的经贸互动是中国品牌在英国市场行稳致远的基本所在。近二十年，中国对英国长期保持贸易顺差，尤其是 2009 年《英中合作框架》发布后，中英之间的商品贸易总额迎来了快速发展（图 6-1）。[①] 其间，英国脱欧事件给中英关系及投资、经贸等带来了较大不确定性，[②] 英国首次提出脱欧后，双边贸易总额在 2016 年有明显下降，2017—2020 年的数据则在稳步回升。同时，脱欧导致英国与欧盟在关税、流动自由性等方面需要再协定，存在着贸易关系调整，会促使英国寻求建立与非欧盟国家的贸易伙伴关系，[③] 反将眼光投向亚太地区的进口商品，以使得英国进口中国商品贸易额在短暂回调后出现大幅增长。即使在疫情期间英国整体进口金额表现回落态势时，中国品牌对英国市场仍然展现出了较强的吸引力。[④]

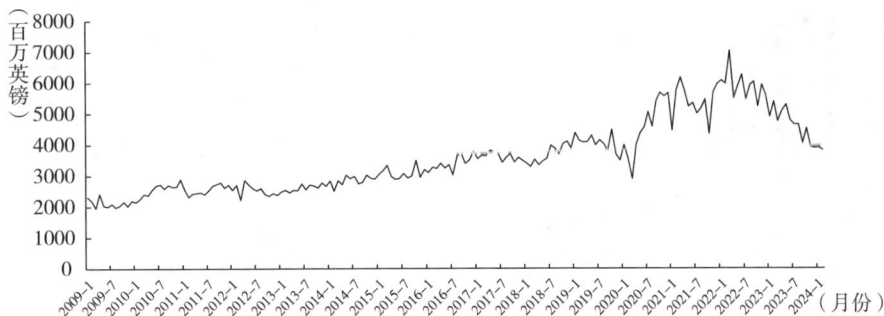

图 6-1　英国进口中国商品贸易额

资料来源：英国商业贸易局，https://www.ons.gov.uk/economy/nationalaccounts。

---

① 《中国同英国的关系》，中华人民共和国外交部 2024 年 10 月，https://www.mfa.gov.cn/web/gjhdq_676201/gj_676203/oz_678770/1206_679906/sbgx_679910/，访问日期：2025 年 3 月 31 日。

② 《后脱欧时代下的中英关系与合作》，综合开发研究院 2021 年 5 月 26 日，https://www.thepaper.cn/newsDetail_forward_12854320，访问日期：2025 年 3 月 31 日。

③ 《脱欧持续影响英国进出口贸易》，《经济日报》2021 年 6 月 10 日，https://www.chinanews.com.cn/gj/2021/06-10/9496452.shtml，访问日期：2025 年 3 月 31 日。

④ 中国海关总署统计数据，中国海关总署，http://stats.customs.gov.cn/，访问日期：2025 年 3 月 31 日。

除了中英两国经贸关系较为融洽外，英国服务业为主、制造业为辅的产业结构也是中国品牌出海英国表现较好的重要原因。自20世纪80年代起，英国产业结构加快向服务业转变，现今英国服务业占国家生产总值的3/4，制造业仅占10%左右。由于制造业萎缩，英国的航天航空、汽车制造等行业需要进口更多机械工业产品来保证后续的发展，中国作为制造业大国，恰好满足了英国制造业的需求缺口，填补了英国制造业产能不足造成的空缺。根据英国官方统计局数据，2023年英国对外贸易进口总额为5814.83亿英镑，主要进口的商品为石油气和其他气类、载人机动车辆、金（非货币用）、原油、机电产品、电话机和其他设备等（图6-2）。2024年，英国政府还宣布将对英国生产数量不足的商品实施126项新的关税暂停政策，并延长11项商品的关税暂停政策。[①]

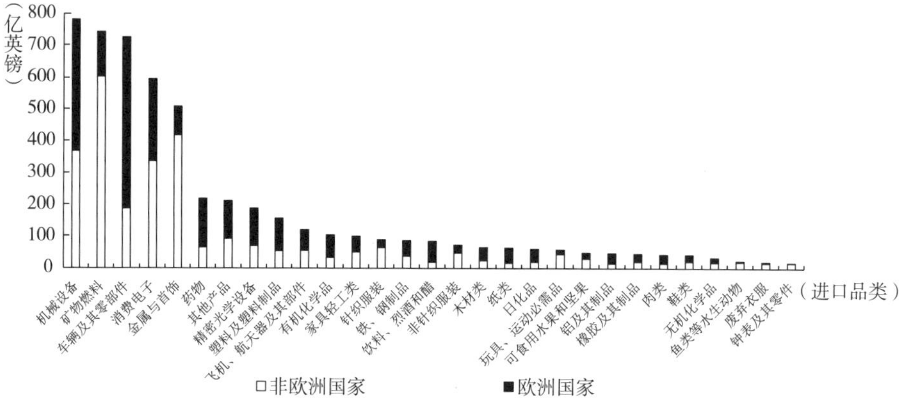

图6-2 英国2023年进口贸易总额前30名商品品类

资料来源：英国商业贸易局，https://www.ons.gov.uk/economy/nationalaccounts。

（二）中国是英国在亚洲最大的贸易伙伴

英国的地理位置决定了其大部分商品都进口于欧洲国家，而中国是英国在亚洲最大的贸易伙伴。1997—2023年英国对欧洲国家的总进口额始终高于

[①]《英国暂停对100多种商品征收进口税》，中国新闻网2024年4月12日，https://www.chinanews.com.cn/gj/2024/04-11/10197179.shtml，访问日期：2025年3月31日。

非欧洲国家（图 6-3）。^① 2023 年英国对华进口总额为 558.03 亿英镑，位列第三，仅次于德国（738.30 亿英镑）和美国（578.37 亿英镑），中国是英国进口额排名前十的贸易伙伴中唯一的亚洲国家（图 6-4）。从时间跨度来看，1997—2005 年中国在英国进口贸易总额的国家排名不断攀升，近年来英国进口中国的商品贸易额长期稳定在前三位。

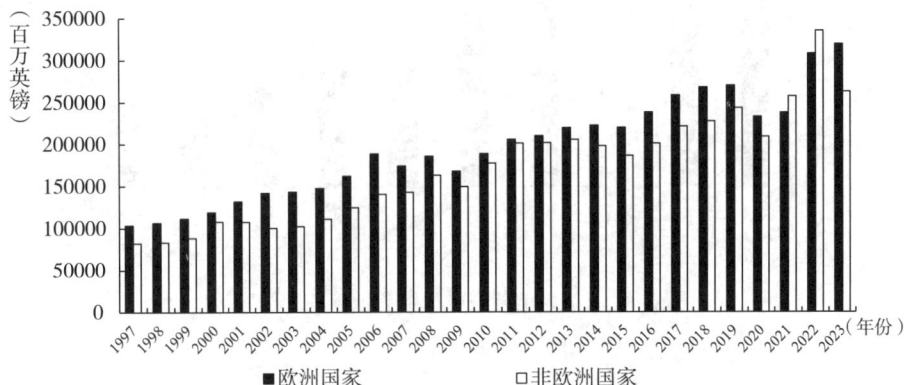

图 6-3　英国与欧洲、非欧洲国家进口贸易额

资料来源：英国商业贸易局，https://www.nationalarchives.gov.uk/doc/open-government-licence/version/3/。

　　中国产品品牌在英国"出圈"，是价格、质量和产量等多方面累积的成果，展现了中国品牌高质量发展的过程。从产品价格而言，中国早期以相对于发达国家更低的劳动力成本和广阔的土地资源为优势，凭借低价特性迅速打开市场，进入海外消费者的选择区间。^② 从产量而言，中国逐步从外方商家的代工厂的 OBM 模式，转变为拥有自己的技术的 OEM 模式，直至实现自主研发、以自有品牌出海的 ODM 模式。中国企业在代工厂的 OBM 模式期间积累了足够的生产效能，在货源量稳定的情况下，配合运营完善的海外运输链和客户服务系统，中国产品能够在英国市场扎稳脚跟。从质量而言，中

---

① 英国国家统计局按地区将进出口统计分为 27 个欧洲国家（EU）和其他的非欧洲国家（Non EU），https://www.gov.uk/eu-eea.

② 《中国企业高质量出海白皮书》，德勤 2023 年 6 月 19 日，https://www2.deloitte.com/cn/zh/pages/technology/articles/chinese-enterprises-going-overseas-whitepaper.html，访问日期：2025 年 3 月 31 日。

国品牌逐渐由以低端制造的"劳动密集型"产品出海向"技术密集型"转型靠拢。

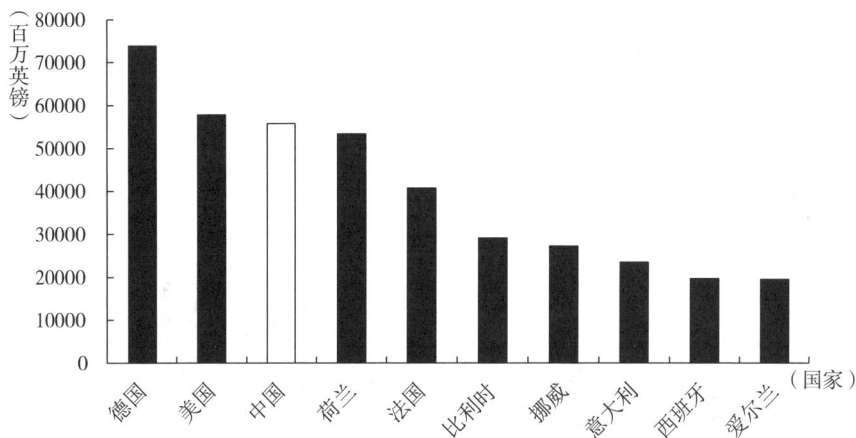

图6-4　2023年英国进口贸易伙伴前十国家

资料来源：英国国家统计局，https://www.ons.gov.uk/。

二、中国品牌在英国的发展情况

（一）中国品牌在英国的基本情况

1. 中国在英国注册商标流程

品牌商标是品牌独有的标识，注册商标是中国品牌出海英国的第一步。品牌商标注册不仅是为了让消费者留有印象，更是为了保护公司品牌在海外发展的权益。英国申请注册商标（除泽西岛与根西岛）的流程如下。

①申请：在英国提起商标注册申请可以采取纸质形式，也可以进行在线申请。在线申请费用较低。申请时需提交申请书、商标图片或照片等材料。已经在中国提起商标注册申请、6个月内又在英国提起同一商标注册申请的，有优先注册权。

②审查及同意：申请人提交申请并缴纳费用后20日内将获得审查报告，报告将说明其申请是否符合注册条件。审查内容包括产品或服务的分类是否

正确、商标是否具有显著性等内容。

③公开及异议：如果申请被审查员同意，将被公布在商标期刊上。自公开之日起 2 个月内，任何人均可对申请提出异议。

④注册：经过 2 个月后，无人提出异议或者异议不成立的，即可登记入册。注册有效期为申请注册之日起 10 年，可不断续展，每次续展有效期也是 10 年。

2. 中国品牌注册商标数量变化显著

英国知识产权局（UKIPO）对商品（Goods）和服务（Service）的商标注册进行分类，一共分为 45 种类别，其中商品 34 种，服务 11 种。2022 年全年，英国注册商标数量最多的行业分类是电气设备类（Class 9），按照英国官方给出的流程划分阶段，处在申请阶段（即上述流程中的第一步）的商标数量就已达到 35293 个（表 6-1）。

表 6-1　英国 2022 年按照尼斯分类注册商标数量前十的商标种类

分类	数量（个）
电气设备	35293
广告	31617
教娱、体育	26440
服饰	22754
科学、技术服务	21111
办公、文具	13684
家用容器	13536
游戏	12933
日化用品	11968
保险、货币	10464

资料来源：英国知识产权局，https://www.gov.uk/topic/intellectual-property/trade-marks。

《2023 年英国中资企业发展报告》[①]调查显示，中国企业对于英国的营商环境充满信心，2022 年公司资本支出、投资显著增加或略有增加的公司比例从 20% 上升到 30%，2022 年中国品牌注册商标 3458 个。中国品牌正在逐步进入英国市场，并且中国商家的品牌保护意识逐步增强。中国品牌在使用原有的 IP 注册商标的同时，也会选择将自身商标融入英国文化环境，通过直接投资、收购英国公司的方式来保证其在英国更加顺利地发展。[②]

表 6-2　中国品牌 2021—2022 年在英国注册商标数量及占比

	2021 年	2022 年
中国注册数量（个）	3741	3458
总计注册数量（个）	75538	90306
占比	4.95%	3.83%

资料来源：英国知识产权局，https://www.gov.uk/topic/intellectual-property/trade-marks。

3. 中国头部企业在英品牌注册情况

根据英国商标局 2023 年 6 月发布的 2021—2022 年的商标注册汇总数据，中国品牌华为（Huawei）与荣耀（Honor）为注册商标数量最多的品牌方，2022 年累计注册商标数量分别为 170 个和 77 个，位列第 2 名和第 13 名。

在中国市场中，华为和荣耀合计占据约 30% 的通信设备市场份额。[③] 华为与荣耀在折叠手机产品线中也展现了强劲的增长势头。2024 年上半年，两家公司推出的系列折叠手机出货量占据中国市场前两位，成功打破了以往由三星（Samsung）等品牌在折叠屏技术研发领域的垄断。同时，在业务扩展方面，华为和荣耀不仅在通信设备领域表现卓越，还积极进军多个新兴行业，如华为不仅在通信设备领域有优势，还在云计算、智能家居、智能汽车等新

[①] 《2023 年英国中资企业发展报告》，英国中国商会 2024 年 2 月，https://www.chinachamber.org.uk/2023-report-on-the-development-of-chinese-enterprises-in-the-uk/，访问日期：2025 年 3 月 31 日。

[②] 李钰靖、王学峰、田丹等：《文化和创意产业文献选译》，北京：社会科学文献出版社，2018 年。

[③] 《IDC：开门红——荣耀华为并列一季度中国智能手机市场第一》，IDC2024 年 4 月 24 日，https://www.idc.com/getdoc.jsp?containerId=prCHC52072424，访问日期：2025 年 3 月 31 日。

兴行业有布局，曾推出智界 M9 等高端智能车型，增强了其作为技术领军企业的影响力。在市场份额、技术创新及品牌认知度占优的情况下，华为和荣耀无疑是中国的头部企业，代表了"中国智造"在全球市场中的新高度。

两家头部企业在英国的注册商标数量远超美国苹果（Apple）和韩国三星（Samsung），一方面体现出在中国被认可的本土品牌同样具备出口英国的产品质量，另一方面说明中国头部企业愿意主动抓住海外市场的发展机会，探索交易空白区，推广研发成果。

表 6-3　2022 年英国注册商标数量最多的前 20 品牌

排名	申请者	国家	申请数（个）
1	诺华	瑞士	186
2	华为	中国	170
3	欧莱雅	法国	157
4	Good Turns Ltd.	英国	138
5	Philip Morris Products S.A.	瑞士	133
6	强生	美国	104
7	Glaxo Group Ltd.	英国	102
8	亚马逊	美国	95
9	Merkur Group	德国	84
10	Blueprint Technologies Ltd.	英国	84
11	现代汽车	韩国	82
12	LG	韩国	79
13	荣耀	中国	77
14	SYNGENTA CROP PROTECTION AG	瑞士	75
15	任天堂	日本	73
16	斯凯奇	美国	73
17	Euro Games Technology Ltd.	英国	70
18	三星	韩国	70
19	苹果	美国	68
20	SG Gaming，Inc.	美国	68

资料来源：https://www.gov.uk/topic/intellectual-property/trade-marks。

（二）中国品牌在英国的地位分析

1. 中国以商标分类的产业品牌在英国的贸易贡献

中国作为英国第三大贸易伙伴国，也是非欧洲国家中英国进口额最高的国家，在进口贸易额上的表现良好。根据英国商业贸易局发布的中英贸易关系 Factsheets 统计数据，2023 年全年英国从中国进口的五大商标分类商品分别是：汽车、其他制造，官方解释为视频游戏机、健身器材和玩具等产品）、消费电子产品、电话音响设备、服饰（图 6-5）。同时，英国从中国主要进口的前五大服务为：商业服务、金融、交通、保险和建筑。

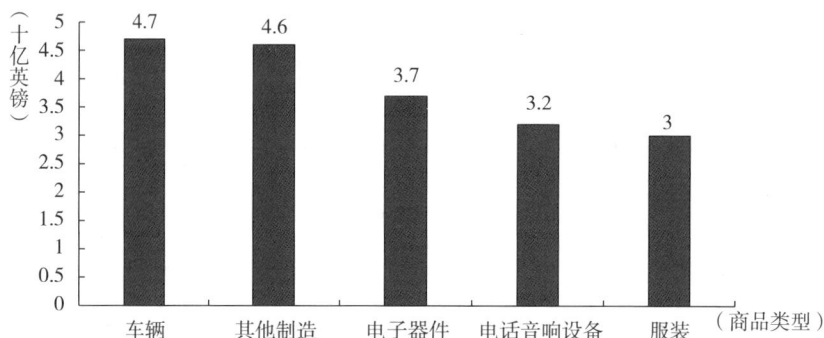

图 6-5　英国 2023 年从中国进口的前五大商品

资料来源：英国商业贸易局，https://www.ons.gov.uk/economy/nationalaccounts。

可以看出，在商品品类方面，英国市场对于"中国制造"类的产品更加青睐，但鲜少在精密仪器、生鲜肉类等方面进行选择；在服务业方面，中英两国也有一定的交流。这背后有多重原因。首先，中国作为全球制造业大国，其制造产业的发达是这一趋势的关键。中国制造业增加值占全球比重高达约 30%，连续 14 年位居全球首位，特别是在车辆、电子器件、电话音响设备等行业内竞争激烈，这些行业的投资也实现了两位数增长。这种竞争和增长促使行业不断更新迭代，向高端制造和高效率的方向发展，从而满足了英国市场对高质量产品的需求。

其次，从地理角度考虑，虽然中国距离英国较远，但通过海运可以降低运输成本，使得中国制造的产品在价格上具有竞争力。然而，这种周期较长的运输环境对中英发展食品、农产品等注重运输效率的产业之间的贸易交流构成了一定约束。加之英国自身牧草资源丰富，畜牧业发展成熟，对进口农牧产品的依赖程度较小。内外部因素共同作用导致了这一结果。

最后，除了制造业，中国的金融服务业也已踏上发展之路。以人民币国际化为例，英国作为国际金融中心，交易类业务是伦敦最大的特色之一，其外汇交易量已达全球40%左右。伦敦自2016年成为中国主权范围之外最大的离岸人民币清算中心以来，人民币清算量一直稳步提升。[①]体现出中英金融的互通交流正在不断加强。

2. 中国行业品牌在英国的认知度

品牌认知度是中国品牌扎根英国市场的关键。《中国品牌全球信任指数》[②]报告选取了1000个英国消费者进行调研，采访其对于中国品牌的信任度，调研结果显示，英国消费者对于中国品牌整体印象为"非常好"和"比较好"的比例分别为8%和25%，总计33%。总体上看，英国消费者对于中国品牌的认可度较高。其中，对于中国的"消费类智能设备"（如手机、电脑等）和"智能家电"的熟悉度和信任度要高于其他类型的商品，这也与前文展示的英国从中国进口产品分类中消费电子类占比较高的数据相吻合。这体现出在英国，智能、科技和性价比是消费者追求的方向。然而，尽管越来越多的中国品牌走进英国市场，英国消费者对于"Made in China"仍有着廉价低质量的刻板印象。一方面是因为中国品牌短时间内无法完善海外消费者所重视的"社区支持"需求，本土化程度低；另一方面是因为缺乏有效社媒的宣传推广。

中国品牌在英国市场已积累了一定的口碑与信任度，未来想要进一步拓展海外市场，应更加重视文化和市场差异，关注当地的审美与消费习惯以

---

① 《深耕英伦九十载　搭建中英金融桥梁》，中国银行2019年，https://www.boc.cn/uk/cn/aboutus/ab1/201907/t20190712_16594187.html，访问日期：2025年3月31日。

② 《2022中国品牌全球信任指数》，益普索2022年9月23日，https://academy.sinoclick.com/doc/1000000157，访问日期：2025年3月31日。

支持产品落地。比如，充分考虑欧美消费者对于 ESG（环境、社会责任和公司治理）理念的重视程度，根据《2023 国内品牌出海发展报告》[①] 中益普索调研的数据，47% 的英国消费者更加关注"公司的环保责任"，40% 的英国消费者则认为"公司合法纳税"更加重要。此外，报告也指出，品牌成功出海离不开有效的推广以获得产品曝光度，其中包括红人营销、线下快闪等形式。中国品牌后续应多加创新销售形式与宣传手段，尽可能地扩大产品曝光和推广渠道，用"更潮""更新"的方式展示中国品牌。

3. 中国与其他经济体的品牌优势比较

英国金融服务业发达，第一产业略显弱势。同时，英国自然资源丰富，矿业发达。这些经济与地理条件决定了其在进口商品时会有所侧重。根据英国税务海关总署进口商品总额统计，英国主要从欧洲其他国家（EU）进口汽车及其零部件、机械锅炉等设备、电气与消费电子设备、药物和矿物燃料及其蒸馏产品；主要从非欧洲国家（Non-EU）进口矿物燃料及其蒸馏产品、贵金属及珍珠首饰类、机械锅炉等设备、电气与消费电子设备。

正如上文所述，中国劳动密集型带来的低成本产品，吸引了更多的英国消费者，制造业的表现最为突出。在英国商业与贸易部给出的中英贸易关系事实表中，2024 年英国从中国进口其他制造品 46 亿英镑，占同期该品类进口额的 8.3%；进口中国的车辆数量占同期汽车进口总数量的 8.4%，和英国汽车的主要进口国德国和韩国（进口德国汽车总量占比达 26.6%，进口韩国汽车数量占 18.8%）相比仍有差距；进口中国的电子元件 37 亿英镑，占同期该品类进口额的 6.7%，而英国同期从韩国进口的电子元件总额约为 42 亿英镑，占该品类的 7.3%，中韩两国在这方面的竞争力不相上下；进口中国电话音响设备 32 亿英镑，占同期该品类进口额的 5.8%；进口中国服饰 30 亿英镑，贸易总额占 5.3%。结合上述数据不难发现，中国和其他欧洲国家相比，在消费电子和汽车方面表现突出，在精密仪器、药品和农业方面则表

[①]《2023 国内品牌出海发展报告》，益普索 2023 年 10 月，https://www.fxbaogao.com/view?id=3951263，访问日期：2024 年 3 月 31 日。

现稍微逊色。中国尽管是英国的第三大进口贸易国，但向其出口的产品出现了明显的品类倾斜现象。

三、中国品牌在英国的代表性案例分析

品牌出海是品牌寻求利润增长、传播中国文化的重要途径。中国品牌在英国市场的发展过程中，逐步积累口碑与信誉，获得了更多英国消费者的肯定。以下将主要介绍三个中国出口英国的品类——电动汽车类、消费电子类和服饰类，并展示具有代表性的品牌（名爵、小米和 Shein）在海外的发展情况。

（一）名爵：驶向英国的新能源汽车

中国的新能源公司在海外市场不断扩展，保持着快速增长的强劲势头。根据中国汽车工业协会的数据，2023 年中国乘用车销量为 2606.3 万辆，同比增长 10.6%，其中新能源乘用车销量在乘用车销量的占比为 34.7%。中国汽车出口量为 491 万辆，同比增长 57.9%，出口对汽车总销量增长的贡献率达到 55.7%。根据全国乘用车市场信息联席会数据，2023 年中国出口 120.3 万辆新能源汽车，其中 38% 出口到欧洲。

中国新能源汽车品牌在英国表现较为突出的莫过于名爵（MG）。该品牌被收购后归属于上汽集团，但是前身属于英国品牌，因而在欧洲市场尤其是英国市场具有较高的品牌知名度和认可度。名爵官方数据显示，2023 年上汽集团自主品牌在海外销量占比达 92%，名爵品牌全球销量达到 84 万辆，连续五年位居中国汽车单一品牌出口量第一名，在欧洲占据着较大的市场份额。上汽集团在 2023 年的年度报告中提到，目前名爵每月的交付量稳定在 2 万辆以上，并且在英国纯电动汽车市场跻身前二。

不论是出于对名爵品牌源自英国的情怀，还是对目前中国新能源汽车发展的认可，名爵汽车所代表的中国新能源汽车在英国消费者心里留下了浓墨重彩的一笔。英国汽车制造商和贸易商协会首席执行官迈克·霍斯表示，英国消费者对于越来越多的中国汽车品牌进入英国市场持开放态度。更多中国汽车品牌进入英国市场对消费者和汽车行业都有好处，良性竞争既降低了电动汽车价格，又促进了行业创新。[①]

（二）小米：电子产品出海英国的后起之秀

传统的消费电子产品可分为娱乐产品、通信产品、家庭办公产品三大类，在英国的出口分类为电子、音响设备、办公器械。当前，电子消费产品功能不断迭代，种类增多，更多品种也被纳入消费电子范畴。中国的消费电子品牌在近二十年的发展中，经历了从贴牌生产到自主品牌出海的阶段，现今海外消费者对于中国华为、小米等消费电子类品牌耳熟能详。[②]

相对于华为在英国经历了长时间的摸索，小米更像是后起之秀。2018年，小米正式进入英国市场，入市之初遭到了英国消费者一定的质疑。但市场调研机构 Canalys 最新报告显示，虽然 2023 年欧美市场主要还是苹果、三星绝对统治的天下，中国手机品牌的存在感还比较低，但 2023 年第四季度欧洲市场市占率最高的国产手机品牌是小米，以 17% 的市场份额排在苹果、三星之后。

在小米进入英国市场之初，英国广播公司（BBC）称小米进入英国将进一步扩大它在西欧的影响力，延续它在西班牙、法国和意大利的活力。不论是品牌定位还是功能迭代，小米都能够在高端手机市场占有率高的西欧市场获得关注，足见其品牌的传播力度之大。尽管目前，英国的主要手机品牌还是苹果和三星，两者占据了近 90% 的市场份额，但是小米在英国的畅销手机排行中已经稳定保持前五左右的水准，具有较大的发展潜力与空间。

---

① 《中国新能源汽车的国际竞争优势来自哪里？》，新华网 2024 年 4 月 10 日，http://www.news.cn/auto/20240410/df79be2bf3b14f07bea125b1b2e89ae6/c.html，访问日期：2025 年 3 月 31 日。

② 林晓君、姜婷：《"脱欧"后英国电子信息产品技术性贸易措施简析》，《中国标准化》2022 年第 21 期。

（三）Shein：中国电商模式在英国掀起热潮

服饰是英国主要进口的中国产品品类之一，相对于汽车、电子设备等具有技术壁垒的行业，服饰品牌在注重消费品质的英国占据一席之地很大程度上与英国快时尚的兴起及电商蓬勃发展的背景有关。从千禧一代、X 世代、Z 世代，再到数字和移动原生代的崛起，都在加速让时尚消费从线下转移到线上渠道。

2021 年，Shein 在英国注册公司。2023 年英国服装零售市场中，中国快时尚出海品牌 Shein 排名第 11，市占率为 2.2%。英国本土知名时尚类零售商 ASOS 排名第 8，预计到 2027 年将跌至第 10。[1] 尽管 Shein 在中国并未掀起太多的水花，但在国外却深受年轻一代的追捧。出现这样的现象的原因在于品牌定位不同，Shein 最初便瞄准海外市场，依托于低成本中国制造和大规模生产的优势，Shein 在海外市场较好地发挥了自身的优势。

在英国，Shein 备受年轻消费者的喜爱和追捧。在 Shein 的专用 app 中，英国消费者对该品牌的服装品质和款式设计持有积极评价，认为它的价格实惠、质量不俗、时尚感强。[2]Shein 的表现同样引起了英国官方的注意，根据英国天空新闻的报道，英国财政大臣杰里米·亨特在 2024 年 2 月 27 日与 Shein 的执行主席举行了会谈，英国政府正努力说服其在英国上市，[3] 这也从侧面反映出 Shein 近几年在英国的表现和市场影响力获得了英国市场的认可。

[1] 局座：《未来三年，Shein 有望成为英国第六大服装零售商》，跨境出口情报局 2024 年 2 月 2 日，https://www.baijing.cn/article/47508，访问日期：2025 年 3 月 31 日。

[2] Packy McCormick, "Shein: The TikTok of Ecommerce," Not Boring, May 17, 2021, accessed March 31, 2025, https://www.notboring.co/p/shein-the-tiktok-of-ecommerce.

[3] "Hunt urges Shein boss to pursue blockbuster London float," Sky News, February 27, 2024, accessed March 31, 2025, https://news.sky.com/story/hunt-urges-shein-boss-to-pursue-blockbuster-london-float-13082150.

四、总结与展望

回顾中国品牌的发展阶段，从最开始的低价策略起步，逐步转向技术密集型产品，最终实现了从代工厂到自有品牌的华丽转型。当前，完善的海外运输链和客户服务系统为中国品牌在英国市场发展提供了稳固基础，各行各业涌现出代表"中国制造"实力的商家，是中国品牌在海外宣传的重要名片。从每年持续增加的以科技类产品为主的商标注册量也能反映出，中国企业对于商标的保护意识在逐步提升。中国已成为英国在亚洲最大的贸易伙伴，其商品和服务在英国市场占据重要地位，其中消费电子类产品的表现尤为突出。中国品牌在英国的突出表现，得益于中国一直以来积极拓展海外市场、中英两国产业结构互补及英国民众对于中国品牌的信任度不断提升等多方面的影响。

随着中英经贸关系深化，以及英国对亚太地区进口商品的重视，中国品牌在英表现将更加亮眼，为两国经贸合作注入新动力。未来，中国品牌仍需更深入地了解英国市场的特点和英国消费者的需求，进行一系列本土化调整和创新，有效激发品牌在英国市场的增长潜能，持续提升产品迭代与创新效率。一方面，要坚持文化赋能。将中国文化中的优秀元素融入品牌塑造中，加强中英两国文化沟通融合，讲好中国品牌故事，不断丰富品牌内涵，用文化的力量助推中国品牌升级跃迁。另一方面，要重视产品理念。英国提倡环保绿色、社会责任、创意科技等产品理念，中国品牌应将绿色环保理念融入品牌基因，使其成为品牌的核心竞争力。比如，名爵汽车的减碳排放优势将是其吸引英国消费者的一大亮点；Shein 服饰原料的可循环利用特性也为其打下了坚实的消费者基础。此外，中国品牌在拓展英国市场的过程中，还需增强法律资源的储备和运用能力，更好了解与运用海外贸易保护政策和税收制度，使之成为保障品牌顺利出海的重要支撑力量。

参考文献

［1］刘禹含.英国脱欧对不同经济体的影响研究 [J]. 中国商论，2024（04）:56-59.

［2］纪双城，赵觉珵.英国要补贴关键矿产减少对华依赖？ [N]. 环球时报，2024-03-12（003）.

［3］英正.近几年英国对华政策变化为何这么大 [J]. 世界知识，2023（16）:56-57.

［4］崔镁戈."全球英国"的路径选择 [D]. 外交学院，2023.

［5］罗珊珊，王洲.打造"投资中国"品牌 扩大高水平对外开放 [N]. 人民日报，2024-03-28（006）.

［6］余璇.我国新能源汽车"出海"表现可圈可点 [N]. 中国电力报，2024-04-16（004）.

［7］金琳.上汽名爵成为中国汽车品牌"出海"领跑者 [J]. 上海国资，2024（04）:35-37.

［8］张娟娟.中国高端制造业"乘风破浪"2023 年出海贡献度创新高 [N]. 证券时报，2024-03-13（A04）.

B.7
中国品牌在法国

李培鑫[*]

摘　要： 中国和法国建交 61 年以来在经贸合作领域取得了丰硕的成果。截至 2023 年底，中国对法国直接投资存量达到了 48.4 亿美元，投资领域涵盖电子信息、电气设备、交通仓储、环保、航空航天、核能、食品、医药、化工、建材、物流等多个行业。21 世纪以来，随着中国参与全球化的进程不断深入，中国越来越多的企业和品牌进入法国，中国品牌在法国的认知度和影响力也在逐年提升。2023 年，中国在法国申请和注册的商标数量，分别达到了 723 和 394 件，累计注册的有效商标覆盖到了全部 45 个行业，成为法国仅次于美国的第二大商标拥有国。青岛啤酒、贵州茅台、华为、海信及高梵等品牌深受法国消费者喜爱。

关键词： 中国品牌　知识产权保护　品牌规模　品牌影响力　行业分析

　　法国是最发达的工业国家之一，在核电、航空航天和铁路方面居世界领先地位。主要工业部门有汽车制造、造船、机械、纺织、化学、电子、日常消费品、食品加工和建筑业等，钢铁、汽车制造和建筑业为三大工业支柱。核能、石油化工、海洋开发、航空航天等新兴工业部门近年来发展较快。根

---
* 李培鑫，经济学博士，上海社会科学院经济研究所副研究员，主要研究方向为区域和城市经济、城市群发展。

据法国国家统计和经济研究所数据，2023 年法国的经济增长率为 0.9%。法国也是欧盟最大的农业生产国，是世界主要农产品和农业食品出口国。此外，法国也形成了高度发达的服务业体系，第三产业就业人口占到总人口的 80% 左右。[①] 中国向法国出口的机电产品、化工产品贸易比重不断提高，中国企业在法国的投资项目涉及能源、环保、高科技、汽车、服装等多个领域。但是总体来看，与美国等发达国家相比，中国品牌在法国的知名度和影响力还有待提升。

一、中国品牌在法国的发展基础

中国和法国建交 61 年以来，两国在经贸合作领域取得了丰硕的成果，投资合作的规模和质量不断提升。中国是法国在全球的第七大贸易伙伴，在亚洲的第一大贸易伙伴，而法国是中国在欧盟的第三大贸易伙伴和第三大实际投资来源国。

（一）中国品牌在法国发展的经贸往来基础

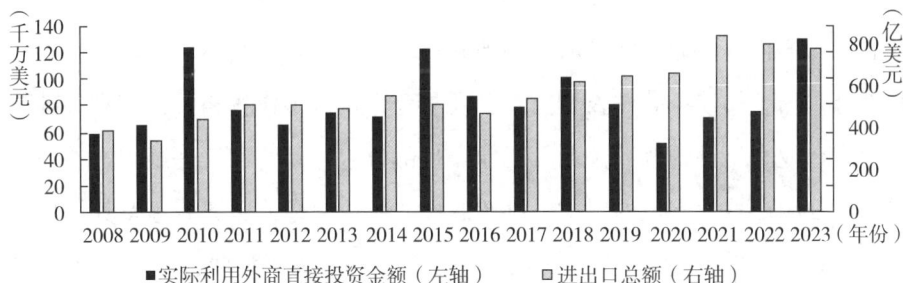

图 7-1 1998—2023 年中法经贸往来情况

资料来源：国家统计局。

21 世纪以来，两国的进出口规模不断扩大，如图 7-1 所示，2023 年，

---

① 《法国国家概况》，中华人民共和国外交部 2024 年 10 月，https://www.fmprc.gov.cn/web/gjhdq_676201/gj_676203/oz_678770/1206_679134/1206x0_679136/，访问日期：2025 年 3 月 31 日。

中国和法国的双边贸易额达到了789亿美元，是2000年的10倍，相较于建交之初增长了近800倍，其中，中国对法国出口416亿美元，自法国进口373亿美元。截至2023年底，中法双向投资额已累计超过了260亿美元，其中，法国累计对华直接投资216.4亿美元，主要聚焦电动车、化妆品、农食品、氢能及航空航天等领域，法国在中国累计设立企业6800多家，雪铁龙、家乐福、阿尔斯通、阿尔卡特等法国公司在中国家喻户晓。中国对法国直接投资存量为48.4亿美元，投资领域涵盖电子信息、电气设备、交通仓储、环保、航空航天、核能、食品、医药、化工、建材、物流等多个领域，"中国制造"也已进入法国寻常百姓家。展望未来，随着两国在绿色增长、科技创新、数字经济等新兴领域经贸合作的加快推进，两国将继续加强发展战略和产业对接，不断拓宽经贸合作的领域。

（二）中国品牌在法国发展的制度环境

法国有着完善的知识产权保护法律体系，[①] 也是世界上最早制定知识产权法的国家之一。1992年，法国将本国23个与知识产权有关的单行法规整理汇编成统一的《知识产权法典》，[②] 这也是世界知识产权领域的第一个专门法典。法典和与之相关的法令、政令对有关知识产权保护的内容和措施做出了详细、严格的规定。根据《知识产权法典》，法国的知识产权保护涉及文学和艺术产权、工业产权及海外领地和马约特岛条款。其中，文学和艺术产权部分包括著作权、著作权相关权利及与著作权、著作权相关权利和基础数据生产者权利相关的普通条款。工业产权部分包括行业和管理组织、外观设计、对发明和技术知识的保护、制造商标、商业商标或服务商标及其他特别标记等内容。第三部分包括法属波利尼西亚、法属瓦利斯群岛和富图纳群岛、南极和南半球法属土地、新喀里多尼亚岛和马约特岛条款。法典规定，

---

① 商务部对外投资和经济合作司、商务部国际贸易经济合作研究院、中国驻法国大使馆经济商务处：《对外投资合作国别（地区）指南——法国（2023年版）》，https://www.mofcom.gov.cn/dl/gbdqzn/upload/faguo.pdf.

② 《知识产权法典》，https://www.legifrance.gouv.fr/codes/texte_lc/LEGITEXT000006069414.

法国专利保护期是 20 年，商标保护期是 10 年（可更新保护权），图纸及模型保护期是 5 年。对于知识产权侵权问题，法国也有专门的法律做出了详细规定，包括《知识产权法典》《刑法典》《消费法典》及《海关法典》均明确了对侵犯知识产权犯罪行为的处罚。按照侵犯知识产权的严重程度，处罚的类别划分为刑事处罚 ①、民事处罚 ② 和海关处罚 ③3 种。

　　法国有着较为完善的商标相关法律，包括产品商标、商业商标和服务商标。在法国，商标受到保护的条件是：须经登记注册，以及商标方案具有独特性和区别度。商标方案的独特性和区别度需根据商标对应的特定的商品或服务进行单独评估，否则商标注册申请可能无效。商标注册人需事先检查其商标方案是否与第三方已经存在的商标（品牌名称、公司名称、商业名称或在全国范围内已知的品牌等）有冲突。法国商标注册的提交机构是法国国家工业产权局（简称 INPI）。商标注册自提交之日起有效。根据特定性原则和地域性原则，在 INPI 注册的商标，法律对其对应的产品和服务给予保护，为期 10 年，条件是商标有实际使用。此外，对于知名品牌，由于其知名度高，法律允许其保护范围延伸到尚未注册的产品或服务领域，因为其广泛的影响力和吸引力可能造成消费者认为其他产品也来自相同的商家。

二、中国品牌在法国的总体情况与现状特征

（一）中国品牌在法国的规模与数量

　　商标是增强品牌辨识度、引导消费者购物的重要手段，商标代表了所标

---

① 刑事处罚最多处以 30 万欧元罚款和 3 年监禁。若是集团犯罪，可处以 5 年监禁和 50 万欧元罚款。如果再次犯罪或属重大犯罪，该刑罚可加倍。此外，还将关闭造假者的制假场所，剥夺其选举权和被选举权。

② 民事处罚中产权者有权提请损害赔偿。

③ 海关处罚中海关有权扣押（或实施为期 10 天的扣留期，期间产权者可以对此做出反应）、没收假货及其运输工具，并实施相当于真货价值 1 至 2 倍的罚款。法国管理知识产权侵权行为的管理机构是法国经济和财政部下属的国家非物质遗产管理局以及海关、警察、宪兵等。

示的商品或服务的质量、知名度和信誉度。商标的申请和注册数量在一定程度上反映了品牌的发展情况。

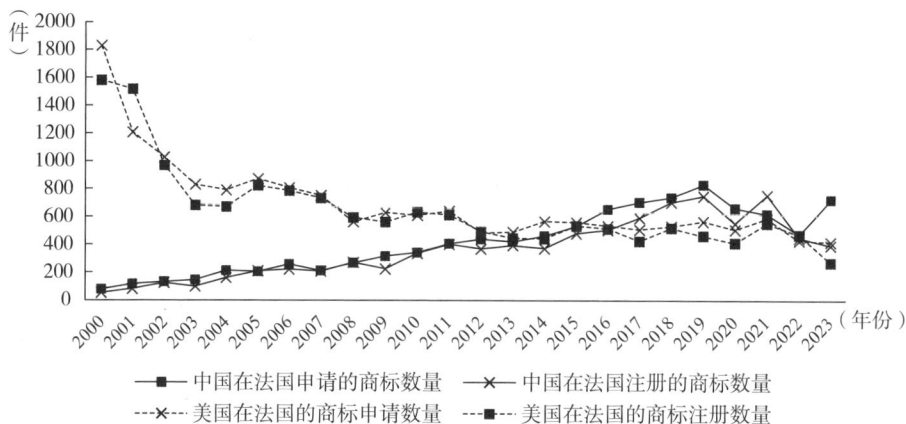

图 7-2　中、美在法国的商标申请数量和商标注册数量对比（2000—2023）

资料来源：WIPO Global Brand Database。

图 7-2 为进入 21 世纪后，中国所有权人在法国申请和注册的商标数量，可以发现，中国在法国申请和注册的商标数量呈现持续上涨的趋势。2000年，中国在法申请和注册的商标数量分别为 79 件和 54 件；2023 年，申请的商标数量上涨到了 723 件，注册的商标数为 394 件。表明中国品牌在法国的规模和数量显著扩大。

中美两国在法国的商标申请数和商标注册数呈现出了相反的变化趋势，21 世纪以来，美国在法国的品牌规模和数量呈现不断下降的趋势：2000 年，美国在法国的商标申请数和商标注册数分别为 1829 和 1581 件；2016 年基本与中国持平，商标申请数为 535 件，略低于中国，商标注册数为 515 件，而中国为 506 件；2023 年，美国在法商标申请数和商标注册数均显著低于中国，分别为 420 件和 271 件。这在一定程度上说明美国品牌在法国的发展速度和规模均呈现不断下降的趋势。

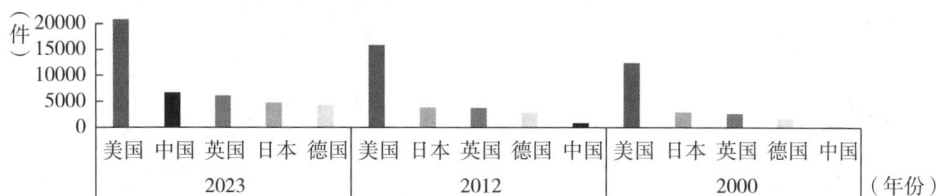

图 7-3　中国与主要发达经济体在法国累计有效商标注册数比较

资料来源：WIPO Global Brand Database。

从国别比较来看，图 7-3 为中国、美国、英国、德国和日本在法国的累计有效商标注册数量。可以发现，美国在法国的累计有效商标注册数显著高于其他国家，并且呈现上升的趋势。进入 21 世纪后，中国在法国的累计有效商标注册数明显增加，2023 年达到了 6682 件，略高于英国（6138 件），显著高于日本（4757 件）和德国（4313 件），但是与美国相比还有较大差距，2023 年，仅为美国的 32%。反观 2012 年，中国品牌在法国的规模还显著低于主要发达经济体，仅为美国的 5%，德国的 29%。可见，中国品牌在法国的发展速度和规模初见成效，在法国市场的活跃度也在不断提升。

（二）中国品牌在法国的行业分布情况

随着中国品牌在法国的规模和数量不断扩张，品牌所涉足的行业范围也在不断扩大。图 7-4 为基于尼斯分类（附表 4）的中国在法国累计有效注册商标的行业分布情况，2023 年，中国在法国累计注册的有效商标覆盖到了全部 45 个行业，包括服装鞋帽、皮革工具、日化用品、广告销售、化学原料、金属材料、教育娱乐等。从行业的规模分布来看，中国在法国的注册商标中服装鞋帽业居第一位，占到了总数的 17%。其他注册商标主要集中在皮革工具、日化用品、广告销售、科学仪器及珠宝钟表 5 个行业，占到了总数的 38%。此外，灯具空调、运输工具、医疗器械、机械设备等制造业部门的注册商标数也在逐年增加，同时网站服务、教育娱乐、金融物管、通信服务、社会服务等服务业的商标注册规模也有显著增加。

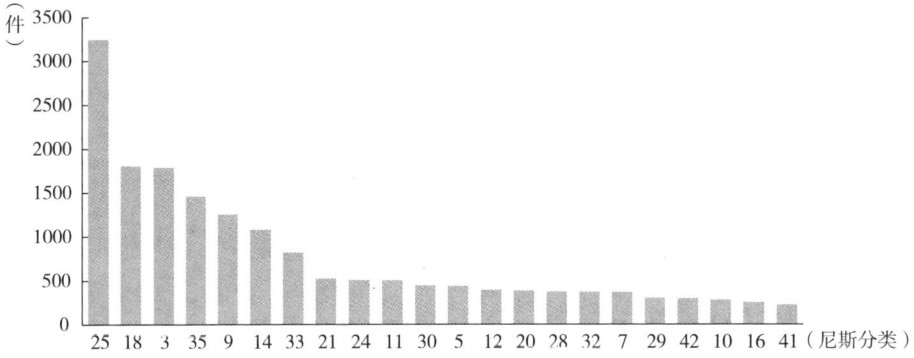

图 7-4　中国在法国累计有效注册商标主要类别分布（2023）

资料来源：WIPO Global Brand Database。

　　中国在法国商标注册的行业分布与中国向法国出口商品的结构分布规律基本一致。法国进口商品主要有能源和工业原料、设备等；出口商品主要有纺织品、药品、农食产品、化工产品和化妆品、航空航天产品、汽车、能源等。而中国是法国的主要进口货物伙伴国，根据中国海关总署 HS 编码的 22 类商品类别统计，中国向法国的出口以机械、机械器具为主，主要是机电产品，2015 年以来平均占到了出口总额的 36%，2023 年占比达到了 38%，总体趋势比较平稳。纺织原料及纺织制品是中国向法国出口的第二大类商品，2015 年以来的平均占比超过了 15%，但是总体来看有逐渐下降的趋势，占比由 2015 年的接近 19% 下降到了 2023 年的不足 11%。此外，家具、玩具等其他杂项制品平均占到了 11%，是中国向法国出口的第三类主要商品，总体来看也表现出一定的下降趋势，从 2015 年的高于 11% 下降到了 2023 年的不足 10%。此外，从占比来看，排名前 10 的其他商品主要是车辆、航空器、船舶及有关运输设备（平均占比 6%），贱金属及其制品（平均占比 5.7%），化学工业及其相关工业的产品（平均占比 5%），塑料及橡胶制品（平均占比 4%），鞋、帽、伞、杖、鞭及其零件等（平均占比 3%），仪器设备（2.8%）。值得一提的是，车辆、航空器、船舶及有关运输设备表现出逐年上升的趋势。①

---

① 资料来源：中华人民共和国海关总署。

（三）中国品牌在法国的认知度与影响力

随着中国参与全球化的进程不断深入，中国越来越多的企业和品牌进入法国，中国品牌在法国的认知度和影响力也在逐年提升。2023年，中国的酒类和啤酒饮料在法国的累计有效商标注册数分别为822件和375件，青岛啤酒深受法国年轻人青睐，贵州茅台在巴黎开设了欧洲第一家专卖店。华为、小米、荣耀等电子产品在法国各大商店比比皆是，来自中国的路由器也深受法国消费者喜爱。此外，中国企业在法国绿色能源、数字技术、旅游和休闲产业的投资也在快速增加。海信等家电品牌在法国的市场占有率也在不断提升。华为公司于2003年进入法国，2007年在法国塞尔日市建立了第一家研发中心。2017年底，京东集团在法国巴黎设立欧洲总部。中国广核集团欧洲能源公司也将总部设在了法国巴黎，负责欧洲陆上风电、光伏、海上风电等新能源项目的开发、建设和运营。

三、中国品牌在法国的行业表现

（一）饮料行业

法国是葡萄酒、白兰地及烈酒等各类酒类行业的主要生产国，中国的酒类和饮料品牌要进入法国市场面临着法国本土品牌的激烈竞争。2023年，中国的酒类和啤酒饮料在法国的累计有效商标注册数分别为822件和375件，中国酒和饮料行业正在加速开拓法国市场。2012年，贵州茅台在巴黎开设了欧洲第一家专卖店；2023年，五粮液在法国举办了首场五粮液和美全球行活动。尤其是青岛啤酒深受法国年轻人青睐，为中法两国文化交流搭建了桥梁。

青岛啤酒厂是1903年由英、德两国商人合资开办的，是中国最早的啤酒生产企业之一，具有与生俱来的国际化基因。从20世纪50年代开始，青岛啤酒开始出口欧洲，为满足欧洲消费者不断增长的需求，1994 年在法国巴黎成立青岛啤酒（欧洲）贸易有限公司。在法国，青岛啤酒是最具有影响力的中国品牌之一，也是最具有特色的青岛名片之一。在凯度 BrandZ2022 年发布的中国全球化品牌 50 强榜单中，青岛啤酒高居第 14 位，也是榜单中唯一的食品饮料品牌。

青岛啤酒在法国具有很高的知名度，青岛啤酒的消费者认知度超过90%。2002 年，时任法国首相希拉克在农业展览会上盛赞青岛啤酒"让法国人民更多地了解了中国，增进了两国的商贸交流"。2004 年，在中法建交 40周年纪念日，青岛啤酒因对促进法中两国的经贸交流和增进两国人民间的了解和友谊所做的贡献而得到表彰。

青岛啤酒在国际化的进程中，一直致力于跨国销售，实施了"先市场、后建厂"的国外市场进入战略，先是通过与海外代理商建立良好合作加大出口销售力度；而后在海外投资设厂或进行 OEM 贴牌生产。在法国，青岛啤酒采用与当地的代理商合作成立合资销售公司的方式开拓当地市场。

（二）汽车行业

中国汽车工业协会 2023 年产销数据显示，欧洲市场占中国汽车对外出口的 38%，是中国汽车出海的新高地。但是在法国市场，中国制造与中国品牌依然有很大的差异，根据 T&E 和法国经济部的数据，2023 年上半年含特斯拉、Dacia Spring 等品牌在内的中国制造电动汽车在法国新能源市场销量占比高达 26%，但比亚迪 2023 年的总销量仅有 520 辆。与中国乘用车品牌出海法国相比，中国的客车品牌在法国的表现反而更有竞争力，中国的新能源汽车宇通客车打响中国制造新名号。宇通在参与海外市场竞争、"走出去"的过程中，以全球化的视野，因地制宜，走出了一条独具"宇通模式"的出海之路。

2011 年 4 月 17 日，宇通与总部位于法国阿尔萨斯地区的 DCG（DIETRICH CAREBUS GROUP）公司签订了经销协议，开启了宇通法国市场开拓之旅。DCG 是一家创办于 1921 年的专业客车经销商，并曾经是奔驰客车在法国的最大进口商。2011 年，DCG 公司引进了第一台宇通样车，以此为起点，宇通和 DCG 共同组建了针对法国市场和当地消费者的团队，并于 2012 年设计出了第一款符合法国当地需求的产品。此后，通过巡展、样车试驾、媒体推介、"大客户看宇通"、法国当地及比利时车展参展等各种活动，提升法国客户对宇通的认知度。2012 年，宇通在法国实现了 15 台的销量，此后逐年增加。

宇通以其效率、开发水平、技术水平及技术解决方案等来赢得了客户。2015 年，法国巴黎北部最大的客运企业 LACROIX 公司，在试运行了 DCG 提供的第一辆宇通样车半年后，决定批量采购宇通客车。同年，宇通在法国东、西、南、北 4 个方位建立起 4 个服务站，全面覆盖各区域运营的车辆，并启动了流动服务车管理机制，快速解决市场问题。2020 年 7 月底，宇通又在法国朗斯建立了在欧洲最大的配件中心——欧洲配件中心库。

2019 年，首批宇通 Ice12 纯电动城间车在法国正式投运，这也是欧洲首条纯电动城间车线路。迄今为止，宇通已出口法国 135 辆纯电动城间车，运营里程近 1500 万公里，成为法国最大的纯电动客车供应商。Ice12 纯电动城间车在马赛、安纳西、尼斯、巴黎、波尔多等城市实现良好运营。持续的技术创新和产品升级是宇通在全球建立领先的优势地位的基础，这也是中国品牌掌握国际"话语权"的关键。

（三）家电行业

中国的家电品牌在法国的市场占有率也在不断提升，海尔是法国第一大卖场 Darty 销量最好的中国品牌，海信冰箱在法国的市场份额已达到 8%，位居行业前三，冰冷产品已经进入法国全部主流家电渠道。海信进入法国市场 10 年以来，已然成为塑造全球一流品牌、高质量出海的典范。在开辟法国市场的过程中，海信始终坚持科技创新和自主品牌建设。

2014 年，海信在法国成立公司。刚进入法国市场的海信，面对欧洲高端产品市场竞争及挑剔的消费者，一度被认为是廉价品牌。海信实施了本土化战略，围绕当地消费者的消费偏好，组建由当地销售、产品线与国际营销总部产品经理组成的产品开发团队，并依托较欧洲本土家电品牌的技术研发体系推动产品的更新升级。

2015 年，海信在多门和对开门冰箱上建立起了明显的技术优势，凭借这两类冰箱产品成功进入了法国市场，并针对法国市场开发了一系列新产品，逐渐被法国消费者所熟知。2020 年，海信成功进入了绝大多数法国主流渠道，基本完成了渠道开拓工作。2023 年，海信在 Boulanger 上市了智能大屏十字冰箱，利用深色抗菌内胆和 21 寸智能大屏技术创新吸引消费者，并将价格提升至 3000 欧元。此外，海信激光电视也在法国市场占有一席之地，凭借显示技术创新和绿色低碳两大属性成为法国高端电视市场的热销产品。总体来看，激光电视、法式门冰箱和高端冰箱是海信在法国建立和发展品牌的关键产品。

海信在开拓法国乃至欧洲市场的过程中，始终坚持品牌引领，不断提升品牌的知名度和影响力。通过赞助顶级体育赛事的营销策略（包括 2016 年、2020 年及 2024 年的欧洲杯等），拉近了与当地消费者的距离，提升了品牌的认同感。此外，海信坚持本地化的发展战略，注重文化差异，与当地社会共荣共生。2018 年，海信完成对斯洛文尼亚最大的制造企业、享誉欧洲的古洛尼公司的收购后，秉持"尊重当地文化、移植海信管理"的管理理念，对古洛尼进行盘活，通过在当地因地制宜、充分尊重、相互学习、取长补短，赢得了当地员工、消费者的信任。

（四）服装行业

2023 年，中国在法国的服装鞋帽商标注册居第一位，占法国服装鞋帽商标总数的 17%，纺织原料及纺织制品也是中国向法国出口的第二大类商品，2015 年以来的平均占比超过了 15%。中国的服装行业，尤其是快时尚行业在法国发展迅速，以较高的性价比深受法国消费者青睐。调查公司 Sensor

Tower 的数据显示，2024 年 1 月，法国电商 app 的月活用户排名里，拼多多旗下的 Temu 取代亚马逊的地位登顶第一，出海独角兽 Shein 跻身法国第四大电商。但是中国时尚行业在法国的发展面临着一系列的挑战，中国快时尚跨境电商行业的发展在一定程度上挤占了法国本土时尚品牌，为此，法国议会通过了一项旨在打击低成本超快时尚的提案，以降低低成本快时尚对消费者的吸引力。高梵作为中国鹅绒服高端品牌，在全球化的过程中更加注重产品的质量和品牌的影响力。

高梵成立于 2004 年，专注于高端鹅绒服的研发，是一个年轻的中国鹅绒服品牌，经过 20 年的发展，已然成为奢侈品鹅绒服的标杆，更是行业中首项奢品鹅绒服标准制定者。

2022 年，高梵开始进军海外市场。在不断进行产品创新和设计突破的同时，与国际知名设计师合作，通过产品的出海实践，打造出具有独特科技美学的鹅绒服，国际影响力不断增强。2023 年 7 月，由 Bonjour Brand 中法品牌美学中心和澎湃新闻联合主办的第八届中法品牌高峰论坛在埃菲尔铁塔举行，高梵创始人兼董事长吴昆明作为中国高端品牌的代表受邀参加，这是国内首个获邀走进埃菲尔铁塔展览的中国鹅绒服品牌。2023 年 9 月，高梵鹅绒服登陆米兰时装周，发布了以奢侈品标准打造的三大新品，在欧洲时尚圈反响热烈。

2023 年，高梵在巴黎成立了首个鹅绒奢研中心，向全球消费者展现中国产品和中国品牌的魅力，这也是高梵布局全球化、进军海外市场的前哨站。

四、总结与展望

中国品牌在法国的发展是中法两国在"合作与竞争"中寻求互利共赢的经贸关系的映射。虽然两国在文化、消费者偏好、社会习俗、法律法规等方面存在较大差异，尤其是在地缘政治冲突加剧、全球供应链中断风险上升及全球贸易和世界经济增长受到冲击的背景下，中国品牌在法国依然呈现出多元化、深入发展的趋势。中法建交 61 年以来，中国品牌通过产品出口、直接投资等方式，在贸易、投资以及科技等领域不断取得新的进展。从产品出口来看，中国向法国出口的机电产品、化工产品贸易比重不断提高，中国企业在法国的投资项目涉及能源、环保、高科技、汽车、服装等多个领域。中国品牌在法国的发展树立了全球一流品牌、高质量出海的典范，提升了中国品牌在法国、欧洲乃至全球市场的影响力。与此同时，中国品牌在法国的规模和影响力与主要发达国家相比还有一定的差距。从外来投资来看，美国为法国第一大投资来源国，其次为德国、英国、意大利，中国的投资规模尚小。

展望未来，中国品牌需要在了解法国的经贸法律规则的前提下，通过合规经营打造好世界名牌，并积极做好跨文化融合，勇于承担社会责任，为深化两国的经贸合作贡献力量。未来，中国品牌应积极拓展在绿色能源、科技创新、先进制造等关键领域的投资合作。同时，中国品牌在开拓法国乃至欧洲市场的过程中，始终坚持品牌引领，不断提升品牌的知名度和影响力；始终秉持持续的技术创新和产品升级，这既是在全球建立领先地位的基础，也是掌握国际"话语权"的关键。中国品牌还应积极参与法国市场建设，实现与政府、运营商、企业以及消费者等各类客户的紧密合作；深度洞察当地消费者，挑选定制适合当地的产品，满足消费者多样化的需求。

B.8
中国品牌在俄罗斯

何　畅[*]

摘　要： 俄罗斯拥有庞大的消费市场和日益增长的消费需求，是中国品牌出海的主要目的地国家之一。本文首先分析中国品牌出海俄罗斯的总体情况和发展历程；选取汽车、家用电器、电子产品、服装、电子商务五个中国品牌出海俄罗斯主要涉及的行业领域，分析行业内中国品牌的总体发展情况；进一步在各行业内选取奇瑞、美的、华为、李宁、阿里巴巴五个代表性品牌，从发展策略、市场表现、运营模式、营销策略等方面分析品牌案例；最后分析中国品牌未来出海俄罗斯的机遇与挑战。

关键词： 中国品牌　俄罗斯市场　行业品牌　代表性品牌　品牌策略

一、中国品牌在俄罗斯发展的总体情况

俄罗斯拥有庞大的消费市场和日益增长的消费需求，是中国的最大邻国，也是中国品牌"走出去"的重要目的地国家之一。当前，中俄全面战略协作伙伴关系处于历史最好时期，中国品牌正显示出强劲的发展势头与广阔的发展空间。两国地方间合作蓬勃开展，各层级、各行业交往日益频繁，企

---

* 何畅，上海社会科学院经济研究所研究生。

业合作意愿高涨，呈现出"双向奔赴"的积极态势，不断为双边经贸合作注入新动力。中俄经贸往来在民间层面迸发的活力，助力中俄贸易继续走宽、走深，实现高质量增长。

自乌克兰危机爆发以来，俄罗斯面临史上来自欧美的最严厉制裁，西方对俄罗斯已经实施了超过 16500 项制裁，但俄罗斯经济仍保持稳定增长。2023 年，中俄双边贸易额达到 2401 亿美元，增长率高达 26.3%，提前达到 2000 亿美元的贸易目标。同时，贸易结构持续改善，服务贸易、跨境电商等新兴领域合作势头强劲，正在为中俄贸易高质量发展开辟新空间。据俄罗斯目前第一大跨境电商平台 OZON 的数据，包括数码通信产品、小家电、汽车等中国产品在俄罗斯都广受欢迎。手机领域，小米在俄罗斯占有接近 50% 的市场份额，传音控股在俄罗斯的发展也取得了非常大的进步。中国大量的中小微企业构成的跨境电商卖家，也将俄罗斯视为规模达 6000 亿元的蓝海市场，如广东一家专门出口俄罗斯的笔记本电脑品牌麦本本（MaiBenBen），在国内名不见经传，原本只是一个广州电子科技工厂，但通过区域零售和跨境电商渠道进入俄罗斯市场后，在俄罗斯本土市场的销量快速增长。

二、中国品牌在俄罗斯主要涉及的行业领域

（一）汽车行业

2023 年，中国正式取代日本成为全球第一汽车出口大国，汽车的出口总量达到 522.1 万辆，同比增长 57.4%。其中，出口俄罗斯的汽车贡献了 46% 的总增量，远超排名第二的出口墨西哥的汽车增量（8%）。近年来，中国的新能源汽车发展极为迅速，在国内的渗透率持续提升的同时，出口量也得到了迅速攀升，这使得不少观点将中国汽车的出口激增全部归功于新能源汽车的大力发展。但除了新能源汽车，中国对东南亚和欧洲尤其是俄罗斯的燃油

车出口量大幅度提升，也是背后的重要原因。

俄罗斯汽车市场分析机构 Autostat 数据显示，2023 年在俄罗斯汽车（乘用车）市场的销量前十名中，有六个中国汽车品牌。2023 年，俄罗斯汽车市场的销售及生产节奏逐渐恢复，共计销售新车 105.87 万辆，同比 2022 年增长 69%。其中，第一名是俄罗斯品牌拉达（Lada），全年销量为 32.44 万辆；第二名是奇瑞，销量 11.89 万辆，同比增长 2 倍，市场份额 11.2%；第三名是哈弗，销量 11.17 万辆，同比增长 2.3 倍，市场份额 10.6%（表 8-1）。其他品牌有吉利、长安、星途、奇瑞子品牌欧萌达、韩国起亚、现代和日本丰田等。值得一提的是，长安、吉利及奇瑞子品牌欧萌达也出现了超过 2 倍的同比增长。此外，坦克、理想和江淮这三个中国品牌则在 2023 年年末进入过俄罗斯汽车品牌月销前十。

表 8-1 2023 年俄罗斯汽车市场销量前三品牌销售情况

品牌名称	2023 年全年销量（万辆）	市场份额
拉达（Lada）	32.44	30.6%
奇瑞	11.89	11.2%
哈弗	11.17	10.6%

图表来源：作者绘制。

过去，西方国家尤其是日本，长期占据俄罗斯汽车进口市场的主要份额。然而，由于地缘政治的变化和制裁的实施，这一格局发生了根本变动。2023 年 8 月，日本政府决定禁止向俄罗斯出口发动机排量超过 1.9 升的汽车及所有混合动力和纯电汽车，这一决策显著削减了俄罗斯市场上的日本车供应。与此同时，中国汽车品牌抓住机遇，迅速填补了由西方品牌留下的空缺。Autostat 的数据显示，2024 年 4 月，俄罗斯二手车市场中，中国汽车的占比虽然仅为 3.3%，但较 1 月的不足 1% 有显著增长。相比之下，日本和韩国汽车仍然在二手车市场上占据较大份额，分别为 66% 和 13.4%。更为显著的是，中国汽车品牌不仅在俄罗斯新车市场上实现了巨大突破，而且在销售增长也非常迅猛。据报告，2024 年 4 月份俄罗斯大众细分市场销量中，中国汽车的占比高达 53%，销量达 121459 辆，同比增长 76.8%。在这一市场段中，有 9 个中国品牌车型进入销量前 15 名，其中哈弗、奇瑞和吉利表现尤为出色，分别实现了 1.1 倍、38.9% 和 61.5% 的销量增长。这种销量的大幅增长不仅展示了中国汽车品牌的竞争力，也反映出俄罗斯消费者对中国汽车的接受度正在迅速提升。

（二）家用电器行业

近年来，随着俄罗斯经济的稳步增长和人民生活水平的提高，家用电器市场呈现出旺盛的需求态势。2023 年 1 月至 8 月，中俄进出口总额同比增长 32%；中国家电和电气设备对俄罗斯出口额同比增长约 37%。从需求结构来看，俄罗斯消费者对电视、冰箱、洗衣机、空调等传统家电的需求依然旺盛，同时，随着智能家居技术的不断发展和普及，俄罗斯消费者对智能家居产品的需求也在逐步提升（图 8-1）。俄罗斯 F+ 信息技术控股公司的统计数据显示，中国电视机品牌在俄罗斯成为销量冠军。2023 年，在俄罗斯销量最大的电视机品牌为中国的海尔，占俄罗斯全国总销量的 11.5%。销量紧随其后的小米和海信两个品牌也来自中国，市场份额分别为 8.3% 和 6.6%。

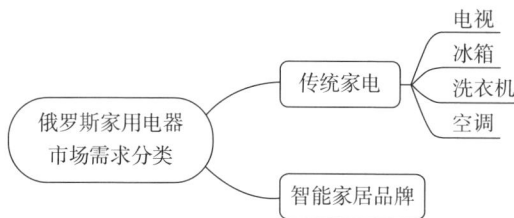

图 8-1　俄罗斯家用电器行业市场需求分类

图表来源：作者绘制。

面对俄罗斯庞大的消费电子和家用电器市场，中国企业具有得天独厚的优势。中国作为全球最大的家电生产国之一，拥有成熟的产业链和丰富的生产经验，可以为俄罗斯市场提供高品质、高性价比的产品。俄罗斯家电消费者正在转向中国品牌，这种市场新动向不仅出现在电视机领域，还出现在其他大小家电产品领域。中国厂商推出的家电产品种类多、科技含量高，价格也很有吸引力，吸引了俄罗斯消费者选购。俄罗斯消费者对智能家居产品的兴趣日益增长，对于具备远程控制、语音控制、自动化操作等功能的家电产品更加青睐。俄罗斯政府注重环保和可持续发展，鼓励消费者购买节能环保的家电产品。因此，节能、环保、低碳的家电产品在俄罗斯市场上具有较大的竞争优势。

（三）电子产品行业

近年来，中国电子产品品牌在俄罗斯市场的表现显著提升，展现出强劲的竞争力和快速的市场扩展。随着中俄两国经济和贸易关系的不断深化，中国品牌逐渐在俄罗斯市场站稳脚跟。越来越多的中国电子产品品牌进入俄罗斯市场，其市场占有率显著提升。中国品牌凭借性价比高、技术先进和产品种类丰富等优势，在短时间内获得了大量的俄罗斯消费者。随着俄罗斯消费者对中国品牌认可度的提高，中国电子产品的销售额呈现出快速增长的态势，尤其是在智能手机、家用电器、计算机及周边设备等领域，销售表现尤为突出。中国品牌通过线上线下多渠道销售，进一步提升了市场覆盖率和销售业绩。

中国电子产品品牌在价格上具有明显的竞争优势，得益于中国强大的制造能力和规模经济，中国品牌能够以较低的成本生产高质量的电子产品，从而在价格上更具竞争力。价格优势使中国品牌能够在俄罗斯市场上吸引大量的中低端产品消费者，提升市场份额。通过持续的研发投入和技术积累，中国品牌在智能手机、家用电器、计算机及周边设备等领域不断推出具有竞争力的新产品。先进的技术和创新的功能使中国品牌的电子产品在俄罗斯市场上备受欢迎，赢得了广大消费者的青睐。中国电子产品品牌依托完善的供应链体系和高效的生产效率，能够快速响应市场需求，进行大规模生产并及时供货。强大的供应链和生产能力不仅降低了生产成本，还提高了产品的市场反应速度，使中国品牌能够在激烈的市场竞争中占据优势。

（四）服装行业

近年来，中国服装品牌在俄罗斯市场的表现稳步上升，逐渐深入。随着中国经济的持续发展和制造业水平的提升，中国服装品牌在国际市场上的竞争力不断增强，俄罗斯市场作为一个具有巨大潜力的新兴市场，自然成为中国品牌重点开拓的目标之一。中国服装品牌在俄罗斯市场的表现总体上稳中有升，市场份额逐步扩大。随着经济全球化的深入和中俄经贸关系的不断加强，中国服装品牌逐渐在俄罗斯市场站稳脚跟，尤其是在中低端市场表现尤为突出。中国品牌的服装以性价比高、款式多样、适应性强等特点赢得了大量俄罗斯消费者的青睐。在市场占有率方面，中国服装品牌在俄罗斯的影响力逐年增强。尽管起步较晚，但通过积极的市场开拓和品牌推广，中国服装品牌在短时间内迅速崛起，市场份额不断增加。近年来，中国品牌的服装销量呈现出稳定增长的态势，在电商平台上表现尤为显著。

中国服装品牌在价格上具有明显优势。由于中国具有完整且高效的纺织服装生产供应链，生产成本相对较低。与欧美和日韩品牌相比，中国品牌的服装在价格上更具竞争力，能够吸引更多追求性价比的俄罗斯消费者。中国服装品牌提供种类繁多的产品线，涵盖男装、女装、童装、运动服装等多个类别，能够满足不同年龄段和消费群体的需求。产品款式多样，设计时尚，能够迅速响应市场潮流和消费者偏好。中国是全球最大的纺织服装生产国，拥有完善的生产和供应链体系。中国服装品牌能够依托这一优势，快速进行大规模生产并及时响应市场需求。此外，中国品牌在供应链管理和生产效率方面也有很大的优势，能够迅速应对市场变化。中国服装品牌在俄罗斯市场采用多渠道销售策略，包括实体店铺和电商平台。实体店铺主要分布在俄罗斯的主要城市，通过店面展示和促销活动，直接接触消费者，提升品牌知名度。与此同时，电商平台的兴起也为中国品牌提供了广阔的发展空间。通过在俄罗斯主要电商平台上开设旗舰店，中国服装品牌能够覆盖更多的消费者群体，提升市场渗透率。为了更好地适应俄罗斯市场，中国服装品牌积极实施本地化营销策略，包括根据当地气候、文化和消费习惯调整产品设计，推出符合俄罗斯消费者需求的服装。此外，中国品牌还通过与本地企业合作、聘用本地员工等方式，增强品牌的本地化程度，提升市场认同度。

（五）电子商务行业

俄罗斯电商发展还处在初期阶段，2022 年，电商规模达到 840 亿美元的规模，线上零售增长了 38%。从渗透率看，2022 年俄罗斯线上零售渗透率仅为 10.4%，到 2023 年三季度已经到 17.2%，2027 年预估将达到 32%，俄罗斯线上市场规模至少翻一倍。中国电商品牌在俄罗斯的市场扩展速度惊人。随着俄罗斯消费者对在线购物的接受度不断提高，电商市场迅速发展。中国电商品牌通过跨境电商平台和本地化运营，在俄罗斯市场获得了广泛的用户基础。近年来，中国电商品牌的市场份额显著提升，成为俄罗斯电商市场的重要组成部分。在中国电商品牌的推动下，俄罗斯的在线购物消费持续增长。随着越来越多的俄罗斯消费者选择通过电商平台购买商品，中国电商品牌的销售额不断攀升，特别是在大促销活动期间，销售额更是呈现爆发式增长。这一趋势表明中国电商品牌在俄罗斯市场的吸引力和影响力日益增强。

中国电商品牌在俄罗斯市场提供了种类繁多的产品，从电子产品、家居用品到服装和美容产品，几乎涵盖了所有消费品类。丰富的产品线满足了不同消费者的需求，增强了品牌在市场上的竞争力。多样化的产品选择是中国电商品牌吸引俄罗斯消费者的重要因素之一。中国电商品牌在价格方面具有明显优势。由于中国制造业成本相对较低，加之高效的供应链管理，中国电商品牌能够以较低的价格提供高质量的产品。这一优势使得中国电商品牌在价格敏感的俄罗斯市场上更具竞争力，吸引了大量追求性价比的消费者。中国电商品牌在技术创新方面也表现出色。通过先进的电子商务技术和智能推荐系统，这些品牌能够为消费者提供个性化的购物体验。此外，便捷的支付系统和安全的交易环境也增强了消费者的信任度。这些技术优势使中国电商品牌在俄罗斯市场上更具吸引力。

三、中国品牌在俄罗斯具有代表性的案例分析

（一）奇瑞（Chery）：俄罗斯汽车市场的重要组成

1. 奇瑞汽车在俄罗斯的发展策略和市场表现

奇瑞是一家总部位于中国安徽芜湖的汽车制造企业，成立于1997年，作为中国自主品牌汽车的代表，在国内外市场取得了显著成绩。奇瑞在俄罗斯市场的发展历程显示了中国汽车自主品牌在国际化道路上的积极探索和不懈努力。奇瑞早在2005年就开始向俄罗斯市场出口汽车，成为最早进入俄罗斯市场的中国汽车品牌之一。近年来，奇瑞积极开拓国际市场，其中俄罗斯是其重要的出口目的地之一。随着经济的复苏和居民收入的增长，俄罗斯汽车市场需求逐渐上升。奇瑞看中了这一市场机遇，积极推进其在俄罗斯的市场布局。随着业务的拓展和市场的逐步熟悉，奇瑞逐渐加大在俄罗斯的投入，不断完善汽车销售网络和售后服务体系。

2. 奇瑞汽车在俄罗斯的多样化生产运营模式

奇瑞通过传统的出口方式进入俄罗斯市场后，为进一步提升市场竞争力，采取了多种合作与投资策略。例如，奇瑞与俄罗斯当地企业进行合作生产，增强本地化生产能力，降低生产成本，提高市场响应速度。此外，奇瑞还积极参与俄罗斯本地的汽车展览会和推广活动，提升品牌知名度和影响力。奇瑞在俄罗斯市场的主打车型包括瑞虎（Tiggo）系列、艾瑞泽（Arrizo）系列等。瑞虎系列SUV凭借其良好的性价比、丰富的配置和可靠的性能，在俄罗斯市场受到广泛欢迎。特别是瑞虎7和瑞虎8，这两款车型在俄罗斯市场上取得了不错的销量，成为奇瑞的明星产品。艾瑞泽系列轿车则以其时

尚的设计和出色的燃油经济性，赢得了消费者的青睐。

3.奇瑞汽车在俄罗斯发展的现实挑战和未来展望

奇瑞在俄罗斯汽车市场的表现可以用"稳步增长"来概括。根据俄罗斯汽车市场统计数据，奇瑞在俄销量逐年上升，市场占有率稳步提升。奇瑞的成功主要归因于以下几个方面：一是价格相对于同级别的欧美和日韩品牌具有明显优势，同时在配置和质量上并不逊色；二是根据俄罗斯汽车市场的需求，进行了适应性的改进，包括适应寒冷气候的技术调整和符合当地消费者喜好的设计风格；三是在俄罗斯建立了完善的售后服务网络，确保消费者在购买和使用过程中能够得到及时的支持和维护。尽管奇瑞在俄罗斯汽车市场取得了一定的成绩，但也面临着诸多挑战。例如，俄罗斯汽车市场竞争激烈，欧美和日韩品牌在消费者中具有较高的认知度和忠诚度。同时，俄罗斯的政策环境和经济形势变化也对奇瑞的市场策略提出了挑战。随着中俄两国在经济和贸易领域合作的不断加强，奇瑞有望进一步扩大在俄罗斯的市场份额。

（二）美的（Midea）：深受俄罗斯消费者欢迎的家电品牌

1.美的家电在俄罗斯的发展策略和市场表现

美的集团作为中国领先的家电制造企业，在全球化战略中取得了显著的成就。俄罗斯市场是美的全球扩展的重要目标之一，近年来美的在俄罗斯市场的表现备受关注。进入俄罗斯市场后，美的逐步建立了品牌知名度和市场份额。美的产品线广泛，覆盖了空调、洗衣机、冰箱、微波炉、电饭煲等多个家电类别，满足了俄罗斯消费者的多样化需求。美的在俄罗斯的销售额稳步增长，得益于其高性价比的产品和多样化的产品线吸引了大量俄罗斯消费者。随着美的品牌知名度的提升和市场覆盖面的扩大，销售额呈现出稳定上升的态势。通过线上线下多渠道的销售策略，美的在俄罗斯主要城市和地区建立了广泛的销售网络，提高了品牌的市场渗透率。线上销售特别是在俄罗斯主要电商平台上的表现尤为突出。

2. 美的家电在俄罗斯的竞争优势和营销策略

凭借中国制造业的成本优势和高效的生产供应链，美的能够以较低的价格提供高质量的产品。性价比高的产品吸引了大量追求实惠的俄罗斯消费者。通过持续的研发投入和技术创新，美的推出了一系列具有竞争力的家电产品。此外，美的在智能家电领域的发展尤为显著，智能空调、智能洗衣机等产品在俄罗斯市场上赢得了良好的口碑。美的产品的质量得到了广泛认可。严格的质量控制体系和完善的售后服务，使美的产品在俄罗斯消费者中建立了良好的信誉。高质量的产品和可靠的售后服务增强了消费者对美的品牌的信任。

美的采用了多渠道销售策略，覆盖线上和线下市场。线下方面，美的通过与当地大型零售商合作，设立品牌专卖店和体验店，增加品牌曝光度。线上方面，美的在俄罗斯主要电商平台上开设旗舰店，通过网络销售扩大市场覆盖范围。美的通过深入了解俄罗斯市场的消费习惯和需求，在产品设计和营销推广上进行了本地化调整。例如，在产品功能和设计上，考虑到俄罗斯消费者的偏好和使用习惯，推出符合本地需求的产品。

3. 美的家电在俄罗斯发展的现实挑战和未来展望

俄罗斯家电市场竞争激烈，不仅有本地品牌，还有来自欧美和日韩的知名品牌。美的需要在产品质量、技术创新、品牌推广等方面持续努力，以应对激烈的市场竞争。尽管美的在物流和供应链管理方面有优势，但俄罗斯广阔的国土面积、复杂的地理环境和基础设施限制仍然带来挑战。特别是在偏远地区，物流成本和配送时间较高，影响了产品的及时交付和消费者体验。俄罗斯的市场准入政策和贸易法规对外资企业有一定的限制和要求。美的需要充分了解并遵守当地的法律法规，避免潜在的法律和政策风险。例如，关于产品认证、进口关税和市场准入等方面的规定，需要严格遵守。此外，中俄两国在文化和消费习惯上存在较大差异。俄罗斯消费者在产品功能、外观设计等方面有不同的偏好。美的需要深入了解这些差异，并在产品设计和营销策略上进行调整，以便更好地满足当地消费者的需求。

（三）华为（Huawei）：俄罗斯电子产品市场的重要竞争者

1. 华为在俄罗斯的发展策略和市场表现

华为作为全球领先的信息与通信技术（ICT）解决方案供应商，在全球化进程中取得了显著成就，俄罗斯市场是其重要的海外目标之一。华为自进入俄罗斯市场以来扩展迅速，凭借其先进的技术和优质的产品迅速建立了市场基础。华为不仅在智能手机市场表现强劲，还在网络设备和ICT解决方案领域取得了显著进展，业务涵盖消费者业务、企业业务和运营商业务等多个领域，销售额持续增长。尤其是在智能手机领域，华为凭借其高性价比的产品和强大的品牌影响力，在俄罗斯市场取得了显著的销售成绩。随着华为品牌知名度的提升和市场渗透率的增加，其在俄罗斯的销售额呈现稳步上升的趋势。华为在俄罗斯市场提供了种类繁多的产品，包括智能手机、平板电脑、笔记本电脑、可穿戴设备、网络设备和智能家居产品等。丰富的产品线满足了俄罗斯消费者和企业用户的多样化需求，进一步增强了华为在市场上的竞争力。

2. 华为在俄罗斯的竞争优势和营销策略

通过持续的研发投入，华为在5G技术、人工智能、云计算、大数据等领域处于全球领先地位。先进的技术使华为的产品在市场上具有强大的竞争力，特别是在5G网络建设和智能设备方面，华为赢得了大量客户的信赖。严格的质量控制和创新的技术应用使华为的产品在性能和耐用性上得到了广泛认可。此外，华为通过优化生产和供应链管理，能够以较低的成本提供高质量的产品，这一性价比优势使其在俄罗斯市场上更具吸引力。华为凭借其全球影响力和在技术领域的领先地位，在俄罗斯市场树立了强大的品牌形象。华为在全球范围内的成功经验和品牌认知度，为其在俄罗斯市场的拓展提供了有力支持。

华为采用了多渠道销售策略，覆盖线上和线下市场。在线下，华为通过与当地大型零售商合作，设立品牌专卖店和体验店，增强品牌的市场存在感。在线上，华为在俄罗斯主要电商平台上开设旗舰店，通过网络销售扩大市场覆盖范围。华为为了更好地适应俄罗斯市场，注重本地化运营，在俄罗斯设立了本地研发中心、客服中心和维修网点，提供本地化服务，提升用户体验。此外，华为还通过与当地企业和高校的合作，推动技术交流和人才培养，增强在本地市场的竞争力。

3. 华为在俄罗斯发展的现实挑战和未来展望

俄罗斯市场竞争激烈，尤其是在智能手机和网络设备领域，不仅有本地品牌，还有来自欧美和日韩的知名品牌。华为需要在产品质量、技术创新、售后服务等方面不断提升自身竞争力，以应对激烈的市场竞争。中俄两国的政治和经济环境复杂，华为在俄罗斯市场面临一定的政治和法规风险。特别是在全球政治局势不稳定的背景下，华为需要应对来自不同国家的政策压力和贸易限制。总体来看，华为在俄罗斯市场表现优异，通过技术创新、高品质产品和多渠道营销策略，成功吸引了大量俄罗斯消费者和企业用户。本地化运营和品牌推广策略进一步增强了华为在俄罗斯市场的竞争力。然而，市场竞争、政治和法规风险、品牌信任和文化差异等问题，依然是华为在俄罗斯市场需要面对和解决的。

（四）李宁（LI-NING）：俄罗斯知名的运动服装品牌

1. 李宁服装在俄罗斯的发展策略和市场表现

李宁作为中国著名的运动服装品牌，在全球化进程中积极开拓海外市场，俄罗斯是其重要的目标之一。自进入俄罗斯市场以来，李宁凭借其高质量的运动服装和专业的体育用品，逐渐在市场上站稳了脚跟。李宁的产品线涵盖了运动鞋、运动服、运动配件等多个类别，满足了俄罗斯消费者的多样化需求。随着品牌知名度的提升和市场推广力度的加大，李宁的产品在俄罗斯市场上的销量稳步上升。特别是在运动鞋和运动服领域，李宁凭借其独特的设计和优良的品质，赢得了越来越多俄罗斯消费者的青睐。通过与当地经销商合作，李宁在俄罗斯建立了广泛的销售网络。

2.李宁服装在俄罗斯的竞争优势和营销策略

李宁的运动服装和鞋类产品采用先进的技术及高品质的材料，确保了产品的耐用性和舒适性。优良的产品质量使得李宁在竞争激烈的市场中脱颖而出，赢得了消费者的信赖。通过结合中国传统文化元素和现代时尚潮流，李宁的产品在设计上具有独特的吸引力。创新的设计不仅增强了产品的美观性，也提升了品牌的市场竞争力。李宁作为中国领先的运动品牌，在全球范围内具有较高的知名度和影响力。李宁在国际体育赛事中的表现和与知名运动员的合作，进一步提升了品牌的全球影响力。这种强大的品牌影响力为李宁在俄罗斯市场的扩展提供了有力支持。李宁采用了多渠道销售策略，覆盖线上和线下市场。在线下，李宁通过与当地大型零售商合作，设立品牌专卖店和体验店，增强品牌的市场存在感。在线上，李宁通过俄罗斯主要电商平台销售产品，扩大了市场覆盖范围。

3.李宁服装在俄罗斯发展的现实挑战和未来展望

俄罗斯市场竞争激烈，尤其是在运动服装和体育用品领域，不仅有本地品牌，还有来自欧美的知名品牌。中俄两国在文化和消费习惯上存在差异。俄罗斯消费者在服装产品功能、外观设计等方面有不同的偏好。李宁需要深入了解这些差异，并在产品设计和营销策略上进行调整，以更好地满足当地消费者的需求。尽管李宁在俄罗斯市场取得了一定成绩，但与一些国际知名品牌相比，品牌认知度和信任度仍有待提升。李宁需要通过持续的品牌建设和优质的产品服务，进一步提升品牌的美誉度和增强消费者的信任感。总体来看，李宁品牌在俄罗斯市场的发展情况显著，其不断扩大的市场份额和持续增长的销售额显示了其强大的市场拓展能力和深厚的竞争实力。李宁通过持续创新和优化，为俄罗斯消费者提供了丰富多样的运动服装和体育用品，提升了市场影响力和消费者满意度。

（五）阿里巴巴（Alibaba）：俄罗斯消费者喜爱的网购平台

1.阿里巴巴在俄罗斯的发展策略和市场表现

阿里巴巴集团是全球领先的电子商务公司之一，在全球范围内积极扩展业务，俄罗斯市场是其重要的战略目标之一。阿里巴巴通过其电商平台AliExpress 成功进入俄罗斯市场。AliExpress 在俄罗斯迅速扩展，成为当地消费者网购的重要平台之一。阿里巴巴在俄罗斯市场不仅仅是提供电商平台，还涉及物流、支付、云计算等多个领域，为消费者和企业提供全面的服务。俄罗斯消费者对价格实惠、种类丰富的中国产品表现出浓厚的兴趣。特别是在"双十一"等购物节期间，AliExpress 的销售额创下新高。随着品牌知名度的提升和用户数量的增加，AliExpress 在俄罗斯市场的销售额持续增长，成为俄罗斯最受欢迎的跨境电商平台之一，每天有大量用户访问和购物；同时，通过持续优化用户体验，增加了用户黏性和忠诚度。

2. 阿里巴巴在俄罗斯的竞争优势和营销策略

AliExpress 提供种类繁多的商品，从电子产品、服装、家居用品到美容产品，几乎涵盖了所有消费者需求。丰富的产品种类使得消费者可以在一个平台上购买到所需的各种商品，提高了购物的便利性。阿里巴巴凭借中国制造的成本优势，能够在 AliExpress 上提供价格具有竞争力的商品。低廉的价格吸引了大量追求实惠的俄罗斯消费者，使阿里巴巴在市场竞争中具有明显的优势。阿里巴巴通过菜鸟网络在全球建立了强大的物流网络。菜鸟网络在俄罗斯与本地物流公司合作，优化物流配送流程，确保商品能够快速、安全地送达消费者手中。高效的物流服务提升了消费者的购物体验。阿里巴巴注重本地化运营，深入了解俄罗斯市场的特点和消费者需求，通过本地化的网站设计、语言支持和客户服务，提升了用户体验。此外，阿里巴巴还与本地企业合作，推动本地卖家在平台上销售商品，增加了本地化商品的供应。利用大数据分析和人工智能技术，深入了解消费者行为和需求，优化产品推荐和营销策略，通过数据驱动的决策，能够更精准地满足消费者需求，提高销售转化率。

3. 阿里巴巴在俄罗斯发展的现实挑战和未来展望

俄罗斯电商市场竞争激烈，除了本地电商平台外，阿里巴巴还面临其他国际电商平台的竞争。尽管阿里巴巴在物流和配送方面有较强的能力，但俄罗斯广阔的国土面积和基础设施限制仍然带来挑战。特别是在偏远地区，物流成本高和配送时间较长，可能影响消费者的购物体验。俄罗斯的市场准入政策和贸易法规对跨境电商平台有一定的限制及要求。阿里巴巴需要了解并遵守当地的法律法规，避免潜在的法律和政策风险，特别是在数据保护和消费者权益方面。俄罗斯消费者在产品功能、外观设计等方面有不同的偏好。阿里巴巴需要深入了解这些差异，并在产品选择和营销策略上进行调整，以更好地满足当地消费者的需求。

四、中国品牌在俄罗斯发展的未来展望

中俄两国在经济领域的合作不断加深，双方在贸易、投资、能源等方面的合作广泛。中俄经贸关系的稳固为中国品牌进入俄罗斯市场提供了良好的政策和经济环境。俄罗斯消费者对高品质产品的需求不断增加，消费结构逐步升级。这为中国品牌提供了机会，特别是在消费电子、家电、汽车和快消品等领域。俄罗斯的互联网普及率和智能手机渗透率不断提高，数字经济快速发展，为中国的互联网服务和软件应用品牌提供了进入俄罗斯市场的契机。

中国的消费电子和家电品牌在全球市场上具有竞争力。凭借先进的技术和高性价比，这些品牌在俄罗斯市场前景广阔。特别是在智能家居和高端电子产品领域，中国品牌可以满足俄罗斯消费者对创新和品质的追求。随着全球对环保和节能的重视，新能源汽车在俄罗斯市场具有巨大潜力。中国的新能源汽车品牌，如比亚迪、蔚来等，凭借技术优势和政策支持，有望在俄罗斯市场取得突破。中国的快消品和食品饮料品牌通过本地化产品及营销策略，可以满足俄罗斯消费者多样化的需求。特别是在健康食品和功能性饮料领域，中国品牌可以通过创新和品质赢得市场份额。中国的互联网服务和软件品牌，如阿里巴巴、腾讯等，在电子商务、金融科技和社交媒体领域具有

优势。随着俄罗斯数字经济的快速发展，这些品牌在俄罗斯市场有望获得更多用户。

中国品牌在俄罗斯市场的未来发展充满希望。随着中俄经济合作的深化和两国关系的稳固发展，中国品牌在俄罗斯市场具有广阔的发展前景。中国品牌通过本地化运营、加强合作伙伴关系、利用数字化技术和创新商业模式，可以更好地适应俄罗斯市场，抓住发展机遇；面对政策和法规、市场竞争、文化差异及物流和供应链等挑战，需要不断提升自身竞争力和品牌影响力；通过持续创新和优质服务，将在俄罗斯市场迎来更为广阔的发展空间，实现长期可持续发展。

参考文献

［1］新浪财经.乘用车：2023 年中国品牌乘用车在俄罗斯市场的份额超过 50% 预计 2024 年市场份额提升至 60% 以上 [EB/OL].（2024−06−03）[2024−06−06].https://finance.sina.com.cn/stock/2024−06−03/doc-inaxmhaf7790712.shtml.

［2］观察者网.奇瑞长城领衔，中国车企在俄罗斯市占率超 50%[EB/OL].（2023−08−15）[2024−06−06].https://baijiahao.baidu.com/s?id=1774287505007497463&wfr=spider&for=pc.77.

［3］海外网.美媒：中国品牌走俏俄罗斯市场 [EB/OL].（2023−03−08）[2024−06−06].https://baijiahao.baidu.com/s?id=1759801457825798568&wfr=spider&for=pc.

［4］环球时报.中国手机在俄罗斯等市场表现出色 [EB/OL].（2022−07−06）[2024−06−06].https://finance.huanqiu.com/article/48i841wLlCT.

［5］金融界.中国汽车"霸榜"俄罗斯车市 [EB/OL].（2024−04−02）[2024−06−06].https://baijiahao.baidu.com/s?id=1795200296991587702&wfr=spider&for=pc.

［6］参考消息.中国运动品牌进军俄罗斯市场 [EB/OL].（2022−11−16）[2024−06−06].https://baijiahao.baidu.com/s?id=1749620874852906142&wfr=spider&for=pc.

［7］中国日报网.中国家电电子品牌企业在俄罗斯亮相 [EB/OL].（2022−10−26）[2024−06−06].https://baijiahao.baidu.com/s?id=1747764551088225438&wfr=spider&for=pc.

［8］中国一带一路网.俄罗斯汽车市场对中国品牌需求明显增加 [EB/OL].（2022−06−21）[2024−06−06].https://www.yidaiyilu.gov.cn/p/254867.html.

［9］俄罗斯卫星通信社.中国家电和电子企业在俄罗斯进行推广 [EB/OL].（2022−10−27）[2024−06−06].https://baijiahao.baidu.com/s?id=1747811464063570497&wfr=spider&for=pc.

［10］文森观察.中国运动品牌进军俄罗斯市场，取代耐克阿迪达斯[EB/OL].（2022–11–19）
[2024–06–06].https://baijiahao.baidu.com/s?id=1749876148067045258&wfr=spider&for=pc.

［11］第一金融网.俄罗斯人心目中最受欢迎的中国品牌 [EB/OL].（2019–10–15）[2024–
06–06].https://baijiahao.baidu.com/s?id=1647421859236516253&wfr=spider&for=pc.

B.9
中国品牌在意大利

谢 超[*]

摘　要： 意大利在中国品牌的海外发展过程中居于重要地位。近年来，在意大利，中国品牌不仅在数量上一路走高，并触及了越来越多的行业范围。更重要的是，在意大利的高技术、高端行业领域，也日益频繁地出现中国品牌的身影。华为、潍柴法拉帝、正泰等中国品牌是其中的领军者。同时，中国品牌既要密切关注意大利的贸易保护主义政策，也要注重并购意大利本土企业后的品牌建设问题，以促进中国品牌在意大利的长期发展。

关键词： 中国品牌　意大利市场　品牌案例　行业品牌

　　随着经济全球化进程的不断深入，以及中国对外开放的不断深化，中国各类品牌在全球范围内的影响力也与日俱增。意大利作为南欧地区的重要国家、欧盟的重要成员国，以及 G7 和 G20 成员国，其市场对于中国品牌的海外发展而言意义重大。那么，意大利市场中的中国品牌在整体上经历了怎样的发展历程？其发展现状又是怎样的？意大利有哪些代表性的中国品牌，这些品牌在影响力上都取得了怎样的成就？中国品牌在意大利的进一步发展主要面临着哪些挑战？接下来，本文通过梳理相关资料，以及分析若干代表性的案例，来简要回答上述问题。

---

* 谢超，经济学博士，上海社会科学院经济研究所助理研究员，主要研究方向为马克思主义政治经济学。

一、中国品牌在意大利的发展历程与发展现状

（一）中国品牌出海意大利的重要意义

意大利位于欧洲南部，人口 5800 多万，是欧盟的第三大经济体。2022年，意大利的人均 GDP 已经达到了 3.4 万美元，是典型的资本主义高收入国家。在收入分配方面，2021 年，意大利的基尼系数为 0.33，总体贫困率为 0.128。在这两项指标上，意大利在欧盟成员国中均位居中上等水平。[①] 在产业发展方面，意大利的工业较为发达，并以中小企业众多为典型特征。然而，意大利也存在较为明显的南北发展差距的问题。[②] 意大利的航空航天、半导体、信息通信、汽车制造、生物医药等产业均处于欧洲或世界领先地位。总体来看，意大利经济社会发展的整体表现虽然稍逊于最发达的、处于"第一梯队"的西欧国家（包括德国、法国、英国等），但却明显好于相对落后的大部分东欧和东南欧国家。在对外贸易方面，2022 年，意大利的进出口商品和服务总量分别占当年 GDP 的 30.1% 和 27.7%。[③]

从中国品牌在意大利发展的角度看，意大利经济社会发展的基本情况反映出两点重要信息。第一，意大利经济发展的表现很大程度上决定了其国内的消费层级特征，即高端消费品和中低端消费品均有较为庞大的市场需求。前者注重消费品的品质、性能、消费体验等方面，后者则侧重于消费品的价格、性价比、实用性等方面。相比之下，在最发达的西欧国家的消费者群体

---

① OECD 数 据 库：https://data-explorer.oecd.org/vis?tm=DF_IDD&pg=0&snb=1&vw=tb&df[ds]=dsDisseminate FinalDMZ&df[id]=DSD_WISE_IDD%40DF_IDD&df[ag]=OECD.WISE.INE&df[vs]=&pd=2010%2C&dq=ITA. A.PR_INC_DISP%2BINC_DISP_GINI..._T.METH2012.D_CUR.&ly[rw]=UNIT_MEASURE&ly[cl]=TIME_ PERIOD&to[TIME_PERIOD]=false.

② 《意大利国家概况（2024 年 4 月更新）》，中华人民共和国驻意大利共和国大使馆商务处网站，2023 年 6 月 9 日，http://it.mofcom.gov.cn/ydlgk/art/2023/art_45a94583997849cea139c2b4c90560e1.html.

③ OECD 数 据 库：https://data-explorer.oecd.org/vis?tm=DF_EO&pg=0&snb=1&vw=tb&df[ds]=dsDiss eminateFinalDMZ&df[id]=DSD_EO%40DF_EO&df[ag]=OECD.ECO.MAD&df[vs]=&lb=bt&dq=ITA. GDP%2BXGSV%2BMGSV%2BMSHA.A&pd=%2C&ly[cl]=TIME_PERIOD&ly[rs]=MEASURE&to[TIME_ PERIOD]=false.

中，高端消费品的消费比例更高，而在相对落后的东欧和东南欧国家，中低端消费品的消费比例更高。

第二，意大利的进出口贸易额在 GDP 中的占比不高，反映了意大利的经济发展对于国际市场的依赖程度不太高，即在欧盟国家中属于偏内向型的经济。但同时，意大利位居欧盟第四位的人口总量也决定了意大利的对外贸易仍然有相当大的发展空间，中国品牌在意大利的发展仍存在着广阔的机遇。其实，中意双边贸易和投资近几十年来发展迅猛。2019 年，意大利已经成为中国在欧盟的第四大贸易伙伴。当年 3 月，意大利以首个 G7 成员国的身份正式加入中国发起的"一带一路"倡议。同时，中国也是意大利在亚洲的第一大贸易伙伴。[①]2020 年，中国对意大利的直接投资正式突破百亿美元大关。[②]2024 年 4 月，在中国商务部部长访问意大利期间，意大利副总理塔亚尼公开表示，欢迎包括新能源汽车在内的中国企业来意大利进行投资，还希望两国之间能够开通直航航班。[③]

总的来看，中国品牌，尤其是其中的中高端品牌，在意大利仍有广阔的发展前景。此外，中国品牌在意大利的发展还有更深远的意义。由于意大利市场对其周边小国的市场，乃至对整个欧盟的市场均有较大的影响力，提升中国品牌在意大利的影响力，也有助于提升中国品牌在意大利周边国家及欧盟市场的影响力。

（二）中国品牌在意大利的发展历程

中国品牌在意大利的发展可以追溯至改革开放之初。但在 20 世纪 90 年代以前，意大利市场上的中国品牌几乎没有形成足够的影响力。到了 20 世纪 90 年代，尤其是 21 世纪之后，随着中国国内经济发展的不断提速，以及

---

① 孙彦红：《维护中意务实合作大局意义深远》，《世界知识》2023 年第 18 期。

② 《王毅：中国对意大利直接投资已超过百亿美元》，海外网 2020 年 8 月 26 日，https://baijiahao.baidu.com/s?id=1676042402921118241&wfr=spider&for=pc，访问日期：2025 年 3 月 31 日。

③ 《宣布退出一带一路 4 个月后，意大利邀请中国投资，并开通中意直航》，烽火观兵 2024 年 4 月 16 日，https://www.sohu.com/a/772185249_121500923，访问日期：2025 年 3 月 31 日。

中国品牌建设的不断成熟，加上中国对外开放和世界经济全球化进程的不断加速，意大利市场上的中国品牌在数量和地位上不断提升，并涵盖了越来越多的行业领域。在意大利，中国品牌在服装箱包、玩具、家电、灯具照明等行业领域长期占有较大的优势和市场份额。近年来，在移动通信、新能源、电力技术、数据处理技术等行业领域，中国品牌也逐渐开始崭露头角。

世界品牌数据库（Global Brand Database）的数据显示，截至 2023 年，处于已注册状态的中国品牌（商标）共计 9934 个。改革开放以来，尤其是进入 21 世纪后，中国品牌在意大利的申请注册数量在整体上呈现高速增长的态势，2016—2018 年更是出现了"井喷"的情形。但由于新冠疫情、逆全球化主义抬头等多重因素的影响，中国品牌注册数量在近几年有所回落。图 9-1 直观地显示了 2000 年以来意大利的中国品牌（商标）注册数量的变化趋势。

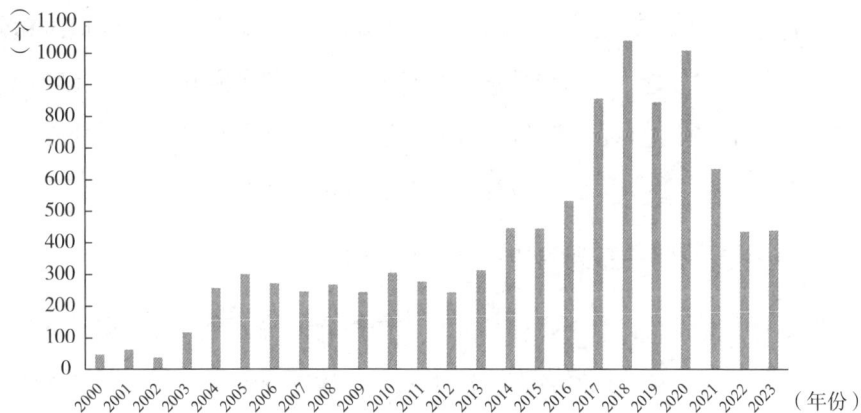

图 9-1　2000—2023 年中国品牌（商标）在意大利的申请注册数量

资料来源：WIPO Global Brand Database。

（三）中国品牌在意大利的市场地位

20 世纪 90 年代以来，中国品牌在意大利的市场份额普遍呈现出了稳步上升的态势。在最近十几年中，这一上升的态势有加快的迹象。在 2010 年之前，尽管"中国制造"在意大利已经较为普遍，但意大利市场中妇孺皆知的中国品牌并不多。然而，在最近十年左右的时间里，随着"一带一路"的推进及意大利的加入，众多中国品牌登陆意大利市场，并日渐获得了意大利国内消费者的青睐。2016—2017 年，中国亚洲经济发展协会、中国创业创新发展委员会联合主办了"'一带一路'——中国品牌世界行"活动，先后在意大利罗马和那不勒斯宣传中国品牌，为提升中国品牌在意大利的影响力做出了重要贡献。目前，在意大利相对有影响力的中国品牌主要集中于移动通信、新能源汽车、家居家电等领域。

在移动通信领域，华为的智能手机产品被越来越多的意大利消费者"圈粉"。而且，据权威机构的调查，"科技、创新、优秀"是意大利消费者对华为品牌评价的三大关键词。[1] 在新能源汽车领域，中国新能源汽车品牌上汽名爵（MG）、比亚迪、安凯汽车等，均已占据了意大利新能源汽车的较大份额。其中，安凯汽车还在意大利新能源公共交通市场上大放异彩。[2] 而且，有权威机构预测，上汽名爵和比亚迪的新能源汽车未来在意大利的销量还将进一步上涨。[3] 在家居领域，东鹏集团、蒙娜丽莎集团在意大利的地砖和瓷砖市场已有一席之地，并初步具备了与意大利本土的国际知名瓷砖品牌竞争的实力。[4] 而在家电领域，海尔、格力等早已成为意大利民众熟知的中国品牌，并在意大利站稳脚跟，成为意大利本土品牌的有力竞争者。[5]

（四）中国品牌在意大利的主要行业分布

本文根据世界品牌数据库和意大利中国商会的协会会员的数据，以及中国商务部发布的《对外投资合作国别（地区）指南——意大利》所提供的数据，简要归纳代表性中国品牌及其所在行业领域的分布情况，如表 9-1 所示。

---

[1] 《华为意大利手机全年份额逆势增长6% 冠军宝座触手可及》，欧洲华人资讯社 2018 年 2 月 3 日，https://www.sohu.com/a/220633801_100020074，访问日期：2025 年 3 月 31 日。

[2] 张静：《安凯拿下意大利 14 城》，《汽车观察》2019 年第 1 期。

[3] 张伟伦：《中国汽车出海提速但挑战仍存》，《中国贸易报》2023 年 12 月 26 日，第 7 版。

[4] 《隐形冠军——东鹏》，《中国建材》2019 年第 8 期；晏澜菲：《节能为笔 描绘建材装饰新未来》，《国际商报》2023 年 10 月 27 日，第 2 版。

[5] 张宇靖：《后疫情时代中意经贸关系协同发展路径研究》，《价格理论与实践》2020 年第 9 期。

表 9-1　意大利市场中的代表性中国品牌及其所在行业领域的分布

行业领域		代表性的品牌名称	说明
数字技术研发与服务行业		宇视科技（uniview）、京东方（BOE）	这里的数字技术主要包括大数据、物联网、人工智能等技术
移动通信技术与互联网技术行业		华为、中兴（ZTE）、OPPO、小米、中国电信、中国移动、亨通集团（HTGD）、瞧瞧技术（Vicina）、TP-LINK	移动通信技术和互联网技术也属于广义上的数字技术，但由于这一领域中的中国品牌较多，所以单独拿出来列为一类
汽车行业		奇瑞汽车、长安汽车、广汽集团（GAC Group）、江淮汽车（JAC）	意大利市场上的代表性中国企业大量生产新能源汽车。所以，汽车行业中的中国品牌在很大程度上也属于广义上的新能源行业
新能源行业		正泰集团（CHNT）、艾赛杰（Exergy）、中来股份（Jolywood）、江苏鼎盛、兴储世纪（Zonergy）、联洋（NMG）	相关品牌主要从事光伏、风电、太阳能等技术的开发和转化
交通与物流行业		中国国际航空、海南航空、中国东方航空、中远海运、海程邦达（Bondex）、派速捷（Parceljet）、SHAOKE	前三类品牌以客运交通业务为主，后四类品牌则从事纯粹的货运物流业务
重型装备制造行业		日发集团、三一集团（SANY）、通用技术集团、中联重科、中国交通建设集团	相关品牌主要从事基础设施、工程机械、重型装备、精密设备等方面的制造
其他中高端制造业	电力与电力机械	国家电网、卧龙集团	长虹智能在意大利的子公司名称为"菲迪亚汽车工程系统有限公司" 鞍钢集团在意大利的合资公司名称为"鞍钢维加诺公司" 宝钢股份在意大利的子公司名称为"宝钢激光拼焊（意大利）有限公司" 在"其他"一类中，相关品牌主要从事游艇制造、压缩机制造、环保设备制造、智能纺织和无人零售设备制造
	汽车零部件制造	宝武集团（BAOMARC Group）、浙减、长虹智能	
	高端钢材、建筑新材料制造	鞍钢集团、宝钢股份、中国建材集团	
	其他	潍柴法拉帝、万宝集团、世品环保（SIPEC）、南山集团、MAGEX SRL	
安防行业		海康威视（Hikvision）、江泰救援	
食品业		光明食品集团	"光明食品集团"在意大利的子公司名称为"惠润发展"
家电业		海尔集团、海信集团、美的集团、格力集团、春兰集团	

续表

行业领域	代表性的品牌名称	说明
金融业	中国工商银行、中国银行（米兰分行）、中国建设银行（米兰分行）、交通银行、普华永道（pwc）、银联国际、安永（EY）、中国投资	
电商行业	得物（Poizon）	

资料来源：WIPO Global Brand Database；意大利中国商会网站，https://www.cccit.org/memberlist；商务部对外投资和经济合作司、商务部国际贸易经济合作研究院、中国驻意大利大使馆经济商务处，《对外投资合作国别（地区）指南——意大利（2023年版）》，2024年4月，https://www.mofcom.gov.cn/dl/gbdqzn/upload/yidali.pdf。

可以看出，在意大利，中国品牌在移动通信技术与互联网技术行业、汽车行业、新能源行业、交通与物流行业、重型装备制造行业、家电业和金融业中的发展较为突出。

二、中国品牌在意大利的代表性案例分析

接下来，我们从三类不同的行业中，选取意大利市场中最具代表性的中国品牌，分别对这些品牌进行深入的案例分析。

（一）华为

2004年，华为通过绿地投资的方式成立华为意大利公司，标志着华为正式进驻意大利。然而，在2011年之前，华为在意大利的业务主要局限于移动通信设备（主要是智能手机），其品牌影响力也仅局限于相关专业人士的圈子中。2011年后，华为在意大利智能手机市场中逐渐"出圈"，其市场份额也挤入前三。[1]

2012年是华为在意大利的一个重要转折点。当年，华为意大利公司被

---

[1] 周莅淼：《中资企业在意大利》，杭州：浙江大学出版社，2019年，第85页。

意大利经济发展部选中，负责测试意大利的 LTE 网络，使华为逐渐在意大利的电信和互联网行业中崭露头角。2013—2017 年间，华为先后成功与温德集团（Wind）、希尔帝（Sirti）、意大利电信（TIM）、迅网（Fastweb）等意大利电信和互联网巨头企业合作，并有效促进了意大利电信网络的质量和数量提升。① 总的来看，2012—2017 年，华为在意大利取得了突飞猛进的发展，其品牌影响力也与日俱增。2015 年，华为意大利公司的营业额甚至取得了同比 55% 的增长率。2017 年，华为在罗马和米兰设立分部，相关的办事处和零售体验店（包括高端体验店）也雨后春笋般地出现在意大利的各主要城市。② 与此同时，华为的业务版图也从相对单一的通信设备向全方位的通信、互联网，乃至 AI 技术产品与服务覆盖，其相关产品与服务也逐渐渗透到意大利民众生活的方方面面。品牌调研机构益普索集团（Ipsos）的一项调查显示，2018 年，在对华为表示认可的西欧客户中，意大利客户的占比相对于其他西欧国家明显更胜一筹。③ 而且，华为的相关产品和服务的用户推荐指数在意大利国内也挤入前三，赢得了意大利国内广大消费者群体的赞誉。④

除了电信、互联网等主营业务，华为还积极协助推动意大利国内传统行业的数字化、智能化转型。在电力行业，华为为意大利国家电力公司（Enel）提供优质的智能电网服务，促进了意大利电力行业的智能化转型。在金融行业，华为为意大利 Widiba 银行等金融机构提供先进的数据存储和管理平台，以方便这些金融机构为客户提供不间断的网上金融服务，进而促进了意大利金融业的数字化转型。⑤

近年来，华为一直致力于更多更好地承担社会责任。其中的一个重要

---

① 周莅淼：《中资企业在意大利》，杭州：浙江大学出版社，2019 年，第 88—89 页。

② 《华为投资控股有限公司 2017 年年度报告》，https://www.huawei.com/~/media/corporate/pdf/annual-report/annual_report2017_cn.pdf.

③ 周莅淼：《中资企业在意大利》，杭州：浙江大学出版社，2019 年，第 85—86 页。

④ 《华为投资控股有限公司 2018 年年度报告》，https://www.huawei.com/~/media/corporate/pdf/annual-report/annual_report2018_cn_v2.pdf.

⑤ 同上。

表现就是，华为积极支持意大利国内绿色发展及科研和教育事业发展。在绿色发展方面，华为通过功能和架构极简化的方式，在意大利打造"绿色网络"，即通过支持意大利运营商以"路由器四合一"的方式，大幅提升网络运行能效，并实现每年节省 130 万度电的节能目标。[①] 而且，华为还与世界自然基金会合作，利用自身的 AI 技术为意大利的环保工作和有机农业发展提供技术支持。[②] 在科研和教育领域，华为不仅与米兰理工大学、特伦托大学、佩鲁贾大学等意大利著名大学保持长期合作关系，并在意大利持续推行旨在协助培养本地信息通信技术（ICT）人才的"未来种子"项目，还在意大利持续推进科研与教育网络建设、教育 ICT 基础设施建设，为意大利的科研和教育事业添砖加瓦。[③] 此外，华为还积极开展与意大利国内的乐施会（Oxfam）、ELIS 等非营利社会团体和社会组织的合作与交流。[④] 华为的上述举措均进一步扩大了其在意大利市场，乃至意大利社会中的品牌影响力。

（二）潍柴法拉帝

2012 年，作为一家老牌的山东省国有企业，潍柴集团以股权投资和债权收购的模式成功地将意大利法拉帝集团纳入自己的旗下。这既拉开了中国企业收购意大利高端企业的序幕，也标志着潍柴集团开始进军国际高端消费行业。[⑤] 在收购法拉帝集团后，潍柴集团主要重组了其游艇业务。在收购初期，潍柴集团不仅承担了 4 亿欧元的债务，还追加资金用于员工工资的正常

---

① 《华为投资控股有限公司 2021 年年度报告 》，https://www-file.huawei.com/minisite/media/annual_report/annual_report_2021_cn.pdf。

② 《华为投资控股有限公司 2022 年年度报告 》，https://www-file.huawei.com/minisite/media/annual_report/annual_report_2022_cn.pdf。

③ 周莅森：《中资企业在意大利》，杭州：浙江大学出版社，2019 年，第 87、89—90 页；《华为投资控股有限公司 2019 年年度报告 》，https://www-file.huawei.com/~/media/corporate/pdf/annual-report/annual_report_2019_cn.pdf；《华为投资控股有限公司 2021 年年度报告 》，https://www-file.huawei.com/minisite/media/annual_report/annual_report_2021_cn.pdf。

④ 周莅森：《中资企业在意大利》，杭州：浙江大学出版社，2019 年，第 90—92 页。

⑤ 同上书，第 71、73 页。

发放、供应商合作渠道的维系、相关业务正常运营的维持等方面。[1] 这些举动赢得了意大利行业内部对于潍柴集团的良好口碑。

2012 年底，潍柴集团在公司管理、产品服务、业务渠道等方面都做了大刀阔斧的改革与创新，并逐渐取得了成效。2013—2015 年，潍柴法拉帝仅用三年时间就奇迹般地实现了扭亏为盈，2015 年实现了盈利。2016 年，公司盈利状况进一步好转。近年来，潍柴法拉帝深化了与法拉利跑车、奢侈品品牌 Riva 等意大利本土企业品牌的合作，进一步提升了其在意大利，乃至欧洲的影响力。而且，潍柴法拉帝不仅在其业务扩张过程中创造了大量的就业岗位，还积极主动地融入当地社会，在尽量包容文化差异的基础上，与当地员工和社区和睦相处。正因如此，潍柴法拉帝获得了意大利政府相关部门的长期支持，[2] 并在意大利赢得了广泛的行业口碑。2023 年，潍柴法拉帝集团正式上市，是全球第一家在香港和意大利米兰实现双重上市的企业。[3]

潍柴法拉帝是中国品牌在意大利发展的独特模式的典型代表。这种独特模式就是中国企业通过入股或并购意大利本土企业的方式，或借助意大利本土品牌原本的影响力，或通过将原本的意大利企业扭亏为盈，实现中国品牌在意大利市场中影响力的提升。其他类似的例子还有万宝 ACC（万宝集团收购意大利 ACC 公司）、日发 MCM（日发集团收购意大利 MCM 公司）、中联重科 CIFA（中联重科收购意大利 CIFA 公司）、惠润发展（光明食品集团收购意大利 Salov 公司）等，这些品牌均很好地提升了意大利市场中的中国品牌在相应行业中的影响力。

（三）正泰集团

正泰集团在意大利的开拓始于 2003 年。当年，正泰凭借在低压电器上的技术和成本优势，迅速对意大利的相关本土企业形成了强大的竞争力。[4]

---

① 周莅森：《中资企业在意大利》，杭州：浙江大学出版社，2019 年，第 74 页。

② 同上书，第 74—75 页。

③ 巩聪聪：《谭旭光说潍柴：老老实实种好自己的"田"》，《山东国资》2024 年第 4 期。

④ 范利祥：《正泰：四两拨千斤 因势利导版图速扩》，《中国经营报》2003 年 2 月 24 日。

而随着正泰在意大利，乃至欧洲市场份额的不断上升，其品牌影响力也日益提升。同时，这也引起了一些欧洲老牌企业的"保护主义"行为。最典型的例子就是2004—2005年间法国企业施耐德在意大利多次向正泰发起不合理的知识产权诉讼。①

多次的知识产权纠纷尽管阻碍了正泰集团在意大利的发展，但却没有真正阻挡其品牌影响力提升的脚步。与施耐德的诉讼案结束后，正泰集团成功与意大利最大的电力供应商意大利国家电力公司（Enel）建立合作关系。2007年8月，正泰将第一批变压器产品交付Enel，标志着正泰的变压器产品首次打入欧洲市场。②2008年，正泰的相关产品还通了意大利IMQ认证（意大利质量标志院认证），这标志着意大利的权威性行业检测机构对于正泰集团产品质量与性能的认可，也巩固了正泰集团在意大利电力行业中的品牌影响力。

与此同时，正泰集团自身也在进行转型，即从变压器、电线电缆等传统电力设备向新能源业务扩展。2009年，在意大利站稳脚跟后，正泰集团的光伏发电站、光伏逆变器等新能源产品与服务也开始出现在意大利。③2019年，正泰集团在意大利首次推行了旨在改制经销渠道、与经销商合伙成立子公司的"蓝海计划"，并取得了显著的成效。④2023年，正泰推出了2023品牌全球巡回活动"For A Greener World"，其中旨在传播绿色低碳理念的"Solar Party"也顺利地在意大利多个城市举办。⑤目前，正泰集团所承建的光伏发电站已经遍布意大利全国。而在意大利的新能源行业中，在雇员群体、合作经销商群体，以及客户群体中，正泰都树立了良好的口碑。

① 徐向阳：《正泰反击 中外企业制造权之争白热化》，《中国工业报》2007年5月8日，第1版。

② 《2007年电器工业大事记》，《电器工业》2008年第4期。

③ 赵华荃：《全面提高开放型经济水平，开创对外经济新局面》，《管理学刊》2014年第1期；黄瑚、朱丹璇：《"正泰"引领温州百亿光伏产业》，《温州日报》2011年1月14日，第3版。

④ 《正泰国际南欧团队："蓝海计划"扬帆，智慧能源启航》，正泰集团2022年3月18日，https://www.chint.com/news_info.html?id=8993，访问日期：2025年3月31日。

⑤ 《正泰新能启动2023品牌全球巡回》，正泰集团2023年4月17日，https://www.chint.com/news_info.html?id=9441，访问日期：2025年3月31日。

中国商务部发布的《意大利贸易指南（2023）》中提到，清洁能源、新能源将成为意大利未来重点支持或优先发展的行业。[1]2021年，意大利官方还拟定了2030年光伏装机总量50GW的目标。[2]这就意味着，意大利的光伏行业还有着巨大的、尚未被开发的潜在市场需求，从而为以正泰为代表的中国新能源品牌在意大利新能源行业中的进一步拓展及其品牌影响力的进一步提升提供了良好的机遇。

三、中国品牌在意大利的挑战及应对

尽管中国品牌发展在意大利市场上取得了重大成就，但依然面临着以下两方面的挑战。一方面，中国品牌在意大利面临着日益加剧的贸易保护主义问题。近年来，逆全球化、单边主义思潮愈演愈烈。2018年以来，日益升级的中美贸易摩擦也对中意贸易关系产生了不利影响。2020年10月，由于受到来自美国的压力，意大利政府阻止了迅网公司与华为签署5G核心网络供应协议。[3]2021年4月，意大利政府叫停中企并购米兰半导体企业LPE，以"宣示经济主权"。[4]2023年末，意大利宣布正式退出"一带一路"。意方的举动也为意大利市场中的中国品牌发展蒙上了更多不确定性。[5]

面对上述挑战，意大利市场中的中国品牌，尤其是一些关键行业中的品牌要积极、认真了解意大利的经贸规则和相关的官方政策及其动向，并做好

---

[1] 《意大利贸易指南（2023年）》，商务部外贸发展局，https://www.tdb.org.cn/u/cms/www/202309/28154141ms75.pdf.

[2] 《未来，全球光伏装机量是否能够满足一定量的用电需求》，正泰集团2021年9月19日，https://www.chint.com/news_info.html?id=8698，访问日期：2025年3月31日。

[3] 《华为在意大利也被拒绝，政府阻止其参与5G建设！又是蓬佩奥搞事？》，和讯网2020年10月24日，https://www.163.com/dy/article/FPMJLDGE0519D4UH.html.

[4] 伍慧萍：《欧洲战略自主构想的缘起、内涵与实施路径》，《德国研究》2021年第3期。

[5] 《意大利正式"退群"，已向中方递交外交照会，中方外交部发声回应》，极速视野2023年12月9日，https://view.inews.qq.com/k/20231208A04I4500?no-redirect=1&web_channel=wap&openApp=false，访问日期：2025年3月31日。

充分的预案和准备。对于通过入股、并购意大利本土企业进入意大利的中国品牌而言，并购只是第一步，要想真正地在意大利树立自身的品牌影响力，不仅要在业绩上尽可能地扭亏为盈，还要注重协调文化冲突、加强团队建设、承担企业社会责任等一系列问题。尽管上面提到的潍柴法拉帝等品牌在上述方面表现出色，但也有部分中国品牌因在上述方面的建设不足，影响了其在意大利的进一步发展，这也是这些中国品牌的发展以后要重点完善的地方。此外，与其他欧盟国家类似的是，在未来的意大利，以新能源为代表的中国绿色行业品牌将会获得非常广阔的发展前景。

B.10
中国品牌在巴西

徐 昂 刘曦隆[*]

摘 要: 中国品牌在巴西的发展处于后发追赶阶段,与美、德、日等国仍有一定距离。巴西的品牌发展环境比较复杂,法律政策、社会环境等实际问题是中国品牌在巴西发展的客观制约因素。近年来,中国品牌在巴西发展迅速,尤以科技产品与服务、制造与运输设备、医药制剂等行业最为显著,传统服饰服装、日化用品同步发展。中国品牌以可持续发展的合作姿态与巴西(企业)展开了多方位的合作,实现共赢,在低碳能源、基础设施、数字经济等领域形成经典案例。

关键词: 中国品牌 品牌建设 营商环境 可持续发展 南南合作

巴西是拉丁美洲地区最大经济体,是全球政治经济新格局下重要的发展中国家。巴西国土面积居世界第五,人口规模超过 2.04 亿,其中劳动人口约 1.09 亿。国际货币基金组织(IMF)数据显示,2023 年巴西国内生产总值为 21737 亿美元,名义增长 11.4%,跻身全球第九位,同时人均 GDP 突破 1 万美元。作为金砖国家之一,巴西也是中国对外经济关系中的重要战略伙伴,两国在经贸领域有较强的互补性。巴西拥有极为丰富的矿产、能源、森林等

---

* 徐昂,历史学博士,理论经济学博士后,上海社会科学院经济研究所助理研究员,主要研究方向为经济史、品牌经济等;刘曦隆,上海社会科学院经济研究所硕士。

资源禀赋。① 巴西农业发达，工业体系完整，服务业也发展迅速，科技水平与研发能力位居发展中国家前列。②

巴西国内拥有巨大的消费市场和投资需求，也是中国品牌在世界发展的重要海外市场，两国经贸合作日益密切。在过去几十年的发展中，巴西的中国品牌是中巴经贸关系迈向新台阶的见证者和参与者。如今，中国品牌受益于巴西发展，也为巴西当地发展注入经济活力。中国品牌在两国经贸合作中的作用日益显著，影响力不断增加，成为南南合作的重要范例。

一、中国品牌在巴西的发展环境

对于中国品牌而言，巴西市场兼具机遇与挑战。中国品牌进入巴西，需全面评估包括知识产权环境、外商经营政策、税收环境、政府服务与用工环境在内的多方面环境因素。

（一）中国与巴西经贸关系的发展

中国与巴西在 1993 年建立战略伙伴关系，2012 年又进一步确立全面战略伙伴关系，并于 2023 年共同发表《关于深化全面战略伙伴关系的联合声明》。中国连续多年成为为巴西最大的贸易伙伴，而巴西也是中国在拉美地区的最大贸易伙伴。中国海关总署数据显示，中国与巴西贸易总额在 2022 年达到 1713 亿美元。截至 2022 年末，人民币已成为巴西国际储备货币份额排行第二的货币，占 5.37%。两国央行于 2023 年签署建立人民币清算安排的合作备忘录，允许两国间的商业交易免除使用美元外汇结算从而进一步促

---

① 巴西的铌、天然石墨、镍、稀土等矿产资源储量均居世界前列，也是世界森林资源第二丰富的国家。（"Brazil's critical and strategic minerals in a changing world, Nicholas Pope and Peter Smith," IGARAPÉ INSTITUTE, October 3, 2023,accessed March 31, 2025, https://igarape.org.br/en/brazils-critical-and-strategic-minerals-in-a-changing-world/.

② 世界银行数据显示，2022 年巴西的农业、工业和服务业对产值贡献分别为 6.81%，20.7% 和 58.9%。

进了两国经济合作的便利性。

目前中国对巴西的出口主要集中在电子产品、机械设备和化工产品领域，电动汽车、汽车零部件、光伏产品、化肥是中国对巴西出口的潜力产品。①同时，中国在巴西的投资也已覆盖电力、信息技术、农业、基础建设、机动车制造等多个领域。近年来，两国在基础建设、数字经济和绿色经济领域签署合作协议，中国品牌在巴西拥有较为广阔的发展前景。

（二）巴西知识产权环境

知识产权保护是品牌出海的重要保障。巴西知识产权体系的立法与行政设置相对完整，但实际的知识产权保护能力却有待加强，知识产权保护的整体环境仍有较大优化空间。

巴西的知识产权法律体系由巴西本国法律与所参和的国际条约构成。其中，本国主要法律文件有《巴西联邦宪法》《集成电路布图设计》《工业产权法》《关于版权和邻接权法》《植物新品种保护法》和《软件保护法》等。同时，《民法典》《刑法典》等普通法、《特许经营法》《反垄断法》和《生物安全法》等专门法共有60项知识产权相关条款及92项实施规则涉及品牌问题。

国际条约方面，巴西是《保护工业产权巴黎公约》《保护文学和艺术作品伯尔尼公约》《商标国际注册马德里协定》②《专利合作条约（PCT）》等WIPO管理的15项条约缔约方，同时也是《与贸易有关的知识产权协定（TRIPS）》等50项知识产权相关多边条约缔约国。巴西还参加了3项知识产权区域性条约和6项区域经济一体化条约。

在巴西注册商标（品牌）的申请人，可以是巴西籍公民，也可以是外国人。商标所有人应在巴西国家工业产权局（INPI）进行注册。③注册之前需

---

① 《巴西贸易指南（2023年）》，商务部外贸发展局，https://www.tdb.org.cn/u/cms/www/202309/2815395601
xl.pdf.

② 巴西于2019年正式加入马德里商标体系，这是巴西品牌经济发展的重要里程碑。

③ 国家工业产权局（INPI）是巴西政府管理知识产权相关活动的主要机构，主要责任包括商标、工业设计、地理标志、计算机程序和集成电路的注册，专利的授予，特许经营协议的注解等。其他与知识产权相关的行政机关还有巴西国家公共健康署（ANVISA）、国家植物品种保护服务局（SNPC）、巴西联邦警察（PF）（产权保护行政执法）等。

要对商标实施事前调查，以便了解同一经营范围内是否存在已注册的商标。但这一程序并非强制性的。申请注册商标（品牌）可以使用适当的申请文件，在申请文件上记载商标和申请人的相关信息。申请时，登记权人必须出示本国法律规定的证明登记权人法律地位的文件，同时出示登记权人经营范围的证明文件。[①]申请人可以到国家工业产权局总部、分支机构或代表机构实施商标注册的事前调查。

目前，巴西在知识产权保护方面的能力有待进一步加强。产权联盟（Property Rights Alliance）公布的国际产权指数（IPRI）显示，巴西在知识产权保护方面的表现在 2021 年和 2022 年处于中等水平，排名在第 52 位，但 2023 年得分下滑，排名降至第 83 位。[②]巴西当前主要存在知识产权申请过程存在复杂烦琐、耗时较长、透明度低等问题，同时还有来自法律给予的强制许可产生的潜在威胁，以上问题均制约着巴西知识产权保护的能力。[③]

（三）巴西外商经营政策

外国品牌进入巴西市场受到法律法规方面的约束或限制。目前巴西涉及外国投资法律主要包括《巴西联邦宪法》《外国资本法》和《外资管理法施行细则》，与设立经营实体有关法律包括《公司法》和《证券法》等。此外，《劳工法》《工业产权法》《反垄断法》和《环境法》等也是外资品牌经营需要注意的内容。[④]

在法律法规层面巴西对多个领域的外商准入设定限制，其中禁止外资参与有关核能、石油、天然气及健康服务领域，允许但限制外资参与媒体、金

---

① "Trademarks," National Institute of Industrial Property, accessed April 10,2025, https://www.gov.br/inpi/pt-br/servicos/marcas.

② "International Property Rights Index(2024)," accessed April 10, 2025, https://www.internationalpropertyrightsindex.org/country/brazil.

③ Vladimir Fernandes Maciel, Allan Augusto Gallo Antonio, Julian Alexienco Portillo, "International Property Rights Index 2023：Navigating Challenges In Brazil's Intellectual Property Landscape," accessed March 31, 2025, https://atr-ipri23.s3.amazonaws.com/case-studies/IPRI_2023_CS_Brazil.pdf.

④ 商务部对外投资和经济合作司、商务部国际贸易经济合作研究院、中国驻巴西大使馆经济商务处：《对外投资合作国别（地区）指南——巴西（2024 版）》，https://www.mofcom.gov.cn/dl/gbdqzn/upload/baxi.pdf.

融机构、矿产资源、农村财产领域。在巴西允许自由化、私有化和放松管制的领域，外资可以通过参与巴西国有企业私有化进入当地市场。

外资品牌在巴西享有完全的国民待遇，并且一般来说没有强制最低资本限制。外国品牌在巴西设立实体的形式包括成立子公司、设立分支机构和代表处，最常用的法律实体为有限责任公司和股份公司。注册企业主要程序包括制定公司章程、确定企业税制、注册公司名称、商务委员会登记、取得法人国家登记号（CNPJ），其中服务类企业须到公司所在的市政厅申领营业执照，贸易类企业须到税务机关进行注册办理商品和服务流通税缴税手续。[①] 根据巴西实体经营活动性质，还需要根据具体情况获得进出口、环境、货物运输、化学品管制产品处理等方面的许可证。外商投资撤资须在巴西中央银行（BCB）登记、注册或审批，所有外币投资须在正式授权处理外汇的金融机构进行。

（四）巴西税收环境

巴西拥有庞大且复杂的税收框架体系，对国外品牌进入巴西产生不小的困扰。巴西施行宪政税制，联邦、州和市三级政府均设有不同税种，随着巴西财税改革的进行，税种和税率经常随法条的修订而发生调整。《巴西联邦宪法》和《国家税典》是巴西税务征收的核心依据，其他相关的法律法规、国际协定及公约也会产生约束。在征纳双方或多方存在的争议，可能递交至联邦高等法院进行诉讼。[②] 税务诉讼在巴西十分常见，并且可以持续多年。

巴西常见的税种包括企业所得税（IRPJ）、净利润社会赞助费（CSLL）、增值税（IVA），同时还存在大量各级政府征收的不同税种。纳税义务方面，无论是否为外资的分公司，只要是巴西企业都须按在全球范围内的利润或资本收益纳税。在关税方面包括进口关税（II）、工业产品税（IPI）及商品和服务流通税（ICMS），同时巴西作为南部共同市场（Mercosur）的成员，与

---

① 商务部对外投资和经济合作司、商务部国际贸易经济合作研究院、中国驻巴西大使馆经济商务处：《对外投资合作国别（地区）指南——巴西（2024 版）》，https://www.mofcom.gov.cn/dl/gbdqzn/upload/baxi.pdf.

② 同上。

其他成员国实施统一的对外关税。[①]

2023 年 12 月巴西通过税改法案，将现有的工业产品税、商品和服务流通税、社会一体化税（PIS）、社会保障融资贡献费（COFINS）、社会服务税（ISS）合并为增值税（IVA），增加商品和服务贡献费（CBS）和商品及服务税（IBS），同时涉及多项行业税收和税率调整。此次税改过渡期将从 2026 年开始并持续至 2032 年。[②]

为鼓励特殊区域及特定经济活动的发展，巴西制定了不少税收优惠政策，包括但不限于区域投资基金税收优惠、自由经济贸易区和保税仓库税收优惠、加速折旧、出口公司退税等优惠。此外，在科研、软件开发、航空、国防、基础设施建设、石油、化工等诸多领域也一定税收优惠政策。[③]

（五）巴西政府服务与用工环境

政府服务是品牌营商环境中的重要组成部分。巴西政府的行政效率受到各级政府间缺乏协调合作、法规分散和含糊不清等问题制约，造成企业不能便利地获取政府服务。巴西各地区在开办企业、办理施工许可、登记财产、纳税、跨境贸易等方面，均普遍存在办理程序多、耗费时间长的问题，具体情况因地而异。[④]

近年来，巴西政府致力于推行政府数字化战略，政府线上服务已经较为便利。[⑤] 作为主要成果，仅用单一身份账户便可以在巴西政府门户网站（gov.br）访问需要的信息，并使用约 4200 项政府线上服务功能，包括生活、商

[①] "Brazil Country Commercial Guide," International Trade Administration, December 04, 2023, accessed March 31, 2025, https://www.trade.gov/country-commercial-guides/brazil-import-tariffs.

[②] 《巴西颁布税收制度改革法案》，税务通全球税讯 2024 年 4 月 7 日，https://www.chinatax.gov.cn/chinatax/c102799/c5222422/content.html，访问日期：2025 年 3 月 31 日。

[③] 国家税务总局国际税务司国别（地区）投资税收指南课题组：《中国居民赴巴西投资税收指南》，https://www.chinatax.gov.cn/chinatax/n810219/n810744/n1671176/n1671206/c2581919/5116196/files/8f9e705b2d5d467593bc4762c43bc551.pdf.

[④] "Subnational Doing Business in Brazil 2021"，World Bank.

[⑤] 据世界银行公布的 2023 年政府科技成熟度指数（GMTI）显示巴西位居世界第二。（"GovTech Maturity Index: The State of Public Sector Digital Transformation，" World Bank.）

业、健康、教育、交通、劳动就业、社会保障、税务等多项领域。①

用工环境，尤其是劳动纠纷引发的法律诉讼，是当前中国品牌在巴西发展中突出的窒碍。巴西的劳动关系受到包括《巴西联邦宪法》和《统一劳工法》等主要法律文件的约束，同时也受制于巴西劳动就业部的法规、集体谈判协议、就业合同等文件。②巴西劳动和就业部、司法机构劳动法庭是处理有关巴西劳动关系问题的主要行政部门。

巴西在保障员工权益方面有着较为严格的法律要求。③巴西工会力量较强，员工投诉现象普遍，依法设立的工会有权代表特定行业的雇员进行集体谈判和执行集体谈判协议。发生劳资纠纷时一般通过当地工会解决，工会无法解决劳资纠纷时，品牌企业往往会进入复杂、漫长的司法程序，由劳工法院进行裁决。④

二、中国品牌在巴西的发展状况

（一）中国品牌在巴西发展的整体趋势

中国企业或个人在巴西的商标（品牌）申请数量和注册数量呈现明显的上升趋势。自中国加入世界贸易组织以来，巴西市场越发受到中国品牌重视，特别是 2020 年后中国每年在巴西的商标申请数量超过 2500 个（图

① "GOV.BR é a página de governo mais acessada do mundo，" March 03, 2024, accessed March 31, 2025, https://www.gov.br/governodigital/pt-br/noticias/gov-br-e-a-pagina-de-governo-mais-acessada-do-mundo.

② "Employment & Labour Laws and Regulations Brazil 2024," ICLG, accessed March 31, 2025, https://iclg.com/practice-areas/employment-and-labour-laws-and-regulations/brazil.

③ 巴西法律规定雇员享有 30 天的带薪休假、每天 8 小时和每周 44 小时的最长工时，加班限制在每天 2 小时并需支付加班工资，雇主须以本国货币按月向雇员支付报酬，且除通过"集体谈判协议"外，雇主不得削减雇员的报酬，每年 13 期工资，此外雇主还须为每位雇员缴纳社会保障险（INSS）、失业储蓄基金（FGTS）。

④ 商务部对外投资和经济合作司、商务部国际贸易经济合作研究院、中国驻巴西大使馆经济商务处：《对外投资合作国别（地区）指南——巴西（2024 版）》，https://www.mofcom.gov.cn/dl/gbdqzn/upload/baxi.pdf。

10-1—10-4）。在增速方面，2017 年以前的中国品牌在巴西市场处于加速发展阶段，2017 年以后进入稳定发展期。2019 年，巴西加入马德里商标体系，中国品牌在巴西的马德里商标申请和注册也开始稳步增长。目前马德里商标已经成为中国品牌在巴西商标申请和注册的重要构成部分。至 2023 年末，中国品牌在巴西注册商标总数已达 23103 个（有效注册商标 22095 个），其中向巴西国家工业产权局（INPI）注册的有效商标（品牌）有 17482 个（有效商标 16487 个），向国际知识产权组织注册马德里（有效）商标 5608 个。

图 10-1　中国向巴西国家工业产权局（INPI）申请和注册的商标数量

资料来源：WIPO Global Brand Database。

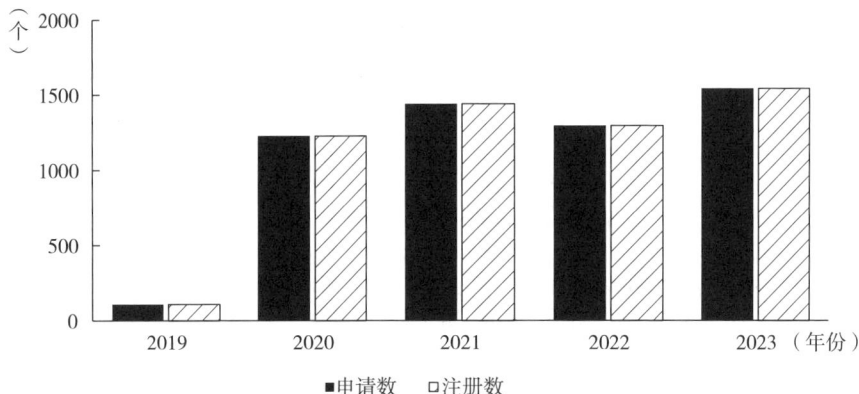

图 10-2　中国在巴西有效的马德里商标申请和注册数量

资料来源：WIPO Global Brand Database。

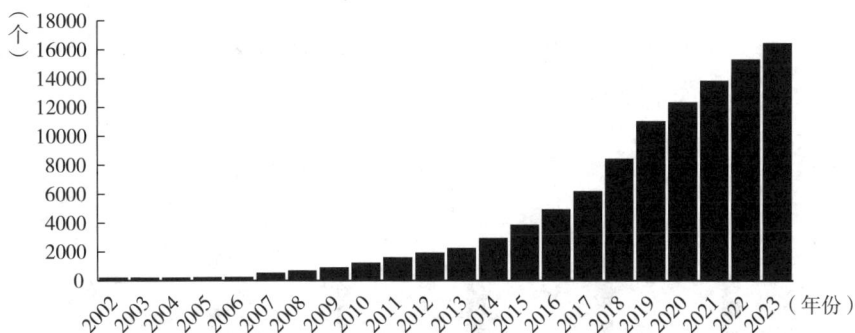

图 10-3　中国在巴西国家工业产权局（INPI）累计有效注册商标数

资料来源：WIPO Global Brand Database。

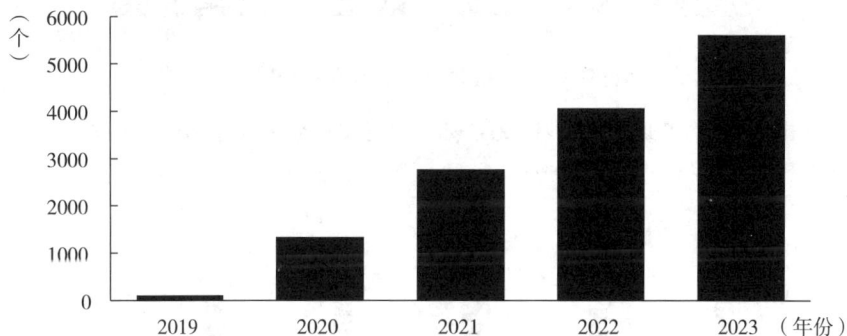

图 10-4　中国在巴西累计有效马德里商标注册数

资料来源：WIPO Global Brand Database。

　　图 10-5 进一步比较了中国与世界主要发达国家在巴西的有效注册商标规模情况。中国品牌在巴西发展时间远晚于其他发达国家。2002 年末，中国在巴西国家工业产权局（INPI）有效注册商标累计规模仅占各国在巴西有效注册商标总数极小比例，远低于主要发达国家。至 2012 年末，中国属有效注册商标累计规模虽仍远低于主要发达国家，但已获得明显增长。随后十年中国在巴西商标注册日渐活跃。至 2023 年末，中国在 INPI 累计有效注册商标规模已接近主要发达国家水平。

　　巴西加入马德里商标体系较晚，发达国家在该项商标注册上并无优势。

2019 年，中国在巴西的马德里商标注册量落后于美、德、法、英等国。2020 年中国品牌的该类商标累计规模已超过除美国外的所有国家（图 10-6）。这表明经历二十年的发展，中国品牌在巴西市场活跃程度显著提高，并成为巴西市场国外品牌的重要部分。

图 10-5　巴西国家工业产权局（INPI）累计有效注册商标数国别比较

资料来源：WIPO Global Brand Database。

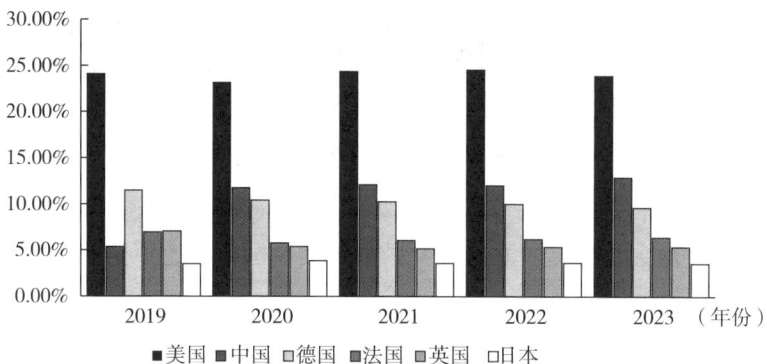

图 10-6　在巴西的马德里商标累计有效注册数国别比较

资料来源：WIPO Global Brand Database。

　　企业是当前承载各国品牌发展的主要实体，品牌企业往往拥有众多的知名品牌（商标）。各国企业在巴西的品牌（商标）拥有状况也是反映该国品牌发展质量的重要维度。表 10-1 选取了 2014—2023 年中国、日本、德国、美国在巴西的商标累计有效注册数最多的十五家企业主体，比较了不同国别重要企业在巴西的品牌发展情况。从结果上看，一方面中国在巴西的主要品牌主体已经具有与发达国家相近的商标有效注册规模；另一方面，除华为、万达等五个头部企业外，中国在巴西其他重要企业的品牌（商标）注册商标数，仍与发达国家企业存在差距。因此，虽然巴西市场的中国品牌（商标）的整体数量已具可观的规模，但中国企业仍需进一步加强品牌的经营管理，增强品牌实力。

表 10-1　中国、日本、德国、美国四国在巴西注册商标（品牌）十五强企业

中国	日本	德国	美国
华为（880）	丰田（256）	巴斯夫（683）	亚马逊（1871）
荣耀（238）	本田（227）	默克制药（660）	苹果（1318）
大连万达（214）	索尼（225）	戴姆勒（569）	塔吉特（1042）
润丰化工（195）	三丽鸥（213）	宝马（516）	强生（1018）
小米（117）	尼桑（202）	大众（345）	微软（994）
百度（91）	日立（195）	拜耳知识产权（312）	谷歌（984）
小牛电动（74）	日产（193）	勃林格殷格翰（308）	迪士尼（788）
长城汽车（63）	普利司通（188）	拜耳（272）	环球影城（458）
北京达佳（62）	禧玛诺（183）	汉高（243）	宝洁（428）
OPPO（55）	久光（148）	赢创（235）	网飞（381）
中兴通信（54）	尼康（148）	西门子（235）	孩之宝（355）
奥飞娱乐（51）	第一三共（142）	西门子医疗（234）	IBM（341）
保罗弗兰克（中国）（49）	世嘉（140）	罗氏（227）	可口可乐（334）
京东360（43）	佳能（114）	卡尔史托斯（198）	Meta（289）
比亚迪（41）	松下（107）	拜尔斯道夫（193）	任天堂（美国）（248）

资料来源：WIPO Global Brand Database。

注：括号内为各企业于 2014—2023 年累计注册、截至 2024 年 6 月仍有效的商标数量（INPI 注册商标与马德里商标数量之和）。

产品出口和海外投资是中国品牌出海的主要途径。通过中国对巴西出口额和直接投资额两组数据，图 10-7 展示出"中国品牌"在巴西二十多年的发展成效。2003—2022 年中国对巴西出口额获得高速增长，期间的年均增长

率约为20%，至2022年中国对巴西出口总额已经超过600亿美元，特别是近两年中国对巴西出口总额再创新高。此外，中国对巴西直接投资的规模呈现波段式上升趋势，此期间曾出现三次高峰且峰值逐次提高，至2019年直接投资超8亿美元，达到历史数据的最高点。从整体上看，中国品牌尽管与巴西的其他国际品牌之间存在一定发展差距，但在巴西始终保持相对高速的发展态势。

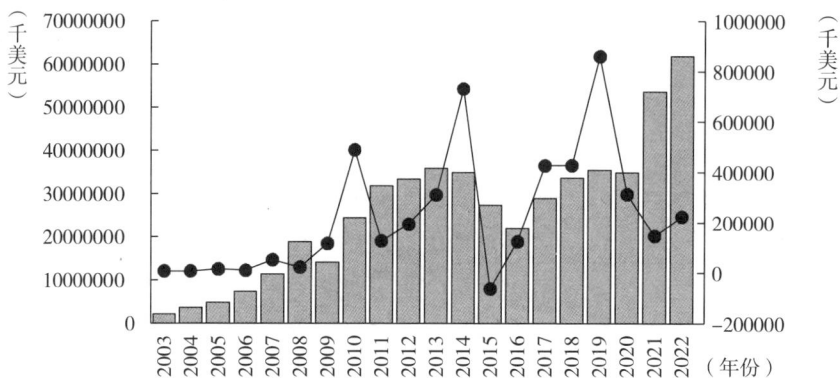

图10-7　中国对巴西出口额（左轴）与直接投资（右轴）

资料来源：中国海关总署、中国商务部。

（二）中国品牌在巴西的行业特征

伴随中国产品品牌在巴西的发展，中国的各行业整体也在巴西市场建立起品牌效应。WIPO数据显示，2002年在巴西注册的中国品牌仅涉及尼斯分类（Nice Classification）中的25个行业，到2011年末已覆盖全部45个行业。

从商标注册累计规模上看，科学与信息技术设备、机械设备、运输设备行业始终是中国商标注册数量居前的领域（表10-2）。同时，以科学技术服务业为首，以及电信服务、医药制剂、日化用品、纺织服装等行业在十多年间商标注册规模增幅十分明显；2017年以后，农牧渔产品、工业用油及能源、金融及房地产服务等行业的商标注册规模增长幅度也有明显加大。上述迹象表明中国行业品牌在巴西经历着部分结构性的变化：除在已有优势领域的稳步发展外，中国行业品牌在巴西的新兴市场中也取得不同程度的成长。

表 10-2　中国品牌在巴西累计注册商标的重要行业情况

尼斯分类编号	行业简称	2012 年	2017 年	2023 年
9 类	科学与信息技术设备	271	1107	5848
7 类	机器设备	208	648	2319
12 类	运输设备	227	604	1833
42 类	科学技术服务（含研发与设计）	22	138	1215
5 类	医药制剂	58	230	1132
25 类	服装服饰	77	210	841
3 类	日化用品	36	92	696
6 类	普通金属材料及制品	64	187	602
1 类	化学品（用于工业、农业及科学）	51	163	589
37 类	建筑、安装与维修服务及采矿钻探	81	232	543
38 类	电信服务	14	92	467
36 类	金融及房地产服务	43	99	307
31 类	农牧渔产品（未加工）	8	28	128
4 类	工业用油及能源	20	37	101

资料来源：WIPO Global Brand Database。

注：本表所示商标数为 INPI 注册商标与马德里商标之和。

图 10-8 对过去十年累计有效注册商标最多的十五家中国企业在巴西的新增商标进行了分类统计。此间，中国在巴西头部企业的新增注册商标（品牌）覆盖了 41 个分类，除已有优势商标分类外，诸如科学技术服务、广告、管理及办公服务、电信服务、教育培训及文体活动、金融及房地产服务等多种服务业商标的新增同样居前。结合这些中国企业的主营业务可以发现，部分企业已在巴西建立起相对立体的产业品牌生态。

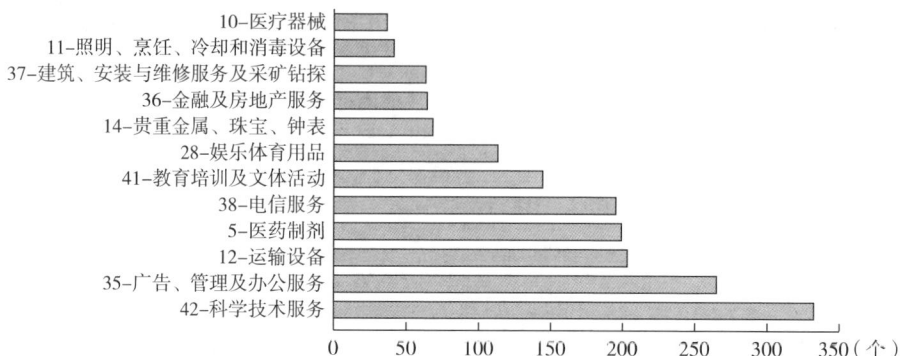

图 10-8 2014—2023 年累计有效注册商标最多的十五家中国品牌主要新增商标数分类统计

资料来源：WIPO Global Brand Database。

注：本图所示商标数为 INPI 注册商标数与马德里商标数之和。

中国对巴西行业出口的结构变化，也体现类似的结论。2014—2023 年，中国的产品出口集中在机电设备、化工产品、贱金属及制品、运输设备和纺织原料及制品等行业分类（图 10-9）。[①]结合商标注册情况，信息技术设备、机器设备、医药制剂、日化用品、化学品，普通金属、运输设备和服装纺织等是目前中国在巴西市场表现活跃的品牌行业。

中国企业对巴西的投资情况也可作为对上述观察结果的补充。伴随中国经济的结构性变化，中国品牌在巴西市场的发展从产品出口转向产业投资，迈入新阶段。巴中企业家委员会（CEBC）报告显示，2007—2022 年，中国在巴西投资了 236 个项目，共计 716 亿美元。根据报告提供的投资项目数量和金额来看，投资主要覆盖了电力、制造业、信息技术、油气开采、农林业、金融服务、金属矿物开采、基础设施等领域（图 10-10、10-11）。[②]在制造业领域，主要产业投资集中在机动车制造、电气设备制造、化学制造和

---

① 海关总署使用的商品分类是基于 HS 编码编制而成，该编码体系并不包含服务业。

② "Número de projetos chineses no Brasil bateu recorde em 2022," CEBC, accessed March 31, 2025, https://www.cebc.org.br/2023/08/29/numero-de-projetos-chineses-no-brasil-bateu-recorde-em-2022/.

机械设备制造等领域。①

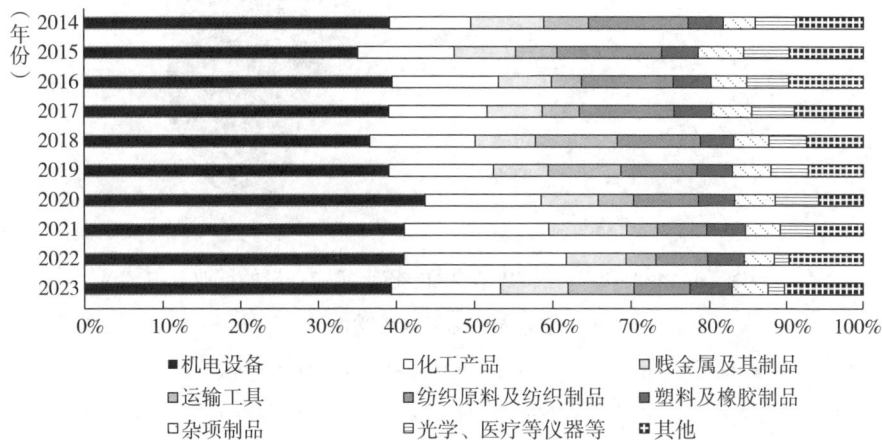

图 10-9　中国向巴西出口的产品结构（按商品分类出口额）

资料来源：中国海关总署。

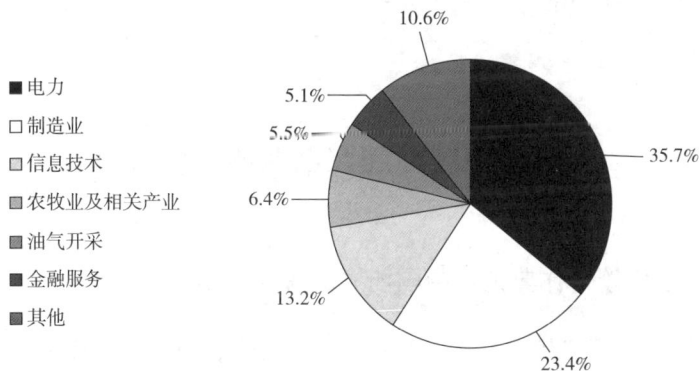

图 10-10　2007—2022 年中国在巴西投资存量的行业分布

（已确认项目的数量）

资料来源：Número de projetos chineses no Brasil bateu recorde em 2022, CEBC.

http://www.cebc.org.br/2023/08/29/numero-de-projetos-chineses-no brasil-bateu-recorde-em-2022/。

---

① "Investimentos Chineses no Brasil–Histórico, Tendênciase Desafios Globais（2007–2020），" CEBC, accessed March 31, 2025, https://www.cebc.org.br/2021/08/05/investimentos–chineses–no–brasil–historico–tendencias–e–desafios–globais–2007–2020/.

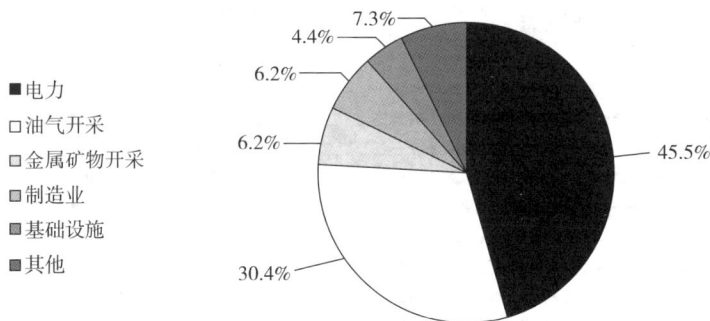

图 10-11　2007—2022 年中国在巴西投资存量的行业分布
（已确认项目的金额）

资料来源：Número de projetos chineses no Brasil bateu recorde em 2022, CEBC.
http://www.cebc.org.br/2023/08/29/numero-de-projetos-chineses-no brasil-bateu-recorde-em-2022/。

对比中国品牌的传统投资方向，[①] 电力行业和信息技术行业是 2012 年以来中国品牌最为侧重的方向，而制造业、油气开采、金属矿物开采等原来投资项目数量较多的产业则退居其次。

三、中国品牌在巴西的主要案例

（一）低碳合作典范：中国能源品牌在巴西

中国能源品牌是中国在巴西发展中最具代表的行业品牌之一。尤其是在低碳发展方面，中巴品牌合作成为南南合作的新时期典范。

2010 年，国家电网巴西控股公司成立。2014 年，公司中标中国海外首个特高压直流输电项目——巴西美丽山水电特高压直流送出项目。此后，公司规模和效益不断壮大，获穆迪 Baa3 级国际信用评级，巴西国内评级 Aaa 级，处于巴西同行业优异水平。公司多年赞助贫民窟学校马累交响乐团、中

[①] "Investimentos Chineses no Brasil 2007-2012," CEBC, accessed March 31, 2025, https://www.cebc.org.br/2013/07/01/investimentos-chineses-no-brasil-2007-2012/.

巴文化交流等 50 多项社会公益项目，两次荣获"巴西电力行业最佳企业"。[①]

2017 年，国家电网成功收购了拥有百年历史的巴西最大私营电力公司圣保罗电力电灯公司（CPFL），实现在巴西输电、配电、新能源发电、售电等业务领域的全面覆盖。[②]国家电网巴西 CPFL 公司编制了五年可持续发展规划，向社会公开发布包括减少碳排放在内的十五项承诺。CPFL 主动对接巴西国家温室气体计划，积极参与碳交易和绿电交易，实现绿色增收。该公司先后获得"巴西最佳公司治理奖""巴西杰出雇主"认证等奖项，入选巴西圣保罗交易所 IDIV 分红指数、ICO2（碳效率）指数；2021 年，CPFL 获评联合国可持续发展优秀案例，并入选桑坦德 ESG 投资组合、成为南美洲唯一被瑞士信贷纳入"减碳主题和股票投资"全球 ESG 报告中的企业。以上都体现出市场对 CPFL 公司可持续发展能力的认可。

此外，三峡集团也以并购和绿地投资的方式逐步在巴西建立起品牌竞争力。三峡巴西公司成立于 2013 年。截至 2020 年，该公司在巴西拥有 17 个水电和 11 个风电项目，是巴西全国第三大发电商和第二大私营发电商。[③]三峡巴西公司专注水电和风电等清洁能源经营，在低碳减排方面做出贡献，多次获巴西温室气体核算体系（GHG Protocol）金章认证。[④]另外，中国广核集团巴西公司也在巴西投资 6 个风电和 2 个光伏可再生能源电力项目，[⑤]其中包括巴西最大的单体光伏发电项目 Nova Olinda 和巴西最大的风电项目 Santa Vitória do Palmar。中国能源品牌有力促进了巴西当地的低碳经济发展。

[①]《国家电网巴西控股公司项目》，国家电网，http://www.stategrid.com.cn/html/sgid/gb/zcyy/hwzcyy/bx/xmgkbx/20220309/20200512171246874525023.shtml，访问日期：2015 年 3 月 31 日。

[②]《巴西 CPFL 项目》，国家电网，http://www.stategrid.com.cn/html/sgid/gb/zcyy/hwzcyy/bx/xmgkbx/20220309/20200512170903868208112.shtml，访问日期：2015 年 3 月 31 日。

[③]《拉美地区业务概况》，三峡国际，https://www.ctgi.cn/ctgichina/1047958/1047983/1047909/e119b1ab-5.html，访问日期：2015 年 3 月 31 日。

[④]《连续 4 年! 三峡巴西公司实现 100% 碳中和》，三峡集团，https://www.ctg.com.cn/sxjt/xwzx55/zhxw23/1463670/index.html，访问日期：2015 年 3 月 31 日。

[⑤]《巴西 Lagoa do Barro 风电项目》，中广核，http://www.cgnei.com/cgnine/bxgs/qqxm_list.shtml，访问日期：2015 年 3 月 31 日。

（二）创造社会溢出：中国基础设施建设品牌在巴西

中国基建品牌在巴西的发展，同样是中国品牌参与海外经济合作的优秀案例。中国交通建设集团有限公司（简称中国交建）是中巴基础建设合作中最为突出的中国品牌之一。迄今为止，中国交建在巴西已经承担了疏浚、港口、桥梁等多项基础设施工程。

为拓展南美地区的市场，中国交建在 2017 年收购了巴西排名第一的设计公司康科玛特（Concremat），并将其打造为 EPC 总承包品牌。[①]该品牌先后在巴西至南美地区内承接多项工程，并且连续六年被评为巴西建筑领域最具创新企业之一。

圣路易斯港项目和萨尔瓦多跨海大桥项目是中国交建在巴西最具代表性的项目。圣路易斯港是中国在巴西交通基建领域第一个绿地投资项目，由中国交建全产业链投资，总投资规模超 7 亿美元。该项目于 2018 年奠基，建成后将成为巴西最大的散杂货深水港之一，并成为巴西东北部重要的物流通道。[②]另一代表性项目——萨尔瓦多 – 伊塔帕里卡大桥，由中国交建与中国铁建联合承担建设与运营。该工程将建成拉丁美洲最长的水上桥梁，创造7000 个就业岗位。大桥建成后将使行程缩短约 100 公里，250 个城市将从中受益。[③]中国基建品牌在巴西创造显著经营成绩的同时，有力推动了巴西当地经济的发展和社会就业。

（三）共赢绿色种植：中国农业品牌在巴西

中粮集团是巴西市场最具代表性的中国农业品牌。2014 年，中粮集团进入巴西，累计投资超 23 亿美元，成功建立起集收储、加工、物流、贸易

---

① 《巴西康科玛特公司实现利润总额超 3000 万元人民币》，中国交建 2019 年 2 月 1 日，https://www. ccccltd.cn/news/jcxw/jx/202209/t20220909_194742.html，访问日期：2015 年 3 月 31 日。

② 《公司投资建设的巴西圣路易斯潘奠基》，中国交建 2018 年 3 月 20 日，https://www.ccccltd.cn/news/gsyw/ 202209/t20220909_193720.html，访问日期：2015 年 3 月 31 日。

③ 《常见问题》，Ponte Salvador Itaparica,https://pontesalvadoritaparica.com.br/zh-cn/perguntas-frequentes/，访问日期：2015 年 3 月 31 日。

于一体的全产业链布局。目前，中粮已成为巴西玉米、大豆、原糖等产品的主要出口商或加工商之一。2023 年，中粮国际巴西公司获巴西桑托斯港粮油码头的 25 年特许经营权。①

中粮集团不仅活跃于巴西粮食市场的贸易出口，还在巴西积极推进绿色循环农业，成效显著。通过可追溯项目，中粮建立起无毁林和无植被破坏的可持续大豆供应链。该项目于 2022 年被联合国开发计划署列为全球范例项目。2023 年，巴西蔗糖工业协会向中粮集团颁发了绿色能源徽章。②

隆平高科是中国在巴西种业领域的代表性品牌。2017 年，隆平高科通过收购陶氏益农（Dow AgroSciences）的巴西玉米种子业务，进入巴西市场。经过多年发展，目前该品牌旗下拥有 MORGAN、FORSEED、TEVO 三个品牌，主打高端和中高端定位。近年来，隆平高科在巴西的玉米种子业务稳中有进，市场份额超过 20%，稳居巴西前三。2023 年，公司已在巴西拥有超 530 家特许销售服务商，全面覆盖巴西玉米产区，在玉米核心种植带有较高的市场渗透率。同时，品牌新开发 12 个玉米新品种，年推广面积超 8000 万亩，稳居巴西玉米市场份额第一梯队。中国农业品牌注重绿色农业发展，产品品质优良，获得了巴西市场认可度高。

（四）助力当地企业：中国品牌与巴西数字经济

数字经济是当前全球经济发展的前沿之一，科技服务是数字经济的核心基础。华为是中国与巴西在数字经济领域合作的品牌代表。华为进入巴西已逾二十五年，品牌覆盖当地电信基础设施设备、企业 ICT 解决方案、云服务领域等多个数字领域，在当前巴西的数字经济发展中扮演着重要作用。③

在电信基础设施设备方面，华为作为巴西三大电信运营商 Vivo、TIM 和

① 《国际大粮商重新洗牌！中粮集团持续全球布局》，中粮集团 2023 年 4 月 17 日，https://www.cofco.com/cn/News/Allnews/Press/2023/0417/52377.html，访问日期：2015 年 3 月 31 日。

② 《为深化金砖农业合作探新路》，中粮集团 2023 年 8 月 25 日，http://www.sasac.gov.cn/n2588025/n2588124/c28702607/content.html，访问日期：2025 年 3 月 31 日。

③ "Huawei divulga Relatório Anual de 2023: Desempenho de acordo com as previsões," Huawei, April 2, 2024, accessed March 31, 2025, https://www.huawei.com/br/news/br/2024/annual-report-2023.

Claro 的供货商，在巴西部署 5G 网络过程中处于关键位置。华为为巴西公共部门及私营部门的合作伙伴提供 ICT 解决方案，覆盖金融、能源、运输、采矿等 10 余个行业领域。在云服务方面，华为云自 2019 年进军巴西以来业务迅速增长，截至 2023 年已在巴西发布 80 余项服务，是巴西增长最快的云厂商。[①]

华为还推进了巴西数字经济与传统经济的融合发展。2020 年，华为和 Vivo 在索罗卡巴启动巴西首个 5G+AI+ 物联网的物流中心；2021 年，华为与戈亚斯政府启动了巴西首个使用 5G+AI+ 云智慧农业试点项目；2022 年，华为在巴西的首家 5G+ 物联网 +AI+ 云智能工厂开业。[②]

四、结论与展望

中国品牌在巴西的发展顺应了两国经贸关系健康、快速发展的趋势，是两国深化经济合作的重要体现。巴西当地社会习惯、法律法规与经济政策等品牌营商环境因素较为复杂，国际变局对拉美地区政治经济发展影响持续，中国品牌在巴西仍然形成了多维度、多领域的快速发展。中国品牌在巴西的发展，反映了中国品牌对当地经济发展的融入和服务作用，更映射出中国品牌在中国经济转向高质量发展过程中的内在要求。

展望未来，中巴经济合作关系具有巨大潜力，巴西为中国产品、产业和行业品牌的海外发展提供巨大市场。农业、能源、矿业仍将是巴西的支柱性产业。同时，以汽车、飞机、钢铁等行业为主导的制造业和以旅游业为特色的服务业，仍有较大发展潜力。随着近年来巴西重视发展绿色经济，新能源领域成为当前巴西产业的重要发展方向。

在可持续发展的主题下，可以预见中国品牌继续发挥中国品牌的传统

---

① 《"在巴西，为巴西"华为云为巴西提供更优选择》，华为云 2023 年 11 月 23 日，https://www.huawei cloud.com/news/2023/20231122220608007.html，访问日期：2025 年 3 月 31 日。

② "Digital Brazil: Huawei and The Pride to Build The Present and The Future," Huawei, accessed March 31, 2025, https://www-file.huawei.com/-/media/corp2020/media-center/pdf/facts/books/brazil%2025%20years%20-%20english.pdf.

优势，同时抓住数字领域和新能源领域中的发展新机遇。依托社会合作、互利共赢的模式，中国品牌有能力走出自己的发展道路，展现出品牌的社会责任。中巴品牌的深化合作，也将促进中巴民间交流。

此外，各国品牌也将更加注重巴西市场，尤其是发达国家在巴西具有长期的经济影响能力。相较而言，中国品牌的国际化经营与海外产业布局仍需要不断积累经验，更好地适应巴西的制度、市场与社会环境，为国际经济环境的变化做好准备。

B.11
中国品牌在澳大利亚

高云澄*

摘　要： 近年来，以高水平、高标准的"中国制造"和全方位、多领域的"中国投资"为基础，中国品牌在澳大利亚实现稳步发展。越来越多的中国品牌在澳大利亚市场涌现，以大城市为中心以点及面推进铺展。其中，汽车、科技、家电、社交媒体和电商行业的品牌表现亮眼，展现了新时代中国品牌的高科技、高效能和高质量属性。本报告指出了澳大利亚市场对循环经济和社交消费的突出需求，并基于此，对中国品牌如何在巩固既有优势的同时，助力后起品牌，通过高效且精准的宣传推广策略，逐步提升品牌接受度、建立品牌信赖感，进行了前瞻性分析与展望。

关键词： 中国品牌　澳大利亚　循环经济　高科技　信赖感

一、中国品牌与中澳经贸关系的稳步发展

澳大利亚位于南太平洋和印度洋之间，国土面积排名世界第六位，拥有丰富的能源、矿产和海洋资源，农业生产条件优越，动植物种类繁多，服务业发达。澳大利亚法律与市场体系较为规范健全，是全球重要投资目的地之

---

* 高云澄，上海社会科学院经济研究所理论经济学博士后，主要研究方向为社会经济史、物质文化史。

一。十五年来，中国始终是澳大利亚第一大贸易伙伴，两国经贸关系稳中求进，发展趋势明显。2023 年，中澳双边货物贸易额比上年增长 4.1%。[1] 两国贸易额从建交之初的 7200 万美元增长到 2022 年的 2200 多亿美元，增长了约 3000 倍。[2] 同时，两国投资合作取得积极进展。中国对澳大利亚累计投资已超过 1000 亿美元。澳大利亚也是中国对外投资的主要目的地之一，截至 2022 年末，中国在澳直接投资存量为 357.9 亿美元，排名第五。[3] 随着经贸关系的发展，中国品牌在澳大利亚也越来越受到瞩目，品牌价值持续增长，品牌影响持续扩大。这一过程伴随着"中国制造"到"中国投资"再到"中国品牌"的历史性转变。

"中国制造"在全球范围一直有着非常重要的地位，在澳大利亚市场也是如此。2002 年的调查显示，澳大利亚市场上中国制造的服装产品占比 50%—70%。其中，婴幼儿服装以上乘的质量、多样的款式花色和相对低廉的价格备受欢迎。高档服饰如西服类则较为少见。鞋类和箱包类以生产国外品牌为主。瓷器和茶叶在澳大利亚因审美倾向和生活喜好的不同而不占优势。玩具、文化用品、体育用品和家用小电器多由中国制造，大型家用电器则较为少见。

中国品牌在对澳贸易中的发展需求尤为突出。一是澳洲市场上的中国自主品牌十分少见，亟须有中国自己设计的品牌；二是在重要品类贸易中中国品牌处于劣势，中国机电在质量和性价比上都具备一定的优势，但澳洲主流市场仍以日本制造为主；三是澳洲当地超市与市场对中国品牌的需求度还比较低；四是专业进出口公司业务能力有待提升，以便助力中国经济更好地融

---

[1] 《2023 年中澳双边货物贸易额增长 4.1%》，央视新闻客户端 2024 年 4 月 15 日，http://tradeinservices.mofcom.gov.cn/article/tongji/guoji/202404/163034.html，访问日期：2025 年 3 月 31 日。

[2] 《东西问 | 澳大利亚经济学家罗震：澳中关系为何重要？》，中国新闻网 2024 年 5 月 13 日，https://www.chinanews.com.cn/dxw/2024/05-13/10216138.shtml，访问日期：2025 年 3 月 31 日。

[3] 商务部对外投资和经济合作司、商务部国际贸易经济合作研究院、中国驻澳大利亚大使馆经济商务处：《对外投资合作国别（地区）指南——澳大利亚（2023 年版）》，2023 年。

入全球化进程。[①]

2022 年，中国向澳大利亚出口前十大产品分别为：自动数据处理设备及其部件、电话机，其他发送或接收声音、图像或其他数据用的设备，载人机动车辆，家具及其零件，成品油，坐具及其零件，半导体器件，钢铁结构体，玩具，灯具及照明装置。[②] 与 20 年前相比，更多高附加值的中国产品进入澳洲市场。2023 年，不仅"中国制造"的小商品和日用品，如毛绒玩具、纪念品、羊毛手套等在澳大利亚市场占有一席之地，"中国制造"的汽车以 83% 的份额在澳电动汽车市场占据主导地位。[③]

中国品牌在澳大利亚的投资同样取得斐然成果。2006—2023 年，中国向澳洲的直接投资呈现阶段性特征。投资高峰期的 2008—2018 年，年均投资额超过 30 亿美元，其中 2008 年高达 162 亿美元，中国品牌的主要投资行业为能源（石油和天然气）、可再生能源、医疗健康、矿业、食品与农业和商业地产。[④] 按阶段来看，中国品牌投资 2006—2012 年集中在能源行业，2013—2016 年聚焦基础设施、食品和农业综合企业、商业房地产、可再生能源和医疗保健，2017—2022 年直接投资主要面向采矿、医疗保健、食品和农业综合企业、可再生能源和商业房地产，2023 年在电动汽车、光伏组件和工业机械领域持续加大力度。[⑤]

特别是在医疗保健行业，2015 年合生元以 76.67 亿港元收购维生素和营养补充剂保健营养品牌斯维诗（Swisse）。2016 年，中国品牌"草根知本"全资

① 《"MADE IN CHINA"漫笔》，中华人民共和国商务部 2002 年 12 月 2 日，http://www.mofcom.gov.cn/aarticle/ae/ai/200212/20021200060509.html，访问日期：2025 年 3 月 31 日。

② 《澳大利亚贸易指南》（2023 年），全球贸易观察（Global Trade Flow，GTF），https://www.tdb.org.cn/u/cms/www/202309/28154018iu1u.pdf，第 2 页。

③ 《服装、家电、工艺品……澳大利亚的那些"中国制造"》，《环球时报》2023 年 7 月 1 日，https://m.huanqiu.com/article/4DWfn8t1oIR，访问日期：2025 年 3 月 31 日。

④ "Demystifying Chinese investment in Australia 2024," KPMG, April 2024, accessed March 31, 2025, https://assets.kpmg.com/content/dam/kpmg/au/pdf/2024/demystifying-chinese-investment-in-australia-april-2024.pdf, p.11.

⑤ "Demystifying Chinese investment in Australia 2024," KPMG, April 2024, accessed March 31, 2025, https://assets.kpmg.com/content/dam/kpmg/au/pdf/2024/demystifying-chinese-investment-in-australia-april-2024.pdf, pp.12-19.

并购澳大利亚第三大国民保健品牌"澳恩禧"（Australian Natural Care）。2018年，汤臣倍健以 6.7 亿澳元（约人民币 34.32 亿元）收购澳大利亚益生菌品牌益倍适（Life-Space）。上述品牌在中国和澳大利亚的消费者中都具有较高人气，在澳洲市场保持稳健向好的发展态势。品牌通过深度洞察本土市场需求，持续迭代丰富产品类型，凭借卓越品质与良好口碑，不断提升品牌价值。

相较于"中国制造""中国投资"，"中国品牌"在澳大利亚消费群体中的认知度与接受度偏低。2023 年，一项涵盖澳大利亚消费者的全球性调查结果显示，35% 的全球消费者将中国品牌列为首选考虑，45% 的消费者表明可能会考虑，而 20% 的消费者明确表示不会考虑。[①] 对品牌的信心成为消费者考虑品牌的首要因素。凯度 BrandZ 2023 榜单显示，中国全球化品牌 50 强集中在内容娱乐、电子消费、线上时尚、家电、汽车等领域，这与 2010 年调查报告的结果趋同，澳大利亚消费者对中国品牌的认识还未发生根本性的变化。2020—2024 年，从新注册的品牌[②] 涵盖的电子设备、电子通信、能源矿业等领域来看，中国的高科技品牌逐渐进入澳大利亚市场，并被消费者所接受。

---

① 《2023 年中国全球化品牌》，KANTAR BRANDZ，https://services.google.cn/fh/files/misc/cn_google_x_kantar_brandz_chinese_global_brand_builders_2023.pdf.

② 2020—2023 年，在澳注册的品牌包括：APEX、U PLUS SMART、CG CHINA GOLD、NAUTICOAT、CSSC、AGROTERRUM BETTER AGRICULTURE、CEEG、CHINA COPPER、TRY、DJEE BEAR、CITS、Govee Home、ANKER、HAIER、SHENMA 等。资料来源：世界知识产权组织（WIPO）全球品牌数据库 Global Brand Database，https://branddb.wipo.int/en/similarname/brand/BR500000933893159?sort=score%20desc&start=0&rows=30&asStructure=%7B%22_id%22:%22921d%22,%22boolean%22:%22AND%22,%22bricks%22:%5B%7B%22_id%22:%22921e%22,%22key%22:%22brandName%22,%22value%22:%22APEX%22,%22strategy%22:%22Simple%22%7D,%7B%22_id%22:%22921f%22,%22key%22:%22applicant%22,%22value%22:%22china%22,%22strategy%22:%22Exact%22%7D%5D%7D&fg=_void_&_=1745737980116&i=1.

二、中国品牌在澳大利亚的市场表现

（一）中国品牌在澳大利亚的地区分布

中国品牌在澳大利亚的发展，目前仍以墨尔本与悉尼两大城市作为主要地区市场。被誉为"澳大利亚文化之都"的维多利亚州墨尔本是国际闻名的时尚之都，在服饰、艺术、音乐、电视制作、电影、舞蹈等领域占据全球潮流文化的一席之地。一年一度的澳大利亚网球公开赛、F1赛车澳大利亚分站、墨尔本杯赛马等国际著名赛事均于墨尔本举行。中国餐饮美食品牌的首店常常择址于此，如茶百道（2024年入驻）、紫燕百味鸡（2024年入驻）、杨国福麻辣烫（2024年入驻）、喜茶（2023年入驻）、泡泡玛特（2022年入驻）等。这些品牌在保持自身特色的同时，也根据当地市场需求进行调整与改良。

位于新南威尔士州的悉尼，金融业、制造业和旅游业高度发达。其中，世界顶级跨国企业、国内外金融机构的总部均扎根于此。众多中国品牌也以悉尼为重要据点，如库迪咖啡（2024年入驻）、SMFK中国时尚品牌旗舰店（2024年入驻）、蜜雪冰城（2023年入驻）、比亚迪第一家超级商店（2023年入驻）、字节跳动澳大利亚办公室（2020年入驻）、张亮麻辣烫（2019年入驻）[1]、首家贵州茅台专卖店（2014年入驻）、海尔专卖店（2006年入驻）等。这些品牌大多择址悉尼市中心CBD区的世界广场（World Square）或唐人街等繁华地区，锚定流量高地，开启在澳发展篇章。

中国品牌往往于悉尼、墨尔本开设旗舰店或是时尚快闪店，随后在首都堪培拉、昆士兰州的布里斯班和西澳州的珀斯等地区城市设立分支机构，进一步在澳大利亚全国推广。

---

[1] 《张亮麻辣烫澳大利亚开店，中国美食文化海外播种》，财经早看点2022年1月14日，https://caifuhao. eastmoney.com/news/20220114132035409314930，访问日期：2025年3月31日。

（二）中国品牌在澳大利亚的行业分布

1. 汽车行业

中国电动汽车凭借较高的整体性价比和技术创新，在澳大利亚汽车行业中脱颖而出。其中，"刀片电池技术"具备续航里程长、能量密度高、寿命长、安全性高等优势，为用户带来了舒适的驾驶体验，这是澳大利亚消费者选择中国品牌汽车的主要原因。此外，优质的售后服务、五星安全评级、最高 7 年的超长保修期、富有科技感的内部配置、严格且出色的节能减排的标准，以及优惠的补贴政策等因素，[①] 都助力中国品牌在澳大利亚汽车行业表现优异，销量持续增加，市场份额不断攀升。

截至 2024 年初，中国已成为澳大利亚汽车销售的第三大来源国。[②] 根据澳大利亚汽车协会（Australian Automobile Association）的数据显示，在 2023 年所有汽车类型销量中，上汽名爵（MG）排名第七位；在电动汽车销量方面，特斯拉位居第一，比亚迪排名第二，上汽名爵（MG）位列第三。[③] 中国汽车品牌的进入，极大地丰富了澳大利亚消费者的选择，让当地人能够购买到最适合他们工作、娱乐以及家庭使用的汽车。研究人员指出，自 2022 年中国最大的电动汽车制造商比亚迪进入澳洲市场，其在澳销量增长了 6 倍，[④] 这表明澳大利亚的消费者对中国制造的汽车接受度颇高。[⑤] 至 2024 年 1 月，比亚迪的电动汽车月销售量首次超过特斯拉。[⑥]

总体而言，中国汽车品牌凭借技术创新驱动市场实现突破，重塑澳大利

---

① 《中国电动汽车在澳大利亚销量增加》，《人民日报》2023 年 11 月 30 日，https://paper.people.com.cn/rmrb/html/2023-11/30/nw.D110000renmrb_20231130_3-15.htm，访问日期：2025 年 4 月 25 日。

② 《澳大利亚联邦汽车工业商会：澳所售电动汽车中超 80% 是中国制造》，人民网 2024 年 6 月 14 日，http://australia.people.com.cn/n1/2024/0614/c408038-40256527.html，访问日期：2025 年 3 月 31 日。

③ Australia Automobile Association, Eleetric Vehicle Index, https://data.aaa.asn.au/ev-index/.

④ 文中数据统计周期截止于 2024 年 5 月 31 日新闻发稿节点。

⑤ 《澳媒：中国汽车在澳大利亚的崛起势头迅猛》，人民网悉尼 2024 年 5 月 31 日，http://australia.people.com.cn/n1/2024/0531/c408038-40247710.html，访问日期：2025 年 3 月 31 日。

⑥ 《澳大利亚汽车工业商会：截至今年 6 月，澳在售电动车八成产自中国》，《环球日报》2024 年 7 月 17 日，https://www.163.com/dy/article/J79H28FF0514R9OJ.html，访问日期：2025 年 3 月 31 日。

亚消费者对电动汽车的认知。与此同时，通过全价值链赋能本土化策略，精准契合了澳大利亚市场的实际需求。

2. 科技行业

在中国科技行业品牌开拓澳大利亚市场的过程中，手机品牌率先为消费者熟知。2016—2018 年，中国手机品牌华为和 OPPO 是澳大利亚使用量增长最快的品牌。两年间，澳大利亚使用华为手机的人数翻倍，增长了 87%。用户数量从 25.1 万增至 47.1 万。OPPO 进入澳大利亚市场的时间较短，2018 年其用户数量为 36.8 万，市场占有率居第七位。数据研究显示，澳大利亚年轻一代对中国手机的接受度更高。澳大利亚 OPPO 用户中的三分之二，来自 Z 世代或千禧一代；而华为在澳大利亚的客户群体里，超过一半多的人也处于这两个年龄段。[1]

中国电子消费品牌安克创新旗下的充电储能产品、智能家居品牌 Eufy 及智能声学品牌 Soundcore 等，自 2021 年起便积极开拓澳大利亚市场。到 2023 年，安克创新在澳大利亚销售收入超过 6.62 亿元，成为备受瞩目的新兴品牌。[2]

中国科技行业的品牌，凭借高性价比策略与本土化营销手段掀起澳大利亚青年科技消费热潮。各品牌通过多样化布局，构建智能生态并从多维度突破，实现从单一手机业务到全链路消费电子业务的赛道跨越。借助迭代式的品牌升维路径，逐步完成从"性价比标签"向"创新生活方式定义者"的身份转变，重塑了澳洲市场格局。

3. 家电行业

中国家电行业品牌中高科技和智能化的高端产品，正逐步在澳大利亚

① 《研究：澳大利亚用户倾心中国品牌华为、OPPO》，环球网 2018 年 12 月 18 日，https://m.huanqiu.com/article/9CaKrnKg42P，访问日期：2025 年 3 月 31 日。

② 《安克创新净利润涨四成，充电舒适圈之外进展几何？》，《21 世纪经济报道》2024 年 4 月 25 日，https://www.21jingji.com/article/20240425/herald/56b179d7fc2e5ac70a9d606e5cf7d68e.html，访问日期：2025 年 3 月 31 日。

市场占据优势地位。2014 年，科沃斯机器人有限公司开始筹备进军澳大利亚。[1]2018 年，科沃斯上榜 BrandZ™ 中国出海品牌 50 强，成为在澳大利亚用户中认知度较高的品牌。[2] 到 2022 年，科沃斯地宝在澳大利亚市场占有率超 40%。[3] 在 2022 年亚马逊会员日期间，科沃斯品牌全球总成交额同比增长58%，其中澳大利亚 GMV（商品交易总额）实现大幅度增长。[4]2023 年下半年，科沃斯的扫地机器人新品在澳大利亚实现了同步供货。[5]

2022 年，海尔智家产品凭借全球高端创牌的战略，其产品在澳大利亚市场零售量排名第二，市场份额达到 12.8%。[6]2023 年，TCL 电视在澳大利亚零售量位居榜首。[7]2024 年 1 月至 5 月，海信电视基于从消费者需求出发打造的高技术高规格产品和配套的优质服务，在澳大利亚的销量占比超过20%，位居市场第一。[8]

中国家电行业的品牌依托"研发—供应链—本地化运营"的全链路优势，加速智能家居产品的市场渗透。高端创牌战略成效显著，生态化竞争格局已然成形。

4. 社交媒体平台行业

2022 年全年，澳大利亚平均每月活跃的社交媒体用户约为 2120 万。在

① 《科沃斯与商派签约，全球战略再进一步》，山西新闻网 2014 年 10 月 14 日，https://news.sina.com.cn/
　o/2014-10-14/153430987491.shtml，访问日期：2025 年 3 月 31 日。

② 《科沃斯机器人荣膺 2018 BrandZ™ 中国出海品牌 50 强》，科沃斯机器人 2018 年 2 月 8 日，https://www.
　ecovacs.cn/news/detail-742.html，访问日期：2025 年 3 月 31 日。

③ 张韵丰：《出海的 20 家智能家居品牌》，亿欧智库 2023 年 7 月 14 日，https://cn.equalocean.com/
　analysis/202307141040164，访问日期：2025 年 3 月 31 日。

④ 《半年报逆势增长，科沃斯全球多市场布局打造"出海"标杆》，华尔街见闻官方 2022 年 9 月 14 日，
　https://www.163.com/dy/article/HH80HHBC05198NMR.html，访问日期：2025 年 3 月 31 日。

⑤ 《扫地机器人的 2023：行业龙头遇困、涌向海外求生》，DoNews 2023 年 12 月 29 日，https://www.
　thepaper.cn/newsDetail_forward_25822140，访问日期：2025 年 3 月 31 日。

⑥ 《国内连涨，海外领先! 海尔智家全球创牌新成果》，海尔 2024 年 2 月 29 日，https://www.haier.com/
　press-events/news/20240229_235757.shtml，访问日期：2025 年 3 月 31 日。

⑦ 《三度携手美洲杯，TCL 电视销量蝉联全球第二》，羊城派 2024 年 6 月 21 日，https://new.qq.com/rain/a/2
　0240621A08SFH00?uid%5B0%5D=&uid%5B1%5D=&suid=&media_id=，访问日期：2025 年 3 月 31 日。

⑧ 《高端出海新突破：海信电视澳洲市场位居第一》，中国经济网 2024 年 6 月 27 日，http://www.ce.cn/
　cysc/zgjd/kx/202406/27/t20240627_39052178.shtml，访问日期：2025 年 3 月 31 日。

澳大利亚的社交媒体平台排名中，TikTok 按占比位列第 7 位，其占比约为排名第三的 Instagram 的三分之一，仅为排名第一的 Facebook 的十分之一。①2023 年初，TikTok 在澳大利亚拥有 830 万 18 岁及以上的用户，虽然使用人数与 Facebook（1490 万）和 Instagram（1165 万）相比仍有差距，然而它却是澳大利亚人使用时间最长的应用程序，用户平均每月在该应用程序上花费 23.4 小时，与 2022 年相比增长了 40%。②TikTok 可观的用户增速和使用时长，是体现用户对品牌信赖程度的直观数据。

中国社交媒体平台行业的品牌，通过沉浸式体验重构流量格局，其"用户增速—使用深度"正相关曲线，展示了用户黏性与品牌商业价值的高度耦合，推动了媒体平台行业进入创新周期。

5. 电商行业

中国电商行业品牌，虽然相较亚马逊（Amazon）和亿贝（eBay）等国际电商平台起步较晚，但是在进入澳大利亚市场之后，迅速打开局面。2024 年，Shein（希音）和 Temu 已经与亚马逊齐名，成为澳大利亚三大主流电商平台。在 2023 年底至 2024 年上半年的 6 个月，三大平台合力推动澳洲整体在线支出增长了 12%。从用户活跃度上看，Shein 和 Temu 月活买家数量为 200 万，Temu 月活跃买家数量 140 万。③

根据 Omisend 公司的调查，70% 的澳大利亚受访居民在过去一年曾在 Temu 和 Shein 等平台购物。在购物平台的选择方面，58% 的人选择在 Shein 购物，52% 的人在 Temu 购物。Temu 已经成为澳大利亚第五大受欢迎的在线零售商，其客户数量同比增长率高达 39.7%；推出仅一年，本地客户数量已

---

① 《在澳洲生活和工作的您在使用社交媒体和获取信息上有什么变化？》，SBS Chinese2023 年 10 月 25 日，https://www.sbs.com.au/language/chinese/zh-hans/podcast-episode/how-has-the-use-of-social-media-and-access-to-information-changed-since-you-lived-and-worked-in-australia/cctfpg9kw，访问日期：2025 年 3 月 31 日。

② 《TikTok、Temu、Shein 霸榜澳大利亚，下载量登顶》，澳洲电商资讯 2023 年 5 月 30 日，https://www.amz123.com/t/ACMhBoVL，访问日期：2025 年 3 月 31 日。

③ 《亚马逊、Shein 和 Temu 三家瓜分澳洲市场》，西之羊 2024 年 5 月 6 日，https://www.dny321.com/Main/ArticleDetails?id=707609137952854016，访问日期：2025 年 3 月 31 日。

达 810 万, 每月网站及应用程序使用人数超过 1100 万。[①] 中国电商行业品牌以 "柔性供应链 + 本土化选品" 打入澳洲市场, 不断攀升的数据彰显了其强劲的发展活力。

(三) 中国品牌在澳大利亚的典型代表

1. 比亚迪、江淮汽车

比亚迪是中国高规格且具高性价比的电动汽车品牌, 倡导以科技创新成就梦想, 为人类可持续发展的美好未来而不懈探索。2024 年 1 月, 比亚迪的电动汽车在澳大利亚的销售额首次超过特斯拉。消费者表示, 选择比亚迪的主要原因是其具备与部分欧美电动汽车相同的规格功能, 同时在价格上更具优势。中国电动汽车的先进技术, 减少了澳洲交通领域的排放。在数字功能配置方面, 中国电动汽车也优于部分德国品牌。[②] 江淮汽车在澳大利亚的表现同样亮眼, 始终致力于 "实现美好未来"。

由于澳大利亚地广人稀, 电动汽车基础设施相对匮乏, 境内又存在大量砂石和红土路面, 四驱越野车和皮卡车的需求更多。[③] 澳大利亚消费者对于彰显力量、实用、宽敞和坚固的日常运输工具的需求巨大, 江淮汽车 T9 皮卡成为澳大利亚人日常工作和周末出行的理想选择。[④] 比亚迪和江淮汽车以高技术和高性价比在各自的领域中占有一席之地。

2. TCL

TCL 代表了中国家电品牌的先进技术理念和高品质。2023 年, TCL 电视

[①] 《70% 澳大利亚消费者使用 Temu 和 Shein 跨境电商平台 (Temu 成为第五大受欢迎在售零售商)》, 国际快递 – 百运网 2024 年 7 月 5 日, https://m.by56.com/news/38544.html, 访问日期: 2025 年 3 月 31 日。

[②] "Chinese electric cars flood Australian market, benefiting consumers but raising concerns," *ABC News*, June 12, 2024, accessed March 31, 2025, https://www.abc.net.au/news/2024–06–12/chinese–electric–vehicles–ev–byd–increasing–sales–in–australia/103938848.

[③] 《澳大利亚在售电动车八成产自中国》, 环球网产经 2024 年 7 月 17 日, https://www.sohu.com/a/793897788_121372837, 访问日期: 2025 年 3 月 31 日。

[④] 《2024 年中国汽车品牌 "出海" 澳大利亚皮卡市场》, 中国新闻网 2024 年 3 月 22 日, http://ydyl.china.com.cn/2024–03/22/content_117077981.shtml, 访问日期: 2025 年 3 月 31 日。

在澳大利亚零售量位居第一。[1] TCL 在 2005 年进入澳大利亚，至 2018 年市场占有率排名第三。秉持开放合作、共生共赢的理念，TCL 连续赞助体育赛事和参与社会公益活动（如墨尔本赛马节），赞助澳大利亚联赛冠军的胜利足球队等。在赛场上使用最高端和先进的产品进行转播，展示了高技术、高标准、高设计水准的中国制造。零故障率的成功转播彰显了高品质中国企业的实力，形成了中国品牌效应，逐渐成为市场标杆和优质产品的代表，进而家喻户晓。[2]

3. Shein、Temu

Shein 与 Temu 电商品牌着眼以性价比和高品质，可持续地应对生活成本危机。2024 年研究报告[3] 显示，每月有超过 200 万澳大利亚人在 Shein 和 Temu 线上平台购物，二者以实惠的价格销售家居用品、电子产品和服装等。120 万人在 Temu 购物，77 万人在 Shein 上购物。[4] 从 Temu 和 Shein 的购物人群来看，主要是"控制预算的讨价还价者"其中包括年轻的父母、普通家庭和退休人群。Shein 和 Temu 在澳大利亚的迅速崛起的原因有三：积极开展营销活动、商品性价高，以及澳大利亚当下存在生活成本危机。因此研究预测，Shein 和 Temu 在澳大利亚可能会产生持久的影响力。[5]

Shein 和 Temu 精准把握时机，成功立足澳大利亚市场，填补了澳大利亚消费者对于性价比产品需求的空白，丰富了澳大利亚电商的业态。近来，澳

① 《中国彩电品牌"出海"步入收获期》，《中国电子报》2024 年 6 月 5 日，http://www.ce.cn/cysc/zgjd/kx/202406/05/t20240605_39027861.shtml，访问日期：2025 年 3 月 31 日。

② 《TCL 在澳大利亚建立中国品牌效应》，中国新闻网 2018 年 11 月 11 日，https://www.chinanews.com.cn/cj/2018/11-11/8674035.shtml，访问日期：2025 年 4 月 25 日。

③ "The Future of Retail：A Roy Morgan Business Address," Roy Morgan Research, April 22, 2024, accessed March 31, 2025, https://www.roymorgan.com/findings/9552-roy-morgan-future-of-retail-presentation-april-2024. 女装是 Shein 的顶级品类，平均四周内有超过 700000 名顾客，是第二名男装（92000 名）的七倍多。相比之下，Temu 的品类种类更多，以女装（平均四周内有 537000 名顾客）、男士、女士或儿童配饰（286000 名）、男装（212000 名）和电器（180000 名）为首。

④ 《中国电商在澳大利亚火热 报告显示：每月超 200 万人线上购物》，中国新闻网 2024 年 3 月 9 日，http://world.people.com.cn/n1/2024/0309/c1002-40192302.html，访问日期：2025 年 3 月 31 日。

⑤ 同上。

大利亚每月在 Shein 网购的人数有 77 万，年销售额预计超过 10 亿澳元；在 Temu 平台，每月网购的澳大利亚人多达 120 万，年销售额预计可升至 13 亿澳元。[①]

4. TikTok

TikTok 以其增加就业机会与创造收入方面的突出表现，吸引了各类企业纷纷积极入驻和参与。牛津经济研究院（澳大利亚）2024 年的《TikTok 对澳大利亚的社会经济影响》一文显示，TikTok 在 2023 财政年，为澳 GDP 总量贡献了 11 亿澳元，并创造了 13000 个就业机会。[②] 在 TikTok 平台，众多初创企业和成熟企业凭借平台优势，持续稳健发展，这样的成功案例不胜枚举（表 11–1）。

表 11–1　澳大利亚企业（组织）TikTok 平台使用情况及成效

名称及简介	TikTok 使用情况	成效
Tennis Australia（澳大利亚网球协会）澳大利亚网球组织和推广机构	TikTok 是澳网宣传、交流的高效平台，能节省时间和成本 澳网协认为持续使用该平台前景良好，也正在探索更多使用平台的新方式	加深网球与年轻观众的联系，促进观众的参与和交流，增加他们对品牌、球员和运动的认识，同时，推介了有潜力的球员
QCamel 澳大利亚骆驼奶厂	负责人 Yasmin Brisbane 发布骆驼工厂日常相关视频，分享骆驼奶的益处	增加了产品销量，促进了当地旅游业发展。为扩大业务，投资了生物科技领域，并为将产品运送到世界各地做好了准备
Brooki Bakehouse 澳大利亚面包店	面包店的负责人 Brooke Saward 在 TikTok 上传"作为烘焙店主的一天"等 3 支影片后，销售额提升，从原先 8 个月 300 个订单到单日 300 个订单 负责人持续发布新品和日常，与观众分享经营日常和背后发生的故事	负责人认为面包店 70%—85% 的营业额归功于 TikTok 的营销，并且没有为此花费广告费用 在平台上传视频影片更便捷，能够发掘并连接潜在用户，同时，影片还激励了其他的女性追求梦想

---

① 《澳大利亚电商市场迎来新一波中国浪潮》，《环球》2024 年 4 月 15 日，http://www.news.cn/globe/2024-04/15/c_1310771327.htm，访问日期：2025 年 3 月 31 日。

② Oxford Economics Australia，The Socio Economic Impact of TikTok in Australia，2024.

续表

名称及简介	TikTok 使用情况	成效
Football Australia（澳大利亚足球协会）澳大利亚足球管理机构	TikTok 作为主要的社交媒体推广和广告平台，协会在 TikTok 共有 3 个频道，总计 70 万的粉丝，是与球迷交流的重要媒介 在赛季和非赛季均积极发布内容，提高了企业知名度	为澳大利亚足球协会提供了许多支持和合作机会，包括可持续增长的商业模式及商业赞助 TikTok 拥有无价的市场营销和参与互动资源
Chefs & Dogs 澳大利亚宠物食品公司	TikTok 作为一个能够准确传达信息和能与其他商业建立联系的数字平台 负责人在平台回复评论，直接回应具体的问题，提供非医疗建议	合作是这家公司最主要的商业策略，在 TikTok 平台上得到了强化，以更快的速度，为更多的用户提供信息和专业的内容
Dimsimlim 澳大利亚中餐厅	餐厅负责人 Vincent Yeow Lim 在接手家庭餐厅后，在 2019 年制作视频，上传至 TikTok，收获了 200 万的粉丝量。同时，使用平台进行营销、招聘和维护客户	使用 TikTok 平台宣传后，本店生意火爆，后开设 2 家新店 负责人成为澳洲电视美食节目的嘉宾，让数百万人了解了中国的美食 平台最大的优势是让本身并非餐厅粉丝的人也能了解餐厅
Dymocks 澳大利亚连锁书店	负责人使用 TikTok 中一个积极活跃，且能提供各类商业活动支持的社区 booktok，进行新书和热门书目的发布、介绍活动和宣传 线下门店也设有 booktok 书籍专区	通过平台接触更多积极参与的新用户与忠实用户，有效地顺应和满足用户需求，增加用户体验，形成线上线下相联结的良性循环，从而更好地实现书店的目标

资料来源：Oxford Economics Australia，The Socio Economic Impact of TikTok in Australia，2024。

以激发创造、丰富生活为使命的 TikTok 平台受到澳大利亚各行各业的新旧企业的认可和欢迎，是不可或缺的媒体社交平台品牌。

5. 贵州茅台

贵州茅台是搭建中澳饮食文化桥梁的酒类品牌代表。截至 2018 年，茅台在澳大利亚各大零售商店和机场免税店均有售卖。在拓展市场方面，茅台积极开展推广活动，举办各类展会和茅台酒品鉴会，组织中澳社团商会联谊活动、澳洲潮州同乡会晚会，赞助中澳未来论坛，参与协助组织马拉松体育赛事，还借助中国传统节日开展节日文化主题推广活动等。消费者通过互动和品鉴活动，真切体会到了茅台酒的价值。[①] 自进入澳大利亚市场，到 2019 年的 16 年间，茅台酒的销售量从起初的 1 万瓶攀升到了 5 万瓶。销量快速增长的背后，展示出澳洲民众对中国白酒的接受度日益提高，也标志着中国品牌在澳大利亚地区的发展已经取得了可观的成绩。[②] 茅台酒稳扎稳打进军澳洲市场，以打造国际一流企业、塑造世界一流品牌为目标，通过全方位的营销模式，逐渐建立起了中澳以酒为媒介的饮食文化交流的桥梁。

三、中国品牌在澳大利亚的市场策略与挑战

中国品牌于澳大利亚的成功发展，与出色的市场策略紧密相连，市场策略大致可分为三类。

（一）借助体育之窗，开展赛事营销

澳大利亚人热爱体育，澳洲作为世界体育强国，常年举办多项国际重大赛事。通过澳大利亚网球公开赛冠名场地、发行纪念商品以及赞助奖金等赛事营销，中国品牌提升了品牌的形象和销量，提高了品牌知名度。

不少中国品牌先后成为澳大利亚网球公开赛的联合赞助商及合作伙伴。[③]

2018 年泸州老窖成为澳网的赞助商。2024—2028 年，泸州老窖将延续与澳网的深度合作，成为澳网百年历史长卷中级别最高的中国合作伙伴——联合赞助商及澳网官方合作伙伴。泸州老窖旗下定位高端的"国窖 1573"，成为澳网唯一指定白酒。[④] 2024 年澳网的比赛期间，每场"胜利时刻"都设

---

① 《专访 | 澳洲销商：将进一步持续推动茅台走进南半球市场》，茅台国际 2018 年 11 月 8 日，https://www. sohu.com/a/274142913_99970732，访问日期：2025 年 3 月 31 日。

② 《茅台风靡澳大利亚，获当地媒体好评！》，茅台国际 2019 年 8 月 24 日，https://www.sohu.com/ a/336079720_99 970732，访问日期：2025 年 3 月 31 日。

③ 澳大利亚网球公开赛官网：ausopen.com。

④ 《澳网与泸州老窖续约五年 亚太区外卡赛 2024 年落户成都》，封面新闻 2023 年 12 月 20 日，https:// www.thecover.cn/news/m2S736erRO2H90qSdq8Jkw==，访问日期：2025 年 3 月 31 日。

有"国窖 1573"产品的专属展示环节。随着转播商的镜头，中国品牌也出现在全球直播画面中。与此同时，各类融合中国文化、酒文化元素的"中国年"的宣传活动同步开展，吸引了众多澳大利亚观众的积极参与。[1]

2024 年，瑞幸咖啡成为澳大利亚网球公开赛在中国的官方独家咖啡合作伙伴（PARTNERS）。瑞幸咖啡和澳大利亚网球公开赛，这两大品牌所蕴含的趣味性，以及它们对健康和高品质生活方式的倡导，不仅有力推动了澳网赛事在亚洲市场的宣传，还助力瑞幸咖啡向世界推广。[2]

2019 年，复华文旅在澳大利亚黄金海岸打造定位为"世界十大高层高端住宅"的"复华耀世 SPIRIT"。通过澳网赛事、澳网高端体验及虚拟广告让更多人士得以了解。[3]

2018 年，澳大利亚网球公开赛与百岁山的合作，是澳网有史以来与中国企业规模最大的合作项目，同时也是澳网首次携手中国食品饮料品牌。百岁山和澳网建立了为期 5 年的品牌合作，借助赛场内的品牌广告投放，以及在全球电视转播中的品牌展示，极大地提升了自身在全球范围的品牌形象。[4]

2008 年，海信获得澳网场馆的冠名权，冠名期长达 10 年。2008—2014 年，海信对澳网总投资近 1 亿元，每年全球收获至少 6 亿次曝光量，品牌收益远超投入。借势澳网，海信在 2014 年就成为澳洲市场知名度颇高的家电品牌，产品入驻澳洲 80% 的零售商渠道。[5]

体育赛事具有参与度广泛、知名度高的显著特点。品牌通过与体育赛事

---

[1] 《今年澳网被白酒刷屏，中国品牌赞助顶级赛事不再"傻白甜"》，澎湃新闻 2024 年 1 月 20 日，https://m.thepaper.cn/wifiKey_detail.jsp?contid=2879080&from=wifiKey#，访问日期：2025 年 3 月 31 日。

[2] 《体育营销赞助案例｜瑞幸咖啡与澳网合作；联合利华与非洲杯合作》，禹唐体育 2024 年 1 月 14 日，https://new.qq.com/rain/a/20240114A02FHN00，访问日期：2025 年 3 月 31 日。

[3] 《澳大利亚网球公开赛与中国地产引导者复华文旅强强联手》，美通社 2018 年 6 月 19 日，https://www.prnasia.com/lightnews/lightnews-1-102-12525.shtml，访问日期：2025 年 3 月 31 日。

[4] 《澳网赞助商现三家中国企业 网球热推升中国赞助商积极性》，《北京晨报》2017 年 10 月 19 日，https://baijiahao.baidu.com/s?id=1581658069354419845&wfr=spider&for=pc，访问日期：2025 年 3 月 31 日。

[5] 《观网球大满贯赞助：澳网最受中国企业青睐，赛事营销不能搞"抽风式"传播》，《每日经济新闻》2022 年 7 月 13 日，https://finance.eastmoney.com/a/202207132448124041.html，访问日期：2025 年 3 月 31 日。

展开一系列行之有效的合作，积极开展宣传推广活动，增加了品牌可见度，同时也增进了澳大利亚人对中国文化的了解。然而，澳大利亚人对中国品牌本身的认知程度，并未如预期般提升。因此，如何增加观众的参与感、体验感，促进他们对中国品牌的深入了解，成为借助体育赛事提升品牌知名度的关键发展方向。

（二）亮相艺术展会，建立品牌形象

澳大利亚人钟情艺术，平日参观画廊或观看艺术表演的人数约是足球观赛人数的两倍。2017 年，"首届中国春节时尚庆典"系列活动中最大的亮点——"中国沉思：时尚之旅（China Musings：A Fashion Journey）"时尚艺术展在西澳大利亚州首府珀斯（Perth）举行，中国著名时装设计师张义超携中国非物质文化遗产"荣昌夏布"成为首个在西澳亮相的中国本土品牌。展览获得西澳政府、时尚界、企业界等各界观展人士的极大关注，赢得广泛赞赏，形成了中国时尚效应。西澳本土 12 位优秀设计师凭借独特视角和个性理解表达，通过作品对中国文化进行了别样解读，他们与中国本土设计师及社会大众一起探索中式审美对西方时尚的影响，以及中国元素对时尚创造力的启发。[①] 作为一种全方位展示宣传品牌、寻找目标客户的途径，从实际效果看，单次展会的宣传持续性存在不足。相比之下，参与周期性展会，并采用配套的后续宣传推广组合模式，将更有助于提升品牌知名度。

（三）利用社交媒体，开拓数字渠道

2023 年，茅台咖啡在澳大利登陆之际，依托小红书平台发帖，推广茅台与澳洲冠军咖啡师 Jack Simpson 的合作项目。此次合作是在墨尔本推出茅台咖啡，并在茅台墨尔本形象店开业活动期间，向消费者限量赠送 200 杯该款咖啡。此外，茅台墨尔本形象店开业当日，还同步赠送限量飞天茅台酒、茅

[①] 《荣昌夏布惊艳西澳珀斯》，服装设计师协会 2017 年 2 月 3 日，https://www.fashion.org.cn/2023xb/2023hyfw/2023hyfc/201702/t20170215_4363501.html，访问日期：2025 年 3 月 31 日。

台酒器礼盒、茅台冰激凌等系列产品。[①] 活动圆满举行，在各界引发广泛且热烈的反响。

目前，中国品牌在社交媒体平台的宣传主要分为两种模式。其一，在 Facebook 和 Instagram 等平台，以品牌官方频道和专业创作者的频道合作推广为主要途径；[②] 其二，在小红书和 TikTok 平台，多依靠用户自行发布、分享信息。充分利用社交平台，进一步提升中国品牌的曝光量与宣传力度，已经成为当下品牌推广的重要发展趋势。

通过成功实施上述三类主要的市场策略，中国品牌在澳大利亚已经取得了颇为可观的成绩，而要实现持续良性发展，就须顺应澳大利亚市场需求的动态变化。首先，澳大利亚市场对循环经济存在突出的需求。罗伊·摩根（Roy Morgan）在 2024 年《零售业的未来》一文中的研究显示，57%（约1220 万）的澳人购买二手物品，44%（约 930 万）的澳人出售不再需要的物品。34%（约 730 万）的澳人同时买卖物品。"循环经济"在可持续性（近三分之一的购物者）和优质的低价商品（三分之二的二手购物者）的推动下蓬勃发展。[③] 这就要求品牌产品兼具高品质与高性价比。其次，澳大利亚市场的另一显著变化是社交消费需求呈现持续增长的态势。澳大利亚社交媒体用户的数量不断增多。2015—2022 年，社交媒体用户占澳大利亚总人口的比例从 67% 上升到了 83%。与此同时，越来越多的消费者开始使用社交媒体进行在线购物。2020—2024 年，使用社交媒体进行在线购物的消费者数量预计将增长 31%。[④]TikTok 的社交功能在澳大利亚用户中也受到热烈欢迎。用

[①] 《茅台咖啡登陆澳洲；泸州宜宾共建白酒产业集群》，《21 世纪经济报道》2023 年 7 月 31 日，https://www.21jingji.com/article/20230731/herald/0aaeebae5f6f1b6fed4eb4074121f472.html，访问日期：2025 年 3 月 31 日。

[②] 《洗衣机用得好！澳洲用户又买海尔冰箱》，看点时报 2023 年 4 月 26 日，https://m.tech.china.com/hea/article/20230426/042023_1264345.html，访问日期：2025 年 3 月 31 日。

[③] "The Future of Retail: A Roy Morgan Business Address," Roy Morgan Research, April 22, 2024, accessed March 31, 2025, https://www.roymorgan.com/findings/9552-roy-morgan-future-of-retail-presentation-april-2024.

[④] 《澳大利亚社交电商趋势：2023 年全球领先的社交商务平台》，AI 国际商业评论 2023 年 12 月 29 日，https://baijiahao.baidu.com/s?id=1786166394321672092&wfr=spider&for=pc，访问日期：2025 年 3 月 31 日。

户可以关注自己喜欢的创作者，与他们进行互动，评论、点赞和分享视频。①对品牌而言，除了具备既有的商品属性，还需拥有积极的话题特质，从而能够契合澳大利亚人的社交分享诉求与消费需求。

四、展望与建议

当前，澳大利亚消费者对中国品牌的整体认知仍然十分有限，中国品牌宣传的途径和效果有待提升，当地巨大的品牌市场也有待开发。澳大利亚经济指标良好，商业环境友好，拥有由熟练劳动力和尖端技术推动的充满活力的创新生态系统。澳大利亚是可再生能源超级大国，太阳能和风能行业处于世界领先地位。②2024 年，中澳两国之间多领域的交流互访推进了能矿、农业、教育、旅游等传统领域的务实合作，在应对气候变化、开发新能源和绿色基础设施建设等领域的合作得到拓展。③随着首届中国消费品（澳大利亚）品牌展的举行，越来越多高品质的中国品牌将被澳大利亚的消费者知悉。④

与此同时，中国品牌也正在适应澳大利亚不同行业与细分市场的发展趋势。罗伊·摩根的《未来零售业的预测》⑤报告显示：2023 年澳大利亚的消费者，在家用电子产品为首的类别支出减少，而在宠物用品、游戏、化妆品和护肤品等上的支出增加。2023 年，澳大利亚消费者对电子产品（大型电子产品）的购买花费有所减少，然而，这些品类恰是中国品牌当前发展较快且

---

① 《剑指 Instagram！TikTok 在加拿大和澳大利亚推出 TikTok Notes》，ZAKER 科技 2024 年 4 月 19 日，http://www.myzaker.com/article/6621e8548e9f09114a3b79d0，访问日期：2025 年 3 月 31 日。

② Australian Trade and Investment Commission，*Why Australia Benchmark Report*，2023.

③ 《超越稳定：中澳关系再出发》，中华人民共和国驻澳大利亚联邦大使馆 2023 年 10 月 12 日，http://au.china-embassy.gov.cn/dshd/202310/t20231012_11159629.htm，访问日期：2025 年 3 月 31 日。

④ 《首届中国消费品（澳大利亚）品牌展推介会在悉尼举行》，新华网 2024 年 7 月 12 日，http://www.news.cn/20240712/984ae56013cb439ea502ee31a98d80a9/c.html，访问日期：2025 年 3 月 31 日。

⑤ "The Future of Retail：A Roy Morgan Business Address," Roy Morgan Research, April 22, 2024, accessed March 31, 2025, https://www.roymorgan.com/findings/9552-roy-morgan-future-of-retail-presentation-april-2024.

具备优势的行业。虽然中国品牌的电动汽车和家电等在澳大利亚的销售量持续增长，但随之而来的是需要面对市场饱和的问题。中国汽车在澳销售量从2014年的4154辆跃升至2023年的193433辆。2024年，随着中国广汽集团和吉利集团的车型在澳推出，中国汽车的销售量可能会继续增加。消费者意识的增强、成本竞争力、技术进步以及中澳自贸协定带来的关税降低等因素都有助于带动中国汽车在澳大利亚的销售。[①] 后续，中国品牌汽车如何适配澳大利亚发达的二手交易体系，仍然是亟待解决的重要课题。

在消费支出呈现增长态势的类别中，游戏和化妆品行业是中国品牌出海成效显著的行业。游戏品牌中如腾讯、网易和米哈游等在美国、日本、韩国、德国等国家已积累了较为成功的出海经验。[②] 化妆品品牌花知晓和酵色，不仅在日本线上榜单收获良好口碑，[③] 线下药妆店的销售量也相当可观。品牌万花镜的眼影单品在美国销售火爆。[④] 因此，在契合澳大利亚消费市场需求的基础上，充分借鉴已有的行业成功经验，可助力更多中国品牌进军澳大利亚市场。

最后，本报告针对中国品牌在澳大利亚的发展现况，提出两点建议。

其一，在国际化的同时，中国品牌要做好本地化的文化推广，准确、有效地传递品牌文化。其中，品牌名称的"信、达、雅"，是让海外消费者认识和接受品牌的第一步。泸州老窖的国窖1573的翻译是"international cellar"，词不达意，未能起到宣传和推广的作用。贵州茅台的翻译"mao tai"能成为中国白酒在世界的代名词，因其较好发音能够使得当地人听得

---

① 《澳媒：中国汽车在澳大利亚的崛起势头迅猛》，人民网2024年5月31日，http://australia.people.com.cn/n1/2024/0531/c408038-40247710.html，访问日期：2025年3月31日。

② 《国产游戏出海透视：连续四年创收超千亿元"中国智造"赢取欧美日韩核心市场》，新华财经2024年1月19日，https://www.cnfin.com/gs-lb/detail/20240119/4002619_1.html，访问日期：2025年3月31日。

③ 《国货美妆日本爆红？花知晓们的捷径和困局》，界面新闻2021年11月14日，https://finance.sina.cn/2021-11-14/detail-iktzqtyu7234093.d.html，访问日期：2025年3月31日。

④ 《出海美妆品牌万花镜靠眼影月收20万美金？只因做对这两步！》，吃鲸天下2023年5月29日，https://www.sohu.com/a/680025182_120781309，访问日期：2025年3月31日。

懂，说得准。[①]

品牌接受度的形成也需要重视本土体验，融入当地文化。以白酒为基酒的鸡尾酒、添加白酒的黑咖啡及白酒柑橘风味的"意大利雪糕"[②] 等中国品牌，通过产品创新和文化融合的方式，取得了一定的成效，成功开拓了白酒在澳洲的市场，被当地消费者所接受。

其二，在澳大利亚第二大电信供应商 Optus 泄露事件之后，[③]信息安全成为影响澳大利亚人对品牌信赖程度的关键因素。在澳 2023 年"最不被信任"的零售商调查结果中，Shein 和 Temu 排入了前六名。[④]这个榜单的结果表明，智能家电行业和媒体社交平台行业在品牌建设的过程中，应当将信息安全置于首要位置。如此才能确保消费者在充分了解的前提下，放心、安心和愉悦地进行在线社交和购物活动，进而对品牌产生信任。

① 《中国酒出海说｜泸州老窖副总王洪波：在外国人心中植入品牌和文化》，《21 世纪经济报道》2024 年 1 月 6 日，https://www.21jingji.com/article/20240106/herald/0d7876f657f03cdeaf4cbfffaea77819.html，访问日期：2025 年 3 月 31 日。

② 《中国白酒打入澳洲市场贺龙年》，SBS 中文 2024 年 2 月 6 日，https://www.sbs.com.au/language/chinese/zh-hant/article/chinas-national-drink-to-celebrate-this-lunar-new-year-of-dragon/yfrzol4g0。

③ 《澳第二大电信供应商客户数据遭泄露 各州采取不同措施应对》，人民网 – 澳大利亚频道 2022 年 9 月 28 日，http://australia.people.com.cn/n1/2022/0928/c408038-32536081.html，访问日期：2025 年 3 月 31 日。

④ "The Future of Retail：A Roy Morgan Business Address," Roy Morgan Research, April 22, 2024, accessed March 31, 2025, https://www.roymorgan.com/findings/9552-roy-morgan-future-of-retail-presentation-april-2024.

B.12
中国品牌在韩国

张　文[*]

摘　要： 随着中国制造业的不断升级，中国品牌在韩国的形象逐渐改善，赢得了越来越多韩国消费者的认可。以海尔、小米等为代表的家电品牌凭借简洁大方的设计和高性价比在韩国市场占据了一席之地。同时速卖通、Temu等电商平台也以实惠的价格和针对韩国市场的多种促销方式实现了快速增长，吸引了大量用户。此外中式餐饮品牌如海底捞、杨国福、半天妖等乘着"麻辣"的东风也在韩国MZ世代中掀起热潮。中国品牌可以通过持续改进产品和服务、加强品牌建设及积极回应韩国消费者关切，为中国品牌在韩国市场的发展开辟更广阔的前景。

关键词： 中国制造　中国品牌　韩国市场　知识产权保护　品牌案例

一、中国品牌在韩国的发展背景与基础

（一）中韩经贸关系是中国品牌在韩国发展的重要基石

自1992年中韩建交以来，两国的经贸关系取得了长足的进步。自2003年起，中国一直是韩国最大的贸易伙伴，韩国也在中国的外商直接投资中占

---

* 张文，经济学博士，山东大学经济研究院助理研究员，南方科技大学商学院博士后，主要研究方向为东亚经济史、东亚会计史。

据重要地位。2015 年 6 月中韩自由贸易协定的签署也为中国品牌进入韩国市场提供了更加便利和开放的交易环境，进一步促进了双边经贸关系的发展。

2023 年，韩国进出口前 10 位的贸易伙伴（含国家 / 地区）依次分别为中国、美国、越南、日本、中国香港、中国台湾、新加坡、印度、澳大利亚和墨西哥。① 其中，中国和美国占比最高，分别为 19.7% 和 18.3%。② 根据在线平台 Trading Economics 发布的数据，中国向韩国出口的主要产品为电机、电器设备及其零件，出口额为 459 亿美元。其次是机械、核反应堆、锅炉和无机化学品、贵金属及其同位素的有机及无机化合物两大类，出口额分别为 149.3 亿美元和 130 亿美元。③

（二）韩国专利厅及中国品牌在知识产权领域取得的重要突破

韩国申请商标注册的管理机构为专利厅，其主要法律依据为《商标法》。④ 韩国公民（法人）均具备商标权人注册资格，外国人（法人）根据国家间的对等原则和条款等确认其资格。申请材料包括申请书、商标样本、商标说明等。⑤

韩国专利厅（Korean Intellectual Property Office，KIPO）发布的 2022 年度报告显示，收到来自外国的知识产权申请排名最高的为美国，其后依次是日本、中国、德国和法国，其中美国占比 29.8%，日本占比 19.6%，中国占比 16.8%。⑥ 而在提交专利申请的外国企业中，美国企业高通（Qualcomm）以 857 项、日本企业东京电子（Tokyo Electron，Tel）以 707 项、美国企业应用

---

① 韩国贸易协会（KITA）统计资料：https://stat.kita.net/stat/world/major/KoreaStats.screen.

② 同上。

③ "China Exports to South Koren," Trading Economics, accessed March 31, 2025, https://tradingeconomics.com/china/exports/south-korea.

④ "Trademark ACT," accessed March 31, 2025, https://www.law.go.kr/LSW/lsInfoP.do?lsiSeq=240063&chrClsCd=010203&urlMode=engLsInfoR&viewCls=engLsInfoR#0000.

⑤ 商务部对外投资和经济合作司、商务部国际贸易经济合作研究院、中国驻韩国大使馆经济商务处：《对外投资合作国别（地区）指南——韩国（2024 年版）》，https://www.mofcom.gov.cn/dl/gbdqzn/upload/hanguo.pdf.

⑥ 资料来源于韩国专利厅，官网地址：https://www.kipo.go.kr/.

材料（Applied Materials）以 683 项、日本半导体能源研究所（Semiconductor Energy Laboratory，Sel）以 608 项分列第一至第四位。中国企业华为排名第五，共申请了 594 项专利。[①]

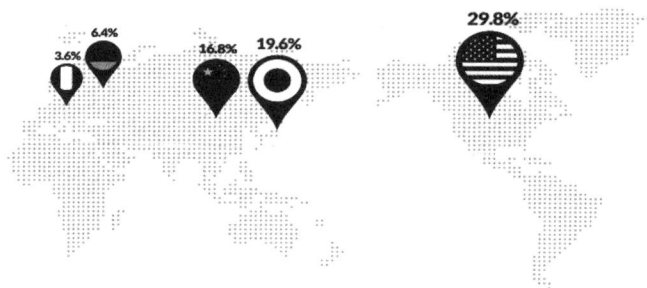

图 12-1 2022 年 KIPO 收到来自外国的知识产权申请前五位国家占比

图片来源：韩国专利厅 2022 年度报告。[②]

（三）中国制造业升级换代推动在韩中国品牌形象改善

随着中国制造业的升级和品牌建设的投入增大，中国品牌在韩国市场的发展取得了显著成就。以海尔、华为、小米为代表的中国电子产品品牌凭借性价比和创新技术取得亮眼成绩。同时，近几年中国的电商平台如速卖通（AliExpress）、Temu 也增长迅速，短期内成功开拓了韩国电商市场。此外，中国连锁餐饮品牌如海底捞、杨国福、半天妖等，以及新茶饮品牌如茶百道、喜茶等也受到韩国 MZ 世代（20 世纪 80 年代初至 21 世纪初出生者）的喜爱。

[①] "Annual Report 2022," Korean Intellectual Property Office, accessed March 31, 2025, https://www.kipo.go.kr/upload/en/download/Annual_Report_2022.pdf.

[②] 同上。

二、中国品牌在韩国的发展现状及主要涉足领域

（一）电子产品（海尔、倍思、QCY）

中国家电品牌进驻韩国市场颇早，海尔、美的、TCL 等品牌都有相当的知名度。其中，海尔还被称为"中国的三星"，近年来海尔推出的小型电冰箱、恒温红酒柜、洗衣机和干燥机等产品在韩国都反响不错。此外在电子配件领域，中国的一些小众品牌颇受韩国消费者青睐。例如，3C 数码配件领域的引领者倍思（Baseus），其车载充电器、无线充电宝、手机数据线等多功能产品就以优异的性能表现赢得了韩国消费者的肯定。另一个值得一提的是东莞市和乐电子有限公司旗下品牌 QCY，有韩国博主在 2024 年初分享了他最新购买的 QCY T13X 蓝牙耳机使用后记，对其音质、待机时长和各种隐藏功能不吝赞美之辞，这已是他第三次购买 QCY 的耳机，而第一次是五年以前。[①]

（二）电商平台（速卖通、Temu、TikTok Lite）

根据 Euromonitor 的数据，虽然韩国的人口。在世界排名仅位列第 29 位，但韩国的电子商务市场却名列世界第四，仅次于中国、美国和英国，甚至超过日本。[②] 数据分析公司 Global Data 预测韩国电子商务市场复合年增长率（CAGR）在 2023—2027 年将达到 7.7%，到 2027 年达到 202.6 万亿韩元（约合 1604 亿美元，图 12-2）。[③] Global Data 的分析师 Shivani Gupta 认为，韩国电商市场蓬勃发展得益于韩国的高速互联网、智能手机的普及率较高、安全

---

① 《物美价廉 QCY T13X 蓝牙耳机使用分享》，Simsim Review2024 年 1 月 19 日，https://blog.naver.com/jysim8585/223327196957，访问日期：2025 年 3 月 31 日。

② "South Korea signs agreement with AliExpress, Temu on product safety," Renters, May13, 2024, accessed March 31, 2025, https://www.reuters.com/technology/south-korea-signs-agreement-with-aliexpress-temu-product-safety-2024-05-13/.

③ "South Korea e-commerce market to surpass $160 billion mark in 2027, forecasts GlobalData," Global Data, August 1, 2023, accessed March 31, 2025, https://www.globaldata.com/media/banking/south-korea-e-commerce-market-to-surpass-160-billion-mark-in-2027-forecasts-globaldata/.

的在线支付系统及消费者对在线购物持续上升的信心。①2023 年，中国首次超越美国，成为韩国最大的跨境电商进口来源国。来自中国的跨境电商进口额达 24.9 亿美元，同比增长 121%，占韩国整体跨境直购额的 49%。

韩国消费者日益青睐中国电商，得益于品种齐全且物美价廉的商品，特别是阿里巴巴集团运营的跨境电商平台速卖通及拼多多旗下的跨境电商平台 Temu 增长强势。2024 年 10 月，大数据分析平台 Mobile Index 宣布，Temu 在 9 月份成为韩国新增下载量最大的应用程序，下载量高达 86.8 万次。紧随其后的是美国社交平台"Instagram"，新增下载量为 76 万次，位居第二。而抖音国际极速版 TikTok Lite 则以 70.7 万次的新增下载量位居第三。②

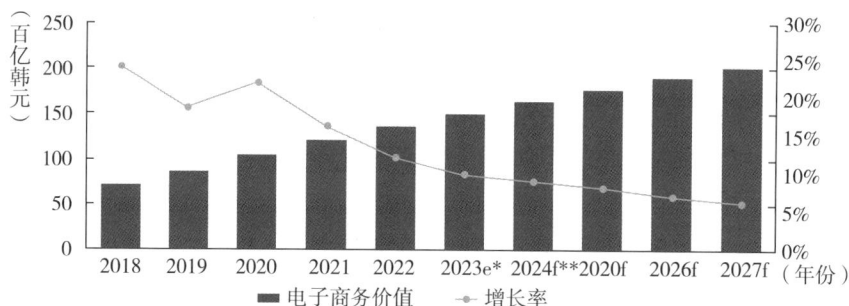

图 12-2　韩国电子商务市场规模预测

*e 为估算，**f 为预测。

图片来源：Global Data。③

中国海淘在韩国的盛行，一方面依赖于中国供应链的强大，让许多韩国民众可以更低廉的价格获得商品，如咖啡机、户外衣物、运动器械及配件等销量颇高。另一方面是韩国国内的产业分工体系，以数码产品为例，高度呈现个别品牌垄断的市场格局，如韩国电子市场的头部厂商三星和 LG 多发力

---

① "South Korea e-commerce market to surpass $160 billion mark in 2027, forecasts GlobalData," Global Data, August 1, 2023, accessed March 31, 2025, https://www.globaldata.com/media/banking/south-korea-e-commercemarket-to-surpass-160-billion-mark-in-2027-forecasts-globaldata/.

② 《韩国人也爱砍一刀？拼多多 Temu 成当地 9 月份新增下载最大 App》，澎湃新闻 2024 年 10 月 17 日，https://www.thepaper.cn/newsDetail_forward_29062501，访问日期：2025 年 3 月 31 日。

③ 同上。

于高附加值的产品，这导致零部件和售后市场方面仍然存在空白。[①] 此外韩国科技博主持续在社交平台的分享和推荐，让韩国消费者对中国制造的产品信任度有了很大提升。

（三）餐饮食品（青岛啤酒、水井坊、烟台古酿）

中韩两国地理相近，历史上有着深厚的文化交流和相似的饮食习惯。许多中餐菜肴的口味和烹饪方法与韩国传统饮食有相似之处，使韩国人对中餐有天然的亲近感。随着中韩之间的文化交流加深，越来越多的韩国人通过旅游、留学和社交媒体了解到了中国多种多样的美食。在过去，由韩国华侨所开的中餐厅标配一般是韩式炸酱面和糖醋肉，但渐渐地羊肉串、牛肉面、火锅、麻辣烫、广式点心等中餐开始大受欢迎。近年来海底捞、杨国福等知名餐饮品牌在韩国开店，也对中餐的推广起到了很好的宣传和推广作用。

韩国人对中国的啤酒和白酒并不陌生，且韩国人普遍认为饮用中国酒能更好地突出中餐的风味。2015 年，韩国演员郑尚勋在 tvN 的一档节目中扮演中国特派员，以"羊肉串就要配青岛啤酒"这句话的搞笑发音一举成名，并使这句话成为一句流行语，实际上他本人并不会中文，只是在这句话里添加了和中文声调和口音相似的庆尚道方言，却大放异彩。[②] 在这之后他成为青岛啤酒在韩国的第一位代言人，并与青岛啤酒保持了长期的合作关系。[③] 这是一个很成功的中国品牌跨国营销案例。韩国人一直以来相当熟悉作为四川省的代表白酒——水井坊和五粮液，如去中国出差或旅游往往会在免税店购买。烟台古酿则是近年来由于价格合理且在韩国大中小型商超均有销售而颇有人气。

---

① 《韩国人也爱砍一刀？拼多多 Temu 成当地 9 月份新增下载最大 App》，澎湃新闻 2024 年 10 月 17 日，https://www.thepaper.cn/newsDetail_forward_29062501，访问日期：2025 年 3 月 31 日。

② 「정상훈 "중국어 전혀 못해… 사투리 섞어서 그냥 막 던져요"」，경향신문 2015年4月28日，https://www.khan.co.kr/culture/tv/article/201504282147575，访问日期：2025 年 3 月 31 日。

③ 「맥주업계 모델공식 깬 '양꼬치엔 칭따오'」，파이낸셜뉴스 2020年6月19日，https://www.fnnews.com/news/202006191336154457，访问日期：2025 年 3 月 31 日。

三、中国品牌在韩国的成功案例分析

本部分将以几个成功进入韩国市场的知名中国品牌作为案例进行探讨。它们分别是被韩国人公认为性价比之王的小米、在韩国人气爆棚的火锅品牌连锁店海底捞，以及两大实现高速增长的电商平台速卖通和Temu。

（一）小米——韩国人心目中的性价比之王

1. 小米在韩国长期受欢迎的主要因素

中国产品曾一度被认为价廉质劣，但小米以简洁大方的设计和优秀的产品质量一举扭转了这种印象。小米移动电源在韩国充电宝市场份额一度超过八成，之后其他产品也陆续进入韩国市场。2014年小米在韩国推出智能手机，以高性价比被韩国消费者认可。韩国人对小米有一个称呼叫作"大陆的失误"，因为小米产品以合理的价格和出色的性能让韩国人第一次惊呼："这真的是中国制造吗？"[①]

2021年，小米首次在韩国首尔龙山商圈开设了线下体验门店。小米家居产品系列中的吸尘器、空气净化器、扫地机器人一直在韩国备受喜爱，在阿里旗下的速卖通平台搜索也能发现小米耳机、手环、温湿度计、体重计、便携式榨汁机销量颇高，在韩国人心目中小米已然成为中国品牌"高性价比"的代名词。

2. 小米在韩国的主要竞争对手及挑战

小米产品虽在韩国已有相当的知名度，但电子产品和零部件领域的其他中国品牌也在奋起直追。小米一直以来都寄希望于打入韩国中低端智能手机市场。特别在LG退出韩国智能手机市场之后，小米试图通过红米系列抢占LG的份额，但是表现不佳。2024年小米主力推出的两款机型分别是红

---

① 「원조 대륙의 실수' 샤오미' 놓치기 아까운 가성비 제품들 Best 10」，thebigworld2024年7月28日，https://theworld.tistory.com/entry/%EC%9B%90%EC%A1%B0-%EB%8C%80%EB%A5%99%EC%9D%98-%EC%8B%A4%EC%88%98-%EC%82%AC%EC%98%A4%EB%AF%B8-%EB%86%93%EC%B9%98%EA%B8%B0-%EC%95%84%EA%B9%8C%EC%9A%B4-%EA%B0%80%EC%84%B1%EB%B9%84-%EC%A0%9C%ED%92%88%EB%93%A4-BEST-10，访问日期：2024年7月30日。

米 Note 13 LTE 和红米 Note 13 Pro 5G，价格区间在 30 万—50 万韩元，但是据统计销量甚至不足 1 万台。[①] 韩国手机市场中苹果和三星的使用比例高达99%，小米手机的韩国市场开拓依旧面临重重困难。

（二）海底捞——韩国人也爱的人气火锅

1.海底捞在韩国人气爆发的原因分析

近年来，以火锅和麻辣烫为代表的"四川料理"在韩国的受欢迎程度持续上升。与韩国泡菜较为爽口的辣或韩国小吃炒年糕带点甜味的辣不同，来自中国四川的"麻辣"天然就自带了一份异域风情。[②]

韩国的年轻人对于在各种香辣作料加持下的汤底中涮入肉类和蔬菜这种吃法十分喜爱。其中海底捞可以看作中国火锅品牌成功进军韩国餐饮界的代表，门口经常大排长龙。据韩国金融监督院透露，2023 年海底捞在韩国国内的营业利润约为 85 亿韩元，比 2022 年的 18 亿韩元增加了 4.6 倍。[③] 自2014 年进入韩国市场之后，海底捞在韩国首尔和釜山一共开设了 8 家分店，分别是明洞店、江南店、弘大店、建大店、永登浦店、大学路店、釜山站店及江南 coex 店。在韩国的最大门户网站 Naver 博客有不少韩国人都会留下他们在海底捞用餐的后记评价，由于海底捞在首尔开设的分店最多，很多居住在首尔圈以外的韩国人每次到首尔办事也会专程去海底捞打卡。在博客中，韩国食客们详细记载了他们调制小料的攻略，对海底捞无微不至的服务赞不绝口。[④]

---

① Kim Jisun, "In Kerea,Xiaomi Smartphones are selling poorly, with less than one unit being sold perday," *Alphabiz*,May 27, 2024, accessed March 31, 2025, https://alphabiz.co.kr/news/view/1065561969643652.

② 「마라탕（麻辣燙），'이것' 5가지 만큼은 꼭 알고 드세요!!（마라탕 국물，칼로리，인기 이유）」，월량선생의 중국이야기2024년 1월 6일，https://chinastoryhub.com/，访问日期：2025年3月31日。

③ 「"휘궈 펄펄 끓었다"…中하이디라오，韓서 영업익 5배 뛰어」，뉴시스 2024년 5월 2일，https://www.newsis.com/view/NISX20240502_0002721651，访问日期：2025年3月31日。

④ 「서울 영등포 휘궈 맛집 하이디라오 영등포지점」，921blog2024년 5월 6일，https://blog.naver.com/r1arbf1/223437826033，访问日期：2024년 5월 31日。

2.海底捞在韩国的主要竞争对手及挑战

海底捞作为一家连锁火锅店，凭借自身的品牌优势、亲切的服务和正宗的味道笼络了一批食客，成功打入了韩国市场。但海底捞并不是韩国消费者的唯一选择，此外海底捞不太亲民的价格（人均 4 万—5 万韩元）也让一些顾客望而却步。海底捞面临的竞争主要是在韩国的其他中式火锅店及日式和韩式高端火锅店，如同样开设有多家分店的大红中式自助火锅店可以单人 2 万韩元的实惠价格无限畅吃，而另一家 Modern Shabu House 则主打高级的食材和优雅的环境，其各家分店均坐落在首尔中心地段，深受韩国白领阶层的喜爱。

（三）速卖通和 Temu——韩国人也不能抗拒"砍一刀"

1. 速卖通（AliExpress）和 Temu 在韩国崛起的重要因素

在全球经济不景气和韩国通货膨胀率高居不下的大背景下，消费者在购买商品时更看重低廉的价格和零配送费，这是速卖通和 Temu 在韩国市场崛起的重要因素。市场追踪机构 Wiseapp Retail Goods 的数据显示，速卖通 2024 年 3 月份的月活跃用户（MAU）达到 887 万，同比增长 114%。而 Temu 自 2023 年 8 月进军韩国市场以来，截至 2024 年 3 月用户数也飙升至 829 万。[①] 目前两大平台已占据韩国电商平台的第二和第三，超过了韩国本土的 11 Street、Gmarket 及 WeMakePrice。[②] 因为对韩国电商市场寄予厚望，速卖通制订了 3 年内向韩国投资 11 亿美元的计划。此外速卖通也在各大地铁站不断投放广告，在已有韩国代言人马东锡的情况下又启用了汤唯作为第二位代言人。不少韩国消费者在 Naver 博客中对两大平台的使用情况进行了反馈，大致而言，消费者常对服装等产品因图文不符有所不满，但是对家居

[①]《中国电商军团，席卷全球第四大电商市场》，霞光社 2024 年 5 月 19 日，https://baijiahao.baidu.com/s?id=1800364828529394240&wfr=spider&for=pc，访问日期：2025 年 3 月 31 日。

[②] Jae-Kwang Ahn, "AliExpress,Temu threaten Coupang's lead in S.korea," *the Korea Economic Daily*, April 5, 2024, accessed March 31, 2025, https://www.kedglobal.com/e-commerce/newsView/ked202404050009.

用品、电子产品等制造业产品的评价满意度相对较高。①

2. 速卖通和 Temu 在韩国的主要竞争对手及挑战

速卖通和 Temu 在韩国最大的竞争对手是韩国本地的电商平台，而目前韩国电商巨头第一仍然是 Coupang，其在韩国本土已深耕 14 年。虽然速卖通和 Temu 的表现亮眼，但是 Coupang 的地位仍然不易撼动。Coupang 一直以来通过"次日达""黎明达"的高速物流配送取得巨大成功。面对速卖通和 Temu 的威胁，Coupang 亦发布了 3 万亿韩元投资计划：到 2027 年为止，向全国包括岛屿和山区在内的 5000 万名以上的会员均提供 100% 的"火箭"配送服务；到 2026 年为止，在釜山、光州、蔚山、大田等 8 个地区建立新的物流中心。②

除了强劲的对手，两大电商平台在韩国均面临增长势头放缓的压力。根据市场跟踪机构 Mobile Index 的统计，速卖通的月活跃用户（MAU）数量在 2024 年 4 月和 5 月持续下降。3 月，这一数字为 694 万，但在 5 月降至 631 万，下降了 9%。同样，2024 年 5 月 Temu 的 MAU 比前 4 月下降了 45 万，为 648 万。③ 此外，由于实行超低价策略，韩国消费者对于产品质量、售后服务和个人信息保护等方面均存有疑虑。

四、中国品牌在韩国的发展前景展望

（一）助力中国品牌：持续推动中韩经济合作和文化交流

自 1992 年中韩两国建交以来，两国之间的经济合作和文化交流不断深

---

① https://blog.naver.com/lyj0088/223484357490；https://blog.naver.com/2win/223481531585?isInf=true&trackingCode=nx.

② 「중 알리•테무, 국내 사용자 수 2•3위 랭크...1위 쿠팡 맹추격」，뉴시스 2024 年 4 月 7 日，https://www.newsis.com/view/?id=NISX20240405_0002689808，访问日期：2024 年 4 月 30 日。

③ "AliExpress, Temu see growth slow in Korea due to product safety concerns," *The Korea Times*, June 25, 2024, accesses June 30, 2024, https://www.koreatimes.co.kr/www/tech/2024/06/129_377392.html.

化，为中国品牌在韩国的发展提供了有力支持。2015年两国签署的自由贸易协定，进一步降低了贸易壁垒，促进了经济关系的紧密结合。中韩两国应该继续加强合作，实现双边经济的发展繁荣。同时，品牌的发展亦离不开稳定的政治环境。作为东亚地区的重要国家，中韩两国的合作交流对维护东亚国际秩序也有不可忽视的作用。

2024年5月13日，中日韩合作秘书处秘书长李熙燮接受新华社专访时表示，面对世界范围内的贸易保护主义、国际及地区局势动荡、气候变化等多重挑战，中日韩三国也需要紧密的合作。[①] 在时隔四年重启的中日韩工商峰会上，李强总理在致辞中也指出，中日韩作为近邻国家，地理上一衣带水，经济上深度融合，文化上渊源相通，应当携手发展实现互利共赢。[②]

（二）中国品牌在韩国市场面临的主要挑战

1. 质量为王：打破韩国消费者对中国品牌的固有认知

韩国消费者对中国品牌的认知呈现出复杂的局面。一方面，随着华为、小米、海尔等中国品牌在技术和质量上的不断提升，许多韩国消费者对这些品牌的认可度逐步提高，尤其是在性价比和创新方面。这些品牌通过提供高质量且价格合理的产品，成功吸引了注重实用和经济性的韩国年轻一代消费者。此外，中国品牌在智能手机、家电、电子产品和时尚领域的迅猛发展，使其在韩国市场占据了一席之地。

然而，另一方面，历史、政治和文化因素导致的偏见仍然存在，部分韩国消费者对中国品牌持保留态度，担心其产品质量、知识产权保护和售后服务等问题。这种偏见源于对中国制造的刻板印象及中韩两国在历史和政治上的一些摩擦。这些因素使一些消费者在选择产品时，仍然更倾向于本土品牌或其他国际品牌。

---

① 《中日韩三国合作顺民心，潜力大——访中日韩合作秘书处秘书长李熙燮》，新华网2024年5月25日，http://www.news.cn/world/20240525/a4d63d2e9d7e40d8b44422f6d9b383ec/c.html，访问日期：2025年3月31日。

② 《李强在第八届中日韩工商峰会上的致辞（全文）》，新华社2025年5月27日，https://www.gov.cn/yaowen/liebiao/202405/content_6953823.htm，访问日期：2025年3月31日。

尽管如此,随着中韩两国在经济、文化和技术领域的交流与合作的不断深化,中国品牌正积极通过各种策略打破偏见。通过在产品质量、技术创新和用户体验上不断改进,并加大品牌推广和本地化服务的力度,中国品牌正逐步赢得更多韩国消费者的信任和喜爱。中国品牌可以通过持续改进产品及服务、加强品牌建设以及积极回应韩国消费者关切,为中国品牌在韩国市场的发展开辟更广阔的前景。

2.危机下的品牌管理:青岛啤酒陷入舆论旋涡的经验教训

青岛啤酒自 2000 年进入韩国市场,一直销量稳定,再加上"羊肉串就要配青岛啤酒"这句话深入人心,颇有人气。但是 2023 年 10 月,青岛啤酒被曝出有工人在原料工厂"小便"事件后,韩国舆论开始发酵。虽然经韩国食品医药品安全处派人到现场调查后得出视频中的制造企业位于平度,所生产的食品不会用于出口,但是在韩国消费者看来,中国食品卫生安全仍然缺乏保障。① 事件发生后,韩国进口商 BK 公司表示会对进口产品进行全方位精密检查,但受到这次事件的不良影响,韩国便利店青岛啤酒销量已然骤减。②

青岛啤酒引发争议的最大受益者反而是日本啤酒,据 2024 年 1 月份韩国海关统计,日本啤酒进口额自 2018 年以来时隔五年重新登上榜首,而中国啤酒则从第一跌至第三。事实上,由于 2019 年韩国发起的抵制日货(No Japan)运动,青岛啤酒一度成为日本啤酒的替代品,并成功拓展了韩国市场。但在"尿液啤酒"风波后,2023 年 12 月中国啤酒进口额一下减少到 58.5 万美元。③ 而韩国消费者这一对青岛啤酒回避的趋势可能会持续很长时

① 「″칭다오 맥주 원료에 소변″영상 공개 파문」,MBC News2023 年 10 月 23 日,https://www.youtube.com/watch?v=gkJgPL11g-Q,访问日期:2024 年 4 月 30 日。

② 「'소변 맥주 파문'칭다오 ″수입제품 전량 정밀검사″」,한국경제 2023 年 11 月 3 日,https://www.hankyung.com/article/202311031274g,访问日期:2024 年 4 月 30 日。

③ 「″칭다오 대신 아사히″.. 중국 '소변 맥주' 파문에 웃는 日」,JIBS2024 年 1 月 17,http://www.jibs.co.kr/news/articles/articlesDetail/36596?feed=na,访问日期:2024 年 4 月 30 日。

间。①

该事件暴露了青岛啤酒不仅自己在食品卫生监管方面存在漏洞，同时在处理国际公关危机时也缺乏经验，反应不够及时。从这个角度来说，中国品牌仍然有很长的路要走。

（三）中国品牌在当下和未来韩国市场中的机遇

1. 中国餐饮品牌在当下和未来韩国市场中的机遇

借着"麻辣"席卷韩国的东风，未来中式餐饮品牌或可进一步扩大在韩国 MZ 一代的影响力。而与中餐相搭配的酒类品牌销量也有望进一步增长。例如，近年来 High Ball（高杯酒，一种基酒和苏打水的混合酒饮，加入冰块，具有冰凉、清爽的口感）在韩国年轻人中十分流行。最初的高杯酒多使用威士忌作为基酒，渐渐有聪明的商家也开始转向传统酒，如使用韩国烧酒和中国白酒进行调制。得益于此，烟台古酿在韩国知名度大涨。在韩国的最大门户网站 Naver 输入关键词"烟台古酿高杯酒"，能搜索出众多网友分享自己的品尝经历。②韩国便利店的易拉罐装高杯酒销售额也不容小觑，瞄准这一机会，2024 年 6 月五粮液也在韩国推出了以熊猫图案为主体的"五粮 High Ball"，有红色包装的原味和黄色包装的柠檬两种口味，力图攻占韩国年轻人市场。③此外，越来越多的中国新茶饮品牌也瞄准了韩国市场，诸如喜茶、库迪、茶百道、蜜雪冰城等纷纷在首尔的人气街区，如明洞、狎鸥亭、弘大等地开设了多家分店，获得了不少关注。但值得注意的是，韩国咖啡文化盛行，饮品店数量众多，竞争十分激烈，这些中国新茶饮品牌是否能在韩国实

---

① 《青岛啤酒"小便门"冲击在韩销售，"这些"啤酒填补空白》，浮云黑科技 2023 年 11 月 21 日，https://www.sohu.com/a/738046573_100291146，访问日期：2025 年 3 月 31 日。

② 「홍대 마라전골 어향가지 연태고량하이볼 중화요리 추천: 주방일기」，호두모두 2024 년 5 월 19 일，https://blog.naver.com/kangtim1004/223451843000，访问日期：2024 年 5 月 31 日；「중랑구맛집 마라크림면과 연태고량하이볼이 술술 들어가는 라운지목마먹골관」，민숭이 맛집탐방 2023 년 9 월 29 일，https://blog.naver.com/choicys1206/223224456927，访问日期：2024 年 3 月 31 日。

③ 「하이볼 열풍에 한국 상륙한 中 명주 우량예…"젊은층 공략"」，쿠키뉴스 2024 년 6 월 15 일，https://www.kukinews.com/newsView/kuk202406140087，访问日期：2024 年 6 月 30 일。

现长期发展还有待时间检验。

2. 中国智能家电品牌在当下和未来韩国市场中的机遇

近年来智能家居产品在韩国的迅速普及也为中国品牌带来新的商机。2023 年韩国进口的真空吸尘器和扫地机器人中 63% 都是中国产，特别是中国品牌的中高端扫地机器人在韩国市场表现尤为突出：在韩人气最高的石头 S8 Pro Ultra 每台售价在 150 万韩元以上，追觅（Dreame）L20 Ultra 也以 150 万韩元的价格出售，科沃斯（ECOVACS）DEEBOT T20 OMNI 售价也超过 120 万韩元。[①] 即使售价并不便宜，但是石头仍然可以在 150 万韩元以上的扫地机器人市场占据 80.5% 的市场份额，这都是因为其性能卓越且迅速把握了韩国消费者的需求，特别是集中了吸尘和擦地功能于一身的一体型机器人比韩国制造的同类产品更早上市，受到了韩国消费者的欢迎。[②] 此外，石头还增加了对韩国售后服务方面的投入，其售后服务（After Service/After Sales Service，简称 AS）中心由 18 处扩张到 352 处，还提供上门修理服务。[③]

面对中国品牌的强势表现，韩国品牌三星、LG 正试图以新的战略抢夺市场。根据韩国市场调查机构 GfK 的统计，目前石头扫地机器人约占到全部市场份额的 35.5%，三星紧随其后，约占到 25%。[④] 虽然中国品牌在扫地机器人市场的占有率较高，但仍有不少韩国消费者对"能否相信中国企业"及对中国产扫地机器人的数据安全保护方面存有疑虑。三星已表示自己旗下的扫地机器人使用的 Knox（三星旗下的安全平台），可以保护机器人免受黑客威胁，扫地机器人所拍摄的图像和影像都存储在 Smart Things 云端，只有拥

---

① 亚洲经济 2024 年 2 月 6 日微博原文，https://weibo.com/2343287033/NFiUO4chr，访问日期：2025 年 3 月 31 日。

② 「중국 로봇청소기 AS 승부수… 韓 시장 장악력 높인다」，MoneyS2024 年 5 月 30 日，https://www.moneys.co.kr/article/2024052916084373836，访问日期：2024 年 6 月 30 日。

③ 「"가전을 중국에 뺏기다니"…로봇청소기 시장 탈환 나서는 삼성・LG 전략은」，메일경제 2024 年 7 月 8 日，https://www.mk.co.kr/news/business/11061224，访问日期：2024 年 7 月 31 日。

④ 同上。

有权限的用户才可以确认。① 这值得中国品牌注意，即技术上要提升数据加密的性能，提升用户数据的安全保护意识，把用户的安全隐私放在更重要的层级。

五、结语

（一）中国品牌在韩国崛起的经验总结

在很长一段时间内，中国产品都被认为是价低质差的代名词。但随着中国制造业的不断升级，中国品牌在韩国的形象逐渐改善，赢得了越来越多消费者的认可。以海尔、小米等为代表的家电品牌凭借简洁大方的设计和高性价比在韩国市场占据了一席之地。同时速卖通、Temu 等电商平台也以实惠的价格和针对韩国市场的多种促销方式实现了快速增长、吸引了大量用户。此外中式餐饮品牌如海底捞、杨国福、半天妖等乘着中餐"麻辣"的东风也在韩国 MZ 一代中掀起热潮。其中海底捞以其优质的服务和个性化的味道选择，吸引了众多追求高品质服务的韩国消费者，建立了良好的市场口碑。海底捞一直以来坚持"以顾客为中心"的品牌文化被广大韩国消费者所喜爱。中国品牌在韩国市场上不仅扭转了以往的负面形象，还展现出了强劲的竞争力和广阔的发展前景。

（二）中国品牌在韩国的启示和借鉴意义

品牌出海本身就是机遇与挑战并存，韩国作为中国品牌重要的目标市场具备重要的参考意义。首先，得益于品牌形象的改善和韩国一些消费者对中国文化的喜爱，相当一部分中国品牌在韩国已取得了不错的成绩，知名度有了大幅提升。中国制造为韩国消费者提供了多样化的产品，除了较为耳熟能

---

① 「"가전을 중국에 뺏기다니"…로봇청소기 시장 탈환 나서는 삼성 •LG 전략은」，매일 경제 2024 年 7 月 8 日，https://www.mk.co.kr/news/business/11061224，访问日期：2024 年 7 月 31 日。

详的品牌海尔、华为和小米，其中也不乏崭露头角的小众品牌，如聚焦于中高端扫地机器人的品牌石头、专注于电子配件领域的品牌倍思等。因此，中国品牌应不断推陈出新，推出更多符合韩国本地需求的产品。其次，相对于中国消费者，韩国消费者更为成熟和理性。韩国消费者喜欢设计优良和高性价比的产品，对产品质量要求严格。仅仅具备价格上的竞争力还不足以让韩国消费者满意，因此中国品牌必须在质量、设计和功能等方面全面提升，以满足高标准的韩国市场。最后，韩国消费者非常重视品牌价值和消费体验，产品安全和售后服务都是他们考虑的重要因素。他们乐于在社交媒体平台提供反馈，中国品牌可以充分借鉴韩国消费者的评价和建议，与之积极互动，进一步拓展韩国年轻一代的消费市场。

中国品牌在进入韩国市场时，可以先以参与当地的展会和活动为契机，建立与当地企业的合作。此外，中国品牌也可以通过举办快闪活动，展现中国传统文化精华，传递中国品牌之声，有效提升品牌的影响力和认知度。展望未来，随着继续加强品牌建设和市场拓展，中国品牌在韩国市场的影响力和市场份额有望进一步扩大。

B.13
中国品牌在西班牙

张晓娣*

摘　要： 西班牙作为南欧和拉丁世界的重要市场之一，对于中国品牌出海
具有重要意义。本文通过分析中国品牌在西班牙市场的历史和
现状，包括品牌进入市场的时间、成长历程、市场份额、品牌
形象和认知度等，揭示了中国品牌在西班牙市场的竞争格局和
消费者群体。研究发现，中国品牌在西班牙市场的规模和份额
显著增长，特别是在电子产品、汽车和时尚产业领域。中国品
牌在西班牙市场成功实施多样化的市场进入和发展策略。中国
品牌面临的挑战包括注册公司成本高、行政手续烦琐、贷款优
惠和补贴政策落实不及时等，但同时也存在巨大机遇，如中国
制造产品质量提升、西班牙市场对新兴品牌的开放态度、中西
两国政府间经贸合作日益紧密等。

关键词： 中国品牌　西班牙市场　品牌案例　品牌策略　市场环境

　　随着中国经济的快速发展和全球化进程的加速，中国品牌在海外市场的
表现越来越受到关注。西班牙作为南欧和拉丁世界的重要市场之一，对于中
国品牌来说具有重要意义。本文的背景和目的是研究中国品牌在西班牙的发

---

* 张晓娣，经济学博士，上海社会科学院经济研究所副研究员，主要研究方向为国际经济学、国际投资
理论等。

展历程、现状、挑战和机遇，以期为中国品牌在西班牙市场的进一步发展提供指导和建议。

首先，对中国品牌在西班牙市场的历史和现状进行深入的研究，包括品牌进入市场的时间、成长历程、市场份额、品牌形象和认知度等。同时，分析中国品牌在西班牙市场的竞争格局，包括竞争对手的情况、市场份额的分布等。此外还对中国品牌在西班牙市场的消费者群体和消费特点进行研究，了解了目标受众的需求和偏好。为了更好地了解中国品牌在西班牙市场的发展状况，本文还在若干领域选择了几个具有代表性的中国品牌在西班牙市场的成功案例，进行深入的分析和比较。

一、中国品牌在西班牙的发展历程与现状

（一）中国品牌出海西班牙的重要意义

2024 年最新数据显示，中国现已成为西班牙在欧盟之外的第一大贸易伙伴。西班牙人口约为 4700 万，其中中产阶级人口占比约为 60%，这一庞大消费群体对于高品质、有特色的产品有着强烈的需求。此外，西班牙地理位置优越，是欧洲与拉丁美洲的重要交通枢纽，也是商品进入欧洲和拉丁美洲市场的门户之一。

2024 年，经济合作与发展组织（OECD）预计西班牙经济将实现 2.1% 的增长，这一增长主要由内需驱动，并受到持续稳健的劳动力市场的支撑。尽管面临主要贸易伙伴经济放缓的挑战，西班牙的内需和出口依然保持活力。通货膨胀率虽从 2022 年的高位有所回落，但在 2024 年 3 月仍达到 3.2%，保持在疫情前水平之上。

在消费市场方面，2024 年 2 月西班牙零售销售同比增长 1.9%，连续第

15 个月呈现增长。① 此外，西班牙的电商市场得益于广泛的数字化转型和欧盟的下一代 EU 计划（NGEU）资金支持，不断扩大和创新，推动了更广泛的市场接触和消费者互动。

中西两国在经贸关系方面持续加强，西班牙一直是中国在欧盟的重要出口国（图 13-1）。西班牙是中国在技术和基础设施领域重要的投资目的地，而中国则通过西班牙进入欧洲和拉丁美洲市场。两国之间的经济合作通过一系列贸易和投资协议得以加强，体现了双方利用各自优势实现互利共赢的深化伙伴关系。

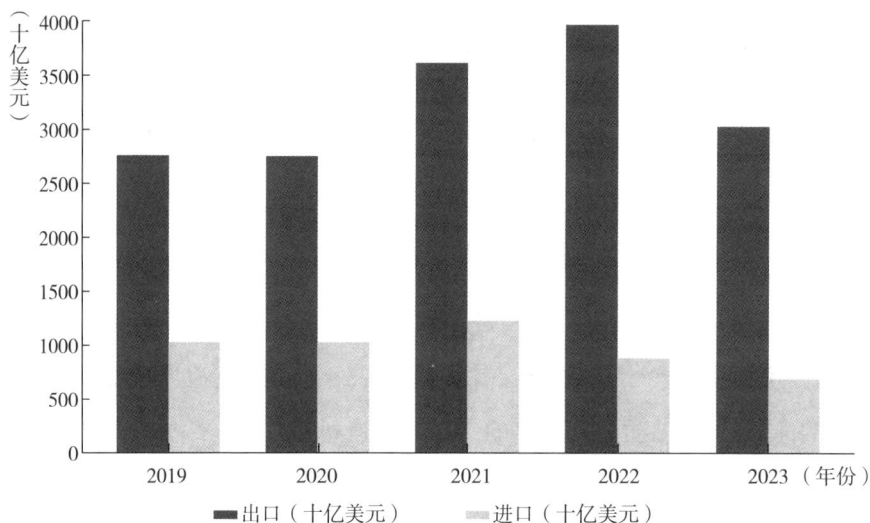

图 13-1　2019—2013 年中国和西班牙双边贸易情况

"起点低、增长快"是西班牙市场的特征，相比于英、法、德和北欧等高端消费市场，西班牙的整体消费能力较低，但比起波兰、捷克等东欧国家，西班牙的消费水平更高。西班牙消费者更注重商品的多样化和性价比，所以主打性价比的电商平台和品牌，比如速卖通、小米，在西班牙的市场表

① "Spain Retail Sales YoY," Trading Economics, accessed March 31, 2025, https://tradingeconomics.com/spain/retail-sales-annual#:~:text=Retail%20Sales%20in%20Spain%20increased,percent%20in%20April%20of%202020.

现都很不错。

（二）中国品牌在西班牙的历史发展

中国品牌在西班牙市场的历史发展可以追溯到 20 世纪 90 年代。当时，中国品牌开始通过西班牙的进口商进入西班牙市场，但通过进口贸易渠道进入西班牙的中国品牌数量较少，且主要集中在低端产品领域。随着中国经济的高速发展和全球化的加速，尤其是"一带一路"倡议提出后，自 2015 年以来，中国对西班牙直接投资保持相对稳定（图 13-2），中国品牌在西班牙市场的地位逐渐提升。近年来，越来越多的中国品牌开始进入西班牙市场，涵盖了各个行业领域，如家电、服装、鞋帽、食品等。据统计，中国品牌在西班牙市场的销售额逐年增长，市场份额逐年扩大。例如，华为、联想、小米等中国品牌在西班牙智能手机市场的总份额已经超过了 30%。

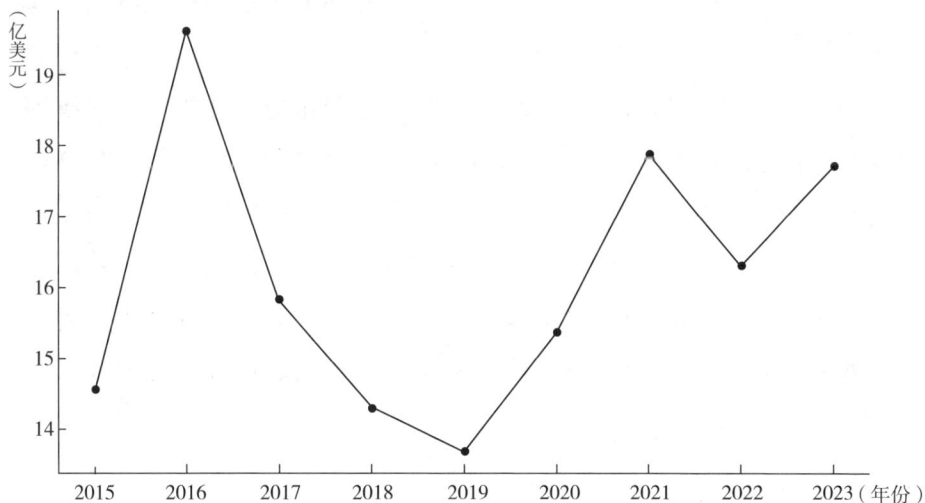

图 13-2　2015—2023 年中国对西班牙直接投资规模

（三）中国品牌在西班牙的市场地位

近年来中国品牌在西班牙市场的规模和份额显著增长，覆盖电子产品、汽车和时尚等多个领域。凭借高性价比、强大供应链和有效的本地化策略，中国品牌在西班牙市场取得了显著成就。2023年中国品牌在西班牙的市场总额已超过100亿欧元。这一增长主要得益于电子产品、汽车和时尚产业的强劲表现。

中国品牌在电子产品市场中占据了显著份额。华为、小米和OPPO等品牌在智能手机和其他电子设备领域的影响力不断扩大。这些品牌通过高性价比和先进的技术吸引了大量消费者。

在汽车产业，大量中国汽车品牌逐步进入西班牙市场。电动车的普及使得这些品牌具有更大的市场潜力。比亚迪的电动汽车在西班牙市场表现出色，2023年销量同比增长50%，品牌知名度和消费者认可度有所提升。

中国品牌在时尚产业中的表现也值得关注。Shein作为一个在线时尚零售平台，以其快速时尚和价格优势赢得了大量西班牙消费者的青睐。Shein在西班牙的销售额每年增长约30%，已经成为很多西班牙年轻人首选的时尚品牌。

从几大行业的具体市场数据来看，在智能手机市场，中国品牌在西班牙智能手机市场总份额中，小米占据了最大的份额，达到15%，华为和OPPO分别占据5%和3%。在电动汽车市场，比亚迪和长城汽车在西班牙电动汽车市场的份额分别为10%和5%。这一比例在未来几年有望进一步增加，特别是在欧洲对绿色出行需求不断增长的背景下。在线时尚零售市场，Shein在西班牙在线时尚零售市场的份额已接近20%，与西班牙本土品牌Zara等传统品牌形成了激烈竞争。

（四）中国品牌主要涉及的行业领域

中国品牌在西班牙市场涉及的行业领域十分广泛，其中最为突出的是汽车、科技、家电、电商等行业。

1. 汽车

2022年以来，西班牙成为中国对欧洲汽车出口增长最大的市场。中国汽车在西班牙市场的占有量已达到 1%。2023 年 4 月西班牙 ANFAC（汽车制造商协会）公布的数据显示，2022 年西班牙销售的中国汽车价值约为 13.9 亿欧元，比 2021 年高了 6800 万欧元。同期，欧洲汽车评测和导购网站 Carwow 的一项研究显示，近一半的西班牙人会考虑将中国品牌汽车作为他们的下一辆汽车。因此，西班牙被认为是对中国自主品牌汽车接受度最高的欧洲国家之一。如今在西班牙市场，已经有上汽名爵、上汽大通、奇瑞、江淮、比亚迪、领克、东风小康、长城等十多个中国品牌汽车上路行驶，而且其中电动汽车的比例在迅速增加。

2. 科技行业

中国品牌在西班牙科技领域市场的发展情况呈现出蓬勃的态势。智能手机领域是中国科技品牌在西班牙市场的重要突破口，小米于 2017 年年底进军西班牙市场，2023 年已成为西班牙最畅销的智能手机品牌，出货量在西班牙跃居第一。

华为在西班牙也拥有大批"死忠粉"。西班牙马德里的旗舰店是华为在欧洲市场中最大的一家旗舰店，也是华为在中国之外最大的品牌商店。面对美国政府发布针对华为的禁令，华为参与西班牙 5G 网络建设并未受到影响，西班牙政府也否认要将华为列入"黑名单"。

3. 家电行业

随着全球家电市场的竞争加剧和消费者需求的日益多样化，中国家电品牌凭借其高品质、创新技术和良好的性价比，在西班牙市场取得了显著的成绩。美的、海尔、小熊等国货家电知名品牌纷纷通过速卖通开拓西班牙市场。以海尔智家为例，该品牌在西班牙市场上已经成为主流品牌。数据显示，海尔智家在西班牙家电行业下滑的背景下，实现了逆势增长。其多门冰箱品类在西班牙市场持续位居第一，年累销额占据显著份额。此外，多个智能清洁小家电"新品牌"如添可、追觅、石头科技等也陆续进入西班牙市场，展现出了强大的竞争力和巨大的市场潜力。

4. 电商行业

对于中国的电商巨头，西班牙别具吸引力：2022 年，拼多多海外版 Temu 欲将西班牙作为欧洲第一站；TikTok Shop 计划进入西班牙；阿里投资的 Lazada 也将在西班牙推出新的跨境电商平台 Miravia。此前，西班牙已成为速卖通全球销售额排名第二的国家，而 Shein 也已在此地深耕多年，在 2024 年成为西班牙第二大时尚电商，超越了西班牙本土时尚电商 Zara。

第三方数据机构 data.ai 公开的西班牙电商 app 下载量排行榜显示，来自中国的 app 霸榜前三。其中，阿里巴巴的海外业务 Miravia 位居榜首，Shein 排在第二名，速卖通则位列第三。Miravia 正式上线，定位更高端的电商市场，平台商品以西班牙本土品牌和欧洲品牌为主。

二、西班牙市场的十大中国品牌案例分析

（一）上汽名爵（MG）

上汽名爵在西班牙市场的规模不断扩大，越来越多的消费者开始关注和购买 MG 品牌的产品。随着 MG 品牌知名度的提升和产品的多样化，其在西班牙市场的规模有望进一步增长。MG 2022 年在西班牙汽车市场的销量占据中国汽车第一位，上汽大通轻型车 eDeliver 3 在西班牙获得 22.3% 的市占率，在西班牙新能源轻型商用车细分市场销量最高。2023 年，MG 在西班牙的销量超过 25000 辆，是 2022 年的数倍。同时，MG ZS 车型在西班牙市场取得了巨大的成功，多次成为当月最畅销车型，注册量显著增长。此外，在 2024 年 3 月，尽管西班牙整体汽车市场销量同比下降，但 MG 的销量依然保持稳定，显示出其强大的市场竞争力。此外，西班牙警察部门采购上汽大通 MAXUSEV30 电动汽车作为日常工作用车。2023 年以来，上汽大通还向西班牙市政部门集中交付了一批 EV30 电动汽车。

通过不断推出符合当地消费者需求的产品和优化服务，上汽名爵在西班牙市场的份额逐渐增加。其出色的市场表现和产品质量赢得了消费者的信任及好评，进一步提升了其在西班牙市场的占有率。

（二）领克（Lynk&Co）

领克是在西班牙市场销量第二的中国汽车品牌。在 2022 年，领克在西班牙市场的销量同比增长高达 435.9%，显示出强劲的增长势头。此外，根据 2023 年 5 月的数据，领克在西班牙的销量增长幅度更是达到了惊人的 653.2%，进一步巩固了其在西班牙市场的地位。

领克通过其高品质的产品、创新的技术和优质的服务赢得了消费者的信任及好评，进而提高了领克在西班牙市场的知名度。同时，领克还通过多元化的营销策略，如赞助体育赛事、参与汽车展览等，进一步扩大了品牌影响力，提高了市场占有率。

（三）华大智造

华大智造在西班牙市场的发展展示了其在基因测序技术领域的国际扩张能力。华大智造先借其在基因测序仪技术的领先优势，在西班牙市场获得了显著的增长。特别是在 2024 年第一季度，华大智造的海外业务在基因测序仪方面实现了收入同比增长 19%。这表明其产品和服务在国外市场得到了广泛的认可和应用。

华大智造在西班牙的成功部分得益于与当地合作伙伴的紧密合作。例如，与西班牙的 Sistemas Genomicos 公司的合作，使华大智造的 DNBSEQ 平台能够在临床外显子组解决方案上取得了显著成果，这一合作不仅提升了华大智造产品的市场占有率，同时也增强了其在欧洲市场的品牌影响力。

华大智造在西班牙的发展还体现了其在全球市场逐步推广和本地化的策略。通过与当地企业的合作，华大智造能够更好地适应市场需求，同时利用其技术优势，提供符合当地市场需要的高科技产品和服务。此外，华大智造在技术创新和市场扩展方面的积极态度，使其能够在竞争激烈的国际市场中保持领先地位。

华大智造在西班牙的销售数据呈现稳步增长的趋势。此外，华大智造在西班牙市场的新增装机市场份额也持续保持领先，进一步巩固了其市场地位。谈及未来预期，公司表示依然对长期业务发展充满信心。虽然短期内市场需求有波动，但是整个生命科学行业仍在快速发展，尤其是由新技术所带动的科研领域，如宏基因组学、时空组学等。此外，临床应用、新兴应用等方向未来都有很大的发展潜力。

（四）中远海运

中远海运通过收购和投资等方式，逐渐在西班牙的港口和物流领域建立了强大的网络。中远海运港口（西班牙）有限公司以 2.03 亿欧元的价格收购 NPH 公司 51% 的股份。NPH 公司旗下的毕尔巴鄂、拉斯帕尔马斯、马拉加、瓦伦西亚四大集装箱港分别位于西班牙的北部、东部、南部及加那利群岛自治区东部，地理位置优越，存在较大发展潜力和投资价值。中远海运在西班牙瓦伦西亚港和萨拉戈萨铁路场站之间开通了新的铁路货运线，提高了物流效率并降低运输成本。

另外，中远海运在西班牙的 CSP 西班牙码头与中远海运集运西班牙公司合作，成功打造中欧贸易便利化的新路径——"中欧陆海快线伊比利亚海铁联运通道"，该通道旨在缩短里程、提高运输时效，并减少对环境的影响。

（五）小米

自从 2017 年年底进军西班牙市场以来，小米便凭借其卓越的产品和服务迅速赢得了消费者的喜爱和认可。在短短几年时间内，小米的市场份额取得了显著增长，到 2023 年已经稳定在 30% 左右，成为西班牙智能手机市场的主要品牌之一。小米在西班牙的成功，首先得益于不断创新和高性价比的产品策略。小米推出的手机产品线丰富，覆盖了从经济型到高端型的不同价格段，满足了不同消费者的需求。其中，Redmi Note 12 系列在西班牙市场表现出色，成为小米最畅销的产品之一。

除了产品本身的竞争力，小米还注重在西班牙市场的本地化运营和品牌建设。小米在西班牙开设了多家授权店和专卖店，提升了品牌曝光度和市场影响力。同时，小米还积极参与当地的各类活动和展会，与消费者进行互动，进一步加深了品牌在西班牙市场的认知度。

（六）华为

华为在西班牙市场的表现曾经一度非常出色。例如，2017 年第四季度，凭借华为 20 系列等爆款机型的持续热销，华为成功在西班牙手机市场占据了 30% 的市场份额，位居销量第一。然而，近年来华为在西班牙的发展遭遇了挑战。自 2021 年开始，华为在西班牙的智能手机销量出现显著下滑。2021 年相比 2020 年销量锐减 80%，2022 年则进一步下滑。这一趋势与华为逐步减少包括西班牙在内的诸多欧洲市场布局有关。此外，华为在西班牙的员工数量也从 45 人减少到了 20 人左右，显示出其业务在该国的收缩态势。

尽管面临困境，华为并没有完全放弃西班牙市场。在 2024 年世界移动通信大会（MWC 2024）上，华为展示了其全系列、全场景的 5G 及 5G 演进技术（5G-A）产品解决方案，并发布了业界首款面向数据中心场景的 OTN 产品 Optix OSN 9800 K36，显示出其在技术创新和产品研发方面的持续投入。华为 Mate 60 系列在 2023 年消费电子行业中也取得了令人印象深刻的成绩。此外，华为云发布了 2024 数字先锋计划，旨在帮助 50 万西班牙中小企业加速数字化转型。这将对华为在西班牙市场的复苏起到一定的推动作用。

（七）雅迪电动车

中国知名的两轮电动车品牌雅迪，正通过其战略性决策全面进军西班牙市场，以此作为其深入欧盟市场的桥头堡。在全球推动碳减排的大背景下，雅迪的这一行动与欧盟推广绿色出行方式、鼓励电动车使用的政策不谋而合。雅迪的全球化战略不仅仅局限于将产品推向海外，而是通过深入研究当地文化和消费习惯，采取本土化战略，包括可能启用本土团队运营，以确保品牌在当地市场的深度融合和持续发展。

雅迪的海外发展策略是全方位的，包括产品创新、服务质量提升和渠道多元化。公司在研发上的持续投入，如拥有 1300 多项专利和 1000 余名科研人员，践行了其对电动车核心技术创新的承诺。在全球化布局方面，雅迪已经拥有 8 大全球产研基地和 5 大全球运营中心，产品销往 100 个国家，客群覆盖 8000 万用户。①

为了支持其全球化战略，雅迪在越南建立了首个海外生产基地，并在德国设立了销售公司，同时计划在美国建立销售公司，这一系列举措旨在利用海外人才资源，增强产业链的灵活性和响应速度。雅迪的这些动作预计将在海外市场产生显著效果，尤其是在当前各国政府对两轮电动车的政策利好时期。

雅迪在西班牙的发展情况非常积极。2022 年 6 月，雅迪在西班牙马德里举办了行业内首个跨国发布会，宣布全面进入并深耕西班牙市场。雅迪在西班牙的活动周在马德里市政厅正式拉开帷幕，显示了其全球化战略由"走出去"向"走进去"深化的决心。雅迪在西班牙市场的深耕是其全球化战略的重要一步，雅迪计划通过产品、服务、渠道的多方向拓展，让品牌在当地深耕并具有生命力。雅迪在西班牙的发展策略包括与当地代理商合作，深入研究当地市场和用户需求，考虑启用本土化团队运营，并不断深化品牌本土化进程。雅迪还通过参加国际展会如 2022 年德国法兰克福自行车展来推进其在欧盟市场的品牌影响力。此外，雅迪已在德国设立了欧洲运营中心，通过整体布局更好地利用海外人才资源，拓展全球市场。

雅迪计划利用其在西班牙的市场存在，进一步深耕欧美市场，推广其全系列产品和出行科技，致力于成为全球绿色出行解决方案的提供者。预计到 2025 年，欧洲电动自行车销量将显著增长，雅迪有望在其中占据重要份额，从而在全球两轮电动车市场中实现其三千万以上电动两轮车整车销售量的市场规模目标。通过这些战略举措，雅迪不仅加强了自身的国际化进程，也为

---

① 国泰君安证券《2024 年雅迪控股研究报告》，2024 年 5 月。

中国品牌在全球市场上的成功树立了新的标杆。

（八）海底捞

　　海底捞作为知名的中国火锅品牌，在西班牙市场的发展情况备受瞩目。据相关报道，海底捞2020年在马德里开设其在西班牙的第一家门店，也是继伦敦之后在欧洲开设的第二家连锁店，这标志着海底捞在欧洲市场的进一步扩张。海底捞马德里首店驻地为 Gran Vía 52 号的商业场地，曾经是西班牙第一家麦当劳餐厅的所在地。2024年第一季度，海底捞海外业务特海国际净新增了4家餐厅，餐厅总数增至119家，整体平均翻台率为每天3.9次。这表明海底捞在西班牙及其他海外市场正稳步增长，不断拓展其国际影响力。

　　海底捞在海外市场的成功，部分归因于其对本地化战略的重视。品牌不仅在服务上进行了本地化的调整，还在菜品上做了相应的改变，以适应不同地区的饮食习惯和法律法规。例如，在欧洲市场，海底捞增加了牛羊肉、鱼肉的比例，并寻找本地食材开发定制化的菜品。

　　此外，海底捞在西班牙的发展也得益于其强大的供应链管理和组织支撑。品牌通过建立中央厨房和与当地供应商合作，确保食材供应的一致性和高品质。海底捞还注重在海外市场的品牌建设，通过社交媒体和营销活动与消费者互动，提升品牌知名度和顾客满意度。

　　海底捞的海外扩张策略是稳健的，它根据疫情影响下的市场情况及餐厅表现动态调整扩张计划。品牌在海外市场的拓展并不局限于华人聚集地，而是根据当地市场需求灵活选址，门店面积通常较大，以适应欧洲市场的特点。

　　海底捞在西班牙的发展前景看起来是乐观的，品牌在马德里的门店预计将受到当地消费者和华人社区的欢迎。随着海底捞在西班牙市场的深入发展，其在欧洲的业务有望进一步增长。

（九）Shein

Shein 是一家成立于 2008 年的跨境 B2C 互联网企业，主要经营女性快时尚产品。根据市场研究公司 Kantar 的调查，2022 年 6 月至 2023 年 5 月，Shein 的买家量增长了 40%，拥有约 448 万的买家，不仅顺利跻身西班牙买家数量最多的前十大时尚电商平台，还成功超越 Zalando、速卖通、Miravia 等平台，排名第二。目前，Shein 已跻身西班牙第二大时尚品牌，超越了西班牙本土时尚巨头 ZARA。据西班牙时尚业电商市场的相关数据，Shein 已成为仅次于亚马逊的时尚电商平台，其市场份额在西班牙市场排名居前列。不仅建立了完善的物流体系，确保商品能够快速、准确地送达消费者手中，还注重环保和可持续发展，在产品设计、生产和包装等方面采取了多项环保措施。在市场竞争中表现出强劲的增长势头。

（十）阿里巴巴 Miravia

在 2022 年底，阿里巴巴在西班牙推出了 Miravia 平台，标志着其在海外市场尤其是西班牙的进一步扩张。西班牙已成为阿里巴巴海外业务的重点市场，而 Miravia 则是其在该市场的重要战略布局。Miravia 在西班牙市场迅速占据了一席之地，并成为增长速度最快的在线市场之一。2023 年，Miravia 的增长率达到了 8027%，其商品交易总额（GMV）达到了 11.5 亿美元，预计到 2025 年将达到 16.2 亿美元，将在 2026 年跻身西班牙五大电商市场之列。

Miravia 平台的推出与阿里巴巴现有的速卖通平台形成互补，旨在覆盖中高端市场和下沉市场，同时结合跨境和本土业务，以更好地服务欧洲市场。Miravia 从一开始就定位于中高端市场，体现了阿里巴巴在海外市场的积极探索。

在平台建设上，阿里巴巴采取了一种成熟的策略，先扩大用户基础，然后吸引优质商家，形成示范效应，推动品质升级。同时，在西班牙与其他知名品牌如 The North Face、Converse、Nike 等建立了合作关系，丰富了其品牌形象和市场竞争力。此外，Miravia 平台的推出标志着一种新的变化，它直接以品牌驱动为主，这与阿里巴巴以往的平台建设策略有所不同。

近年来，中国电商巨头正加速布局西班牙市场，视其为拓展欧洲业务的关键一步。除了 Shein 和 Miravia，2022 年，拼多多海外版 Temu 将西班牙定为其欧洲扩张的第一站，紧接着 TikTok Shop 也宣布了进入西班牙市场的计划。西班牙不仅因其作为欧盟第四大经济体的地位而备受瞩目，还因其与中国的紧密贸易关系，以及其电商市场的庞大潜力而成为中国电商的首选目的地。据 Statista 数据显示，西班牙的互联网渗透率高达 93%，网民网购率达到 63%，电商市场规模在全球排名第 13 位。中国商品在西班牙跨境在线购物中占比高达 50%，凸显了中国电商在该市场的受欢迎程度。

西班牙电商市场的吸引力还在于其较低的市场起点和快速的增长潜力。与西欧的高消费国家相比，西班牙的消费者更注重商品的性价比和多样性，这与中国电商的定位不谋而合。Shein 的案例尤为突出，自 2011 年进入西班牙市场以来，其访问量已跃居第二位，仅次于本土时尚巨头 Zara，即便在国际能源危机影响下，Shein 在西班牙的增长率仍达到 40% 至 60%。

西班牙的电商生态系统多元化，平台集中度相对较低，为新入局的电商平台提供了友好的环境。西班牙消费者对海外购物持开放态度，64.8% 的电商交易发生在海外零售网站，其中大部分交易额流向了海外零售网站。此外，西班牙的电商市场对中国卖家十分友好，许多本土和国际电商平台都欢迎中国卖家入驻，如 Fnac 的西班牙站点和 Worten 的西班牙站点。

中国电商平台的进入不仅满足了西班牙消费者对高性价比商品的需求，也推动了当地电商市场的发展，使之成为连接中国与欧洲其他国家的重要电商枢纽。随着西班牙电商市场的不断成熟，物流体系的完善，以及消费者对网购信任度的提升，中国电商巨头在西班牙市场的发展前景广阔。

三、中国品牌在西班牙市场的挑战和机遇

（一）挑战和困难

第一，注册公司价格昂贵、办理行政手续缓慢且烦琐。西班牙对工作签证及工作居留规定较为严格，手续办理时间长。第二，很多贷款优惠和补贴政策无法及时落实。西班牙经济形式虽有所好转，但受债务危机影响，各级政府财政状况欠佳，导致很多优惠政策无法及时落实。第三，西班牙很多标准和规定国际化透明化程度不高，西班牙等欧盟部分成员国开征数字税对个别行业带来了负面影响。

（二）机遇和前景

近年来，中国品牌在西班牙市场的发展势头迅猛，展现出了巨大的机遇和光明的前景。中国企业凭借其高性价比、创新能力和灵活的市场策略，逐渐赢得了西班牙消费者的认可和信赖。以下从多个角度分析中国品牌在西班牙市场的发展机遇和前景。

首先，随着中国制造的产品质量不断提升，中国品牌的国际竞争力显著增强。中国的电子产品、智能手机和家电等在全球范围内广受欢迎，这些产品在西班牙市场同样具备很强的吸引力。例如，华为、小米等手机品牌在西班牙市场占据了相当的市场份额，以其高性能和合理的价格深受当地消费者喜爱。这种品质与价格的平衡，使得中国品牌在与欧美传统品牌的竞争中占据了一席之地。

其次，西班牙市场对新兴品牌持开放态度，这为中国品牌的进入提供了便利。西班牙消费者乐于接受新事物，对于具有独特设计和创新功能的产品尤为青睐。中国品牌可以借助这一市场特点，通过不断创新，推出符合当地需求的新产品，进一步巩固和扩大市场份额。

此外，中西两国政府之间的经贸合作日益紧密，为中国品牌在西班牙的发展提供了良好的政策环境。近年来，中西两国签署了一系列合作协议，涵

盖贸易、投资、技术交流等多个领域。这些政策的推动,有助于减少中国企业在进入西班牙市场时面临的障碍,提高市场准入的便利性。

（三）成功案例的启示与借鉴

上述十个成功案例,揭示了中国品牌在西班牙市场的成功之道,展示了中国品牌如何在西班牙市场成功地实施了多样化的市场进入和发展策略。以下是几个关键的启示和借鉴意义。

1. 产品和服务的本土化

像小米和华为这样的品牌通过在当地开设门店并提供本地化的高性价比产品,成功地与西班牙消费者建立了联系,强化了其在西班牙市场的品牌曝光度和消费者信任。成功进入西班牙市场的中国品牌无一例外都实施了本土化战略,通过产品本土化、服务本土化及品牌推广本土化,赢得了当地消费者的认可和信任。这提示其他品牌,在进入新市场时,必须充分了解当地消费者的需求和偏好,进行相应的本土化调整。

2. 高质量与创新

中国品牌在西班牙市场的成功,很大程度上依赖其高品质和创新产品。比如,华为在5G技术领域的先进产品和解决方案,以及比亚迪在电动汽车市场的突出表现,都显示了中国品牌在技术和创新上的竞争力。

3. 积极的市场营销和品牌推广

Shein通过有效的网络营销策略和与环保及可持续性价值观的结合,成功地吸引了大量年轻消费者。这表明,积极的市场营销和与消费者价值观的共鸣对于品牌成功至关重要。

4. 强化供应链和物流网络

中远海运通过在西班牙建立强大的物流和供应链网络,支持了中国品牌在西班牙的分销。这种物流效率的提高,不仅降低了运营成本,也提高了客户满意度。

5. 政策和市场适应性

通过对西班牙市场政策的适应和利用，如阿里巴巴推出的 Miravia 平台针对中高端市场的策略，中国品牌能够更好地满足不同市场段的需求，从而在竞争中占据优势。

6. 高性价比策略

许多中国品牌通过提供高性价比的产品，迅速在西班牙市场站稳脚跟。例如，Temu 拼多多和速卖通通过丰富的产品线和优惠的价格，吸引了大量消费者。这表明，合理的价格策略是吸引新市场消费者的重要手段。

7. 创新和品质保证

如海尔和领克等品牌，通过持续的技术创新和高质量的产品，赢得了消费者的认可。这提示其他品牌，必须注重产品的品质和创新，以在竞争激烈的市场中脱颖而出。

8. 数字化和社交媒体

利用数字平台和社交媒体进行营销推广，是现代品牌进入新市场的有效策略。TikTok Shop 和 Shein 通过社交媒体平台，成功吸引了大量年轻消费者，扩大了市场影响力。

9. 市场细分和精准定位

成功的中国品牌都进行了精准的市场定位，找到适合自身产品的细分市场。例如，智能清洁小家电品牌通过满足特定需求，快速打开了市场。这表明，品牌在进入新市场时，需要进行市场细分，找到适合自己的目标群体。

四、建议和展望

结合西班牙市场的特点，对中国品牌的市场发展政策提出以下建议。

一是增强消费者体验与服务质量。西班牙消费者对产品服务质量和消费体验有较高的要求。中国品牌应通过建立更完善的本地售后服务网络，提供高效、便捷的客户服务支持，从而增强消费者的满意度和忠诚度。例如，设立本地客服中心，提供西班牙语服务，确保快速响应消费者需求和处理顾客投诉。同时，开展定期的服务质量培训，确保前线员工能够理解并满足西班牙消费者的特定需求和期望。

二是实施差异化市场定位策略。鉴于西班牙市场消费者偏好的多样性，中国品牌应根据不同目标群体的特点，制定差异化的市场定位策略。这包括为不同年龄、收入水平和生活方式的消费者群体设计和推广符合其偏好的产品和服务。例如，针对年轻消费者推出更具时尚感和科技感的产品，如智能穿戴设备、时尚电子产品等，而对于中老年消费者，则可以提供更注重健康、易用性的家用电器和健康管理服务。此外，考虑到西班牙人口老龄化的趋势，中国品牌可以开发更多适合老年人使用的健康科技产品，如智能家居、远程医疗设备等。

三是强化品牌文化输出和地方化融合。中国品牌在西班牙市场的推广不仅要传递产品价值，还应深入传播品牌文化，增强品牌的情感连接和文化认同。通过将中国元素与西班牙本土文化巧妙融合，创造出独特的品牌故事和体验，如在产品设计中融入中国传统艺术元素，同时结合西班牙当地的艺术风格和文化特色。此外，中国品牌可以通过赞助本地文化活动、艺术展览等方式，提高品牌在当地的知名度和影响力，同时展示品牌的国际视野和社会责任感。

四是加强数字化转型和电子商务渠道建设。利用数字技术，中国品牌可以更好地分析和理解西班牙消费者的购买行为和偏好，从而提供更加个性化的产品和服务。通过建立多元化的电子商务平台，如在线商城、移动应用等，结合社交媒体营销，利用大数据和人工智能技术优化营销策略和消费者互动。同时，强化电商物流体系，提供更快速、便捷的配送服务，确保消费者可以轻松购买并快速收到产品。

五是关注可持续发展与环境责任。西班牙消费者越来越关注产品的环保特性和企业的社会责任。中国品牌应加强在环保材料使用、可持续生产过程及产品回收再利用等方面的投入和创新。通过推广环保产品和服务，不仅可以满足市场需求，还可以通过申请欧盟生态标签（EU Ecolabel）等国际认证增强市场公信力。这不仅有助于提升欧盟市场准入合规性，更能形成差异化竞争优势。通过绿色技术创新与责任营销的有机结合，中国品牌可在西班牙市场构建兼具经济价值与社会价值的可持续发展模式。

参考文献

［1］新浪财经.商务部：中国成为西班牙在欧盟外第一大贸易伙伴 [EB/OL].（2024-02-22）https://baijiahao.baidu.com/s?id=1791586317961303706&wfr=spider&for=pc.

［2］新浪财经.促进中西双边经贸合作走深走 [EB/OL].（2024-09-25）[2024-06-06]https://finance.sina.com.cn/jjxw/2024-09-12/doc-incnxaan3094387.shtml.

［3］Trading Economics.各国零售销售数据 [EB/OL].[2024-06-06].https://zh.tradingeconomics.com/united-states/30-year-tips-yield.

［4］澎湃新闻.华为发布通信大模型 [EB/OL].（2024-02-29）[2024-06-06].https://www.thepaper.cn/newsDetail_forward_26491997.

［5］华经产业研究院.2023年中国与西班牙双边贸易额与贸易差额统计 [EB/OL].（2023-12-01）[2024-06-06].https://www.huaon.com/channel/tradedata/959593.html.

［6］AEDIVE|GANVAN，EU-EVS[EB/OL].（2024-03）[2024-06-06].https://aedive.es/.

［7］IT之家.Canalys市场调查数据：2024年Q1欧洲智能手机市场同比增长2%至3310万部，三星、苹果、小米分列前三 [EB/OL].（2023-05）[2024-06-06].https://www.ithome.com/0/774/137.htm.

［8］汽车之家.领克Z20欧洲上市，年轻人纯电首选？[EB/OL].（2023-09-25）[2024-06-06].https://chejiahao.m.autohome.com.cn/360/chejiahao/detailinfo/17323231.

［9］36氪品牌.国产汽车反攻欧洲市场，上汽手持"名爵"这把利剑在欧洲大杀四方 [EB/OL].（2023-09-25）[2024-06-06].https://news.yiche.com/hao/wenzhang/87316187/.

［10］环球时报新媒体.中国车企逆势"出海"西班牙 [EB/OL].（2023-04-26）[2024-06-06].https://world.huanqiu.com/article/4HSaleYlFm2.

［11］电商报.海外营收大涨，阿里做对了什么 [EB/OL].（2023-03-20）[2024-06-06].https://www.dsb.cn/225094.html.

［12］上海汽车报.从"单品"出海走向"生态"出海 [EB/OL].（2024-01-07）[2024-06-06].http://epaper.shautonews.com/content/2024-04-07/018248.html.

［13］搜狐汽车.汽车出海跨越式突破，中国汽车出海总体情况一览 [EB/OL].（2023-06-10）[2024-06-06].https://news.sohu.com/a/815796705_211762.

［14］新浪财经.“新石油”登陆欧洲，中国 – 西班牙合作开拓万亿级市场 [EB/OL].（2024–
05–08）[2024–06–06].https://finance.sina.com.cn/jjxw/2024–09–13/doc–incnyqcu2535590.
shtml.

［15］搜狐.火锅出海怎么做？跟德庄、刘一手、小龙坎、大龙燚…一起聊聊出海生意经
[EB/OL].（2017–06–13）[2024–06–06].https://business.sohu.com/a/825694840_12201
6458.

［16］PConline 太平洋科技.小米借 MWC 拓展欧洲市场 [EB/OL].（2023–11–07）[2024–06–
06].https://g.pconline.com.cn/x/1714/17140897.html.

［17］搜狐.20 余载，华为“出海”启示录 [EB/OL].（2022–11–30）[2024–06–06].https://
gov.sohu.com/a/791264466_116132.

［18］Counterpoint Research.市场研究机构调查报告 [R].2024–01.

［19］国泰君安证券.雅迪控股研究报告 [R].2024–05.

［20］北京商报.拼规模、攻下沉、群出海 餐企绝地求生背后暗藏哪些新趋势？ [EB/OL].
（2024–06–18）[2024–06–06].https://www.bbtnews.com.cn/2023/1228/499660.shtml.

［21］电商报.覆盖 300+ 城、助力数万卖家高质量出海，Shein 平台赋能产业带全面升级
[EB/OL].（2023–07–05）[2024–06–06].https://www.dsb.cn/243336.html.

［22］Ecommercedb.Statistics report about the top online stores worldwide [R].2024–07–24.

［23］澎湃新闻.中远海运“一带一路”航线网络 [EB/OL].（2023–11–24）[2024–06–06].
https://baijiahao.baidu.com/s?id=1628795114810770100&wfr=spider&for=pc.

［24］雨果跨境网.跨境电商的市场动态、机遇与挑战及未来的发展趋势 [EB/OL]（2023–
08–29）[2024–06–06].https://www.cifnews.com/key/dkkhn.

［25］ICEX–Invest in Spain China DeskKPMG China Practice.Chinese FDI inSpain：
GlobalOutlook 2023.

B.14
中国品牌在沙特阿拉伯

刘朝煜 *

摘　要： "石油之国"沙特阿拉伯是中国在中东地区和阿拉伯世界的首要贸易伙伴。2014—2023 年，中沙两国贸易集中于原油、化工、机电等原材料产业和制造业，为中石化、红旗、海尔、中联重科等一系列中国品牌打开沙特市场提供了重要机遇。伴随《沙特阿拉伯 2030 愿景》的实施，中国品牌可通过全面合作、补齐短板和联动无形品牌等方式推进品牌本土化建设，助力沙特绿色发展转型，有效提升品牌价值和国际影响力。

关键词： 中国品牌　《沙特阿拉伯 2030 愿景》　品牌投资　中沙经贸关系　行业品牌

"阿拉丁把神灯拿出来，擦了一下，灯神便迅速出现在他面前。"这是绝大多数中国读者耳熟能详的《阿拉丁与神灯》中的经典桥段，这个故事正是出自脍炙人口的阿拉伯民间故事集《一千零一夜》。①巧合的是，故事主人公阿拉丁被设定为中国人，中国元素与阿拉伯元素在故事里实现了完美融合。在一千多年后的今天，故事的发生地中国和《一千零一夜》的主要成书地沙特阿拉伯同样实现了跨越时空的牵手，为中国品牌在沙特阿拉伯创造了

---

* 刘朝煜，经济学博士，上海社会科学院经济研究所助理研究员，主要研究方向为创新与产业升级。

① 另有一种说法是，《阿拉丁与神灯》并非出自《一千零一夜》阿拉伯语原著，而是后续添加进去的故事。

广阔的舞台。

一、沙特愿景下的中国品牌

2016 年 4 月 29 日，沙特阿拉伯正式对外公布了《沙特阿拉伯 2030 愿景》（以下简称《2030 愿景》），①《2030 愿景》指出沙特阿拉伯致力于到 2030 年巩固其在阿拉伯世界中的中心地位、打造全球投资强国并成为亚非欧三大洲的国际枢纽。作为二十国集团（G20）中唯一的阿拉伯国家，沙特阿拉伯在阿拉伯世界中拥有举足轻重的战略地位，自然也成为中国品牌拓宽阿拉伯世界市场的主要支点。

2022 年 2 月 2 日，在新春喜悦洋溢之际，占地面积超 2000 平方米的华为利雅得旗舰店在利雅得开业，向沙特人民展示了中国在 5G、人工智能的等领域取得的技术进步。②2022 年 7 月 3 日，长城汽车"坦克 300"越野版车型在沙特正式上市，③长城汽车翻开了自 1997 年首次出口中东地区 25 年后里程碑式的发展新篇章。④2023 年 12 月 14 日，海尔智家 001 号品牌店在沙特阿拉伯达曼市鸣锣开店，成为中国家电在沙特开设的首家品牌店，搭建起智能化高端家电的中东化应用场景。⑤

以上事例提供了中国品牌在沙特阿拉伯落地生根和蓬勃成长的一个生动缩影。近十年来，越来越多的中国元素参与到了沙特《2030 愿景》中，中国

① 《力戒"油瘾"谋求转型 沙特推出经济改革十五年计划》，人民网 2016 年 4 月 29 日，http://world.people. com.cn/n1/2016/0429/c1002-28313117.html，访问日期：2025 年 3 月 31 日。

② 《华为公司在沙特开设海外最大旗舰店》，新华网 2022 年 2 月 3 日，http://www.news.cn/world/2022-02/03/ c_1128327417.htm，访问日期：2025 年 3 月 31 日。

③ 《中国汽车品牌"坦克"首次亮相沙特阿拉伯》，新华网 2022 年 7 月 5 日，http://www.xinhuanet. com/2022-07/05/c_1128804862.htm，访问日期：2025 年 3 月 31 日。

④ 《中国自主品牌汽车加速驾向中东市场》，新华社客户端 2023 年 5 月 21 日，https://h.xinhuaxmt.com/ vh512/share/11514152?d=134b179&channel=weixin，访问日期：2025 年 3 月 31 日。

⑤ 《中国首家！海尔沙特品牌店开业》，中国网 2023 年 12 月 25 日，http://science.china.com.cn/2023-12/25/ content_42648427.htm，访问日期：2025 年 3 月 31 日。

建设、中国制造、中资企业等中国力量通过多样化的合作渠道，在经济、能源、社会等领域助推沙特国家建设，抢抓沙特发展红利，无形中提升了中国品牌的国际影响力和市场赞誉度。

二、中国品牌在沙特发展的经贸基础

（一）中沙双边贸易中的中国行业品牌

21 世纪以来，伴随中国"走出去"战略的实施，沙特阿拉伯对华进出口呈现出持续升温态势。有关数据显示，自 2001 年起，沙特就已经成为中国在中东地区的第一大贸易伙伴，[①] 但彼时沙特和中国的双边贸易额仅为其与美国和欧盟贸易总额的1/10。[②]2013 年中国上升为沙特的第一大贸易伙伴，[③]2020年沙特和中国的双边贸易额超过了其与美国和欧盟贸易总额。从图 14-1 可知，[④] 在 2014—2023 年的十年间，沙特对华贸易总额的名义值总体上保持了波动上升的增长态势，其中 2014—2016 年由于国际油价下跌和中东局势持续混乱，沙特对华进出口连续两年减少，2017 年止跌回升。2020 年爆发的新冠肺炎疫情使沙特对华进出口再一次出现明显下滑，2021—2022 年持续恢复。2023 年受巴以冲突的影响，沙特对华进出口冲高回落，截至 2023 年底，沙特对华进出口分别为 428.57 亿美元和 643.70 亿美元，进出口总额达到 1072.27 亿美元。

---

① 《沙特企业期待与中国市场共赢》，《经济日报》2023 年 9 月 23 日，http://paper.ce.cn/pad/content/202309/23/content_281405.html，访问日期：2025 年 3 月 31 日。

② "How China Became Saudi Arabia's Largest Trading Partner," *Visual Capitalist*, Febrary 19, 2023, accessed, https://www.visualcapitalist.com/cp/how-china-became-saudi-arabias-largest-trading-partner/.

③ 《沙特企业期待与中国市场共赢》，《经济日报》2023 年 9 月 23 日，http://paper.ce.cn/pad/content/202309/23/content_281405.html，访问日期：2025 年 3 月 31 日。

④ 中国海关总署：《2014—2023 年统计月报》，http://gdfs.customs.gov.cn/customs/302249/zfxxgk/2799825/302274/index.html. 其中 2014 年沙特对华进口为前 11 月数据，下同。

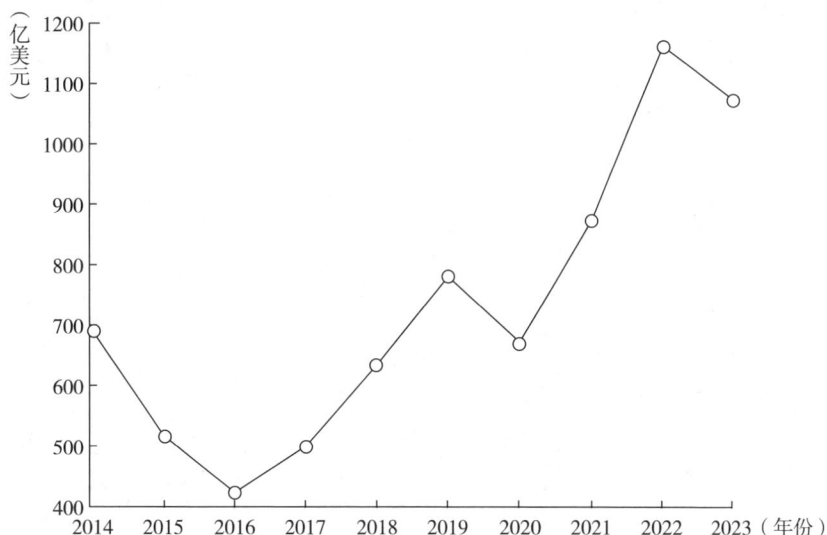

图 14-1　2014—2023 年沙特对华进出口总额

　　作为比较，沙特对华贸易在主要阿拉伯国家对华贸易格局中处于中心地位，紧跟在沙特之后位居次席的是阿联酋，两国对华贸易的变动趋势基本相同。伊拉克、阿曼、科威特和卡塔尔对华贸易也总体呈现出波动上升特征。唯有伊朗例外，2014—2023 年伊朗对华进出口基本表现为波动下降，2018 年美国宣布退出伊核协议并重启对伊制裁，使得伊朗的国际贸易大幅受挫，因此伊朗对华进出口总额相应表现出持续萎缩的发展态势（图 14-2）。

　　基于中国海关总署数据，本文绘制了 2014—2023 年沙特阿拉伯对华出口额和进口额分别排名前五位的产品类章。如图 14-3 和图 14-4 所示，横轴表示时间，纵轴为进（出）口额的降序位次，其中 1 表示进（出）口额最高的类章，方框中的数字代表类章编号，方框之间的连线表示各类章进（出）口额位次变动的轨迹。

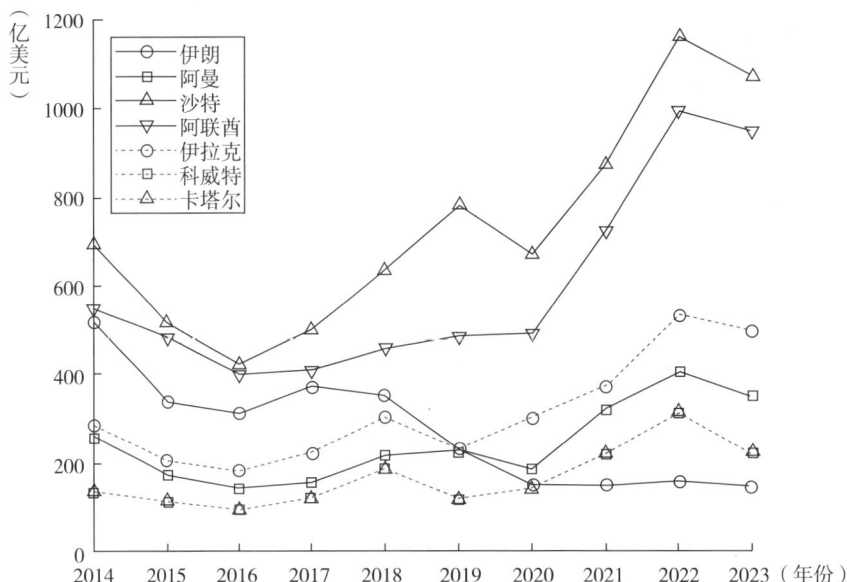

图 14-2　主要阿拉伯国家对华进出口总额

　　从图 14-3 可以明显看出，2014—2023 年间沙特阿拉伯对华出口额排名前三的类章非常稳定，分别是矿产品（5）、化学工业及其相关工业的产品（6）、塑料及其制品和橡胶及其制品（7），其中矿产品（主要是原油）稳居沙特对华出口所有类章的第一位，并且远远领先于其他所有类章，约占沙特对华出口额的 50%。除 2020 年外，化学工业及其相关工业产品、塑料及其制品和橡胶及其制品分列沙特对华出口类章的第二、三位。三个类章出口额合计占沙特对华出口的 70%，由此可见，沙特对华出口的产品主要为矿产、石化等石油工业产品。贱金属及其制品（15）和机电、音像设备及其零件、附件（16）基本保持第四和第五大类章。值得一提的是，2013—2014 年纺织原料及纺织制品（11）排在第五位，但之后对华出口额不断萎缩，与之对应的是重化工业和机器工业产品对华出口不断增加，最终沙特形成以石油工业产品为主、机器制造业产品为辅的对华出口格局。

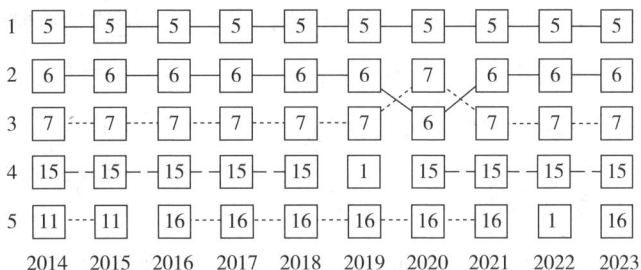

图 14-3　2014—2023 年沙特对华出口额排名前五的类章

在对华进口方面（图 14-4），机电、音像设备及其零件、附件（16）是沙特阿拉伯对华进口额最大的类章，并且进口额的名义值处于波动上升区间，2023 年达到 130.55 亿美元。第二至第四大类章排序的变动情况较对华出口更大，2014—2018 年为纺织原料及纺织制品（11）、贱金属及其制品（15）和杂项制品（20）。2019—2023 年，纺织原料及纺织制品类章对华进口出现波动，2022 年和 2023 年分别下降至第四位和第五位，贱金属及其制品在 2019—2021 年下降至第四位，但在 2022—2023 年上升至第二位。杂项制品的最高位次是 2020 年的第二位，但 2023 年滑落至第四位。车辆、航空器、船舶及运输设备（17）是近三年来沙特对华进口增长的重要类章，2019 年为第五位，2023 年已经到达第三位。总体上看，2014—2023 年的十年间沙特对华进口的机器、金属等制造业产品比重较高，纺织产品比重逐渐下降，车辆、航空等高端制造业迅速提升，产品结构不断向高技术、高附加值产品倾斜。

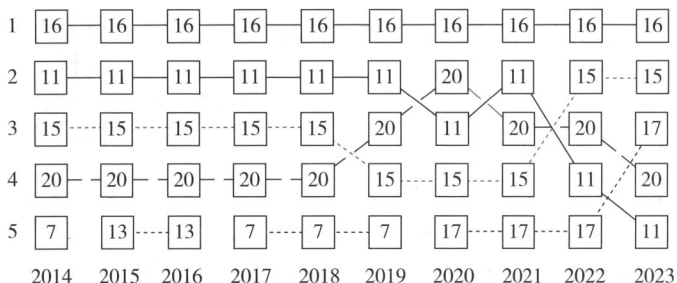

图 14-4　2014—2023 年沙特对华进口额排名前五的类章

综上可知，沙特对华进出口总体上符合两国比较优势，尤其是沙特在机电、贱金属、车辆等方面具有大量产品进口需求，因此在客观上为这些领域的中国品牌创造了持续稳定的发展机遇。

（二）中国品牌在沙特投资的集中领域

在货物贸易之外，中国企业和品牌在沙特的投资活动也实现了成功落地和蓬勃发展。数据显示，2022年受疫情影响，中国对沙特的投资总额仅为15亿美元，2023年则大幅上升至168亿美元，并占到沙特新业务投资的近六成。[①] 本文根据沙特阿拉伯中资企业协会、中国－沙特阿拉伯投资峰会、中国民营经济国际合作商会、中阿合作论坛等社会组织的公开信息，归纳整理了中国品牌在沙特投资领域的分布情况表（表14-1）。从中可知，中国品牌在沙特投资主要集中于能源、制造业、物流等领域，同时也兼顾矿产、医疗卫生等领域。因此一方面，总体上能源工业、机械工业等领域的中国品牌更容易在沙特崭露头角，另一方面这也为消费、通信、旅游、电子商务等现代服务业预留了中国品牌的发展空间。

表 14-1　中国品牌在沙特的投资领域分布 [②]

分布领域	沙特阿拉伯中资企业协会	中国－沙特阿拉伯投资峰会	中国民营经济国际合作商会	中阿合作论坛
能源	√	√	√	√
矿产		√		√
机械设备	√		√	
电信	√			
贸易	√			

① 《投资168亿美元！中国成沙特2023年度最活跃投资者》，阿中产业研究院2024年4月1日，https://www.aciep.net/blog/archives/2729，访问日期：2025年3月31日。

② 资料来源：沙特阿拉伯中资企业协会网站（http://www.saudi-cocc.net/），中国－沙特阿拉伯投资峰会网站（https://www.investgo.cn/article/yw/alfx/202312/699327.html），中国民营经济国际合作商会网站（http://www.ciccps.org/News/Shownews.asp?id=2984），中阿合作论坛网站（https://sputniknews.cn/20230612/1050998610.html）。

续表

分布领域	沙特阿拉伯中资企业协会	中国－沙特阿拉伯投资峰会	中国民营经济国际合作商会	中阿合作论坛
物流	√	√		√
农业		√		√
旅游		√		√
医疗卫生		√		√
金融、不动产		√		√
基础设施	√	√	√	√
技术		√		√

三、中国品牌在沙特阿拉伯的代表案例

根据中国品牌在沙特阿拉伯发展的经贸基础分析，本文接下来着重展示能源、汽车、家电、重型制造业等行业的中国品牌故事，以此探讨中国品牌在沙特市场的发展特征。

（一）能源行业

能源贸易在中国和沙特阿拉伯贸易总格局中拥有举足轻重的分量，为中国能源品牌提供了广阔的市场。在传统能源方面，中石化（SINOPEC）通过与 Aramco（沙特阿拉伯国家石油公司，简称沙特阿美）[①]、SABIC（沙特基础工业公司）[②]密切合作，深度参与沙特石油开采、石油化工、天然气开采等业务，并通过 SINOPEC Tech Middle East LLC（中石化中东研发中心）等与沙特当地企业合作推进科技研发攻关。与此同时，中石化高度重视沙特本土化

---

① "Aramco awards \$3.3B gas facility contracts to Sinopec, Tecnicas Reunidas," *Argaam*, January 22, 2024, accessed March 31, 2025, https://www.argaam.com/en/article/articledetail/id/1699517.

② "SABIC Acting CEO says JV with Aramco, Sinopec important part of oil-to-chemicals conversion program," *Argaam*, December 20, 2022, accessed March 31, 2025, https://www.argaam.com/en/article/articledetail/id/1610229.

发展，为沙特提供大量就业岗位、实习岗位、培训平台和青年创业机会，推动中国和沙特开展文化交流，积极承担教育、医疗、环境保护等社会可持续发展职责，在沙特市场上树立起了良好的企业形象和品牌口碑。[1]除此之外，中石油、中海油、北方工业、浙江石化等企业也在不断拓展沙特市场。[2]

沙特在《2030 愿景》中提出要逐步降低对石油、天然气等传统化石能源的依赖，发展新能源工业。Global Times、CSIS、Insights-global 等多家媒体和研究机构均指出，借助于新能源技术研发和应用方面积累的优势，中国在海湾国家能源转型中承担着越来越重要的角色。例如，能链智电（NaaS）与沙特当地政府、投资基金等合作制订了自上而下的新能源转型方案。[3]TCL联合赣锋锂业和远景能源在沙特投资太阳能晶片、绿色氢涡轮机、风能等项目，拓宽了沙特的能源发展视域，吸引了沙特政府和各界投资者的目光。[4]

（二）汽车行业

在沙特自华进口第一大类章——机电、音像设备及其零件、附件中，汽车进口保持了高位运行水平，从而促使一大批中国汽车品牌得到沙特乃至中东市场的青睐。Saima Sharif 指出虽然日本丰田和韩国现代仍在沙特市场上占据主导地位，但中国汽车品牌长安和吉利已经跻身沙特十大汽车品牌行列，并且正在通过技术创新、设计理念和品牌价值不断重塑沙特汽车市场规范和

---

[1] 《中国石化在沙特阿拉伯服务"一带一路"可持续发展报告》，中国石化集团 2022 年 1 月 11 日，http://www.sinopecgroup.com/group/Resource/Pdf/SinopecinSaudiArabia2020.pdf，访问日期：2025 年 3 月 31 日。

[2] "Saudi-China energy, trade and investment ties," *Reuters*, December 9, 2022, accessed March 31, 2025, https://www.reuters.com/world/saudi-china-energy-trade-investment-ties-2022-12-09/.

[3] "China-Saudi Arabia cooperation extends beyond oil to new energy, NEV, services and more," *Global Times*, July 15, 2023. 相关资料显示，能链智电于 2022 年 6 月 13 日在美国纳斯达克上市，成为中国充电服务海外上市的第一股。

[4] "China's pressured clean energy industry sees Saudi potential," *Bloomberg*, December 13, 2023, accessed March 31, 2025, https://www.japantimes.co.jp/environment/2023/12/13/climate-change/china-clean-energy-saudi-arabia/.

预期。① 沙特女性社会地位的提升也为长安、吉利、名爵、哈弗等中国汽车品牌提供了差异化竞争的空间，针对女性用车的高端化、个性化设计使得中国品牌更好地拓展了沙特汽车市场业务。

长城汽车自 1997 年进入中东市场以来，近 30 年间在沙特积累了良好的品牌口碑。2022 年 7 月，长城汽车旗下热门车型"坦克 300"在沙特首发，迅速掀起中东地区越野车热潮。②

长安汽车同样在 20 世纪 90 年代进入中东市场。截至 2020 年底，长安汽车在沙特的市场份额已上升至 4.3%，较 2019 年提升 2 个百分点，并成为当年沙特"最受欢迎的汽车品牌"第八名③ 和首个进入沙特汽车年销量品牌榜前十的中国汽车品牌。④2022 年长安汽车向沙特出口汽车超过 3.5 万辆，同比增长达到 22%。⑤ 长安汽车在沙特的官方经销商 Almajdouie Changan 的营销传播经理 Wafi Al-Ghanim 指出，长安汽车之所以能够快速成长，是因为长安汽车的价格、质量及保修期相较于日本和韩国等国的汽车品牌有明显优势，其性价比得到了当地中低收入消费者的认可。⑥

作为中国民族汽车的高端品牌，红旗定位沙特的高端汽车市场。2021 年 7 月 1 日，红旗的首个沙特展销中心在利雅得开业，标志着其在利雅得、古

---

① "How Emerging Chinese Car Brands and Consumer Behavior Are Shaping Saudi Arabia's Auto Industry," *Linkedin*, March 1, 2024, accessed March 31, 2025, https://www.linkedin.com/pulse/how-emerging-chinese-car-brands-consumer-behavior-shaping-sharif-adquc.

② "Chinese self-developed vehicles gain traction in Middle East," 新华网 May 26, 2023, accessed March 31, 2025, https://www.chinadaily.com.cn/a/202305/26/WS64702049a310b6054fad5445.html.

③ Shane Mcginley, Hebshi Alshammari, Ameera Abid, "Changan sees boom in demand as Saudis fall in love with Chinese car brands," *Arab News*, February 28, 2021, accessed March 31, 2025, https://www.arabnews.com/node/1901251/%7B%7B.

④ 《中国品牌汽车在沙特市场驶入发展"快车道"》，新华网 2021 年 7 月 28 日，http://www.xinhuanet.com/2021-07/28/c_1127706237.htm，访问日期：2025 年 3 月 31 日。

⑤ "Chinese self-developed vehicles gain traction in Middle East," *China Daily*, May 26, 2023, accessed March 31, 2025, https://www.chinadaily.com.cn/a/202305/26/WS64702049a310b6054fad5445.html.

⑥ Shane Mcginley, Hebshi Alshammari, Ameera Abid, "Changan sees boom in demand as Saudis fall in love with Chinese car brands," *Arab News*, February 28, 2021, accessed March 31, 2025, https://www.arabnews.com/node/1901251/%7B%7B.

达和达曼的战略销售网络正式成型。① 开业首月，红旗高端车型 H9 便获得了超百订单，所有车型的销量都远超预期。② 截至 2024 年 6 月，红旗在沙特销售的主力轿车型号为 H5、Ousado 和 H9，主力 SUV 型号则为 HS3、HS5、HS7 和 EHS9。③

上汽名爵则瞄准了沙特的年轻化汽车需求，于 2017 年 11 月 21 日在吉达开设旗舰展厅并在沙特市场上推出 MG ZS 系列小型 SUV，后续持续推出 MG360、MG GS 等系列车型，④ 利用其年轻外观设计和互联网优势赢得了沙特年轻人的喜爱。2023 年底，上汽名爵新车 MG ONE 被沙特主流汽车媒体 Sport Motors 评选为"最佳紧凑型 SUV"，获得沙特市场的一致好评。⑤ 不仅如此，名爵 MG 还赞助了沙特本土足球队 AL Ahli，通过足球融入当地文化，极大地增强了品牌的溢出效应。⑥

中国汽车品牌在沙特的快速崛起，还带动了沙特当地汽车相关产业以及汽车产业链、供应链的发展。Saima Sharif 提到 Petromin Express 抓住中国汽车品牌在沙特蓬勃发展的机遇，通过为中国汽车品牌提供下游维保服务，实现了自身的转型。⑦Almajdouie 集团通过不断提升服务水平，从而匹配沙特

---

① "China's automaker Hongqi opens 1st sales center in Riyadh," *China Daily*, July 2, 2021, accessed April 3, 2025，https://www.chinadaily.com.cn/a/202107/02/WS60de80caa310efa1bd65f645.html.

② 《中国品牌汽车在沙特市场驶入发展"快车道"》，新华网 2021 年 7 月 28 日，http://www.xinhuanet.com/2021-07/28/c_1127706237.htm，访问日期：2025 年 3 月 31 日。

③ 红旗沙特官方网站，https://www.hongqi-ksa.com/en.

④ 《这次走得更远 名爵品牌旗舰店亮相沙特》，凤凰网 2018 年 1 月 4 日，https://auto.ifeng.com/qichezixun/20180104/1116757.shtml，访问日期：2025 年 3 月 31 日。

⑤ 《MG ONE 荣获沙特"最佳紧凑型 SUV"奖项》，《上海汽车报》2023 年 12 月 31 日，https://epaper.shautonews.com/content/2023 12/31/016231.html，访问日期：2025 年 3 月 31 日。

⑥ 《中东人的"618"里，MG 被买疯了》，上观新闻 2021 年 6 月 17 日，https://sghexport.shobserver.com/html/toutiao/2021/06/17/462688.html，访问日期：2025 年 3 月 31 日。

⑦ "How Emerging Chinese Car Brands and Consumer Behavior Are Shaping Saudi Arabia's Auto Industry," *Linkedin*, March 1, 2024, accessed March 31, 2025, https://www.linkedin.com/pulse/how-emerging-chinese-car-brands-consumer-behavior-shaping-sharif-adquc.

市场对长安汽车不断增长的消费需求。①

除汽车外，中国客车品牌同样在沙特取得了不俗表现。2023 年 3 月，安凯客车高端款型 A8 批量出口沙特。自 2007 年进入沙特市场以来，安凯客车向沙特累计出口客车已经超过 1 万辆，牢牢掌握着沙特市场客车品牌保有量的头把交椅。②2023 年年初，宇通客车获得沙特 550 辆中高端公路客车大批量订单，进一步巩固了宇通客车在沙特客车市场中主流供应商的地位，也提升了中国高端客车在国际市场中的占有率和知名度。③

与此同时，沙特阿拉伯乃至整个中东地区，因沙漠气候等原因，对实现经济发展的绿色转型和生态环境保护具有非常迫切的需求，这为中国新能源汽车品牌创造了宝贵的发展机遇。④作为新能源汽车技术大国，中国新能源汽车品牌的蓬勃发展为沙特带来了丰富的消费场景和技术支持。近年来，长安积极向沙特出口新能源汽车、零部件以及相关技术，进一步补全了长安在沙特的市场经营版图。⑤2022 年 12 月，天际汽车与沙特本地企业成立合资公司，设立新能源汽车生产和研发基地。⑥2014 年 6 月，新能源汽车巨头比亚迪正式登陆沙特市场，⑦2023 年比亚迪取代特斯拉成为全球销量增长最快的新能源汽车品牌，借着此次超越势头，2024 年 2 月比业迪随即在沙特市场推出了汉、海豹、元 PLUS、秦 PLUS 和宋 PLUS 等五款全新车型，引领了沙

① Shane Mcginley, Hebshi Alshammari, Ameera Abid, "Changan sees boom in demand as Saudis fall in love with Chinese car brands," *Arab News*, February 28, 2021, accessed March 31, 2025, https://www.arabnews.com/node/1901251/%7B%7B.

② 《深耕海外高端市场，安凯客车批量出口沙特》，安凯客车 2023 年 3 月 28 日，https://www.ankai.com/index.php?m=home&c=View&a=index&aid=4938，访问日期：2025 年 3 月 31 日。

③ 《海外开门红，550 辆宇通客车陆续交付沙特阿拉伯！》，宇通客车 2023 年 2 月 16 日，https://www.yutong.com/news/overseas/2023/2023BPNrAzGpDl.shtml，访问日期：2025 年 3 月 31 日。

④ "Chinese self-developed vehicles gain traction in Middle East," *China Daily*, May 26, 2023, accessed March 31, 2025，https://www.chinadaily.com.cn/a/202305/26/WS64702049a310b6054fad5445.html.

⑤ 同上。

⑥ 《沙特吸引越来越多中国科技企业》，中国经济网 2023 年 4 月 5 日，http://www.ce.cn/xwzx/gnsz/gdxw/202304/05/t20230405_38481346.shtml，访问日期：2025 年 3 月 31 日。

⑦ 《国产品牌比亚迪汽车正式进入沙特市场》，Gulfinfo 海湾资讯网 2014 年 6 月 17 日，https://www.gulfinfo.cn/info/industry-export/details-4731.html，访问日期：2025 年 3 月 31 日。

特新能源汽车消费的新风尚。[1]

（三）家电行业

白色家电通常被视为传统劳动密集型产品，作为改革开放之后中国大陆最早追赶上世界先进水平并最先走向国际市场的产业之一，国产白色家电品牌在相当长的一段时间内代表了中国品牌的整体形象。随着家电生产技术的革新和绿色消费观念的兴起，白色家电企业也在大力转型，不断提升产品的科技化、数字化和智慧化含量。

《沙特阿拉伯家电市场规模和份额分析——增长趋势和预测（2024—2029）》预测海尔将成为2024—2029年沙特市场上的主要家电品牌之一。事实上，海尔的确走在中国品牌在沙特的本土化创牌之路的最前列，沙特当地时间2023年12月14日，海尔智家001号品牌店在沙特达曼市开业，成为中国家电品牌在沙特的首家品牌店，也推动了中国家电技术更好地服务沙特用户需求。[2] 除了海尔，不少知名中国家电品牌也在积极耕耘沙特市场。2022年12月海信与UMG集团签署合作协议，UMG集团成为海信在沙特的官方分销商，[3] 紧接着半年之后，作为沙特最大的电子分销商之一的Abdul Latif Jameel Electronics成为海信空调在沙特的授权经销商，持续扩大海信在沙特乃至中东地区的业务网络。[4] 格力[5]、美的[6]多年来也在持续寻求与沙

---

[1] "Al-Futtaim Company Launches BYD in Saudi Arabia, World's Top-Selling Brand of New Energy Vehicles," *The Saudi Boom*, March 1, 2024, accessed March 31, 2025, https://thesaudiboom.com/al-futtaim-company-launches-byd-in-saudi-arabia-worlds-top-selling-brand-of-new-energy-vehicles/.

[2] 《中国首家！海尔沙特品牌店开业》，《中国日报》2023年12月25日，https://tech.chinadaily.com.cn/a/202312/25/WS6589358ba310c2083e4147bf.html，访问日期：2025年3月31日。

[3] "Saudi Arabia's UMG partners with Hisense to bring Chinese consumer brands into Kingdom," *Arab News*, December 27, 2022, accessed March 31, 2025, https://www.arabnews.com/node/2222731/business-economy.

[4] "Hisense expands in Kingdom with Abdul Latif Jameel Electronics as official AC distributor," *Arab News*, June 14, 2023, accessed April 3, 2025, https://www.arabnews.com/node/2321601/corporate-news.

[5] "Gree air-conditioners boost Saudi market share," *Arab News*, April 11, 2012, accessed April 3, 2025, https://www.arabnews.com/node/410650.

[6] "Appliance giant Midea Group expands footprint into Middle East market," *China Daily*, November 26, 2022, accessed April 3, 2025, https://epaper.chinadaily.com.cn/a/202211/26/WS638151dca310777689884c48.html.

特本土企业合作，拓展销售渠道，同时不断加大研发投入，提升产品科技质量。

（四）重型制造业

中国是制造业大国，也是目前全球产业体系最完备的国家之一，因此不难在沙特市场上看到大量中国制造业品牌的身影。在重型制造业领域，中国工程机械品牌打开了沙特市场。阿中产业研究院指出，中联重科、徐工集团、三一重工、柳工等品牌加速在中东地区的布局，并抓住沙特油田、矿山、住房、未来城等规模庞大的基础设施建设浪潮，持续提升市场知名度。[①] 同时，在未来十年内，沙特将依次举办亚洲杯、亚冬会、世博会、世界杯和亚运会等世界级和洲际体育文化盛会，[②] 庞大的基建需求为中国工程机械品牌营造了稳定的市场环境。在基础设施建设中，与工程机械相关联的产业还包括各种类型的装备制造业，例如中石化沙特东部装备制造基地在沙特非标设备制造中取得突破，[③] 顺海船厂[④]、山东电建[⑤]等品牌参与的船舶制造蒸蒸日上，中联重科2022年在沙特重型装备市场上的份额已经达到20%[⑥] 等。毫无疑问，重型制造业为中国和沙特开辟了广阔的合作前景。

---

① 《中东迎来中国工程机械的掘金时代》，阿中产业研究院2024年3月4日，https://www.aciep.net/blog/archives/2345，访问日期：2025年3月31日。

② 《中国工程机械迎来沙特新机遇》，Gulfinfo海湾资讯网2024年4月8日，https://www.gulfinfo.cn/info/industry-construct/details-3342.html，访问日期：2025年3月31日。

③ 《公司沙特东部装备制造基地第一台设备成功出厂》，中石化南京工程有限公司2015年4月22日，http://snei.sinopec.com/snei/news_info/com_news/20210924/news_20210924_382117268840.shtml，访问日期：2025年3月31日。

④ 《顺海船厂向沙特阿美交付装备卡特彼勒动力设备的四艘平台供应船》，卡特彼勒2022年5月17日，https://www.caterpillar.com/zh/news/caterpillarNews/2022/shunhai-shipyards-saudi-aramco.html，访问日期：2025年3月31日。

⑤ 《沙特"超级船厂"建设加快推进》，人民网2024年5月2日，http://world.people.com.cn/n1/2024/0502/c1002-40228237.html，访问日期：2025年3月31日。

⑥ "China's ZOOMLION continues to grow market share in Saudi Arabia: Official," *Argaam*, June 12, 2023, accessed March 31, 2025, https://www.argaam.com/en/article/articledetail/id/1650608.

四、中国品牌在沙特展望

沙特阿拉伯是中东地区最具发展潜力的经济体之一，因此中国品牌在沙特不仅要开拓市场，更要经营口碑，从而实现中国品牌发展和沙特经济发展的同频共振。

（一）突破能源领域，走向全面市场

能源贸易在中沙贸易中居于核心地位，能源投资也是中石化等中国品牌在沙特投资的重要领域，这有其历史的惯性和现实的必要性：一方面沙特是传统石油贸易大国，能源产业是其支柱产业；另一方面改革开放四十年来中国大陆经济的快速发展本身也对能源有大规模的需求，因此能源贸易是中沙两国贸易的压舱石。随着中国高质量发展目标的推进和沙特《2030愿景》的实施，中沙两国都在谋求过度依靠化石能源的传统发展方式的新时代转型，因此未来中沙经济合作的重心将逐步向先进制造业和现代服务业过渡。在此趋势下，中国品牌需要将目光扩大至沙特的全面市场，在新领域抢占新机遇，实现品牌技术的不断创新，推动品牌价值持续成长。

（二）补齐贸易短板，打造品牌口碑

大量中国品牌已在沙特市场耕耘多年，深谙沙特市场的运作规律。在这种条件下，中国品牌需要补齐的短板不再是简单的"从无到有"，而是更进一步的"从有到优"，从品牌发展的战略到品牌创新的实现，从品牌经营的合规到市场规则的制定，中国品牌要走的路还有很长。举例而言，2020年以前，沙特市场90%的服装供应来自中国，[①]但近几年沙特开始大力发展时装、美妆等高品质服务业，这恰恰是中国品牌目前的短板，中国尚未培育出世界顶级的时装和美妆品牌，更遑论在沙特市场建立起执牛耳的地位。再者，高

合汽车及其母公司华人运通因自身经营原因被沙特中止了投资计划。[①] 凡此种种，都是中国品牌在沙特市场经营的镜像，是以补齐短板应成为中国品牌日益重视的方向。

（三）联动无形品牌，深化中阿合作

目前沙特市场上的中国品牌绝大多数都是现实品牌，除此之外还有很多无形品牌，例如"一带一路"倡议、中阿峰会等等，这些无形品牌虽不能直接产生经济效益，却是文化的重要载体，因而成为未来中国实体品牌需要联动的关键资源。同时，考虑到阿拉伯世界具有高度一致的民族认同感和归属感，因此沙特所代表的阿拉伯世界也是中国品牌需要重点努力的方向。只要中国品牌将沙特市场经营好，那么就可将成功经验推广到阿拉伯世界，从而打开整个中东市场，最终实现中沙之间、中国与中东地区之间经贸往来和文化交流的长久繁荣。

[①] 《高合汽车案称是龙年第一爆雷》，法国国际广播电台 2024 年 2 月 20 日，https://www.rfi.fr/cn/%E4%B8%AD%E5%9B%BD/20240220-%E9%AB%98%E5%90%88%E6%B1%BD%E8%BD%A6%E6%A1%88%E7%A7%B0%E6%98%AF%E9%BE%99%E5%B9%B4%E7%AC%AC%E4%B8%80%E7%88%86%E9%9B%B7，访问日期：2025 年 3 月 31 日。

B.15
中国品牌在荷兰

谢　超[*]

摘　要： 荷兰在中国品牌的海外发展过程中居于重要地位。近年来，在荷兰市场上，中国品牌在数量上节节攀升，并覆盖了越来越多的行业范围。更重要的是，在荷兰的高技术含量、高端行业领域，中国品牌也日渐频繁"现身"。华为、海康威视、比亚迪等中国品牌更是其中的佼佼者。同时，中国品牌也要密切关注荷兰的贸易保护主义政策、绿色贸易壁垒等问题，以促进中国品牌在荷兰的长期发展。

关键词： 荷兰市场　中国品牌　品牌案例　品牌表现　市场壁垒

在经济全球化进程不断深入和中国对外开放不断深化的大背景下，中国各行业的品牌在全球范围内的影响力也与日俱增。荷兰作为西欧地区的代表性发达国家及欧盟和世界经济合作与发展组织（OECD）的重要成员国，其市场对于中国品牌的海外发展而言意义重大。那么，荷兰市场中的中国品牌在整体上经历了怎样的发展历程？其发展现状又是怎样的？荷兰有哪些代表性的中国品牌，这些品牌在影响力上都取得了怎样的成就？中国品牌在荷兰的进一步发展主要面临着哪些挑战？接下来，我们将通过梳理相关资料，以及分析若干代表性案例，来简要回答上述问题。

---

[*] 谢超，经济学博士，上海社会科学院经济研究所助理研究员，主要研究方向为马克思主义政治经济学。

一、中国品牌在荷兰的发展历程与现状

（一）中国品牌出海荷兰的重要意义

荷兰位于欧洲西部，地理位置优越，素有欧洲"门户"之称。虽然人口仅有1770万，但2023年的人均GDP却达到了5.8万欧元，位居欧盟第四位，是典型的资本主义高收入国家。[①] 而且，荷兰有较好的福利政策，国内收入差距较小。2022年，荷兰的基尼系数保持在0.3以下，总体贫困率为0.085。[②] 在产业发展方面，荷兰有较为健全的现代工业体系。其中，电子、芯片、半导体等高端产业在世界上处于领先地位。荷兰的交通航运业也很发达，鹿特丹港不仅是目前欧洲最大的海港和航运枢纽，也是"一带一路"的海陆交汇之地。在对外贸易方面，2022年，荷兰进出口的商品和服务总量分别占当年GDP的87.6%和96.4%。[③]

从中国品牌在荷兰发展的角度看，荷兰经济社会发展的基本情况可以反映出两点重要信息。第一，荷兰较高的经济发展水平很大程度上决定了其国民普遍处于高消费层级，即对于产品的品质、性能、消费体验等方面有较高的要求。这一特点同样存在于德国、英国、法国、瑞典、瑞士等相对发达的欧洲国家中。相比之下，不少东欧和东南欧国家由于经济发展相对落后，其国内消费群体普遍更注重产品的价格、性价比、实用性等因素。第二，由于

---

① 《2023年荷兰人均GDP位居欧盟第四位》，中华人民共和国驻荷兰王国大使馆经济商务处2024年4月26日，http://nl.mofcom.gov.cn/article/jmxw/202404/20240403506089.shtml，访问日期：2025年3月31日。

② OECD 数 据 库：https://data-explorer.oecd.org/vis?tm=DF_IDD&pg=0&snb=1&vw=tb&df[ds]=dsDisseminateFinalDMZ&df[id]=DSD_WISE_IDD%40DF_IDD&df[ag]=OECD.WISE.INE&df[vs]=&pd=2010%2C&dq=NLD.A.INC_DISP_GINI..._.T.METH2012.D_CUR.&ly[rw]=UNIT_MEASURE&ly[cl]=TIME_PERIOD&to[TIME_PERIOD]=false.

③ OECD数据库：https://data-explorer.oecd.org/vis?fs[0]=Topic%2C0%7CEconomy%23ECO%23&fs[1]=Topic%2C3%7CEconomy%23ECO%23%7CNational%20accounts%23ECO_NAD%23%7CGDP%20and%20non-financial%20accounts%23ECO_NAD_GNF%23%7CGDP%20and%20components%23ECO_NAD_GNF_GDP%23&fs[2]=Reference%20area%2C0%7CNetherlands%23NLD%23&pg=0&snb=19&df[ds]=dsDisseminateFinalDMZ&df[id]=DSD_NAMAIN10%40DF_TABLE1_EXPENDITURE&df[ag]=OECD.SDD.NAD&df[vs]=2.0&dq=A.NLD.......XDC.V..&lom=LASTNPERIODS&lo=5&to[TIME_PERIOD]=false&vw=tb.

国内需求有限，荷兰具有典型的高度外向型经济的特征，并在国际产业链中扮演着重要角色。其实，中荷双边投资和贸易近几十年来发展迅猛。2020年，中国取代美国，成为荷兰在欧盟之外的第一大贸易伙伴。到了2021年，荷兰的对华贸易总额达1176亿美元，成为欧盟内部第二个对华贸易总额超千亿美元的国家。[1]而且，2020年，中国对荷兰直接投资达49.38亿美元，约占当年对欧盟总投资额的一半。尽管在新冠疫情之后，这一数字有所下滑，但目前荷兰依然是中国在欧盟范围内的最大投资目的国。在中荷双边贸易持续处于高位的情况下，中国品牌，尤其是有较高技术含量或注重用户体验的高端、高质量品牌，在荷兰仍有广阔的发展前景。

此外，中国品牌在荷兰的发展还有更深远的意义。由于荷兰市场对其周边国家的市场，乃至对整个欧盟的市场均有较大的影响力，提升中国品牌在荷兰的影响力，也有助于提升中国品牌在荷兰周边国家市场，乃至在整个欧盟市场的影响力。

（二）中国品牌在荷兰的发展历程

中国品牌在荷兰的发展可以追溯至改革开放之初。20世纪80年代，少量中国品牌开始出现在荷兰。但在那时，荷兰市场上的中国品牌基本上没有太大的影响力，这从中荷双边每年不足1亿美元的贸易总额就能反映出来。但到了90年代，尤其是进入21世纪之后，随着中国国内经济发展的不断提速，以及中国品牌建设的不断成熟，加上中国对外开放和世界经济全球化进程的不断加速，荷兰市场上的中国品牌在数量和地位上不断提升，并涵盖了越来越多的行业领域。

21世纪伊始，进入荷兰的中国品牌多为食品、服装、玩具、物流等相对低端的，或低技术含量的行业品牌。但近十几年来，农业科技、电信、新能源、数字技术、金融等相对高端的，或高技术含量的行业品牌在荷兰的影

---

[1]《在新起点推动中荷经贸关系高质量发展》，中华人民共和国驻荷兰王国大使馆经济商务处2023年1月19日，https://nl.mofcom.gov.cn/zhhz/hzjj/art/2023/art_b3939b5c1ada43a7adef7078d47c6ea4.html，访问日期：2025年3月31日。

响力与日俱增。①而且，在上述行业领域，不少中国品牌还与荷兰本土品牌之间建立了深度的技术合作关系。在农业科技领域，以寿光集团、澳优乳业等为代表的中国品牌与荷兰品牌的合作逐渐向农业机械化、智能化、种业研发等方向拓展。在新能源领域，以汉能、湘电达尔文、格瑞特、正泰集团等为代表的中国品牌与荷兰品牌的合作逐渐向风电、光伏、氢能、生物质能等方向延伸。

世界品牌数据库（Global Brand Database）的数据显示，截至2023年底，处于已注册状态的中国品牌（商标）共计6260个。改革开放以来，尤其是进入21世纪，中国品牌在荷兰的商标申请注册数量在整体上呈现出了高速增长的态势，2015—2018年期间甚至出现了井喷式的增长。但由于贸易制裁、新冠疫情等多重因素的影响，中国品牌商标注册数量的增长速度在近几年有所回落。下图直观地显示了2000年以来荷兰市场上的中国品牌（商标）注册数量的变化趋势。

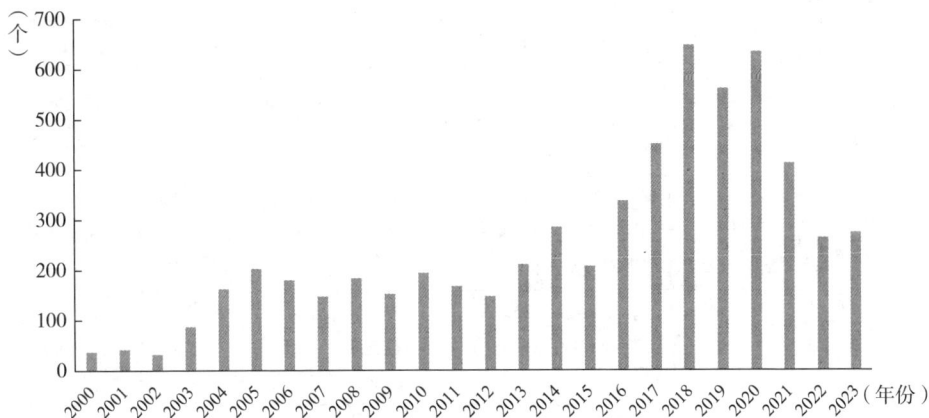

图15-1　2000—2023年中国品牌在荷兰的商标申请注册数量

资料来源：WIPO Global Brand Database。

近年来荷兰市场上的中资企业数量变化也能进一步印证上述发展态势。

① 郭艳：《40年中荷经贸日新月异 一带一路催生更多商机——专访荷兰外商投资局中国事务首席代表钟铠任》，《中国对外贸易》2018年第10期。

根据荷兰中央统计局（CBS）的数据，荷兰市场上的中资企业从 2012 年的 245 家增长至 2018 年的 470 家，整体上翻了一番，年均增长率近 10%。[1]

（三）中国品牌在荷兰的市场地位和主要行业分布

中国品牌在荷兰的市场份额普遍呈现出了稳步上升的态势。在最近十几年中，这一上升的态势有加快的迹象。在 2010 年之前，尽管"中国制造"在荷兰已经较为普遍，但鲜有中国品牌能在荷兰做到家喻户晓。[2] 在最近十年左右的时间内，在 5G 通信、新能源汽车、数字技术、家电等领域，以海尔集团、美的集团为代表的中国品牌"异军突起"，凭借其在产品质量和性能上的优势，在荷兰的市场份额逐年增加，并日渐获得荷兰消费者的青睐。

根据世界品牌数据库的数据、全荷兰中资企业协会的协会会员的数据，以及国家商务部发布的《对外投资合作指南（荷兰）》所提供的数据，简要归纳代表性中国品牌及其所在行业领域的分布情况，如下表所示。

表 15-1　荷兰市场中的代表性中国品牌及其所在行业领域的分布

行业领域	代表性的品牌名称	说明
数字技术研发与服务行业	汉朔（Hanshow）、Re-Teck、浩鲸科技（Whale Cloud）、京东方（BOE）、新北洋（SNBC）	这里的数字技术主要包括大数据、物联网、人工智能等技术
移动通信技术与互联网技术行业	华为、中兴（ZTE）、OPPO、小米、中国电信、中国联通、达实移动、雅本电信、普联技术（TP-LINK）	移动通信技术和互联网技术也属于广义上的数字技术，但由于这一领域中的中国品牌较多，所以单独拿出来列为一类
汽车行业	赛力斯汽车（Seres）、长城汽车（GWM）、比亚迪（BYD）、上汽集团、奇瑞汽车	荷兰市场上的代表性中国企业也大量生产新能源汽车。所以，汽车行业中的中国品牌在很大程度上也属于广义上的新能源行业
新能源行业	汉能（hanergy）、湘电达尔文（XEMC Darwind）、优嘉控股、正泰集团（CHNT）、格瑞特（Growatt）	相关品牌主要从事光伏、风电、太阳能、垃圾再利用等技术的开发和转化

---

[1] 张娴、许轶、朱月仙等：《中欧班列沿线五国知识产权风险研究》，《科技管理研究》2021 年第 14 期。

[2] 李可、高洪艳：《荷兰聚焦中国爆发橙色力量》，《中国贸易报》2011 年 4 月 26 日，第 3 版。

续表

行业领域	代表性的品牌名称	说明
交通与物流行业	中国南方航空、中国东方航空、厦门航空、中国货运航空（中货航）、中远海运、爱派克斯（Apex）、极兔国际（J&T）	前三个品牌以客运交通业务为主，后四个品牌则从事纯粹的货运物流业务
重型装备制造行业	临工集团（LGMG）、上海振华重工、杭叉集团、华滋股份（HOACO）	相关品牌主要从事工程机械、重型装备、精密设备等方面的制造
其他中高端制造业	纳思达（Ninestar）、英纳法（Inalfa）、视爵光旭、红人实业、泰盛集团（Taison Group）、欧普照明（OPPLE）	列举的品牌分别从事打印机和打印耗材制造、汽车天窗制造、LED研发与制造、展示和陈列架制造、绿色造纸、环保照明设备制造
质检与安防行业	中国检验认证集团（CCIC Group）、大华集团、同方威视、海康威视（Hikvision）	
医疗与健康行业	北京同仁堂、华夏良子、康复绿洲、捷诺控股、阿里健康	
食品业	澳优乳业、伊利集团、寿光集团、中粮集团（COFCO）	
家电业	海尔集团、美的集团	
金融业	中国工商银行、中国银行、中国建设银行、北京银行、中国太平保险、嘉禾盛德、丰瑞投资	
电商行业	唯品会（VIPS）	

资料来源：世界品牌数据库；全荷兰中资企业协会；商务部对外投资和经济合作司、商务部国际贸易经济合作研究院、中华人民共和国驻荷兰王国大使馆经济商务处，《对外投资合作国别（地区）指南——荷兰（2023年版）》，2024年4月，https://www.mofcom.gov.cn/dl/gbdqzn/upload/helan.pdf。

可以看出，在荷兰，中国品牌在数字技术研发与服务行业、移动通信技术与互联网技术行业、汽车行业、新能源行业、交通与物流行业、医疗与健康行业和金融业中的发展较为突出。上述行业中的大部分属于高技术行业。有研究表明，2023年，荷兰的所有中资企业在高技术领域中的占比已超过40%。[①]

---

① 张广本、朱霁虹：《荷兰主要税制介绍及中资企业税务管理建议》，《注册税务师》2023年第5期。

二、中国品牌在荷兰的代表性案例分析

接下来，我们在五大不同行业中选取了荷兰市场中最具代表性的中国品牌，分别对这些品牌进行案例分析。

（一）华为

华为正式进军荷兰可以追溯到 2004 年。20 年来，华为在荷兰的发展堪称中国品牌在海外拓展历程的典范——从最初的 5 人团队，到设立华为的荷兰分公司，再到成长为荷兰最大的中资企业（2018 年至今）。华为长期耕耘于荷兰的电信网络基础设施、终端设备等领域，目前已跻身荷兰最知名中国品牌之列，其产品和服务在荷兰国内也有着广大的粉丝群体。

2004 年，华为获得荷兰运营商 Telfort 价值超过 2500 万美元的合同，首次实现其欧洲业务的重大突破。两年后的 2006 年，华为成功建立了与荷兰皇家电信（KPN）的合作关系。后者当时是荷兰最大的移动和固定网络运营商。[1]2006—2010 年，华为与 KPN 的合作范围不断扩大，其在荷兰电信行业中的品牌形象也日渐成形。2011 年华为阿姆斯特丹分公司的设立是华为品牌在荷兰市场中拓展的重要事件，其主要业务是海外子公司的投资主体。而且，2011—2016 年，华为与 KPN 的合作不仅进一步深化，还为 Leaseweb、Ams-iX 等荷兰企业提供了更先进的信息技术服务。[2]2015 年，华为还在荷兰埃因霍温（Eindhoven）设立了物流中心，进一步促进了华为在荷兰品牌影响力的提升。到 2023 年底，华为阿姆斯特丹分公司已成为华为在海外的四大分公司（日本、新加坡、德国、荷兰）之一。

在荷兰，华为的产品和服务有着很高的评价。华为在其发布的《2021 年度报告》中提到，根据第三方测试报告显示，在包括荷兰在内的 13 个国家

---

[1]《华为 2006 年年度报告》，https://www.huawei.com/-/media/corp2020/annual-report/pdf/2006-cn-092586.pdf.

[2] 同上。

中，华为为相应的全球运营商所承建的 5G 网络，用户体验均为最佳。[①] 由于华为在荷兰的影响力，以及对于中荷合作的贡献，2018 年，华为荷兰分公司荣获时任荷兰总理马克·吕特（Mark Rutte）颁发的 NFIA（荷兰外商投资局）奖。[②] 这代表了荷兰政府对于华为品牌影响力的肯定。

华为还积极通过体育赞助、展览会、巡回宣传等形式扩大其在荷兰市场，甚至是荷兰社会中的品牌影响力。例如，自 2012 年起，华为就开始赞助著名荷甲球队阿贾克斯，从而间接地提升了华为在整个荷兰体育界及荷兰社会中的影响力。2021 年，华为荷兰分公司在荷兰的格罗宁根市（Groningen）举办了主题为"让 5G 发挥作用"的展览会，旨在展示最新一代移动通信 5G 的可能性和机遇。[③]2023—2024 年，华为通过卡车路演（roadshow）的形式，向欧洲 20 多国展示了华为的产品与服务，以及华为的品牌理念。其中，荷兰均为两次路演的重镇。2023 年路演的主题是"数字与绿色，共同创造新价值"，2024 年路演的主题是"绿色转型和数字化转型的融合"。[④]

（二）海康威视

海康威视在荷兰的发展始于 2009 年。当年，海康威视在荷兰阿姆斯特丹设立子公司，这标志着其正式开辟了欧洲市场的业务。随后，辐射欧洲其他主要国家的境外分支机构也如雨后春笋般地建立起来。2015 年以来，海康威视的荷兰子公司已经成长为欧洲市场的总部。2016 年，海康威视还在荷

[①] 《华为投资控股有限公司 2021 年年度报告》，https://www-file.huawei.com/minisite/media/annual_report/annual_report_2021_cn.pdf.

[②] "Huawei Nederlard," Huawei, https://www.huawei.com/nl/corporate-citizenship.

[③] "5G in actie in Hoogezand: Kom kijken!" Huawei, September 28, 2021, accessed April 4, 2025, https://www.huawei.com/nl/nieuwsbrief/5g-in-actie-in-Hoogezand.

[④] "Huawei lanceert zijn Europe Enterprise Roadshow 2024 om industriële intelligentie te versnellen met groene en digitale technologieën," Huawei, May 8, 2024, accessed March 31, 2025, https://www.huawei.com/nl/news/nl/europe-enterprise-roadshow; "Onze roadshow komt naar je toe deze zomer!" Huawei, accessed March 31, 2025, https://www.huawei.com/nl/events/nl/roadshow-nederland.

兰的霍夫多普（Hoofddorp）设立了新的总部。① 目前，海康威视在荷兰的欧洲总部已成为海外收购项目顺利完成的重要"跳板"。② 十几年来，在荷兰，海康威视长期耕耘于数字化、智能化安保产品和服务领域，并且近年来在智慧城市、交通、零售、教育等领域大放异彩。目前，海康威视也位列荷兰市场中最知名的中国品牌之一，其产品和服务在荷兰有较广泛的影响力。③

海康威视在荷兰的品牌影响力体现在很多方面。在智能化、数字化安保产品领域，海康威视为荷兰最大的专业保险箱独立供应商荷兰保险箱（De Nederlandse Kluis）升级了其安保系统，进一步提升了后者的安保水平。④ 在智慧城市和智慧交通领域，在2022年阿姆斯特丹举办的国际交通展览会上，海康威视为参观者展示了智能交通系统解决方案、车辆安保服务、智能停车管理系统等，这些产品与服务均为智慧城市和智慧交通建构过程中的重要内容。⑤ 而海康威视近年来在荷兰品牌影响力的快速提升主要得益于其在零售行业的拓展。海康威视为荷兰主要的大型超市、连锁商店提供了智能摄像头设备。这些设备不仅能用于防盗和安保，更能用于客流量统计，以进一步为

① "Hikvision ends successful year in Europe and globally," Hikvision, March 04, 2018, accessed March 31, 2025, https://www.hikvision.com/europe/newsroom/latest-news/2018/hikvision-ends-successful-year-in-europe-and-globally/.

② 刘娟、杨勃：《"进阶版"海外并购：合法性寻求还是效率驱动？——基于中国经验数据的fsQCA分析》，《经济管理》2022年第7期。

③ "Hikvision Company Profile," Hikvision, accessed March 31, 2025, https://www.hikvision.com/europe/about-us/company-profile/.

④ 《保护保险箱》，Hikvision, December 11, 2019, accessed March 31, 2025, https://www.hikvision.com/europe/newsroom/success-stories/banking/securing-safety-deposit-boxes/.

⑤ "Hikvision shows how innovation can drive city management at Intertraffic 2022," Hikvision, February 25, 2022, accessed March 31, 2025, https://www.hikvision.com/europe/newsroom/latest-news/2022/hikvision-shows-how-innovation-can-drive-city-management--at-intertraffic-2022/.

其客户带来更多的收益。① 此外，海康威视还为荷兰的一些零售中心提供数字标牌显示器，极大地增进了顾客的购物体验。②

（三）比亚迪

虽然比亚迪早在 1998 年就开始以手机电池及其零部件业务拓展荷兰市场，并将其在荷兰鹿特丹的子公司设为欧洲总部，但其品牌影响力的真正确立，却是在 2012 年之后。2012 年 6 月，比亚迪在荷兰获得欧洲首个纯电动大巴招标订单。③ 这标志着比亚迪的电动车业务在荷兰市场，乃至欧洲市场的正式启航。此后，比亚迪陆续与荷兰多个城市的公共交通系统签订了合作协议。而且，比亚迪的业务范围也逐渐从城市公交大巴向机场大巴、电动出租车等其他公共乘用车车型拓展。2022 年，比亚迪与荷兰经销商 Louwman 达成战略合作，并于当年 10 月在阿姆斯特丹开设了专门销售私人乘用车的比亚迪专卖店。仅 2022 年 10 月到 2023 年 9 月的一年时间内，比亚迪专卖店就售出 700 余量私人乘用车。④ 这标志着比亚迪在荷兰的品牌影响力又迈上了一个新的台阶。

在中国商务部发布的 2023 年《对外投资合作国别（地区）指南——荷兰（2023 年版）》中，新能源汽车被列为中国对荷兰的最有出口潜力的商品。一方面，荷兰政府对于电动汽车的政策非常友好。进口税率低，也没有

---

① 《零售专题文章：帮助超市在数字时代蓬勃发展并减少收缩》，Hikvision, May 22, 2018, accessed March 31, 2025, https://www.hikvision.com/europe/newsroom/latest-news/2018/retail-feature-article--helping-supermarkets-to-thrive-and-reduce-shrink-in-a-digital-age/；"People counting gives Dutch shopping centre a business edge," Hikvision, June 04, 2018, accessed March 31, 2025, https://www.hikvision.com/europe/newsroom/latest-news/2018/people-counting-gives-dutch-shopping-centre-a-business-edge/；"Analyzing customer traffic flow for Big Bazar," Hikvision, January 06, 2021, accessed March 31, 2025, https://www.hikvision.com/europe/newsroom/success-stories/retail/analyzing-customer-traffic-flow-for-big-bazar/.

② "Intratuin Halsteren enhances customer experience with Hikvision digital signage displays," May 7, 2024, accessed March 31, 2025, https://www.hikvision.com/europe/newsroom/success-stories/retail/intratuin-halsteren-enhances-customer-experience-with-hikvision-digital-signage-displays/.

③ "BYD wins the first public electric city bus tender in Europe," BYD, June 7, 2012, accessed March 31, 2025, https://bydeurope.com/article/136.

④ 《中国新能源汽车出海各辟蹊径》，《经济参考报》2023 年 9 月 15 日，第 7 版。

进口的特殊限制。^①另一方面，欧洲消费者环保意识较强，相比于传统的燃油车，他们普遍更青睐于环保的电动车。而且，作为中国新能源汽车行业的巨头，比亚迪在荷兰的成功也对国内其他新能源汽车品牌在荷兰的拓展建立了良好的预期。例如，2022年，蔚来汽车也计划在欧洲市场投产落地，荷兰就是其中的重要部分。^②展望未来，新能源汽车是中国品牌在荷兰市场上最有发展前景的领域之一。

（四）寿光集团

山东寿光蔬菜产业控股集团在荷兰的开拓始于2012年。当年，寿光集团设立了荷兰分公司，首开中国企业在荷兰建立研发创新型农业公司的先例。^③2014年3月，寿光集团与西荷兰外国投资局、国家开发银行股份有限公司签订协议，建立三方战略合作关系。与其他行业的品牌不同的是，寿光集团在荷兰的品牌影响力的形成与扩大主要是通过技术合作的方式实现的。十余年来，寿光集团在荷兰的蔬菜育种和栽培行业深耕，通过与AXIA（亚细亚）、维斯特兰等众多荷兰知名种业公司进行技术合作，^④在荷兰的育种业领域中逐渐树立起了良好的口碑。荷兰基于适宜的地理气候、自身育种技术积累等优势，本身就有着发达的农业育种业，并被誉为欧洲的"菜篮子"。而寿光集团的加入使欧洲的"菜篮子"打上了鲜明的"中国印记"。例如，寿光集团的荷兰分公司通过长期的技术合作和技术研发攻关，已经拥有多个西红柿品种的独家种植权，其产品不仅受到当地消费者的广泛好评，还大量销往法国、德国和英国等多个欧洲国家。^⑤这进一步促进了寿光集团在欧洲

---

① 商务部对外投资和经济合作司、商务部国际贸易经济合作研究院、中华人民共和国驻荷兰王国大使馆经济商务处：《对外投资合作国别（地区）指南——荷兰（2023年版）》，https://www.tdb.org.cn/u/cms/www/202309/28154158zvhb.pdf.

② 韩鑫：《中国品牌彰显强劲实力》，《人民日报》2022年5月10日，第9版。

③ 杨福亮：《给农业插上科技的翅膀——解读"三个模式"之"寿光模式"》，《走向世界》2021年第31期。

④ 张延升：《潍坊市农业开放发展的路径与对策研究》，《新西部》2020年第11期。

⑤ 《寿光菜种到荷兰! 世界"菜篮子"有咱山东印迹》，闪电新闻2023年7月4日，https://baijiahao.baidu.com/s?id=1770480480395308809&wfr=spider&for=pc，访问日期：2025年3月31日。

的品牌影响力的提升。目前，寿光集团已成长为荷兰最具代表性的中国农业品牌之一。

三、中国品牌在荷兰的挑战及应对

尽管中国品牌发展在荷兰取得了重大成就，但依然面临着以下两方面的挑战。一方面，中国品牌在荷兰面临着日益加剧的贸易保护主义问题。近年来，逆全球化、单边主义思潮愈演愈烈。2018 年以来，日益升级的中美贸易摩擦也对中荷贸易关系产生了不利影响。一个最典型的例子就是，2019 年，美国开始对荷兰施压，禁止荷兰政府向中国销售荷兰 ASML（阿斯麦）公司的光刻机设备。这也为中国品牌在荷兰的发展增添了更多的不确定性。另一方面，中国品牌在荷兰也面临着日益严苛的"绿色壁垒"。长期以来，荷兰官方和民间均高度重视经济社会发展中的环保问题。2019 年 12 月，欧盟推出了"绿色新政"，即将绿色发展、可持续发展融入所有欧盟政策框架。①荷兰作为欧盟成员国，自然也会积极执行上述"绿色新政"。这就意味着，荷兰未来将会对中国品牌提出更高的"绿色"要求。

面对上述挑战，荷兰的中国品牌，尤其是一些关键行业中的品牌要积极、认真了解荷兰的官方政策及其动向，并做好充分的预案和准备。而且，对于"绿色壁垒"问题，相关品牌，尤其是传统行业中的品牌自身也要对标荷兰与欧盟的高标准绿色经贸规则，积极地进行绿色转型，以适应荷兰市场，谋求进一步发展。当然，这也从侧面反映出，在未来的荷兰，中国的新能源、有机农业等绿色行业的品牌有望获得广阔的发展前景。

---

① 《欧盟绿政对中企出海的影响及其对策》，新浪财经 2024 年 6 月 7 日，https://finance.sina.com.cn/wm/2024-06-07/doc-inaxxupq3807658.shtml，访问日期：2025 年 3 月 31 日。

B.16
中国品牌在土耳其

刘朝煜[*]

摘　要： 地跨欧亚、联通世界是"星月之国"土耳其的独特区位优势，也为中土贸易和中国品牌发展创造了有利条件。纵观中国品牌在土发展的经贸基础，中国对土出口占据了绝对主导地位，机电、金属、化学工业品是土耳其自华进口的主要产品，同时光学医疗仪器、船舶设备等产品比重不断提高，由此成就了比亚迪、华为、海尔等一系列中国品牌。在新发展阶段，中国品牌应主动向土耳其市场中的先进制造业和现代服务业转型，充分利用土耳其区位优势，落实"一带一路"倡议，最终实现高质量发展。

关键词： 中土贸易　新能源汽车　光伏产业　船舶制造业　高质量发展

2023年2月6日，土耳其南部地区一天之内接连发生两起里氏7.8级的强烈地震，此次震灾是一百多年来土耳其伤亡人数最多的大地震。[①]灾难发生后，大量中国企业和机构驰援一线，参与人员救治和安置工作。中联重科携

---

* 刘朝煜，经济学博士，上海社会科学院经济研究所助理研究员，主要研究方向为创新与产业升级。

① 《两次7.8级强震，数千人死亡！威力相当于130颗原子弹爆炸！》，中国新闻网2023年2月7日，https://www.chinanews.com.cn/gj/2023/02-07/9948748.shtml，访问日期：2025年3月31日。相关数据显示，此次地震共造成土叙两国59259人死亡，297人失踪，121704人受伤。

带挖掘机等重型设备第一时间奔赴灾区抗震救灾，①国航②、南航③、厦航④等多家航司运送和保障多批救援人员、装备和物资紧急奔赴灾区，菜鸟应急物流、南航物流、中远海运等物流公司协助各类救灾物资运抵现场。⑤除此之外，土耳其中资民营企业商会与土方合作，仅用时 10 天便完成"中国村"建设，为大量受灾群众提供了临时安置场所。⑥由中国能建⑦、中航国际⑧等联合承建且距离震中仅 110 公里的胡努特鲁燃煤电站在强震中岿然屹立，成为此次地震期间当地唯一在地震全程不间断发电的电厂，及时地为灾区提供了宝贵的安全电力供应。中国企业的无私奉献，展现了中国品牌同舟共济的人道主义精神和社会责任，为中国品牌赢得了土耳其社会的广泛赞誉。⑨

一、中国品牌在土发展的经贸基础

（一）中土双边贸易中的中国行业品牌

中国和土耳其之间自建交以来保持了密切的经贸往来，土耳其也是中

---

① 《土耳其当地中企积极参与地震救援》，人民网 2023 年 2 月 9 日，http://world.people.com.cn/n1/2023/0209/c1002-32620888.html，访问日期：2025 年 3 月 31 日。

② 《国航护送中国救援队出征土耳其》，中国航空集团 2023 年 2 月 8 日，http://www.airchinagroup.com/cnah/xwzx/zhxw/02/605394.shtml，访问日期：2025 年 3 月 31 日。

③ 《南航运送 127 名中国救援队员驰援土耳其地震灾区》，中国南方航空 2023 年 2 月 8 日，https://www.csair.com/cn/about/news/news/2023/1got6hg6v3csd.shtml，访问日期：2025 年 3 月 31 日。

④ 《厦航助力中国首支救援队驰援土耳其地震灾区》，厦门航空 2023 年 2 月 7 日，https://www.xiamenair.com/brandnew_CN/contents/4658/68060.html，访问日期：2025 年 3 月 31 日。

⑤ 《快递物流公司在土耳其地震救灾中发挥作用》，国家邮政局 2023 年 3 月 10 日，https://www.spb.gov.cn/gjyzj/c200007/202303/0880c12261ff411c95042199ebaff3ff.shtml，访问日期：2025 年 3 月 31 日。

⑥ 《全球连线丨土耳其震中的"中国村"：见证来自中国的关爱》，新华网 2023 年 5 月 7 日，http://www.news.cn/world/2023-05/07/c_1129596341.htm，访问日期：2025 年 3 月 31 日。

⑦ 《土耳其大地震中资土国电厂牢固 巨震屹立不倒》，大公网 2023 年 2 月 14 日，https://www.takungpao.com/news/232108/2023/0214/818258.html，访问日期：2025 年 3 月 31 日。

⑧ 《土耳其震灾现场，它彰显央企责任中国力量》，航空工业 2023 年 2 月 13 日，https://www.thepaper.cn/newsDetail_forward_21916662，访问日期：2025 年 3 月 31 日。

⑨ 《土耳其人民：谢谢你，中国！》，中国日报 2023 年 2 月 16 日，https://china.chinadaily.com.cn/a/202302/16/WS63eda41da3102ada8b22f3ec.html，访问日期：2025 年 3 月 31 日。

国在西亚地区重要的贸易合作伙伴。图 16-1 展示了 2014—2023 年土耳其
对华进出口额的变动情况。① 从中可以明显看出，中国对土出口在中土贸易
中占据主导地位，过去十年间土耳其自华进口额占对华进出口总额的比例始
终保持在 80% 以上，2023 年达到 89.57%，逼近九成关口。自华进口方面，
2014—2019 年土耳其自华进口额基本稳定在 180 亿美元的水平，2019 年之
后逐年大幅攀升，2023 年达到约 390 亿美元，2019—2023 年的名义年均增
幅超过 20%。相较之下，2014—2023 年土耳其对华出口则呈现出波动上升
的态势，但总体增幅不如自华进口增幅明显，且 2021 年之后出现了一定的
回落。不过就整体趋势而言，中土进出口贸易仍然保持了良好的发展态势。

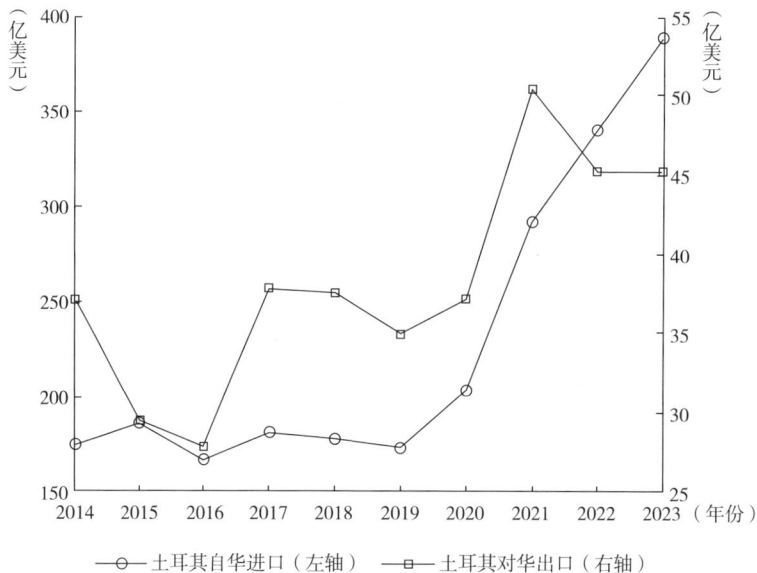

图 16-1　土耳其对华进出口额

接下来进一步观察中土两国贸易的重点行业分布情况，图 16-2 和图
16-3 分别展示了 2014—2023 年土耳其自华进口和对华出口的前五大类章
的变动轨迹。从图 16-2 可知，土耳其对华出口的前五大类章非常稳定，即

---

① 中国海关总署：《2014—2023 年统计月报》，http://gdfs.customs.gov.cn/customs/302249/zfxxgk/2799825/302274/index.html. 其中 2014 年土耳其对华进口为前 11 月数据。

矿产品（5）、化学工业及其相关工业的产品（6）、纺织原料及纺织制品
（11）、贱金属及其制品（15）和机电、音像设备及其零件、附件（16），其
中矿产品（5）连续十年保持了土耳其对华出口第一大类章的地位。2014—
2019 年，纺织原料及纺织制品（11）为第二大类章，但在 2020—2022 年间，
贱金属及其制品（15）异军突起，超越纺织原料及纺织制品（11）成为第二
大类章，2023 年纺织原料及纺织制品（11）又重回第二大类章，而贱金属
及其制品（15）则回落至第四位。从以上数据可以看出，原材料工业和轻工
业产品在土耳其对华出口中始终占据着主要地位，近些年化学、机械和金属
产业的重要性也在不断提升，表明土耳其对华出口的结构在逐渐向重型化
过渡。

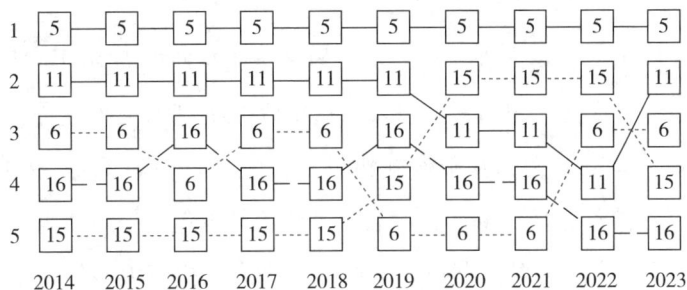

图 16-2　土耳其对华出口前五大类章

　　从图 16-3 可知，2014—2023 年土耳其自华进口第一大类章为机电、音
像设备及其零件、附件（16），这与中国机械制造在世界范围内处于领先的
地位是相符的。第二至第五大类章则有所变化，其中纺织原料及纺织制品
（11）从 2019 年前的第二大类章，下降至 2020—2022 年的第四大类章，2023
年进一步下降为第五大类章。相比之下，化学工业及其相关工业的产品（6）
和贱金属及其制品（15）总体保持了上升的趋势，2020 年以后基本保持在第
二和第三位。另外，2017 年、2019 年和 2020 年，光学、医疗等仪器（18）
位列第五大类章，即使其他年份没进入前五位，其与塑料及其制品（7）的差
距也没有拉开，这表明光伏等相关产业可以成为未来中土两国贸易合作的重
要领域。值得一提的是，2023 年车辆、航空器、船舶及运输设备（17）首次

跻身前五大类章，其代表了土耳其市场在新能源汽车和船舶制造领域的巨大潜力。

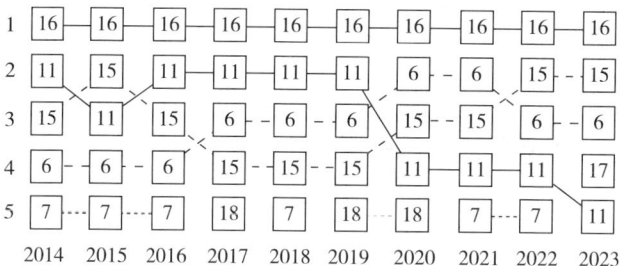

图 16-3　土耳其自华进口前五大类章

（二）中国品牌在土投资的重点行业

根据中国国际贸易促进委员会发布的《企业对外投资国别（地区）营商环境指南——土耳其（2020）》可知，[1]中国品牌在土耳其的投资分布主要集中于制造业、矿产开发、基础设施建设和批发与零售等领域。2013 年土耳其 - 中国贸易投资论坛则将食品、旅游、建筑与承包、纺织和采矿作为吸引中国投资的重点领域。[2]由此可知，中国品牌在土投资大多集中于基础原材料产业和建筑业，未来应更多地考虑向先进制造业和现代服务业转型。

二、土耳其市场中的中国品牌亮点

（一）新能源汽车行业

中国的新能源汽车凭借技术先进、节能环保、灵活轻便等优势，逐渐打开土耳其汽车消费市场。尽管地处西亚，土耳其的自然环境与干旱缺水的中

---

① 中国国际贸易促进委员会：《企业对外投资国别（地区）营商环境指南——土耳其（2020）》，https://www.ccpit.org/image/1/f37557eeea984d0aa947e4d45b547d7c.pdf.

② 《2013 年土耳其—中国贸易投资论坛》，商务部 2013 年 7 月 8 日，http://images.mofcom.gov.cn/hztb/201307/20130708103914689.pdf，访问时间：2025 年 3 月 31 日。

东地区有较为显著的区别，因此目前其市面上的汽车仍以燃油车为主。2023年，土耳其新能源汽车销量出现井喷式增长，据汽车分销商协会（ODMD）统计，土耳其 2023 年新能源汽车销量达到 65562 辆，同比巨幅增长 844.4%，新能源汽车在汽车总销量中的占比也从 2022 年的 1.2% 大幅提升至 6.8%。①土耳其工业和技术部长米梅特·卡西尔（Mehmet F.Kacır）已在多个场合表示，要在 2053 年实现碳的零排放目标，并且从现在开始要进行绿色和数字化转型。②虽然土耳其目前还不是欧盟成员国，但其地处亚欧交界处，与欧洲保持着密切的经贸往来，并始终致力于加入欧盟，同时由于土耳其已经与欧盟签署了关税同盟协议，因此中国新能源汽车如果能够进入土耳其市场，未来则能更加顺利地进入和拓展欧洲市场。③

　　2021 年，名爵进入土耳其市场，并在 2023 年获颁 ODMD "增长最快品牌" 荣誉。④2023 年 7 月，东风旗下岚图（Voyah）成功打入土耳其市场，激发了土耳其当地消费者的极大消费兴趣。⑤2023 年 11 月，比亚迪携 ATTO 3、汉、唐、海豹、海豚五款新能源车型正式进入土耳其乘用车市场，但随

① "2023 boom places Türkiye among top European electric car markets," Daily Sabah, January 8, 2024, accessed March 31, 2025, https://www.dailysabah.com/business/automotive/2023-boom-places-turkiye-among-top-european-electric-car-markets.

② "Carbon roadmap to help green transition, says minister," Hürriyet Daily News, March 19, 2024, accessed March 31,2025, https://www.hurriyetdailynews.com/carbon-roadmap-to-help-green-transition-says-minister-191741.

③ "Turkey Holds 'Advanced' Talks With BYD, Chery for EV Plants," Bloomberg, May 17, 2024, accessed March 31, 2035, https://www.bloomberg.com/news/articles/2024-05-17/turkey-holds-advanced-talks-with-byd-chery-for-ev-plants.

④ "Turkish EV market sees growing presence of Chinese cars," Xinhua, March 11, 2024, accessed March 31, 2025, https://english.news.cn/20240311/b7bacc6fe91b4afa8fd9166c8453eb3d/c.html. 汽车分销商协会（ODMD）是土耳其知名行业协会，协会现有阿斯顿马丁、宾利、兰博基尼、玛莎拉蒂、法拉利等 52 个国际知名汽车品牌。

⑤ "One more Chinese carmaker enters Turkish market," Hürriyet Daily News, July 25, 2023, accessed March 31, 2025, https://www.hurriyetdailynews.com/one-more-chinese-carmaker-enters-turkish-market-184975.

即土耳其就对所有自外国进口的新能源汽车征收了 40% 的关税。[①]2023 年 10 月，奇瑞宣布将在土耳其建厂，但在 2024 年 4 月，最新报道称奇瑞可能转向去西班牙建厂。[②]2023 年末，匈牙利已经宣布比亚迪将在匈建立其首个欧洲新能源汽车工厂。[③] 在此之后，布隆伯格报道土耳其政府目前正在就建立新能源汽车厂与比亚迪和奇瑞进行优先谈判。[④]2024 年 1 月 20 日，吉利旗下远程新能源商务车型星享 V6E 从上海港启程发往土耳其，这是吉利新能源车海外出口的首秀。[⑤] 由此可见，尽管中国出口的新能源汽车整车目前仍然受到欧盟歧视性关税的排挤，但中国的新能源汽车技术在土耳其和欧洲市场都拥有广阔的发展前景和机遇。截至 2024 年 2 月，已经有 12 个中国新能源汽车品牌登陆土耳其。[⑥]

（二）光伏设备行业

中国的光伏研发及产品转化技术目前同样占据世界领先水平，在"一带一路"倡议下，土耳其与中国在光伏领域也展开了广泛交流，据路透社报

[①] "China's BYD and Chery plan to dominate Europe through Turkey," *Flect Europe*, May 20, 2024, accessed March 31, 2025, https://www.fleeteurope.com/en/financial-models/europe/features/chinas-byd-and-chery-plan-dominate-europe-through-turkey?t%5B0%5D=OEM&t%5B1%5D=China&t%5B2%5D=Europe&t%5B3%5D=Electrification&curl=1.

[②] "Chery Shifts European Plant Focus from Turkey to Spain," *Auto World Journal*, April 10, 2024, accessed March 31, 2025, https://www.autoworldjournal.com/chery-shifts-european-plant-focus-from-turkey-to-spain/.

[③] "China's BYD to build its first European electric vehicle factory in Hungary," *The Independent*, December 22, 2023, accessed March 31, 2025, https://www.independent.co.uk/news/ap-peter-szijjarto-one-china-central-european-b2468332.html.

[④] "China's BYD to build its first European electric vehicle factory in Hungary," *The Independent*, December 22, 2023, accessed March 31, 2025, https://www.independent.co.uk/news/ap-peter-szijjarto-one-china-central-european-b2468332.html.

[⑤] "Farizon Ships First Batch of V6E Vans to Turkey," *Farizon*, January 20, 2024, accessed March 31, 2025, https://global.geelycv.com/en/news/press-releases/202401/0120/.

[⑥] "Turkish EV market sees growing presence of Chinese cars," *Xinhua*, March 11, 2014, accessed March 31, 2025, https://english.news.cn/20240311/b7bacc6fe91b4afa8fd9166c8453eb3d/c.html.

道，土耳其在采矿、核能和可再生能源等领域正与中国展开深入合作。[①]

2016 年，航天机电（HT-SAAE）在土耳其伊斯坦布尔图兹拉地区（Tuzla Free Zone）成立海通太阳能公司，重点进行太阳能组件生产。[②]2017 年 12 月，国家电投（SPIC）投资建立土耳其阿德亚曼光伏项目，截至 2022 年初，该项目已累计发电 71.6GW。[③]2022 年 3 月，华为和土耳其钢铁制造商 Tosyali Holding 共同投资 7100 万美元，合作建造全球最大的屋顶太阳能发电厂。[④]2023 年，土耳其凭借 11.6 亿美元的电池片（光伏产品组件）进口额，成为中国电池片第一大出口目的国，也坐稳欧洲光伏组件产能的头把交椅。[⑤]2024 年初，土耳其太阳能装机容量达到 12.2GW，超过风能装机容量，进一步提升了太阳能在土耳其市场中的主力能源地位。[⑥]但稍显矛盾的是，2024 年 3 月 19 日，土耳其决定对原产于中国，经由越南、马来西亚、泰国、克罗地亚、约旦等国输入土耳其的光伏组件征收 25 美元 / 平方米的反倾销税，[⑦]由此可见中国光伏产品想要进一步打开土耳其市场还面临着不小的挑战。

① "Turkey, China discuss mining, nuclear, renewable energy during minister's visit," *Reuters*, May 21, 2024, accessed March 31, 2025, https://www.reuters.com/markets/commodities/turkey-china-discuss-mining-nuclear-renewable-energy-during-ministers-visit-2024-05-21/.

② "Turkey, China create win-win cooperation in solar panel production," People's Daily Online, May 14, 2021, accessed April 3, 2025, http://en.people.cn/n3/2021/0514/c90000-9850007-6.html.

③ "Chinese companies employ a green trend in Turkey," *China Daily*, January 4, 2022, accessed March 31, 2025, https://global.chinadaily.com.cn/a/202201/24/WS61edebdfa310cdd39bc82b25.html.

④ "China, Turkey to build world's largest rooftop solar power plant, "*Xinhua*, March 11, 2022, accessed March 31, 2025, https://english.news.cn/20220311/6f9f050111d145f8a79de4ccd0fe327a/c.html.

⑤ 《这个国家，为何能在一夜之间成为欧洲光伏制造第一大国？》，新浪财经 2024 年 3 月 2 日，https://finance.sina.cn/2024-03-02/detail-inakxyfe7054497.d.html?cre=tianyi&mod=wuc&loc=12&r=0&rfunc=76&tj=cxvertical_wap_wuc&tr=182，访问日期：2025 年 3 月 31 日。

⑥ Simon Yuen, "Turkey's installed solar capacity reaches 12.2GW," PVTech, February 22, 2024, accessed March 31, 2025, https://www.pv-tech.org/turkey-solar-capacity-12-2gw/.

⑦ 《土耳其对华光伏组件反倾销案作出反规避终裁》，中国贸易救济信息网 2024 年 3 月 20 日，https://cacs.mofcom.gov.cn/cacscms/articleDetail/ckys?articleId=179937&id=53d8a9ed8e59f6ad018e5a809ebf0016，访问日期：2025 年 3 月 31 日。事实上，自 2016 年起，土耳其就已经针对中国光伏组件发起了反倾销调查。此次裁定为反规避反倾销案的反规避终裁。

（三）智能手机行业

在智能手机领域，近年来华为、小米、OPPO、vivo 国产品牌快速崛起，逐渐成为中国智能手机在国际市场中的擎旗者。作为最早进入土耳其市场的中国手机品牌，华为早在 2002 年就已经在土耳其建立起了分支机构，2009 年华为在土耳其建设了华为海外第二大研发中心，从手机销售向技术创新溯源。[①] 土耳其现已就 5G/5.5G、移动通信、数字化存储、ICT 产业、绿色能源发展等多领域与华为展开业务合作。2024 年 4 月 30 日，华为公司代表团受到土耳其副总统接见，[②] 凸显了土耳其官方对华为品牌的高度认可。但是华为本身也面临欧美的严厉封锁和打压。2023 年 6 月 15 日，欧盟委员会以维护 5G 网络安全为由，要求欧盟成员国禁止使用华为和中兴设备，[③] 此举被视为欧盟对拜登政府的追随而推出的"华为禁令"。尽管土耳其并非欧盟成员国，但华为在土生产经营仍然不可避免地受到了波及。不过土耳其并没有一味追随欧盟脚步，而是选择与华为持续深入合作。2023 年，土耳其可再生能源开发商 Margün Enerji 与华为合作在土耳其的一家太阳能工厂部署了 2MW 的电池储能系统。[④]2024 年 2 月 29 日，华为与土耳其领先的移动电话运营商 Turkcell 签署了合作备忘录，将在 5.5G、绿色技术和人工智能支持的下一

[①] 《丰富人们的沟通和生活——华为技术有限公司 2009 年度企业社会责任报告》，https://www-file.huawei.com/-/media/corp2020/pdf/sustainability/past-yeas/csr_2009_cn.pdf.

[②] 《土耳其副总统会见华为公司代表团》，财通社 2024 年 5 月 1 日，https://www.caitongnews.com/live/2358344.html，访问日期：2025 年 4 月 3 日。

[③] 《欧盟高官敦促更多成员国禁止华为、中兴进入 5G 网络》，法国国际广播电台 2023 年 6 月 15 日，https://www.rfi.fr/cn/%E6%AC%A7%E6%B4%B2/20230615-%E6%AC%A7%E7%9B%9F%E9%AB%98%E5%AE%98%E6%95%A6%E4%BF%83%E6%9B%B4%E5%A4%9A%E6%88%90%E5%91%98%E5%9B%BD%E7%A6%81%E6%A2%E5%8D%8E%E4%B8%BA-%E4%B8%AD%E5%85%B4%E9%80%9A%E8%AE%AF%E8%BF%9B%E5%85%A5g%E7%BD%91%E7%BB%9C.

[④] "Margün Enerji and Huawei deploying 2MW co-located BESS in Turkey," *Energy Storage News*, November 24, 2023, accessed March 31, 2025, https://www.energy-storage.news/margun-enerji-and-huawei-deploying-2mw-co-located-bess-in-turkey/.

代网络开发研究这 3 个领域开展合作。①

2018 年 9 月，小米在伊斯坦布尔开设了第一家"Mi Store"，②标志着小米在土耳其的业务走向成熟。2021 年 3 月 29 日，小米与供应巨头赛尔康（Salcomp）合作建立的伊斯坦布尔阿夫西拉尔区工厂投产，③小米由此成为在土耳其引入全流程手机生产线的首个中国智能手机品牌。截至 2023 年第一季度，小米手机在土耳其市场上的份额已达到 22%。④

相较之下，OPPO 经历的道路要相对曲折一些。2018 年，OPPO 在伊斯坦布尔设立了土耳其办事处，其智能手机产品开始进入土耳其市场。⑤随即在 2020 年底至 2021 年初期间，OPPO 就已经在土耳其投资 5000 万美元并招募员工开始进行智能手机的生产。⑥但由于成本上升和相关技术人员的缺乏，2022—2023 年 OPPO 又逐渐收紧在土业务。⑦

vivo 也是成功进入土耳其市场的中国智能手机品牌之一，2021 年 vivo 斥资 1.3 亿元人民币启用土耳其智能制造中心，该中心占地 12000 平方米，年

① "Turkcell and Huawei signed three MOUs ON 5 5G, green energies, and AI based networks at MWC 2024," Huawei, February 29, 2024, accessed March 31, 2025, https://www.huawei.com/en/news/2024/2/turkcell-mou-joint-innovation.

② "Chinese smartphone giant Xiaomi opens first Turkey store," *Daily Sabah*, September 16, 2018, accessed March 31, 2025, https://www.dailysabah.com/technology/2018/09/16/chinese-smartphone-giant-xiaomi-opens-first-turkey-store.

③ "Chinese tech giant Xiaomi opens its Turkey factory," *Daily Sabah*, March 29, 2021, accessed March 31, 2025, https://www.dailysabah.com/business/tech/chinese-tech-giant-xiaomi-opens-its-turkey-factory.

④《驻伊斯坦布尔总领馆代总领事吴健带队考察调研小米土耳其工厂》，中国驻伊斯坦布尔总领事馆 2023 年 5 月 12 日，http://istanbul.china-consulate.gov.cn/zlgxw/202305/t20230512_11076740.htm，访问日期：2025 年 3 月 31 日。

⑤ "Chinese smartphone manufacturer Oppo enters Turkish market," *Daily Sabah*, December 27, 2018, accessed March 31, 2025, https://www.dailysabah.com/technology/2018/12/27/chinese-smartphone-manufacturer-oppo-enters-turkish-market.

⑥ "Chinese phone maker Oppo starts hiring for Istanbul facility," *Daily Sabah*, January 10, 2021, accessed March 31, 2025, https://www.dailysabah.com/business/tech/chinese-phone-maker-oppo-starts-hiring-for-istanbul-facility.

⑦ "The technology giant has decided to withdraw from Turkey!" *Gearrice*, February 27, 2023, accessed March 31, 2025, https://www.gearrice.com/update/the-technology-giant-has-decided-to-withdraw-from-turkey/.

设计产能达到 500 万部。①

目前，中国国产智能手机品牌在土耳其已基本实现从产品生产到技术研发的全产业链式发展，并且初步形成了品牌集群优势，因此智能手机行业也自然地成为未来中国品牌在土耳其持续深耕的重要领域。

（四）家电及延伸产业

中国白色家电品牌"走出去"的进程已经从最初的产品出口，到后来的投资设厂，再到如今的全产业链研发生产，土耳其领先家电品牌 Ferre 的进口与采购总监阿利莫格鲁在 2023 年广交会期间就指出"现在有很多零件只有在中国才能买到"，②这意味着中国已在全球家电产业链、供应链中居于核心地位。海尔是经营最持久、经营范围最全面、产业链最完备的中国家电品牌。2021 年 10 月，海尔斥资 4000 万欧元建设的土耳其埃斯基谢希尔滚筒式烘干机生产工厂正式开业，标志着海尔对土投资力度的不断加大。③2022年 11 月，海尔投资 4500 万欧元在埃斯基谢希尔新建洗碗机工厂，进一步扩大其在欧洲的生产范围，同时也巩固了土耳其在欧洲的家电生产和出口的中心地位。④2024 年 2 月，海尔新烹饪工厂和研发中心开业，帮助海尔在土耳其的业务持续铺开，当月 27 日，土耳其工业和技术部长米梅特·卡西尔（Mehmet F.Kacır）视察了该中心。⑤2024 年 5 月 30 日，土耳其首家海尔体验

---

① 《vivo 启用巴基斯坦与土耳其智能制造中心 加速拓展全球布局》，vivo2021 年 8 月 9 日。https://www.vivo.com.cn/brand/news/detail?id=973&type=1，访问日期：2025 年 3 月 31 日。

② 高雅：《新丝路·新经济 | "一些零件只能在中国买到"，土耳其家电商的生意经》，第一财经 2023 年10 月 18 日。https://m.yicai.com/news/101877961.html，访问日期：2025 年 3 月 31 日。

③ "Haier expands its largest European production and export center in Turkey," *Haier Europe*, October 25, 2021, accessed March 31, 2025, https://corporate.haier-europe.com/press-release/haier-expands-its-largest-european-production-and-export-center-in-turkey/.

④ "Haier Europe further expands its production capacity with a new dishwasher factory in Turkey," *Haier Europe*, November 17, 2022, accessed March 31, 2025, https://corporate.haier-europe.com/press-release/haier-europe-further-expands-its-production-capacity-with-a-new-dishwasher-factory-in-turkey/.

⑤ "Turkey's Minister visits our new cooking factory in Eskişehir," *Haier Europe*, March 1, 2024, accessed March 31, 2025, https://corporate.haier-europe.com/press-release/turkeys-minister-visits-our-new-cooking-factory-in-eskisehir/.

店在首都安卡拉开业，旨在向消费者提供人工智能家居服务和体验。^①从洗衣机到洗碗机，再到烹饪工厂和研发中心，再到人工智能和智慧家居，海尔一步一脚印地耕耘土耳其市场，赢得了土耳其政府和消费者的信赖，现已成为土耳其乃至欧洲的主流高端家电品牌。^②

2021 年 2 月，TCL 开始与土耳其家电巨头 Arçelik 跨界合作，将目光瞄准智能手机生产。^③2024 年 5 月 20 日，TCL 在伊斯坦布尔推出最新的 QD-Mini LED 电视和智能家电。^④美的方面，由于美的在中东地区的生产中心设立在埃及，因此其在土耳其主要以美的楼宇科技事业部（Midea Building Technologies Divison，MBT）为主，为大型楼宇、商超、厂房等场所提供给排风、冷暖制备等产品和服务，包括 Migros 超市^⑤、NUH 水泥厂^⑥、Zetes 发电站^⑦等。此外，美的楼宇科技事业部还积极参与土耳其大地震的抢险救灾工作，充分履行了美的品牌的社会责任。^⑧

（五）船舶制造业

船舶制造是土耳其的重要工业支柱，2023 年土耳其为全球第五大船舶

---

① "Haier unveiled the 1st Experience store in Turkey," Haier Europe, May 30, 2024, accessed March 31, 2025, https://corporate.haier-europe.com/haier-unveiled-the-1st-experience-store-in-turkey/.

② 《海尔智家成为欧洲主流高端品牌》，人民网 2023 年 9 月 5 日，http://sd.people.com.cn/n2/2023/0905/c386785-40558928.html，访问日期：2025 年 3 月 31 日。

③ "Consumer electronics giant TCL starts phone production in Turkey," *Daily Sabah*, May 30, 2021, accessed March 31, 2025, https://www.dailysabah.com/business/tech/consumer-electronics-giant-tcl-starts-phone-production-in-turkey.

④ "TCL Electronics introduces the latest QD-Mini LED TV and smart home appliances in Istanbul," TCL, May 20, 2024, accessed March 31, 2025, https://www.tcl.com/levant/en/news/tcl-electronics-introduces-the-latest-qd-mini-led-tv-and-smart-home-appliances-in-istanbul.

⑤ "Migros in Turkey," Midea, accessed March 31, 2025, https://mbt.midea.com/global/application/migros-in-turkey.

⑥ "NUH Cimento Factory," Midea, accessed March 31, 2025, https://mbt.midea.com/global/solution-application/industry/nuh-cimento-factory.

⑦ "Zetes Power Station," Midea Building Technologies, accessed April 3, 2025, https://mbt.midea.com/global/solution-application/industry/zetes-power-station.

⑧ "Midea Building Technologies relieved Turkey Earthquake," Midea, February 10, 2023, accessed March 31, 2025, https://mbt.midea.com/global/news/midea-building-technologies-relieved-turkey-earthquake.

制造国，标志着其领先的造船基础和国际竞争力。① 考虑到土耳其本身即具有强大的船舶制造能力，故只要能进入土耳其市场，便意味着产品的技术和质量得到了土耳其船舶制造业整体的认可。中国同样在船舶制造领域拥有雄厚的科技实力，数据显示，截至 2023 年中国造船市场份额连续 14 年位居世界第一，2023 年造船完工量、新接订单量和手持订单量三大指标均实现两位数增长，且均保持世界第一，② 因此中国品牌有能力抓住土耳其船舶市场的发展机遇。

2012 年，中国传动与土耳其工业巨头 Borusan 达成协议，旨在高标准船用动力系统和传动系统领域开展合作。③2021 年 9 月，中船澄西与土耳其 Ciner 公司签署 3 艘 88800 吨散货船建造合同。④2023 年 2 月，中远海运重工与土耳其船东签订了 1 座 75000 吨举力浮船坞建造合同，表明中国造船品牌的业务领域不仅仅局限于造船业本身，而是覆盖船舶制造的上下游配套产业。⑤2023 年 11 月，新乐造船获得土耳其 Mlla 公司 2.3 亿美元的新船订单，这也是新乐造船过去 5 年来签约的第一份杂货船订单。⑥2023 年 5 月，土耳其 Ciner 公司向江门南洋船舶订购了 3 艘 40500 载重吨敞舱口型散货船。⑦2024 年 3 月 28 日，苏美达船舶旗下新大洋造船与土耳其 Ciner 公司续签 4 艘皇冠

① 商务部对外投资和经济合作司、商务部国际贸易经济合作研究院、中国驻土耳其大使馆经济商务处：《对外投资合作国别（地区）指南——土耳其（2023 年版）》，https://www.mofcom.gov.cn/dl/gbdqzn/upload/tuerqi.pdf.

② 《三大指标同步增长 中国造船业连续 14 年领跑全球》，人民网 2024 年 1 月 31 日，http://finance.people.com.cn/n1/2024/0131/c1004-40170498.html，访问日期：2025 年 3 月 31 日。

③ 《强强联合，蓄势待发——中国传动牵手土耳其 BORUSAN》，中国传动 2012 年 6 月 21 日，https://www.chste.com/zh/m-corporate-detail-news/borusan.html，访问日期：2025 年 3 月 31 日。

④ 《中船澄西获土耳其船东 3 艘 88800 吨散货船订单》，国际船舶网 2021 年 9 月 14 日，https://www.eworldship.com/html/2021/NewOrder_0914/174812.html，访问日期：2025 年 3 月 31 日。

⑤ 《舟山中远海运重工获 1 座 75000 吨举力浮船坞订单》，国际船舶网 2023 年 2 月 8 日，https://www.eworldship.com/html/2023/NewOrder_0208/189572.html，访问日期：2025 年 3 月 31 日。

⑥ 《新乐造船获 2.3 亿美元新船订单》，新乐造船 2023 年 11 月 13 日，http://www.xlshipbuilding.com/cn/newsd.php?nid=376，访问日期：2025 年 3 月 31 日。

⑦ 《总计 10 艘！江门南洋船舶再获"老客户"3 艘散货船订单》，国际船舶网 2023 年 6 月 30 日，http://wap.eworldship.com/index.php/eworldship/news/article?id=193635，访问日期：2025 年 3 月 31 日。

63 PLUS 散货船订单。①2024 年 4 月，Ciner 公司还向恒力重工订购了 4 艘 Kamsarmax 型散货船，②为中国造船品牌在土耳其进一步开辟了市场。2024 年以来，中国船厂保持了全球油船建造市场的领先地位，土耳其船东进军 LR2 型船市场的首单由 Yasa 公司发起，并最终由上海外高桥造船和大连造船中标。③

中国船舶制造品牌与土耳其市场的强强联合，不仅构建起中土两国在船舶制造业的合作平台，同时也为中国船舶制造品牌在土耳其市场中实现持续创新打下了坚实的基础。

三、中国品牌在土耳其市场的展望

（一）中国品牌在土优势分析

中国品牌之所以能打入土耳其市场，并在土耳其市场扎根，最重要的是品牌的科技含量。土耳其地跨亚欧两洲，其本身便具有较好的工业基础，在考虑到成本、竞争和当地政策倾斜之后，中国的劳动密集型和初级资本密集型产品很难在土耳其建立起优势，这也就推动了中国品牌不断实现产品和模式的创新，从而在土耳其同类产品中脱颖而出，这其中不乏海尔、美的等传统制造业品牌从整件出口到当地研发的成功转型，也包括比亚迪、华为等战略性新兴制造业品牌在土耳其市场的持续拓展。目前，中国品牌在新能源汽车、光伏、船舶制造等领域已具备一定优势，并逐渐向品牌本土化发展的目标迈进。

---

① 《新增签约，实力"出圈"！》，苏美达船舶 2023 年 4 月 2 日，https://www.sumecmarine.com/c/www/newscenter/36844.jhtml，访问日期：2025 年 3 月 31 日。

② 《跃居全球第三！这家"新"船厂首船交付再接新单》，国际船舶网 2024 年 4 月 19 日，https://www.eworldship.com/html/2024/NewOrder_0419/202455.html，访问日期：2025 年 3 月 31 日。

③ 《超 120 艘！中国船企横扫 LR2/ 阿芙拉型油船市场》，国际船舶网 2024 年 4 月 28 日，http://wap.eworldship.com/index.php/eworldship/news/article?id=202603，访问日期：2025 年 3 月 31 日。

与此同时，值得注意的是中国品牌在很多领域正面临着土耳其市场的严峻挑战。以家电产业为例，尽管海尔、美的等家电品牌巨头已在不断提升自身科技实力，但是 Arzum 等土耳其本土家电品牌也在迅速崛起，不仅加大了土耳家电市场的竞争，而且其品牌效应外溢至中国并获得了大量中国消费者的青睐。[1] 此外，土耳其家电巨头 Arçelik 还就中企家电品牌发出了倾销警告，[2] 并对土耳其政府相关政策制定产生重要影响，2024 年 5 月土耳其政府延长了对部分对华进口的壁挂式空调征收反倾销税的期限。[3] 其他中国产业及相关品牌也面临类似困境，包括但不限于胶合板[4]、钢铁板材[5]、花岗岩[6]等。由此可见，中国品牌既需要在土耳其市场上充分发挥自身科技优势，也需要对土耳其的反倾销、反规避相关政策进行深入研读，尽可能避免倾销、合规性检查等潜在矛盾。

（二）用好土耳其区位，链接世界市场

既然土耳其拥有地跨欧亚、联通世界的独特区位优势，那么如何使这一优势为中国品牌所用便值得深入思考。第一，中国品牌可以开展跨国合作与品牌联合，与土耳其本地和国际知名品牌建立战略合作关系，进行联合品牌推广和营销，提升中国品牌的国际影响力，如联合推出符合欧洲和亚洲消费者需求的定制化产品，增强品牌竞争力。第二，中国品牌可以利用土耳其的

---

[1] "Turkish home appliances gain popularity in China," *China Daily*, September 28, 2023, accessed March 31, 2025, https://www.chinadaily.com.cn/a/202309/28/WS65153aa1a310d2dce4bb869e.html.

[2] 《土耳其家电巨头就中企倾销风险发出警告》，FT 中文网 2023 年 9 月 10 日，https://www.ftchinese.com/story/001100778?full=y&archive，访问日期：2025 年 3 月 31 日。

[3] 《土耳其对华空调作出反倾销日落复审终裁》，中国贸易救济信息网 2024 年 5 月 27 日，https://cacs.mofcom.gov.cn/cacscms/article/ckys?articleId=180623&type=1，访问日期：2025 年 3 月 31 日。

[4] 《土耳其对华胶合板作出反倾销日落复审终裁》，中国贸易救济信息网 2024 年 4 月 19 日，https://cacs.mofcom.gov.cn/article/ajycs/ckys/202404/180278.html，访问日期：2025 年 3 月 31 日。

[5] 《英国、印度、土耳其等国近期对我国多项产品发起调查》，中国机电产品进出口商会 2023 年 11 月 22日。https://www.cccme.org.cn/news/details.aspx?id=79D294DB63BE7A30F227E21D44B82B48&classid=E511BE4AE30B21CD&xgid=F868932F64EB7AAF，访问日期：2025 年 3 月 31 日。

[6] 《土耳其对华花岗岩作出反倾销日落复审终裁》，中国贸易救济信息网 2024 年 5 月 20 日，https://cacs.mofcom.gov.cn/cacscms/article/ckys?articleId=180561&type=1，访问日期：2025 年 3 月 31 日。

自由贸易协定网络开展业务，土耳其与多个国家和地区签订了自由贸易协定（FTA），因此土耳其可以成为中国品牌进入其他市场的连接点和中转站，从而享受关税减免和贸易便利化政策，有效降低市场进入成本。第三，中国品牌可以在土耳其建立研发和创新中心，利用当地的人才和技术资源，进行产品和技术的本地化研发，通过创新提升产品质量和技术含量，不断培育品牌价值。

（三）落实"一带一路"倡议，实现高质量发展

充分运用好"一带一路"倡议带来的发展红利是中国品牌在土耳其持续发展的重要动力。"一带一路"倡议的一个重要效果，便是突破了地域限制带来的认知局限和偏见，增强了沿线国家之间的人员、商贸和信息往来，因此中国品牌首先可以充分利用数字化渠道，深入开展土耳其市场消费者行为和需求的前期调研，精准定位目标客户群体，制定针对性的市场策略，这是提升品牌知名度和市场占有率的重要前提。在此基础上，中国品牌可以通过"一带一路"倡议联通的交通基础设施，优化物流和供应链管理，在土耳其建立仓储中心、转运节点和运输网络，建立从生产源头到销售市场的畅通路径。最后，品牌建设还离不开文化软实力，中国品牌可以组织和参与"一带一路"文化交流活动，通过电影、电视、体育、艺术、娱乐等多种方式增强土耳其消费者对中国品牌的认知感和认同感，在产品设计中更多融入土耳其文化元素，全面提升品牌的亲和力和吸引力。

B.17
中国品牌在瑞典

王滢波[*]

摘　要： 近年来，全球市场见证了中国品牌在世界各地的迅速扩张。瑞典
拥有强劲的经济实力和开放的国际贸易系统，已成为中国品牌
进军欧洲市场的一个重要支点。本文探讨了中国品牌在瑞典市
场的发展历程，分析了其成功因素、面临的挑战及其对瑞典消
费者和商业态势的影响。

关键词： 中国品牌　瑞典市场　品牌模式　品牌影响　品牌案例

中国和瑞典之间的关系在过去几十年里飞速发展，从外交和贸易领域的
互动逐渐扩张到更广泛的文化、教育和商业交流，这也帮助中国品牌进入瑞
典市场，并持续发展。本文旨在深入探讨这一趋势背后的原因，分析中国企
业进入瑞典市场所采用的策略，以及它们对当地经济和消费者行为的影响。
文章分为三个部分：第一部分介绍中国品牌在瑞典的整体发展情况，包括
历史背景、成功要素、面临的挑战；第二部分为案例分析，文章选取了在瑞
典发展最为成功的几个中国品牌进行深入的介绍和分析；第三部分为结论和
展望。

＊　王滢波，经济学博士，上海社会科学院信息研究所助理研究员，主要研究方向为数字经济。

一、中国品牌在瑞典情况简介

（一）历史背景

要了解中国品牌在瑞典当前的发展情况，有必要将中瑞贸易关系的历史背景置于其语境中。中瑞外交关系建立于 20 世纪 50 年代初，[①] 但直到 20 世纪后期，双边贸易才取得了显著的发展，原因在于中国加入了 WTO，开始逐步融入国际贸易体系，并崛起为全球制造业中心，而瑞典在科技，特别是 5G 领域拥有重要影响力，如爱立信。双方在经济领域具有强烈的互补性。

中国品牌在瑞典取得成功的关键因素之一是该国开放的市场经济和高度的数字化。瑞典消费者以精通技术及乐意接受新产品和服务的意愿而闻名，这为创新的中国公司创造了有利的环境。此外，瑞典高度发达的通信技术和基础设施也为中国企业的发展提供了如鱼得水的环境，吸引了大量的通信企业，特别是华为和中兴进入瑞典市场，如华为进军欧洲的第一站就选择了在瑞典首都斯德哥尔摩建立了研发中心。在华为和中兴等企业在瑞典站稳脚跟后，越来越多的中国企业开始鱼贯进入瑞典市场，并获得了相当的市场影响力。

（二）在瑞典的主要中国品牌

在科技领域，华为和大疆等中国品牌在瑞典建立了强大的影响力。例如，华为参与了瑞典的 5G 网络基础设施，而大疆则在无人机技术方面处于领先地位。这些公司能够利用自己在尖端技术方面的专业知识来满足瑞典市场的需求。

电信行业是中国品牌取得重大进展的另一个领域。中兴通信和华为一直积极提供网络设备和服务，为瑞典先进的电信基础设施的发展做出了贡献。

在消费品领域，小米和 OPPO 等中国品牌因其价格实惠且质量上乘的智

[①] 《驻瑞典大使崔爱民在瑞媒体发展署名文章》，中华人民共和国外交部 2024 年 5 月 9 日，https://www.mfa.gov.cn/zwbd_673032/wjzs/202405/t20240510_11302391.shtml，访问日期：2025 年 3 月 31 日。

能手机而广受欢迎。这些品牌通过有竞争力的价格及提供创新功能和设计，成功地与老牌企业进行了有效的竞争。

吉利和腾讯则通过并购的方式曲线进入瑞典市场。吉利并购了瑞典的国民汽车品牌沃尔沃，并利用沃尔沃的先进技术在瑞典推出了新的汽车品牌。腾讯则收购了与其业务相关的瑞典游戏工作室。

此外，阿里巴巴等中国电子商务平台已将业务范围扩大到瑞典，为瑞典消费者提供了广泛的中国产品。这不仅促进了两国之间的贸易，还有助于推广中国品牌并提高其在瑞典市场的知名度。

由中国字节跳动公司推出的 TikTok 短视频平台也在瑞典备受推崇，是目前在瑞典最具影响力的短视频平台。截至 2024 年 1 月，瑞典拥有约 357 万 TikTok 用户，[1] 约占瑞典总人口的三分之一强。

中国中铁工业所属的中铁山桥制造公司在瑞典斯德哥尔摩市成功打造了斯鲁森大桥（Slussen bridge），这座桥因其金色的外观而被称为"金桥"。斯鲁森大桥不仅是瑞典首都的新地标，也是中国制造向中国创造转变、中国速度向中国质量转变、中国产品向中国品牌转变的重要标志。通过国际招标，中铁山桥在激烈的竞争中脱颖而出，成为唯一能满足瑞典市政厅质量和工期要求的公司，体现了中国企业在瑞典市场上的竞争力，也为中国品牌在瑞典的发展打下了良好的口碑。[2] 中铁山桥在建造过程中克服了多项挑战，如体量巨大、梁段翻身难度大、涂装要求标准高等问题，最终交付了高质量的产品，展示了中国制造的实力。

值得注意的是，中国品牌在瑞典的成功并非没有挑战。中国品牌必须谨慎处理文化差异、消费者偏好和监管环境等问题。此外，中国品牌必须继续专注于质量、创新和客户服务，以保持和扩大其在瑞典的市场份额。

---

[1]《2023 年 TikTok 全球趋势统计数据》，雨果跨境 2023 年 4 月 4 日，https://www.cifnews.com/article/142824，访问日期：2025 年 3 月 31 日。

[2]《中国制造铸就瑞典首都新地标》，中国中铁 2020 年 11 月 3 日，https://www.thepaper.cn/newsDetail_forward_9836581，访问日期：2025 年 3 月 31 日。

表 17-1　在瑞典的主要中国品牌汇总

品牌	所属行业	进入方式	当前状况
华为	通信	自有品牌	发展受限
吉利	汽车	收购当地品牌	发展迅速
腾讯	数字经济	收购当地工作室	起步阶段
大疆	无人机	自有品牌	统治地位
TikTok	新媒体	自有品牌	统治地位
小米	新制造	自有品牌	起步阶段

总之，中国品牌在瑞典的存在反映了全球化的大趋势和世界市场日益紧密的联系。随着中国企业不断创新并适应国际市场，它们在瑞典及其他地区的影响力可能会越来越大。

（三）推动中国品牌在瑞典扩张的因素

推动中国品牌在瑞典持续发展有三大关键因素。

第一，中国经济增长。过去几十年里，中国经济以惊人的速度增长，使得中国企业能够大力投资于国际市场。瑞典市场拥有富裕的消费群体和强大的购买力，对寻求持续增长的中国品牌具有强大的吸引力。

第二，技术创新。从电信到可再生能源等各个领域，中国企业都展示出了惊人的创新能力。通过利用先进技术和研究能力，中国品牌已能够开发出在全球市场（包括瑞典市场）具有竞争力的产品，这也是中国品牌在瑞典市场发展的基础。

第三，战略合作与投资。许多中国企业在瑞典进行了战略合作与投资，以便进入其市场。与当地企业、研究机构和政府机构的合作有助于中国品牌应对法规要求，建立分销网络，充分利用瑞典的科技优势，并在瑞典市场树立品牌知名度。

（四）中国品牌在瑞典面临的挑战

尽管瑞典市场存在着机会，但中国品牌也面临着一些挑战。

第一，认知与信任。中国品牌进入瑞典面临的主要障碍之一是克服与质量、安全和真实性相关的负面认知。在历史上，中国产品常常与假冒商品和低质量制造业务有关。在瑞典消费者中建立信任需要中国品牌展示对质量、可持续性和企业责任的承诺。此外，由于中西关系交恶，特别是中美关系的恶化，瑞典在一些核心基础设施，特别是通信基础设施领域正在全面排除中国企业的参与，这对于中国企业，特别是通信企业在瑞典的发展构成了巨大威胁和挑战。

第二，合规要求。遵守瑞典的法规标准和认证要求对外国企业来说可能是复杂而耗时的。中国品牌必须应对与产品安全、环境保护和劳工实践相关的各种法律法规框架，以确保符合瑞典的法律法规。

第三，文化差异。文化上的细微差别和偏好在消费者行为和营销策略中起着重要作用。进入瑞典市场的中国品牌必须了解当地文化、消费者偏好和市场动态，以便有效定位产品，并向瑞典消费者传达品牌价值观。

二、案例研究

本部分将介绍成功进入瑞典市场的知名中国品牌的案例研究，重点介绍它们的策略、挑战和成就。例子包括中国知名汽车生产商吉利、电信巨头华为、电动汽车制造商比亚迪和科技公司小米等。

（一）吉利汽车："蛇吞象"

吉利控股集团总部位于中国杭州，拥有并管理包括沃尔沃、极星、路特斯及电动汽车公司等多元化的组合汽车品牌。吉利不仅在全球建立了研发和设计中心，包括瑞典的哥德堡，还在包括瑞典在内的多个国家拥有世界级的汽车和动力总成制造厂。

作为一家希望扩大全球影响力并获得先进汽车技术的中国汽车公司，吉利在瑞典的发展始于其 2010 年收购沃尔沃汽车，这次收购成为吉利发展历程中的重要里程碑。此前，沃尔沃汽车由美国汽车制造商福特汽车公司所拥有。2008 年的全球金融危机迫使福特汽车重组，其中包括出售沃尔沃。2010 年，吉利控股在与福特汽车完成谈判后，用 18 亿美元收购了沃尔沃汽车 100% 股权。自此，吉利瑞典公司一直作为沃尔沃汽车的母公司，监督其运营和战略发展。①

吉利收购沃尔沃汽车最初受到一些怀疑，因为这是中国公司首次收购一家知名西方汽车品牌，被广泛认为是"蛇吞象"的不自量力行为。然而，仅仅吉利用十年多的时间就帮助曾经深陷亏损泥潭的沃尔沃再现辉煌，吉利也飞速发展，成功实现了双赢，成为中国品牌在境外成功发展的典型案例。

两个品牌并购能否成功的关键在于取长补短。沃尔沃在品牌效应和技术实力方面具有优势，而吉利则在供应链成本和市场规模方面领先。自收购以来，吉利在沃尔沃汽车上的投资非常大，支持其新车型、新技术和制造能力的发展。在吉利的管理下，沃尔沃汽车经历了巨大的转变，推出了备受消费者和评论家好评的新车型，如 XC90、S90 和 XC60。2011 年，吉利将沃尔沃的亚太区总部迁到上海，开始深耕中国市场。

2013 年，吉利汽车在瑞典哥德堡设立了欧洲研发中心。在此研发中心，沃尔沃汽车与吉利汽车联合开发了 CMA 中级车基础模块架构，这一架构代表了欧洲先进的研发理念，并具备国际前沿技术。

被吉利收购后，沃尔沃的业绩大幅改善。在吉利控股收购沃尔沃的那一年，沃尔沃的全球汽车销量仅为 33.5 万台，且年亏损达到 51.9 亿瑞典克朗。然而，经过吉利控股的努力，沃尔沃在 2020 年的营业收入达到了 2628 亿瑞典克朗，净利润为 85 亿瑞典克朗。这显示了沃尔沃在吉利控股的管理下实现了显著的业绩提升，并成功促成了沃尔沃汽车的 IPO。沃尔沃汽车的 IPO 是 20 年来瑞典历史上规模最大的一次上市，以每股 53 瑞典克朗的价格发行

---

① 《从"蛇吞象"到"双赢"，吉利与沃尔沃互相成就的十年》，梧桐树下 2021 年 11 月 8 日，https://www.sohu.com/a/499887059_479036，访问日期：2025 年 3 月 31 日。

的 B 类普通股获得了全球机构投资者和公众的青睐。开盘报每股 58.75 瑞典克朗，显示了市场对沃尔沃汽车未来发展的信心。

此外，吉利利用沃尔沃在安全和先进工程方面的专业知识，提升了自己产品阵容的水平。吉利还利用沃尔沃的品牌声誉和全球分销网络，扩大了在国际市场的影响力。

2016 年，吉利汽车和沃尔沃合作，创立了合资企业 Lynk & Co（领克），充分体现了中国和瑞典的理念融合。Lynk & Co 总部位于瑞典哥德堡，旨在重新定义新一代消费者的汽车体验。以下是这个创新品牌的一些关键要素。

第一，互联网连接。Lynk & Co 中的"Co"代表"连接"。该品牌非常注重无缝连接，将智能功能和服务融入其汽车中。从先进的信息娱乐系统到远程更新，Lynk & Co 让驾驶员和乘客始终与数字世界保持联系。

第二，创新的购车模式。Lynk & Co 针对寻求灵活和便利的年轻专业人士。他们的订阅制度允许用户在不受传统车辆拥有的烦琐问题困扰的情况下使用汽车。这是对传统模式的一次令人耳目一新的尝试，吸引了注重体验而非物质拥有的城市居民。

第三，产品系列。Lynk & Co 的产品线包括几款基于紧凑型模块化架构（CMA）平台的车型，该平台与沃尔沃、Polestar 和吉利共享。其中一些值得注意的车型包括：首款 CMA 平台车型领克 01、跨界轿跑 SUV 领克 02、首款轿车领克 03 及新能源车型领克 07。

第四，生产。Lynk & Co 充分利用了中瑞经济的互补优势，其总部位于瑞典，但生产设施遍布中国，分别位于庐桥、张家口和梅山岛。这些工厂生产不同市场细分领域的各种车型。[①]

吉利控股在瑞典的投资和运营不仅限于收购沃尔沃汽车，还包括研发中心的设立及与当地企业的合作等多个方面。这些数据和信息反映了吉利控股在瑞典的深入布局和取得的显著成果。总的来说，吉利收购沃尔沃汽车是一

---

① 《沃尔沃汽车 IPO 背后：吉利并购十年，从"蛇吞象"到"遍地开花"》，经济观察网 2021 年 11 月 1 日，http://www.eeo.com.cn/2021/1101/509642.shtml，访问日期：2025 年 3 月 31 日。

项双赢的投资，展示了中国公司在汽车行业全球竞争中的潜力，并突显了战略投资和合作伙伴关系在实现长期增长和成功方面的重要性。

（二）华为：打不死的，会变更强

华为成立于1987年，总部位于中国深圳。公司成立初期主要专注于生产用户交换机（PBX），随后逐渐扩展到移动通信、数据通信、宽带、智能终端等领域。华为的全球战略是"全球本地化"，即在不同国家和地区设立分支机构，以更好地适应当地市场，提供定制化的产品和服务。目前华为已经成为全球领先的信息与通信技术（ICT）解决方案提供商，其业务遍及全球170多个国家，服务着全球超过三分之一的人口。瑞典作为北欧的发达国家，拥有高度发达的通信基础设施和创新环境，是华为在欧洲市场的重要战略布局之一。

2000年，华为首次进入欧洲市场，第一站就选在瑞典，在斯德哥尔摩建立了华为在欧洲的第一个研发中心，[①] 专注于5G、物联网（IoT）、云计算等前沿技术的研究与开发。2003年10月，华为获得Inquam公司的CDMA450项目，进入瑞典的CDMA450移动系统市场。

华为在瑞典的业务包括通信设备供应、技术研发和本地化生产等。华为在瑞典不断加大投入，创造就业机会，并积极履行企业社会责任，提高本地化程度。高峰期间，华为在瑞典拥有六百多名员工，其中一半以上从事研发工作。2016—2019年期间，华为在瑞典的研发投入超过37亿瑞典克朗。这充分表明了华为对瑞典市场的重视，一直致力于在该国进行技术创新和产品研发。在瑞典，华为的员工收入也相当可观，曾名列2020年员工收入第二高的企业，人均薪酬达到201.3万瑞典克朗（约合人民币140万元以上）。

除了商业活动以外，华为还积极促进中瑞两国之间的文化交流。2014年起，华为在瑞典启动"未来种子"大学生项目，每年向10名优秀瑞典大学

---

① "In Europe, For Europe: Huawei Build Alliances for the Intelligent Era," Huawei, November 5, 2019, accesses March 31, 2025, https://www.huawei.com/en/news/2019/11/huawei-eco-connect-europe-digital-platform.

生提供赴中国参观培训的机会，为瑞典培养更多面向未来的 ICT 人才。

尽管华为在瑞典市场耕耘多年，树立了积极正面的中国企业形象，但瑞典邮政和电信管理局（PTS）仍宣布出于安全原因，于 2020 年 10 月宣布禁止华为和中兴参与其 5G 网络建设。该禁令要求参与 5G 频谱拍卖的企业不得使用华为和中兴的 5G 设备，并且已经使用的设备需要在 2025 年前移除。华为对瑞典政府的禁令提出了上诉，但瑞典斯德哥尔摩行政法院在 2021 年 6 月驳回了华为的上诉，并再次以"安全理由"为由，认为禁令是正当的。①

华为表示尊重法院的裁决，但对此感到遗憾，并正在研究进一步的法律救济途径以捍卫自身权益。华为强调网络安全是其最高关切事项，并呼吁瑞典相关机构基于事实制定客观、统一、可验证的网络安全标准。

尽管华为在瑞典遭遇挑战，但其在全球范围内的表现依然强劲。根据华为官方发布的文章，2023 年华为的销售收入预计将超过 7000 亿元，并在 2024 年 2 月底参加世界移动通信大会，公布一系列 5G-A 解决方案，开启 5G-A 商用元年。

综上所述，华为在瑞典的发展情况呈现出复杂而多元的局面，既有投入和成就，也面临挑战和限制。然而，华为在全球范围内依然保持强劲的发展势头，并继续致力于技术创新和产品研发。

（三）大疆：无人机王者

大疆作为无人机行业的领导者，其产品在全球范围内都有销售，包括瑞典。大疆的无人机在技术和市场占有率方面都处于领先地位，其全球市场占有率达到 76%，而在中国的市场占有率更是高达 90%。

大疆于 2013 年进入瑞典市场，并在斯德哥尔摩设立了分公司。随着无人机技术在瑞典的广泛应用，大疆的业务在当地也不断扩展。大疆在瑞典主要销售消费级无人机，如 Mavic 系列、Phantom 系列等，以及相关的配件和

---

① 《专访 | 华为北欧业务高管：希望瑞典政府鼓励公平竞争》，财新网 2020 年 11 月 21 日，https://www.caixin.com/2020-11-21/101631102.html，访问日期：2025 年 3 月 31 日。

软件。这些产品广泛应用于航拍、摄影、测绘等领域。大疆作为全球领先的无人机制造商,在瑞典市场上占据重要地位,与当地的航空管制部门、安全部门等建立了良好合作关系,在行业内享有较高的声誉。此外,大疆通过与瑞典相机制造商哈苏(Hasselblad)的合作,进一步提升了其无人机的影像技术。[①]

总的来说,大疆在瑞典的业务发展稳健,是该市场上的主要玩家之一。随着无人机技术在瑞典的进一步应用,大疆在当地的地位也将进一步巩固。

（四）TikTok：新媒体之王

TikTok 的母公司是中国的字节跳动集团。TikTok 已经成为全球影响力最大的新媒体平台。TikTok 在瑞典的市场表现非常强劲,已经成为当地尤其是年轻人中最受欢迎的社交平台之一,具体数据如下:截至 2024 年 1 月,瑞典大约有 357 万 TikTok 用户。TikTok 在瑞典的用户增长显著,从 2022 年初到 2023 年初,潜在广告覆盖的用户数量增加了 54.2 万,增长率为 19%。根据 2023 年初的数据,TikTok 在瑞典的日活跃用户数已经超过了 100 万。在 15—24 岁的年龄段中,超过 30% 的瑞典用户平均每天使用 TikTok 平台。社交媒体视频广告在瑞典的收入估计已超过 30 亿瑞典克朗(约合 2.7 亿欧元),这一数字与 YouTube 和其他瑞典广告支持的流媒体服务的广告收入相当。[②]

TikTok 上的流行内容多种多样,包括音乐和美食趋势。例如,瑞典糖果在 TikTok 上引起了一阵热潮,许多用户分享了他们对于瑞典糖果的喜爱,这可能与之前的"糖果沙拉"趋势有关。此外,瑞典的 TikTok 用户也倾向于关注本地的创作者,一些最受欢迎的瑞典 TikTok 创作者包括 @elvir_

---

① "Dji Industry Analysis," *Osum*, March 8, 2024, accessed March 31, 2025, https://blog.osum.com/dji-industry-analysis/.

② "Sweden: Over 1m daily TikTok users," *Advanced Television*, September 27, 2024, accessed March 31, 2025, https://advanced-television.com/2024/09/27/sweden-over-1m-daily-tiktok-users/.

aljicevic、@izaandelle 和 @amandaedmundsson 等。①

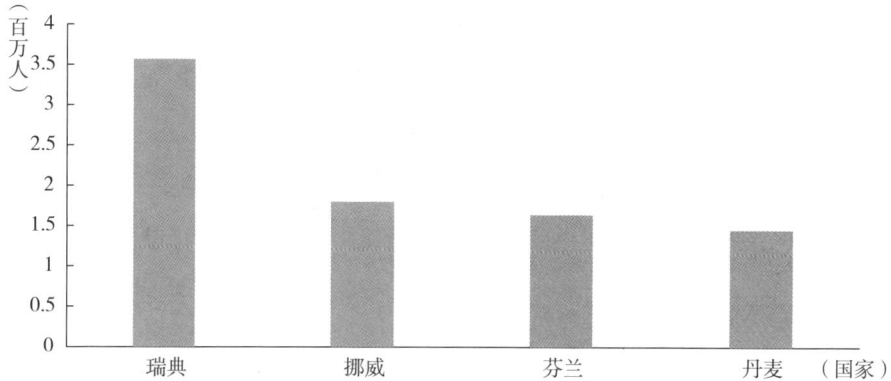

图 17-1　截至 2024 年 1 月北欧国家的 TikTok 用户数量

　　总的来说，TikTok 在瑞典的新媒体赛道中已经成为统治级的存在，是瑞典年轻人最主要的社交媒体平台之一。瑞典政府和企业也在积极探索如何更好地利用 TikTok 进行内容分享和商业推广，当然，瑞典政府也对 TikTok 的隐私政策提出过担忧。

（五）腾讯：低调的数字巨头

　　腾讯是全球游戏开发、出版和运营的领导者。以收入计算，腾讯是全球最大的游戏公司。腾讯在瑞典游戏领域也取得了重大进展。以下是一些值得关注的亮点。

　　瑞典游戏大会是欧洲专业游戏开发商和初创公司的重要聚会。该会议现场和直播同步举行，以商业为导向，提供网络商机及以开发者为中心的会谈和研讨会。2020 年，超过 2300 人出席该盛会。腾讯游戏是瑞典游戏大会的主要合作伙伴，该伙伴关系也凸显腾讯游戏在瑞典的重要影响力。

　　腾讯在瑞典游戏行业的投资活动相当积极。2016 年，腾讯收购了瑞典游

①　"Sweden: Over 1m daily TikTok users，" *Advanced Television*, September 27, 2024, accessed March 31, 2025, https://advanced-television.com/2024/09/27/sweden-over-1m-daily-tiktok-users/.

戏公司 Supercell，这是腾讯在瑞典最大的投资。Supercell 是《部落冲突》《皇室战争》等知名手机游戏的开发商。2021 年 1 月，腾讯收购了总部位于斯德哥尔摩的瑞典视频游戏开发工作室 Fatshark AB 的大部分股权。Fatshark 除了开发自己的游戏外，还担任了几款 AAA 级 PC 和游戏控制台模拟器的分销商。腾讯还收购了瑞典独立游戏开发商 Stunlock Studios 多数股份。此外，腾讯曾还投资了瑞典游戏工作室 Sharkmob，该工作室由前育碧游戏开发人员创立，腾讯的收购帮助其扩大了游戏帝国的版图。

除了游戏业务，腾讯还通过其云计算业务 Tencent Cloud 在瑞典设有数据中心，为当地企业提供云服务。腾讯还与瑞典的一些科技公司和创业公司进行合作，参与投资和技术支持。这有助于腾讯了解瑞典市场，发掘当地的创新力量。[①]

总的来说，相比于在中国市场的主导地位，腾讯在瑞典的业务规模还较小。但凭借在游戏和云计算领域的优势，随着瑞典数字经济的不断发展，腾讯有望进一步拓展在该市场的业务布局，提升市场地位。腾讯未来在瑞典市场的发展前景值得关注。

三、结论和展望

中国品牌涌入瑞典市场对当地和经济和消费者行为产生重大影响。

第一，创造就业机会和经济增长。中国企业在瑞典的存在为就业机会、投资和经济增长做出了贡献。通过制造设施、设立研发中心和公司办事处，中国品牌为各个行业创造就业机会，刺激经济活动。

第二，市场竞争与创新。来自中国品牌的竞争为瑞典市场引入了更多的多样性和创新，鼓励当地企业改进产品和服务以保持竞争力。中国品牌的涌

[①]《腾讯投资版图再下一城，收购瑞典游戏开发商》，手游那点事 2019 年 5 月 23 日，https://www.jiemian.com/article/3151459.html，访问日期：2025 年 3 月 31 日。

入也促进了技术交流和合作，推动了关键行业的创新和进步。

第三，消费者选择和价格可负担性。瑞典消费者受益于增加的选择和价格可负担性，因为中国品牌提供了不同价格段的广泛产品。具有竞争力价格的中国商品的可获得性扩大了消费者的选择，并使个人能够以实惠的价格获得优质产品。

展望未来，受到全球化、技术进步和消费者偏好变化的推动，中国品牌在瑞典的存在有望继续扩大。为了充分利用这一趋势，并最大限度地实现对瑞典消费者和经济的利益，政策制定者、企业和利益相关者应做到如下几点。首先，促进跨文化交流：推动文化交流计划、贸易代表团和教育项目，促进中瑞之间更深入的理解和合作。其次，加强监管框架：简化监管流程，为寻求进入瑞典市场的外国企业提供支持，确保符合当地法律法规，同时促进创新和投资。最后，鼓励可持续实践：鼓励中国品牌在运营、供应链和产品提供方面采用可持续和环保的做法，以配合瑞典对可持续发展和企业责任的承诺。

中国品牌在瑞典的日益增长反映了中瑞经济关系的加深和全球商业动态的演变。通过了解推动这一趋势的因素、解决中国品牌面临的挑战，并利用它们存在的机会，瑞典可以在未来实现更大的经济增长、创新和合作。中国品牌也可以利用瑞典的先进科技和成熟的管理经济，结合中国优质的人力资源、强大的成本控制能力和创新能力实现更有效率的增长。

B.18
中国品牌在新加坡

李培鑫[*]

摘　要： 中国和新加坡建立了全方位高质量的前瞻性伙伴关系，新加坡已成为中资企业"走出去"开展贸易投资合作的主要目的地之一。截至2023年底，中国向新加坡投资累计达896.3亿美元，主要集中于金融保险业、贸易业、航运、电力等行业。进入21世纪以来，随着中国参与全球化的进程不断深入，越来越多的中国企业和品牌已经深入新加坡市场。从中国在新加坡申请和注册的商标数量来看，2023年，分别达到了4782和3300件，累计注册的有效商标覆盖到了全部45个行业，成为仅次于美国和日本的第三大商标拥有国。以海底捞为代表的中国餐饮品牌、以Shein为代表的服装品牌、海尔等家电品牌、华为等科技品牌以及比亚迪等汽车品牌已经在新加坡形成了一定的影响力。

关键词： 中国品牌　品牌影响力　商标注册　品牌投资　典型行业

　　新加坡属于外贸驱动型经济，外贸总额是GDP的三倍，高度依赖中、美、日、欧和周边市场。新加坡的主导产业是电子、石油化工、金融、航运及服务业。工业以制造业和建筑业为主，主要工业产品包括电子、化学与化

---

* 李培鑫，经济学博士，上海社会科学院经济研究所副研究员，主要研究方向为区域和城市经济、城市群发展。

工、生物医药、精密机械、交通设备、石油产品、炼油等，新加坡是世界第三大炼油中心。农业主要依赖进口，中国、马来西亚、印度尼西亚和澳大利亚是新加坡主要的农产品进口来源国。中国、马来西亚和美国是新加坡主要的贸易伙伴，同时，美国、日本、英国、荷兰、中国也是新加坡主要的直接投资来源国。

一、中国品牌在新加坡的发展基础

中国同新加坡自从 1990 年建立外交关系以来，经贸往来密切，两国建立了全方位高质量的前瞻性伙伴关系。新加坡是中国在东盟国家中第五大贸易伙伴，自 2013 年"一带一路"倡议提出以来，中国连续 13 年保持新加坡对外直接投资第一大目的国，新加坡成为中资企业"走出去"开展贸易投资合作的主要目的地之一。[1]

（一）中国品牌在新加坡发展的经贸往来基础

进入 21 世纪以来，两国的进出口规模不断扩大，如图 18-1 所示，2023 年，中国和新加坡的双边贸易额达到了 1083.9 亿美元，是 2000 年的 10 倍，其中，中国出口额为 769.6 亿美元，进口额为 314.3 亿美元。从双边贸易品类来看，机电产品、矿产品、机械器具、光学医疗设备和塑料制品是中国与新加坡的前五大贸易品类。[2]2022 年 4 月，新加坡首次超越日本，成为我国累计最大外资来源国。截至 2023 年底，中新双向投资额累计超过 2300 亿美元，其中，新加坡累计在华实际投资 1412.3 亿美元，中国累计对新加坡投资 896.3 亿美元。中国对新加坡投资涉及所有主要行业，但集中于金融保险业、贸易业、航运、电力等行业。

---

[1] 《RCEP 专刊：中新经贸合作迎来新契机》，ODI Promotion2023 年 11 月 20 日，https://www.cpitsh.org/cpitshgw/api/getReleaseDetails?id=5e90375af4104223aba29badd3ad5bee，访问日期：2025 年 3 月 31 日。

[2] 同上。

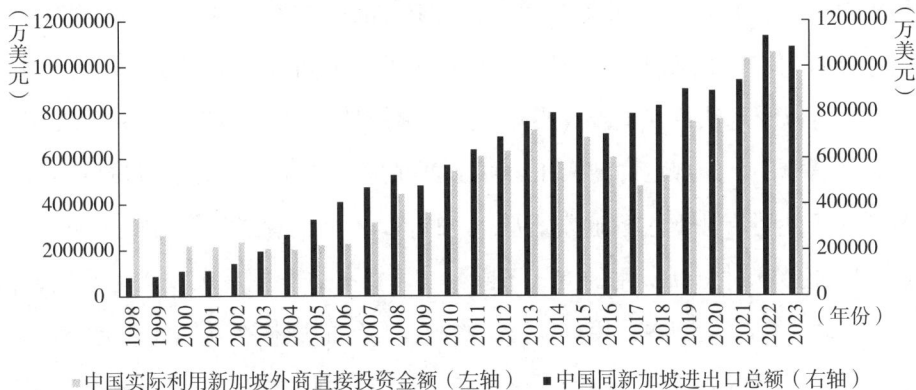

图 18-1　1998—2023 年中新经贸往来情况

资料来源：国家统计局。

（二）中国品牌在新加坡发展的制度环境

新加坡非常重视知识产权保护和鼓励，致力于把新加坡建成重要的区域知识产权中心，积极营造鼓励创新、方便智力成果产业化的科研、政策和商业环境，并已经形成了完善的知识产权保护体系。新加坡也是众多与知识产权有关的公约和国际组织的成员，包括《巴黎公约》（Paris Convention）、《伯尔尼公约》（Berne Convention）、《马德里协议》（Madrid Protocol）、《专利合作条约》（Patent Cooperation Treaty）、《布达佩斯条约》（Budapest Treaty）、《与贸易有关的知识产权协议》（Agreement on Trade-related aspects of IP right）和"世界知识产权组织"（World Intellectual Property Organization）等。[①]与此同时，针对不同的知识产权类型，新加坡制定了针对性的单项法律法规来保护这些知识产权。

在新加坡受到保护的知识产权类型有专利、商标、注册外观设计、版权（著作权）、集成电路设计、地理标识、商业秘密和机密信息，以及植物品种。新加坡有专门的《专利法》《商标法》及《版权法》等，根据《专利法》

[①]《新加坡保护知识产权有关规定》，中国汽车工业协会，http://www.caam.org.cn/chn/9/cate_106/con_5024699.html，访问日期：2025 年 3 月 31 日。

的规定，只有向专利登记处（Registry of Patents）提交专利申请并通过的专利才能获得专利法保护，法律明确规定了不能取得专利的发明，但对于哪些专利可以受到法律保护没有明确规定，新加坡对专利的保护期限为20年。根据《商标法》的规定，商标注册可以通过新加坡知识产权局的网站或到亲自到该局注册，注册过程通常需要1—2年，商标的保护期限一般为10年，但可以通过支付更新费用的方式不断延续。此外，根据《版权法》的规定，小说、软件程序、剧本、活页乐谱、绘画作品等的版权在新加坡都能受到保护，但是只有新加坡公民或居民首次在新加坡出版的作品才能取得版权，根据作品类型的不同，版权保护的期限为50年或者70年。

二、中国品牌在新加坡的总体情况与现状特征

（一）中国品牌在新加坡的规模与数量

商标是增强品牌辨识度、引导消费者购物的重要手段，代表了所标示的商品或服务的质量、知名度和信誉度。商标的申请和注册数量在一定程度上反映了品牌的发展情况。图18-2为进入21世纪后，中国所有权人在新加坡申请和注册的商标数量。可以发现，中国在新加坡申请和注册的商标数量呈现持续上涨的趋势：2000年，在新加坡申请和注册的商标数量分别为189和31件；2022年，申请的商标数量上涨到了4782件，注册的商标数为3300件。这表明中国品牌在新加坡的规模和数量显著扩大。

中美两国在新加坡的商标申请数和商标注册数呈现出了相反的变化趋势，进入21世纪后，美国在新加坡的品牌规模和数量呈现不断下降的趋势，2000年，美国在新加坡的商标申请数和商标注册数分别为5502和3216件。2022年，美国在新加坡商标申请数和商标注册数均显著低于中国，分别为3490件和3260件，商标申请数与2000年相比显著下降，商标注册数与

2000 年基本持平。这在一定程度上说明美国品牌在新加坡的发展速度和规模
均处于不断下降的趋势。

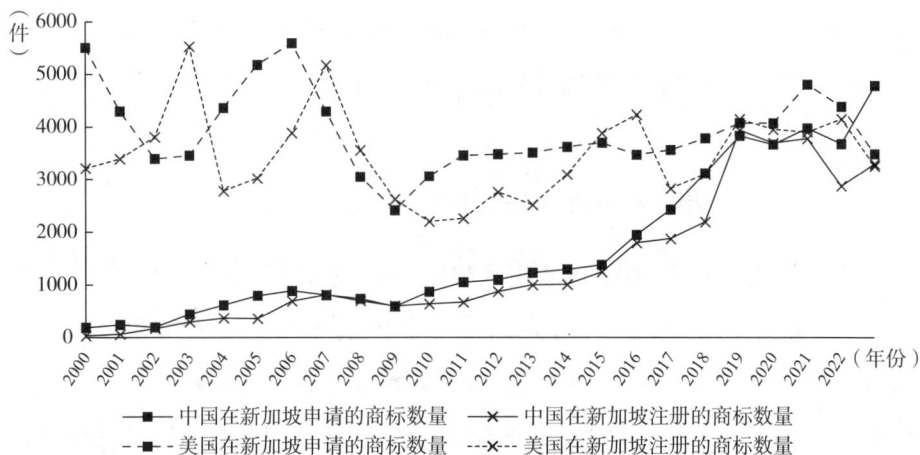

图 18-2　中美在新加坡商标申请数和商标注册数量对比（2000—2023）

资料来源：WIPO Global Brand Database。

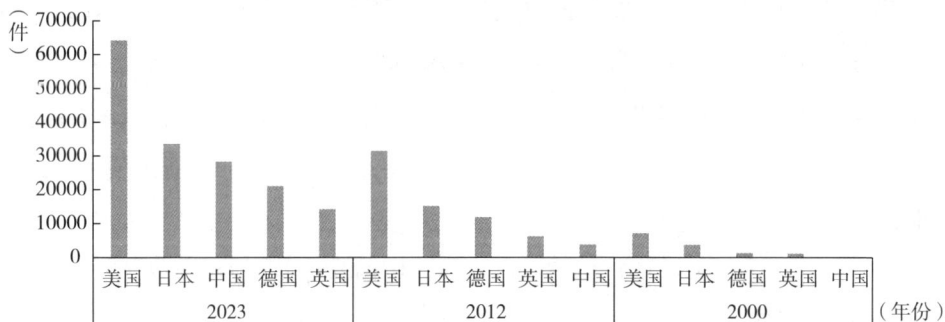

图 18-3　中国与主要发达经济体在新加坡累计有效商标注册数比较

资料来源：WIPO Global Brand Database。

从国别比较来看，图 18-3 为中国、美国、日本、德国、英国在新加坡
的累计有效商标注册数量。可以发现，主要发达经济体都很重视新加坡市
场，美国在新加坡的累计有效商标注册数显著高于其他国家，并且呈现上
升的趋势。进入 21 世纪后，中国在新加坡的累计有效商标注册数明显增加，

2023 年达到了 28346 件，略高于德国（21098），显著高于英国（14257），但是显著低于日本（33610），与美国相比还有较大差距，2023 年，仅为美国的 44%。反观 2012 和 2000 年，中国品牌在新加坡的规模还显著低于主要发达经济体，分别仅为美国的 12% 和 2%，日本的 25% 和 4%。可见，中国品牌在新加坡的发展速度和规模初见成效，在新加坡市场的影响力和活跃度也在不断提升。

（二）中国品牌在新加坡的行业分布情况

随着中国品牌在新加坡的规模和数量不断扩张，品牌所涉足的行业范围也在不断扩大。图 18-4 为基于尼斯分类的中国在新加坡累计有效注册商标的行业分布情况，2023 年，中国在新加坡累计注册的有效商标覆盖到了全部 45 个行业，包括科学仪器、广告销售、网站服务、机械设备、服装鞋帽、运输工具、灯具空调、方便食品、日化用品等。从行业的规模分布来看，中国在新加坡的商标注册中科学仪器居第一位，占总数的 16.6%。其他行业主要集中在广告销售、网站服务、机械设备、服装鞋帽、运输工具、灯具空调、方便食品，这 7 个行业占总数的 33%。此外，日化用品、医药、教育娱乐、餐饮住宿、健身器材、皮革工具、食品、医疗器械行业在新加坡的商标注册数占比 21%，同时金融物管、通信服务等服务业的商标注册规模也有显著增加。

中国在新加坡的商标注册行业分布与中国向新加坡的出口商品结构的分布规律基本一致。新加坡的主要进口商品为电子真空管、原油、加工石油产品、办公及数据处理机零件等，主要出口商品为成品油、电子元器件、化工品和工业机械等，中国、马来西亚和美国是新加坡的主要贸易伙伴。[①]

---

① 《新加坡国家概况》，中华人民共和国外交部 2024 年 10 月，https://www.fmprc.gov.cn/web/gjhdq_676201/gj_676203/yz_676205/1206_6//076/1206x0_677078/，访问日期：2025 年 3 月 31 日。

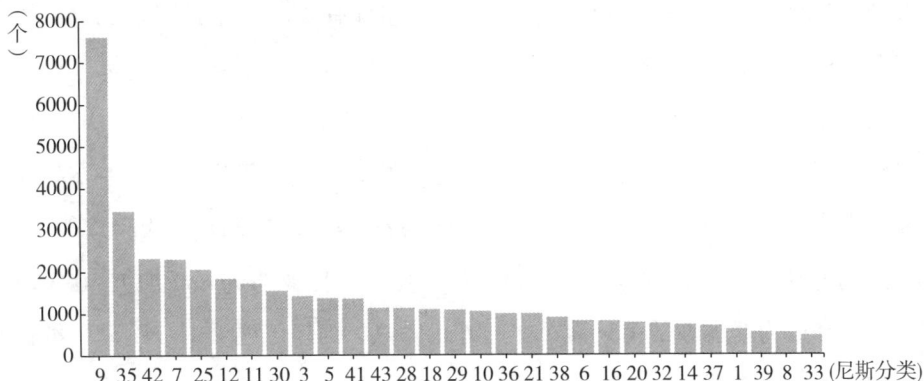

图 18-4　中国在新加坡累计有效注册商标主要类别分布（2023）

资料来源：WIPO Global Brand Database。

　　根据中国海关总署 HS 编码的 22 类商品类别，本文对 2015 年以来中国向新加坡出口的商品结构进行了统计。中国向新加坡出口的商品覆盖了 HS 编码的 17 类商品。其中，第一大商品品类为 HS 编码第 16 类——机械和机械器具，2023 年，占到了出口总额的 32%，2015 年以来的平均占比为 41%，2021 年最高达到了 47%，2022 年以来占比有所下降。居于第二位的是 HS 编码的第 5 类商品——矿产品，2015 年以来的平均占比为 13%，2018 年占比最高达到了 19%，总体呈现倒 U 型的变化趋势。此外，车辆、航空器、船舶及有关运输设备平均占到了 10%，是中国向新加坡出口的第三大商品品类，总体趋势比较平稳，2015 年占比 13%，2023 年为 12%。从占比来看，排名前 5 的其他商品还有贱金属及其制品，杂项制品，平均占比均为 7%。化学工业及其相关工业的产品的平均占比为 4%，塑料（橡胶）及其制品、纺织原料及纺织制品平均占比为 3%。

（三）中国品牌在新加坡的认知度与影响力

　　随着中国参与全球化进程的不断深入，中国越来越多的企业和品牌已经深入新加坡市场，中国品牌在新加坡的认知度和影响力也在逐年提升。中国的餐饮、服装及家电、科技、汽车品牌在新加坡随处可见，如图 4 所示，截至 2023 年底，中国的餐饮行业在新加坡的累计有效商标注册量为 1136，服装鞋帽行业累计有效商标注册量为 2060，是中国在新加坡累计商标注册量排名第五的行业。海底捞、南京大排档等各类中餐厅，喜茶等各类饮料店，安踏、海澜之家等各类服装鞋帽店，海尔、格力、美的等家电品牌遍布新加坡各类商场。华为、小米、vivo、OPPO、Oneplus 等均在新加坡设有旗舰店。中国的电动汽车品牌也纷纷进军新加坡，比如，比亚迪进入新加坡 10 年以来，已经成为新加坡的销量冠军。此外，腾讯、阿里巴巴、字节跳动、携程等均在新加坡设有区域总部。

三、中国品牌在新加坡的行业表现

（一）餐饮业

新加坡经济发达，华人占主导，语言和饮食文化与中国相近，使得众多中国餐饮企业都将新加坡作为拓展海外业务、实现品牌出海的第一站。从行业分布来看，出海新加坡的餐饮企业涉及从正餐、快餐、休闲餐到小吃等的各类细分行业。海底捞、莆田、快乐小羊、云海肴、杨国福、张亮麻辣烫、喜茶、太二、凑凑、海伦司等众多餐饮品牌均在新加坡开店。海底捞自 2012 年进入新加坡以来，已然成为中国餐饮在新加坡当地人气最旺的品牌。

2012 年，海底捞在新加坡克拉码头开设了海外首家火锅店，迈出了品牌出海的第一步，截至 2023 年，海底捞在新加坡拥有 21 家门店，新加坡已经成为海底捞最大的海外消费市场。2019 年 12 月，海底捞在新加坡市中心滨海湾广场店开设特海首个结合声光电科技的新技术体验餐厅，该餐厅还配备了自动配锅机，可以完成顾客的口味私人定制。2022 年 4 月，海底捞在新加坡榜鹅北岸广场设立海外首家智慧餐厅，打造新加坡首个智慧出菜系统。

2022 年，海底捞分拆海外业务，成立特海国际（拆分前属于海底捞全资附属子公司）作为海外业务的经营主体，成为中国餐饮出海的标志性事件，并于 2022 年底在港交所、2024 年 5 月在纳斯达克双重上市，从而为海底捞出海和全球化业务独立发展奠定了坚实的基础。海底捞十余年的国际化进程，反映出随着中国文化的出海，海外中式餐饮也已经从"移民餐饮"转变为中餐出海的"品牌餐饮"。中餐品牌通过品牌、消费体验以及品质、口味来赢得消费者，将中国味道带到了全球。

（二）美妆业

新加坡美妆品牌主要以欧美和日韩产品为主，中国的美妆品牌竞争力尚显不足。中国美妆品牌在新加坡的竞争优势主要体现在价格方面，且新加坡70% 的华人占比也为中国品牌的推广增加了可能性，此外，跨境电子商务为中国美妆品牌进入新加坡市场提供了新的机遇，完美日记就是跨境电商美妆品牌成功出海的典范。

完美日记是广州逸仙电子商务有限公司（简称逸仙电商）旗下的美妆品牌之一，逸仙电商成立于 2015 年，旗下拥有完美日记、小奥汀、Abby's Choice、完子心选、法国科兰黎、DR.WU 达尔肤（中国大陆地区业务）、Eve Lom、皮可熊等多个彩妆及护肤品牌。逸仙电商于 2020 年赴纽交所挂牌上市，是首个在美股上市的中国美妆集团，完美日记也成为第一个登陆纽交所的国货美妆品牌。

完美日记的出海之路始于 2020 年，首先推出设有中文、英语、日语、俄语和泰语等语言的海外官网，并将新加坡等东南亚市场作为其出海的首发站。同年 12 月，完美日记母公司逸仙电商和森馨科技集团共同组建的创新色彩联合实验室在上海、广州、新加坡三地同步挂牌成立。完美日记进入新加坡市场主要是借助 Shopee 领航跨境电商平台，并结合 Shopee 及自身积累的大量调研数据，针对性地进行本土化的产品开发，研发出适合满足东南亚消费者需求的产品。利用 shopee 的站内外营销矩阵，完美日记成功将本地化特性融入了出海全链路。借助 Shopee Mall、Shopee 超级品牌日等平台"独家"曝光资源，通过 Shopee x Facebook 广告、Shopee x Google 广告、联盟营销和网红 KOL 推广，完美日记率先于东南亚市场构建起品牌出海影响力。

进入新加坡市场仅一年，完美日记在 Shopee 的支持下，在新加坡、马来西亚、菲律宾、越南四个市场开设了跨境官方店铺，并成为新加坡彩妆销冠。完美日记通过 Shopee 跨境出海新加坡等东南亚国家的成功路径，成为许多中国品牌出海的"标杆"，主要可以总结为两个方面：第一，与 Shopee 平台"本土化"战略一脉相承，完美日记深度洞察当地消费者，挑选定制适合当地的产品；第二，善用 Shopee 平台的营销工具，为品牌打响知名度，抢占消费者心智，为店铺带来巨大的流量并进行高效转化。

（三）信息与通信（ICT）业

中国的信息与通信业在新加坡发展迅速，市场占有率、知名度和影响力都在迅速提升，华为、小米、vivo、OPPO、Oneplus 等均在新加坡设有旗舰店。尤其是，华为已成为新加坡 ICT 生态系统中的重要参与者。

华为是全球领先的 ICT 基础设施和智能终端提供商，现有员工 20.7 万人，遍及 170 多个国家和地区。华为的国际化之路开端于 1999 年，当年华为在印度班加罗尔设立研发中心。次年，华为又在瑞典首都斯德哥尔摩设立研发中心，当年的海外市场销售额达到了 1 亿美元。[①]

2005 年华为进入新加坡，面对新加坡电信市场知名度高、技术成熟的知名电信公司的激烈竞争，华为除了价格优势，无论是在影响力还是技术方面均没有显著优势，初入新加坡的华为遭遇了很多坎坷和波折。2007 年，华为承接了新加坡电信公司 NGN 项目，这是华为在新加坡承接的第一个项目，这次合作为华为公司在新加坡的发展打开了局面。此后，华为在新加坡的业务拓展有了质的飞跃，随后开始承接新加坡大型网络业务项目，包括 Starhub（新加坡电信运营商）的整个 3G 网络等。

---

① 《公司简介》，华为，https://www.huawei.com/cn/corporate-information，访问日期：2025 年 3 月 31 日。

2017 年，华为与新加坡政府和企业签署 ICT 合作协议，[①]助力新加坡数字经济发展，在新加坡经济发展局的支持下，华为已成为新加坡 ICT 生态系统中的重要参与者之一。同时，华为还在新加坡投资建设亚太区域基地，包括 2021 年设立的亚太区首个 DIGIX 实验室，推动亚太地区数字创新和解决方案一体化。

2019 年，华为云新加坡大区正式开服，立足新加坡，面向亚太区提供全栈云平台及 AI 能力。[②]致力于携手本地及全球的 ICT 生态合作伙伴，为本地和中资出海企业提供稳定可靠、安全可信、可持续发展的云平台。2022 年，华为新加坡子公司华为国际有限责任公司获得新加坡资讯通信媒体发展局（IMDA）授予数据保护信任标志，印证了华为对保护客户隐私保护的承诺。

华为进入新加坡 20 年以来，积极参与当地市场建设，实现了与政府、运营商、企业以及消费者等各类客户的紧密合作，助力当地智慧城市建设，提升城市管理效率和居民生活质量，与新加坡本地主流运营商紧密合作，帮助新加坡建设了世界一流的网络基础设施，助力新加坡企业数字化转型，为新加坡消费者带来了一系列领先的智能终端产品。华为在新加坡设立了企业和云业务的地区总部，为新加坡本土企业提供稳定、可信、安全、可持续的云服务，专注推动本地企业数字化转型和国际化发展。同时，华为也通过其数字能源业务，助力新加坡低碳经济，实现绿色可持续发展。

（四）新能源汽车业

新加坡正在大力实施绿色可持续的交通发展战略，2030 年，新加坡将停止售卖新的传统内燃式引擎汽车。比亚迪、中通客车、上汽集团、吉利、奇瑞、长城汽车等中国的汽车企业深耕新加坡电动汽车市场，并在多个细分市

---

① 《华为与新加坡政府和企业签署 ICT 合作协议，助力新加坡数字经济发展》，华为 2017 年 7 月 19 日，https://www.huawei.com/cn/news/2017/7/huawei-singapore-strategic-partnerships，访问日期：2025 年 3 月 31 日。

② 《华为云新加坡大区开服，助力亚太数字经济发展》，华为 2019 年 2 月 21 日，https://www.huawei.com/cn/news/2019/2/huawei-cloud-unveil-in-singapore，访问日期：2025 年 3 月 31 日。

场独占鳌头。比亚迪进入新加坡10年以来，为新加坡实现绿色转型和可持续发展贡献了重要力量，成为中国电动车企业出海的成功范例。

为了助力新加坡政府实施绿色可持续的交通发展战略，比亚迪实施了"7＋4"全市场战略，使新加坡所有运输方式电动化，"7"代表公共汽车、长途汽车、出租车、私家车、城市物流卡车、环卫卡车、建筑卡车；"4"代表仓库、采掘、机场、港口等环境车辆。

比亚迪进入新加坡10年以来，已成功将新能源汽车引入当地出租车、旅游巴士、公交巴士、卡车、叉车及城市商品物流车等市场。2013年，比亚迪在海外投资设立首个主体公司——新加坡宏达同出租车公司，投放了30辆纯电动E6汽车。2016年，新加坡政府向比亚迪颁发了100个电动出租车牌照，这也是新加坡公共交通向绿色、智能交通升级并迈向新的里程碑的标志，也意味着比亚迪成为第一家进入新加坡出租车市场的中国企业。如今，比亚迪出租车已经成为新加坡大街小巷的绿色名片，出租车数量预计未来将达到1000辆。在公共汽车领域，比亚迪与STELS合作开发出了无人电动巴士和自动电动叉车，并且已交付新加坡陆路交通管理局20台电动大巴K9，目前已经在SBST巴士运营商的管理下投入运营。2023年，比亚迪与新加坡陆路交通管理局签订价值高达1亿零810万新元的合同，向新加坡提供240辆电动巴士。

2014年，比亚迪在新加坡成立分公司，包括运营和销售两大功能，正式启动新能源汽车在新加坡的销售及推广业务。2016年，比亚迪携手SMART集团在新加坡开启了全球首家纯电动车体验中心。2022年7月，比亚迪正式进入新加坡乘用车市场，并在同年获得新加坡年度电动车销量冠军。2023年，比亚迪成功跻身新加坡十大畅销汽车排行榜，成为首个入围该榜单的中国品牌。至2024年2月，比亚迪在新加坡的市场份额已经达到了17.6%，销量占据第一位。

比亚迪始终坚持技术创新、不断推动产品的迭代升级是其成功出海的基础和保障，此外，比亚迪抓住了新加坡大力推动新能源汽车产业发展的契机。在新能源趋势的推动下，比亚迪不断深耕当地市场，以技术创新满足人们对美好生活的向往，持续推出更多绿色、高性能的新能源汽车产品，满足当地消费者多样化的需求，为新加坡绿色大交通体系发展提供助力。

（五）时尚行业

70% 的华人占比使得新加坡服装鞋帽等时尚行业与中国市场具有相近的文化和消费者偏好。近年来，越来越多的中国时尚品牌将新加坡作为其拓展海外市场的第一选择。安踏、海澜之家、Urban Revivo、巴拉巴拉、蕉下等各类快时尚行业纷纷选择在新加坡开设首店。其中，Shein 作为跨境电商品牌成功出海的典范，已然成为落户新加坡的"出海独角兽"。

Shein 是一家快时尚行业的跨境电商品牌，于 2008 年成立于中国南京。2022 年开始，Shein 将总部迁往新加坡。根据数据平台 CB Insights 公布的全球独角兽企业名单，截至 2023 年 10 月底，Shein 是新加坡 16 家全球独角兽企业中估值最高的企业。Shein 在谷歌发布的 2022 "BrandZ 中国全球化品牌 50 强"榜单中位列第十，全球品牌影响力高于腾讯和青岛啤酒。

四、总结与展望

中国品牌在新加坡的发展是两国"全方位高质量的前瞻性伙伴关系"的映射。虽然两国在文化、消费者偏好、社会习俗、法律法规等方面存在较大差异，尤其是在地缘政治冲突加剧、全球供应链中断风险上升以及全球贸易和世界经济增长受到冲击的背景下，中国品牌在新加坡依然呈现出多元化、深入发展的趋势。中新建交 30 多年以来，中国品牌通过产品出口、直接投资等方式，在贸易、投资以及科技等领域不断取得新的进展。从产品出口来看，中国向新加坡出口的机械和机械器具、矿产品、车辆、航空器、船舶及有关运输设备、化学工业及其相关工业的产品贸易比重不断提高，中国企业在新加坡的投资项目涉及餐饮、汽车、服装、人工智能等多个领域。中国品牌在新加坡的发展树立了全球一流品牌、高质量出海的典范，提升了中国品牌在东南亚市场的影响力。与此同时，中国品牌在新加坡的规模和影响力与主要发达国家相比还有一定的差距。从外来投资来看，美国为新加坡第一大投资来源国，其次为日本、英国、荷兰，中国居于第 5 位。

展望未来，随着两国经贸合作的进一步深化，中国企业未来应积极拓展在清洁能源、碳服务、农产品以及可持续产品和化学品等领域的投资合作。同时积极适应和融入当地的法律法规、文化习俗等各类正式和非正式的制度安排；并始终坚持技术创新，不断推动产品的迭代升级，以技术创新满足人们对美好生活的向往；积极参与当地市场建设，实现与政府、运营商、企业以及消费者等各类客户的紧密合作；深度洞察当地消费者，挑选定制适合当地的产品，满足当地消费者多样化的需求。

B.19
中国品牌在南非

袁煦筠　徐　昂[*]

摘　要：　南非是中国品牌拓展非洲市场的重要目标地。历经三十多年耕耘，中国品牌在南非的市场认知度显著提升。从品牌行业分布来看，汽车、手机、家电等传统制造业发展迅速，通信、电子商务、新能源等领域合作日益密切。海信集团、传音、中国中车、华为等已成为南非家喻户晓的中国品牌典范。中国品牌企业不仅促进南非就业及经济发展，还积极履行社会责任和参与公益活动，赢得当地社会的广泛认可和良好声誉，为中南两国的友好合作和共同发展做出了积极贡献。

关键词：　中国品牌　南非市场　行业品牌　品牌案例　品牌影响力

　　近年来，随着中国经济的快速发展和全球化进程的加速，中国品牌在海外市场的影响力逐渐增强。南非是非洲第二大经济体，同时也是"金砖五国"成员和南部非洲关税同盟的重要成员，凭借其独特的经济地位和发展潜力，已成为非洲最具吸引力的贸易和投资目的地之一，也是中国品牌拓展非洲市场的重要目标。本文将通过研究中国品牌在南非的发展历程及现状，以期为中国品牌未来如何持续拓展南非市场提供一定借鉴经验。

---

* 袁煦筠，复旦大学历史学硕士，现就职于上海新金融研究院；徐昂，历史学博士，理论经济学博士后，上海社会科学院经济研究所助理研究员，主要研究方向为经济史、品牌经济等。

一、中国品牌在南非的发展历程及认识度

中国品牌在南非的发展可追溯到20世纪90年代，起初以小商品贸易为主。随着中南建交、"一带一路"倡议和中非合作论坛等机制问世，两国交流合作日益密切，中南关系实现了从伙伴关系、战略伙伴关系、全面战略伙伴关系再到新时代全方位战略合作伙伴关系的跨越式发展，中国连续15年成为南非最大贸易伙伴，南非连续14年成为中国在非洲的最大贸易伙伴。中国品牌在南非的发展也从最初商品贸易到投资建厂再到建立起自身的全球产业链体系，逐渐实现中国制造向中国创造转变、中国速度向中国质量转变、中国产品向中国品牌迈进。

（一）中国品牌在南非的发展历程

1. 探索阶段（20世纪末至21世纪初）

在20世纪90年代，中国商品在南非市场尚属罕见，主要以低成本、高性价比的小商品为主。1998年，随着中南两国正式建交，双边经贸交流迅速增长。制造业如一汽解放、海信集团，以及通信领域的华为等品牌，作为先锋，率先在南非市场扎根，为中国品牌在南非的发展奠定了坚实的基础。

2. 成长与拓展阶段（21世纪初至2015年）

随着21世纪的到来和中国"走出去"战略的深入推进，中国企业在国际市场的竞争中愈发活跃。作为非洲第二大经济体的南非，吸引了众多中国投资。2004年南非承认中国的市场经济地位，进一步推动了中国品牌在南非市场的多元化发展，并在通信、家电、汽车、手机和基础设施等多个领域确立了坚实的市场地位。中兴、美的、长城、传音、中车株机公司等品牌在此期间崭露头角。同时，一些品牌开始从产品出口转型，通过在南非建立生产基地和销售网络，增强了本地化服务能力。例如，2013年海信与中非发展基金联手打造海信南非综合产业园，2014年一汽与中非发展基金共建一汽南非库哈工厂，2015年北汽集团与南非工业发展公司共建北汽南非公司库哈工厂。

3. 深化合作阶段（2015 年至今）

2015 年 12 月，南非成为第一个同中国签署"一带一路"合作文件的非洲国家，与中国的合作进一步深化。这一阶段，除了传统的制造业和基础设施建设企业外，电子商务、科技、金融等多个领域的中国品牌开始进入南非市场，如阿里巴巴、腾讯、小米等。中国品牌同时开始注重品牌建设和本土化战略，提升品牌影响力和市场竞争力。

随着全球数字化转型的加速，中国与南非在数字经济、科技创新、可持续发展等领域的合作日益密切。如字节跳动（TikTok）、滴滴出行、Shein、Temu 等行业新星在南非展开战略布局。中国品牌依托先进的数字技术与创新商业模式，为南非消费者提供了更加个性化和差异化的解决方案。在新能源领域，中国企业正积极投身南非市场，运用风能、太阳能等清洁能源技术，助力南非应对能源挑战，推动其能源结构的绿色转型。

（二）中国品牌在南非的市场认知

南非市场历来由欧美及南非本土品牌主导，然而，经过三十多年的深耕，近年来中国品牌的崛起引人注目。我们将通过分析中国品牌在非洲品牌市场的排名，来一窥中国品牌在南非市场中的竞争格局及影响力。

权威商业杂志 *African Business* 发布的"2024 年度最受非洲消费者喜爱品牌百强"榜单揭示了中国品牌的显著进步。[①] 在百强中，欧洲品牌以 37% 的份额领先，美国品牌占 28%，而亚洲品牌以 21% 的份额紧随其后，较上年增长了 4%，这一增长主要得益于中国品牌在电子产品、计算机和手机领域的卓越表现。[②] 在百强榜单的前十品牌中，我们看到了多个国际知名品牌，包括 Nike（美国）、Adidas（德国）、Samsung（韩国）、Coca Cola（美国）、Apple（美国）、Gucci（意大利）、Toyota（日本）、Zara（西班牙）、Puma（德

[①] 自 2011 年以来，品牌估值咨询公司 Brand Finance 每年都会联合独立研究合作伙伴 Kantar、撒哈拉以南非洲的 Geopoll、北非的 Integrate 和东非岛屿的 Analysis，对占非洲大陆 GDP 和人口 85% 的 30 多个市场开展研究，并发布最受非洲消费者喜爱的品牌调查和排名的年度报告。报告作为封面头条新闻会刊登在非洲权威商业杂志 *Africa Business* 上，全面反映非洲不同消费者群体对品牌的认知度和亲和力。

[②] "Africa's Best Brands," *Africa Business*, P28, June 2024, accessed April 6, 2025, https://www.brandafrica.net/documents/reports/BrandAfrica100–2024.pdf.

国），而中国的 Tecno 也跻身其中，位列第八。①

中国共 11 个品牌登上百强榜，占亚洲上榜的 52%，这些品牌依次是 TECNO、Infinix、华为、Itel、海信、小米、OPPO、Shein、新阿里巴巴 / 全球速卖通、Oraimo、新联想。其中，传音旗下三大手机品牌 TECNO、Infinix 及 Itel 分别位列第 8、25 及 31 位，数码配件品牌 Oraimo 位列第 81 位；在百强榜中，TECNO 连续多年位居入选的中国品牌之首，其在非洲市占率高达 50%，被誉为"非洲手机之王"。此外，阿里巴巴和 Shein 等品牌也表现突出，阿里巴巴重返百强榜单，位列第 73 位，而 Shein 自 2023 年首次上榜以来，排名持续攀升（表 19-1）。②

表 19-1 "2024 非洲最佳品牌排名"上榜中国品牌

2024 排名	2023 排名	2022 排名	品牌	类别	排名变化（2024vs2023）
8	9	6	TECNO	电子产品 / 电脑	1
25	29	25	Infinix	电子产品 / 电脑	4
27	22	27	华为	电子产品 / 电脑	−5
31	30	15	Itel	电子产品 / 电脑	−1
44	47	61	海信	电子产品 / 电脑	5
45	52	41	小米	电子产品 / 电脑	7
58	64	68	OPPO 手机	电子产品 / 电脑	6
65	70	—	Shein	零售商	5
73	—	—	新阿里巴巴 / 全球速卖通		新上榜
81	96	—	Oraimo	电子产品 / 电脑	15
88	—	—	新联想	电子产品 / 电脑	新上榜

资料来源：*Africa Business*，2024 年 6 月。

---

① "Africa's Best Brands," *Africa Business*, P36–37, June 2024, accessed April 6, 2025, https://www.brandafrica.net/documents/reports/BrandAfrica100–2024.pdf.

② 同上。

2024 年的榜单还特别将国家视作品牌，调查受访者心目中对非洲发展贡献最大的国家。结果显示，南非、尼日利亚、美国、中国和肯尼亚被视为对非洲发展贡献最大的五个国家，这反映了中国品牌在全球舞台上日益增长的影响力和认可度。

二、中国品牌在南非的发展现状

（一）中国品牌在南非的行业分布

得益于中南稳定的双边关系，两国经贸合作日益密切。2018—2023 年，双边贸易额呈上升趋势，2023 年达到 556.2 亿美元，占中非贸易总额的 20%。其中，中国对南非出口同样展现出增长趋势，2023 年出口额达 236.5 亿美元。目前已有超过 200 家中国企业在南非投资兴业。

从中国对南非出口商品结构上看，万得数据显示，中国对南非出口商品涵盖 21 个类别。2023 年中国出口南非商品金额排前列的依次是：机电类（机电、音像设备及其零件、附件，41.6%）①，纺织类（纺织原料及纺织制品，10.0%），贱金属类（贱金属及其制品，9.4%），交通工具类（车辆、航空器、船舶及运输设备，6.5%），杂项制品（5.7%），化工类（化学工业及其相关工业的产品，5.6%），鞋帽类（鞋帽伞等、已加工的羽毛及其制品、人造花、人发制品，5.4%），塑料类（塑料及其制品、橡胶及其制品，5.1%）（图 19-1）。

机电产品是中国对南非出口最多的产品，出口额在 2023 年高达 98.5 亿美元，占中国对南非出口总额的 41.6%。自 2020 年至今，机电产品出口额增长迅猛，从 2020 年 50.6 亿美元增长至 2023 年 98.5 亿美元，增长了 94.66%

---

① 中国海关《进出口税则》中将机电产品划分为 25 章 6 大类产品，分别为机械设备、电器电子、运输工具、仪器仪表、金属制品、其他商品。

（图 19-2）。

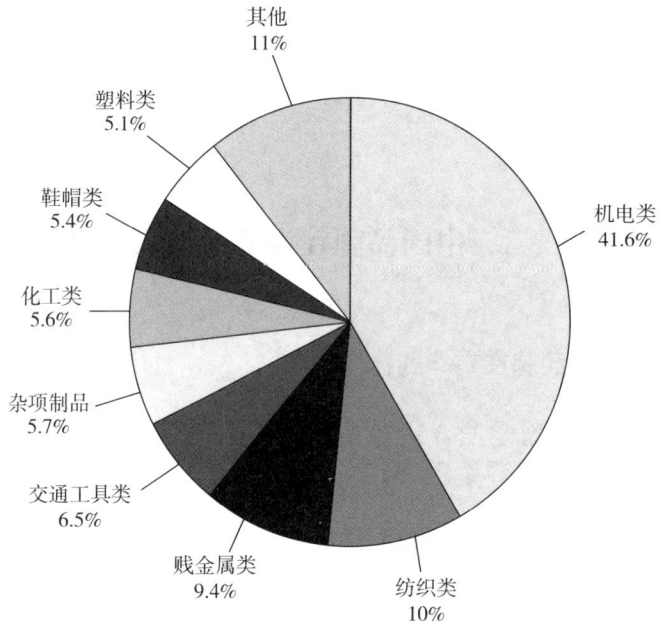

图 19-1　2023 年中国对南非出口商品结构及占比

资料来源：万得数据。

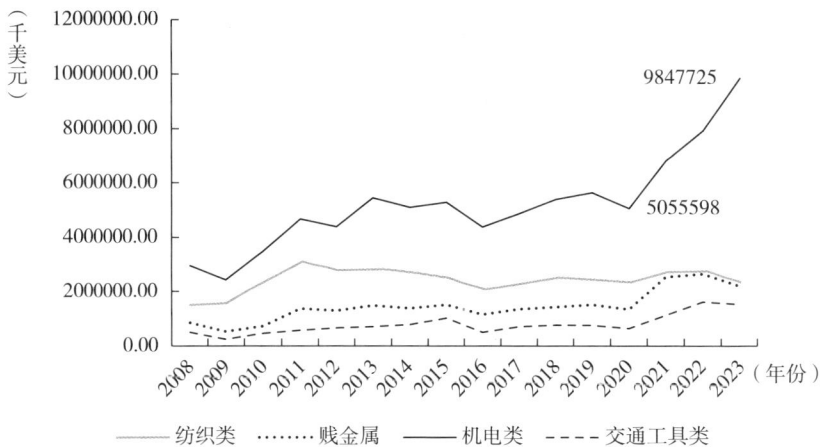

图 19-2　2023 年中国对南非出口前 4 类商品历史发展趋势（2008—2023）

资料来源：万得数据。

　　这反映出南非对中国机电产品的高依赖性，中国在该领域的制造优势为南非市场提供了有力补充。

　　南非作为中资企业在非洲的重点投资目的地，2022 年吸引了 6.83 亿美元的直接投资，累计投资额达到 57.42 亿美元。[①] 投资主要分布在约翰内斯堡地区和各省的工业园中，投资项目涉及纺织服装、家电、机械、食品、建材、矿产开发以及金融、贸易、运输、信息通信、农业、房地产开发等多个领域。主要投资项目包括中钢集团铬矿项目、金川集团铂矿项目、河北钢铁集团铜矿项目、第一黄金集团黄金项目、海信集团家电项目、北汽南非汽车工厂项目等。[②]

　　从行业所涉及具体产品角度，笔者梳理了相关信息如下（表 19-2）。

表 19-2　中国品牌的行业分布情况

行业	企业	产品	企业进入南非时间
汽车	一汽解放汽车	一汽解放卡车	1994 年
	长城汽车	哈弗 H6、哈弗 JOLION、长城炮、坦克 300	2007 年
	北汽	北汽巴士（sasuka）、"北汽魔方"（BEIJING X55）和 BI40 PLUS	2015 年
	奇瑞汽车	奇瑞	2008 年尝试失败，2021 年重新返回
手机	传音	TECNO、Itel 和 Infinix	2007（非洲）
	小米	Redmi 10 系列及 Redmi Note11 系列	2015 年
	荣耀	荣耀 Magic4 系列以及荣耀 X 系列	2021 年
	OPPO	OPPO A15、OPPO A53、OPPO A72（入门级手机）	2020 年
家电	海信	电视、冰箱、冷柜、手机、空调、洗衣机、小家电	1994 年
	美的	空调	2003 年

---

① 中华人民共和国商务部、国家统计局、国家外汇管理局：《2022 年度中国对外直接投资统计公报》。

② 商务部对外投资和经济合作司、商务部国际贸易经济合作研究院、中国驻南非共和国大使馆经济商务处：《对外投资合作国别（地区）指南——南非（2023 年版）》，第 32—33 页。

续表

行业	企业	产品	企业进入南非时间
交通基础设施	中远海运	物流运送	1992 年
	中车株机公司	四轴电力机车、六轴电力机车	2012 年
通信行业	华为	4G、5G	1998 年
	中兴	4G、5G	2001 年
	中国电信		2008 年
	中国联通	光纤、光缆、国际海缆铺设	2018 年
	中国移动		2018 年
电商	阿里巴巴	速卖通、阿里巴巴国际站、天猫海外 B2C 平台	2017 年之前
	TikTok	TikTok Shop	2018 年
	Shein	时尚女装、男装、童装、美妆、宠物用品等	2020 年
	Temu	服装、家居用品、电子产品等	2022 年
新能源	龙源南非公司	龙源南非德阿风电场	2013 年
	金风科技	风电设备	2021 年
	中国电建	红石 100MW 塔式光热项目	2021 年

备注：以上表格由笔者根据网络资料整理。

（二）中国行业品牌在南非的发展情况

中国品牌在南非的业务版图横跨多个行业，不仅在汽车、手机、家电和交通等传统制造业领域占据一席之地，同时也在新能源、电子商务和通信等新兴行业中崭露头角。

1. 汽车制造业

作为非洲最大的汽车市场，南非素有"世界汽车竞技场"之称，是中国汽车制造商的重要海外市场之一。日本和欧洲品牌长期占据南非市场主导地位，但是近年来中国汽车品牌在南非的市场份额和销量呈现显著的增长势头。

据《人民日报》报道，截至 2023 年底，南非销量前 10 名的汽车品牌中，有 2 个中国品牌。南非全国汽车制造商协会（Naamsa）近期发布的数据显示，2023 年前三季度中国品牌汽车在南非的销量累计超过 2.2 万辆，同比增速超过梅赛德斯 – 奔驰、宝马等欧美汽车品牌。Naamsa 表示，2019 年，哈弗仅售出 872 辆汽车，而奇瑞甚至没有出现在人们的视线中。2023 年底，中国汽车销量已经超过了起亚、雷诺、五十铃，甚至宝马和梅赛德斯 – 奔驰等许多传统品牌。Naamsa 数据显示，哈弗已售出约 19904 辆，比 2019 年增长了 2000% 以上，奇瑞的销量也几乎相当。相比之下，奥迪、梅赛德斯 – 奔驰和宝马在过去十年中减少了一半以上，总销量从 2014 年的 71889 辆下降到 2023 年的 26202 辆，降幅达 63%。[①]

如今，长城、奇瑞、北汽、一汽、上汽、比亚迪等都是中国汽车品牌在南非的代表，其中一汽、北汽在南非已设立汽车工厂项目，产品涵盖了 SUV、轿车、皮卡、电动车等多个细分市场。长城哈弗系列、北汽新款车型"魔方"、奇瑞瑞虎 5X、长城皮卡均成为南非市场家喻户晓的品牌。此外，中国新能源汽车也开始竞逐南非市场，如比亚迪相继向南非市场投放了电动公交车和电动 SUV。

中国汽车凭借高性价比、适应本地市场需求以及周到的售后服务等优势，使其在南非的品牌知名度不断提升，不仅民众接受度在提高，政府及相关重要活动场合也常见中国汽车的身影，这说明南非各界对中国产品和中国制造的充分认可。2023 年，中国品牌汽车在南非年度车型评选、约翰内斯堡汽车节等业界活动中屡获殊荣。金砖国家领导人第十五次会晤在南非约翰内斯堡举行期间，长城、北汽、奇瑞等中国品牌汽车还被选为会议官方用车和媒体峰会用车。

2. 手机行业

中国手机品牌在南非市场较受欢迎，近年来，在智能手机上的表现尤为突出。

---

① 邹松：《中国与南非汽车业合作前景广阔》，人民网 2024 年 1 月 22 日，https://baijiahao.baidu.com/s?id= 1788740860536503420&wfr=spider&for=pc，访问日期：2025 年 3 月 31 日。

　　总部位于新加坡的研究机构 Canalys（卡纳里斯）的数据显示，2023 年，非洲地区智能手机市场份额前 5 的手机品牌中有 4 个是中国品牌，排名依次为传音（50%）、三星（26%）、小米（9%）、OPPO（4%）、realme（3%），同比增长 8%、−12%、45%、50%、44%。[①]

　　聚焦南非市场，2023 年其智能手机出货量前 5 的品牌分别为三星、荣耀、小米、TECNO、海信，市占率分别为 21%、13%、12%、7%、7%（表19-3），其中除三星，均为中国品牌，中国品牌占 39%。三星市占率虽然仍是南非第一，但是由于中国手机制造商的激烈竞争，三星的市场份额一直呈下降趋势，2023 年下降 6%。荣耀是年增长最快的品牌，从一年前几乎没有份额跃升至市场第二位。荣耀出货量的增长主要是由于 Magic4 系列和 X 系列的销售表现。此外，小米、TECNO 同比也是增长较快。[②]

表 19-3　2022 VS 2023 南非智能手机市场制造商出货量份额

品牌	2022 市场份额	2023 市场份额	出货量同比变化
三星	29%	21%	−6%
荣耀	1%	13%	>1000%
小米	10%	12%	61%
TECNO	6%	7%	64%
海信	14%	7%	−33%
其他	41%	39%	24%
总计	100%	100%	29%

资料来源：Counterpoint Research。

[①] Steven Lee：《Canalys：2023 年第四季度，非洲智能手机市场激增 24%》，动点科技 2024 年 3 月 11 日，https://cn.technode.com/post/2024-03-11/canalys-q4-2023-africa-smart-phone-market/，访问日期：2025 年 3 月 31 日。

[②] "South Africa's Smartphone Shipments Surge 29% YoY in 2023 as Market Recovery Gathers Pace," Team Counterpoint, March 1, 2024, accessed March 31, 2015, https://www.counterpointresearch.com/insights/south-africas-smartphone-shipments-surge-29-yoy-in-2023-as-market-recovery-gathers-pace/.

3. 家电行业

南非家电行业市场呈现较大发展潜力。据咨询公司 Mordor Intelligence 预测，2024 年南非家电 [①] 市场规模估计为 36.7 亿美元，预计到 2029 年将达到 49.7 亿美元，预测期内（2024—2029 年）的复合年增长率为 6.25%。[②]

由于南非工业水平较为落后，配套能力低，南非本土制造的家电品类主要是制冷电器和烹饪电器，其他主要依赖进口。按照 Statista 的统计，南非市场上主要品牌包海信、三星、美的、惠而浦、LG、CANDY、博朗、GE、海尔等，其中中国品牌海信、美的、海尔名列前茅。[③] 海信品牌在南非市场位居领头羊位置，电视、冰箱稳居市场第一。

4. 通信行业

南非是非洲大陆在电信基础设施领域最先进的国家之一。在南非可以直拨接通 226 个国家和地区的电话。电信网络基本实现数据化，数据微波和光纤电缆是主要传输介质。截至 2022 年，南非 4G 网络覆盖率达 98%，5G 网络覆盖率达 20%。[④] 中国通信企业品牌为促进南非通信基础设施发展发挥了重要作用。

2000—2023 年，中国已帮助非洲建设通信骨干网 15 万公里，网络服务覆盖近 7 亿用户终端。非洲将近 80% 的 3G 网络基础设施是由华为和中兴建设，约 70% 的 4G 网络是由华为投资建设的，目前华为和中兴正在帮助非洲

---

① 按照 Statista 的分类，家用电器市场涵盖了通常在私人家庭中使用的设备，这些设备用于执行各种任务，比如清洁、洗涤、烹饪和冷藏。消费者电子产品和专业用途的电器不包括在这一领域。市场分为两个主要部分：大型家电，包括冰箱、冰柜、洗碗机、洗衣机、炊具、烤箱和空调。小型家电，包括吸尘器、小型厨房电器、理发器、熨斗、烤面包机、烤架、烘焙机、咖啡机、空气炸锅和吹风机。

② 《南非家用电器市场规模和份额分析—增长趋势和预测（2024—2029）》，Mordor Intelligence, https://www.mordorintelligence.com/zh-CN/industry-reports/south-africa-home-appliances-market-industry, 访问日期：2025 年 3 月 31 日。

③ "Household Appliances-South Africa," *Statista*, accesses March 31, 2025, https://www.statista.com/outlook/cmo/household-appliances/south-africa.

④ 商务部对外投资和经济合作司、商务部国际贸易经济合作研究院、中国驻南非共和国大使馆经济商务处：《对外投资合作国别（地区）指南——南非（2023 年版）》，第 72 页。

建设 5G 网络。①

聚焦南非，华为和中兴同样也是南非通信基础设施建设领域的主要参与者。作为 1998 年便进入南非的先行者，华为 2012 年率先将全球领先的 4G 技术引入南非。② 华为是唯一与南非所有运营商合作的解决方案提供商，服务南非 80% 的人口，已经与南非本土移动运营商 Vodacom、MTN、Rain 合作支持其在南非推出 5G 网络服务。此外，中国电信、中国移动、中国联通等均在南非设有独立机构，积极参与南非通信基础设施建设，③ 包括光纤、光缆、国际海缆铺设等。

5. 电子商务行业

南非人口超过 6000 万，人口结构趋于年轻化，15—60 岁占比高达 62.5%，已跃升为世界人口最年轻的地区之一。Datareportal 的数据显示，截至 2023 年年初，南非共有 4348 万互联网用户，互联网普及率高达 72.3%，并且还呈现出持续增长的趋势。年轻的人口结构、互联网和智能手机的普及推动了南非电商行业发展。Statista 的最新研究显示，2023 年，南非以 49.36% 的电商渗透率排名位居非洲市场第二。

目前南非热门电商平台包括：Takealot、Shein、Mr Price、Temu、亚马逊等。④ 其中，Takealot 是本土最大的综合类电商平台，Shein 和 Temu 均为中国品牌，此外在南非较为知名的电商品牌还包括阿里巴巴全球速卖通、TikTok 等。

中国电商服装巨头 Shein 的应用程序已成为 Google Play 商店中总体下载量和购物类别下载量最多的应用程序，同时在苹果应用商店中也排名第三。据《每日投资者》（Daily Investor）分析，Shein 的收入是所有在南非约翰内

① 《中非"一带一路"合作迈上新阶段、拓展新领域、开创新模式》，中国国际减贫中心 2023 年 2 月 17 日，https://www.iprcc.org.cn/article/4C9JEeq4ic2，访问日期：2025 年 3 月 31 日。

② 《中国帮助南非电信行业跨越式发展》，新华社 2019 年 4 月 16 日，https://baijiahao.baidu.com/s?id=16309 45209357170971&wfr=spider&for=pc，访问日期：2025 年 3 月 31 日。

③ 商务部对外投资和经济合作司、商务部国际贸易经济合作研究院、中国驻南非共和国大使馆经济商务处：《对外投资合作国别（地区）指南——南非（2023 年版）》。

④ 《南非》，出海网，https://www.chwang.com/baike/southafrica，访问日期：2025 年 3 月 31 日。

斯堡证券交易所上市的服装零售商（包括 Foschini 集团、Truworths、Mr Price 和 Pepkor）的两倍多。此外，Shein 的 IPO 估值为 900 亿美元（1.7 万亿南非兰特），几乎是这四家南非零售商总市值的十倍。[①] Shein 的成功主要因为具有竞争力的定价、拥有直接发货到南非的能力，以及让客户可以在不超过一定预算的情况下购买多件商品的实惠交易。

6. 新能源行业

南非常年被缺电困扰，近年来更是演变成能源危机，严重影响了南非经济发展。为解决电力危机及缓解国际减排压力，南非加快了绿色能源转型。近年来，中国企业积极协助南非缓解能源危机，国家能源集团、中国电建、金风科技等企业承建的一系列绿色能源项目落地南非。

龙源南非德阿风电场是中资企业在非洲的第一个集投资、建设、运营为一体的风电项目，也是南非目前已经投产的最大容量风电项目。总装机容量 24.45 万千瓦，由国家能源集团（原国电集团）龙源南非公司投资运营。项目于 2013 年 10 月中标，2017 年 10 月进入商业化运行。截至 2023 年 10 月，德阿项目总发电量达到了 6.91 亿千瓦时，实现安全运行 2190 天。项目建设运营有效缓解了南非电力供应短缺的局面，有力推动了当地经济发展，改善了当地生态环境保护。南非资深外交官格勒布勒表示，这一项目正在改变南非的能源结构。南非德阿项目已经成为中国能源企业"走出去"的典范项目。中国风机发出的绿电已经成为推动当地能源转型的重要力量。[②]

中国最大的风电设备制造商和全球领先的风电技术及整体解决方案提供商金风科技在南非第四轮可再生能源独立发电商采购计划中中标 2 个项目，总容量分别为 32.5 兆瓦和 120 兆瓦，分别于 2021 年 1 月和 5 月投入运营。

中国电建南非红石 100 兆瓦塔式光热项目是南非境内第一个塔式熔盐光

---

① Shaun Jacobs, "Shein ten times bigger than all South African clothing retailers- put together," *Daily Investor*, December 23, 2023, accesses March 31, 2025, https://dailyinvestor.com/world/39140/shein-ten-times-bigger-than-all-south-african-clothing-retailers-puttogether/.

② 《国家能源集团联合动力：十年，在南非树牢中国风机品牌》，《中国能源报》2023 年 11 月 6 日，https://baijiahao.baidu.com/s?id=1781774770039569906&wfr=spider&for=pc，访问日期：2025 年 3 月 31 日。

热机组，也是迄今南非最大的新能源项目，总装机容量 10 万千瓦，由中国电建负责项目整体 EPC 工作，于 2021 年 4 月开工，目前整体完成 73.73%。投产后，预计每年将为大约 20 万个家庭提供源源不断的清洁能源，每年减少二氧化碳排放 44 万吨。①

三、案例分析

（一）海信集团：从"水土不服"到走进南非千家万户

海信集团于 1969 年在中国青岛成立，是一家专注于消费电子和家电制造的中国跨国公司。作为中国"走出去"的第一批企业，海信集团将南非作为其全球化布局的第一站，于 1994 年进入南非市场，2013 年，海信和中非发展基金共同出资建立海信南非产业园。经过十余年的成长和发展，产业园已形成年产电视 100 万台、冰箱 50 万台的生产规模，出口十多余个非洲及欧洲国家。在南非市场，海信电视销量占有率达 33%，冰箱销量占有率 38.1%，市场份额稳居行业第一，②海信已成为南非家喻户晓的知名品牌。

海信集团在南非的成功得益于其极致的本土化策略以及全球化的战略视野。

基于对南非消费者的需求洞察，海信在产品设计上进行了大量的本地化创新，以符合当地人的生活习惯。南非女士喜欢在厨房做饭时照镜子，海信就推出黑色镜面冰箱。当地人喜欢喝冷饮，海信便对产品进行改造，在冷藏室植入冰水盒，通过外接接水盘的方式快速供应冰水，集合了这些当地特色功能的产品一经推出，便受到当地人喜爱，从而大卖。

---

① 商务部对外投资和经济合作司、商务部国际贸易经济合作研究院、中国驻南非共和国大使馆经济商务处：《对外投资合作国别（地区）指南——南非（2023 年版）》，第 79 页。

② 《海信朱聃：推动中南合作收获更多"黄金果实"》，人民网 2024 年 9 月 5 日，http://finance.people.com.cn/n1/2024/0905/c1004-40313941.html，访问日期：2025 年 3 月 31 日。

南非地区贫富差距很大，精英人群青睐于智能化、便捷化的生活体验，海信便将智慧家庭作为重点战略。在互联网电视上，海信集合全球最流行的Netflix、YouTube 等应用，上线南非当地最受欢迎的 DStv-now 和 Showmax。消费者可以从应用商店下载海信 Remote Now APP，利用手机遥控电视。这些符合潮流的工具一经推出，就受到精英人群的追捧。

在广告方面，海信集团结合当地消费者爱好体育的特点，围绕体育营销，海信赞助了南非顶级橄榄球队 Lions，利用 Lions 在南非国内的巨大影响力，极大地增强了海信品牌的曝光度后，2017 年宣布正式成为 2018 年俄罗斯世界杯官方赞助商。海信迅速在整个南部非洲开展包括媒体广告、终端宣传、球迷互动等一系列品牌活动，同时做好终端卖场的产品展示，给消费者带来良好的购物体验，向消费者传递海信作为全球化品牌的品质，赢得了客户的信赖。[1]

此外，最为重要的是，2013 年海信与中非发展基金共同投资建设海信南非家电产业园，作为南非 40 年来中资企业投资额最大的家用电器制造工厂，不仅促进当地就业，推动南非再工业化进程，更是积极投身当地社会公益和慈善事业，架起民心相通的桥梁，传递品牌温暖的力量。截至 2024 年，产业园为当地创造了 1000 多个直接就业机会、5000 多个间接就业机会，约70% 的管理岗位由当地员工担任。产业园带动上下游产业链完善，实现了从配套不足到链接 13 家企业入园，周边聚集了近 150 家提供配套服务的企业。目前，海信南非产业园的产品还辐射至莫桑比克、津巴布韦、马达加斯加等20 个非洲国家，还销往欧洲。

产业园已成为中南两国共建"一带一路"的重要代表项目，不仅提升了当地制造业水平，还将南非制造的家电产品推向全球市场，惠及千家万户。

---

[1]《2019 中国企业海外形象建设案例精选 | 从"水土不服"到走进南非千家万户》，中国网 2020 年 9 月 14日，http://ydyl.china.com.cn/2020-09/14/content_76700297.htm，访问日期：2025 年 3 月 31 日。

（二）传音——非洲手机之王

传音是一家成立于深圳的公司，在中国，传音并不为国人熟知，但是在非洲却是家喻户晓的手机品牌，被称为"非洲手机之王"，传音旗下手机品牌 TECNO、Infinix、Itel 占非洲手机市场份额高达 50%。

传音自 2007 年进入非洲市场，深耕非洲多年。跟大多数直接销售国内现成产品的企业不同，传音始终围绕当地用户需求进行本地化创新和产品规划。针对非洲消费者的市场需求，传音研制了深肤色拍照、低成本高压快充、超长待机、防汗液 USB 端口等技术，以及更适合非洲音乐的低音设计、喇叭设计和收音机功能设计，并在音乐、内容聚合等领域开发了契合非洲用户偏好的移动互联网应用，提供高度适切其需求的优质产品和服务。

根据不同细分消费群体的需求，传音通过多品牌战略为不同层级的消费者提供优质产品。TECNO 是传音旗下的中高端品牌，定位于新兴市场中产阶级消费群体，提供领先的拍照影像技术和出色的用户体验；Infinix 针对追求时尚科技的年轻人群，提供时尚智能的产品体验；Itel 作为大众品牌，为广大基础消费者提供质量好、价格优且耐用的产品。

传音连续多年入选"最受非洲消费者喜爱的品牌"，证明了非洲消费者对传音旗下品牌的信赖和认可。

（三）中国中车：连接世界，造福非洲

在铁路交通方面，南非铁路系统总里程 3.41 万公里，约占非洲铁路总里程的 35%。但是由于历史悠久，面临基础设施老化、机车更新慢、保养维护投资等问题，无法满足社会经济需求。到 2019 年底，年客运列车出行量从 2010 年的 6.34 亿次降至 2.08 亿次。据南非矿业委员会分析，有限的铁路运力使大宗商品出口商去年损失了至少 350 亿南非兰特（约合 138 亿元人民币）的收入。[①]

---

① 商务部对外投资和经济合作司、商务部国际贸易经济合作研究院、中国驻南非共和国大使馆经济商务处：《对外投资合作国别（地区）指南——南非（2023 年版）》，第 17 页。

中国铁路品牌在缓解南非运输问题上做出了诸多贡献。自 2012 年 10 月以来,中车株机公司与南非运输集团先后签署了 195 台四轴电力机车和 359 台六轴电力机车的供应合同,合同金额近 24 亿美元,是中国轨道交通装备行业出口的最大订单。中车对南非不仅实现产品输出,还实现技术、资本和服务输出;不仅实现整车产品技术输出,还实现"整车 + 核心部件"全产业链输出,为当地建立先进的轨道交通装备产业园,既实现商业合作、又实现文化融合。通过直接雇佣、间接推动南非本地企业用工等方式,为南非创造了数千个工作岗位。中国机车良好的运行表现和优质的售后服务,为南非锰矿、煤矿等货物的出口提供强有力的运输保障,获得业主一致好评。[①]

2021 年 5 月份,中车大连公司向南非矿业公司出口的两台 CKD8F 型内燃机车运抵矿区现场。该机车为干线客、货运牵引机车,轨距 1067mm,功率 1715kW,最高运行速度可达 100km/h,将用于南非矿石运输,有效降低矿石出口的周转时间。

中车永济电机在南非成立了本地化公司,负责本地化执行策划和合资伙伴调研等工作。为推进非洲市场开发,中车永济电机以永济南非公司为桥头堡,整合资源、搭建平台,业务拓展不断辐射整个非洲地区,重点包括南非市场、尼日利亚市场、埃及市场及肯尼亚市场,已向多个国家提供了包括主发电机、牵引电机、机车轮对、客车轮对、动车组电机、齿轮箱等在内的各种机车配件,并多次承揽城轨电机修理业务。

四、结语与展望

中国品牌在南非发展已有三十余年,在南非市场取得丰硕成果,品牌认知度不断提升,为南非工业化和经济社会发展贡献了积极力量。

---

① 《金砖合作机制为轨 中国机车开到南非》,新华社 2017 年 8 月 17 日,https://www.gov.cn/xinwen/
2017-08/17/content_5218167.htm#14,访问日期:2025 年 3 月 31 日。

一是促进当地经济发展。一是推进基础设施建设。中国品牌企业参与了南非电力、交通、通信等基础设施建设，为改善南非投资环境、强化产业基础、促进产业升级提供了重要支撑。二是促进产业发展。中国品牌企业在南非的投资涵盖了金融、采矿、能源、制造等多个领域，尤其是在制造业方面贡献尤为大。比如海信产业园完善了园区的产业链，提升了南非的制造业水平。三是促进绿色低碳发展。多家中资企业参与南非新能源开发项目合作，如德阿风电项目，为30万户家庭提供清洁电力，推动了南非的绿色低碳发展。

二是创造就业机会和支持人才培养。南非拥有年轻化的人口结构，国家迫切需要提高青年劳动能力，增加有效就业，将潜在的人口红利转化为切实的发展动力。中国企业在南非的投资为当地创造了大量的就业岗位。据统计，中国在南非投资累计超过250亿美元，为当地创造逾40万个就业岗位。[1] 此外，中国企业积极培养南非人才，帮助当地青年掌握职业技能，提升当地自我发展能力。如海信与南非亚特兰蒂斯中学合建海信南非技术研究与发展培训基地，教授电子技术、软件和设备控制等课程，至今已累计培训超过1400人。[2]

三是积极履行社会责任。中国企业在南非热心参与公益事业，坚持回馈当地社会，为南非社区发展、减贫事业等做出了积极贡献。例如，中国国家能源集团龙源电力南非公司在德阿风电项目中开展奖学金计划，购买专业医疗大巴车、提供免费的基本诊疗服务等。海信连续多年赞助联合国环境署绿色环保奖，为南非敬老院、儿童医院、孤儿院、残疾人组织等机构捐资捐物。针对南非电力短缺严重，普通家庭限电频繁，海信举办"希望之光"捐赠活动，为公立学校捐赠太阳能灯，让孩子们得到"希望之光"，传递中国

---

[1] 施诗：《独家专访中国驻南非大使陈晓东：中南将从四方面积极构建互利合作新格局》，《21世纪经济报道》2023年11月23日，https://www.21jingji.com/article/20231123/258f6189d8068e46292ea78fdbd0a689.html，访问日期：2025年4月17日。

[2] 《海信入选国家发改委"一带一路"公益行动案例集》，《经济观察报》2023年10月19日，https://sd.chinadaily.com.cn/a/202310/19/WS6530d360a310d5acd876ac89.html，访问日期：2025年4月17日。

品牌的温暖与信赖，得到中外各界的广泛好评。①

南非，作为非洲大陆最发达的经济体和重要的"一带一路"共建国家，正以其独特的优势和巨大的潜力吸引着来自中国的关注，将为赴当地投资营商的中国企业带来重大崭新机遇。中国品牌出海南非不仅是对于整个非洲市场具有风向标式的示范作用，也是中国品牌国际化的重要一步。展望未来，中国品牌应结合自身在南非的成功经验，进一步巩固和提升中国品牌在南非市场的影响力，为中南两国友好合作与共同发展做出更多贡献。

一是继续坚持本土化策略。中国品牌在南非发展难免面临文化差异、市场适应性等方面的挑战。因此，需要深入了解当地市场，尊重当地文化，结合当地消费者的需求和文化，提升产品的市场适应性和竞争力。同时，还需增强品牌的服务体验。通过建立完善的售后服务网络和响应迅速的客户支持系统，为消费者提供更加全面和专业的购物体验，进一步提升品牌形象和市场口碑。

二是瞄准互利共赢的合作方向。除了持续发挥中国在传统制造业上的产业集群优势，以物美价廉的高性价比产品进一步渗透南非市场外，还应发挥中国在新兴产业领域的技术优势，实现双赢。在2024年9月中非合作论坛北京峰会上，习近平主席指出，要把握好"互利共赢的合作方向，完善两国合作顶层设计，高质量共建'一带一路'，推动数字经济、人工智能、新能源等领域合作"。绿色经济和数字经济是南非政府的战略投资重点，而中国企业在这些领域具有独特的技术和成本优势。对于正在加速布局南非的中资企业，未来有望通过投资南非走出一条携手发展的共赢之路。

三是探寻双方互利合作机制。中国品牌可以与南非当地企业及政府建立合作关系，通过技术转移、共同研发、市场共享等方式，实现互利共赢。同时，可以积极参与到"一带一路"倡议中，寻找合作机会，促进产业链、供应链的互补和整合。

---

① 施诗：《独家专访中国驻南非大使陈晓东：中南将从四方面积极构建互利合作新格局》，《21世纪经济报道》2023年11月23日，https://www.21jingji.com/article/20231123/258f6189d8068e46292ea78fdbd0a689.html，访问日期：2025年4月17日。

附录

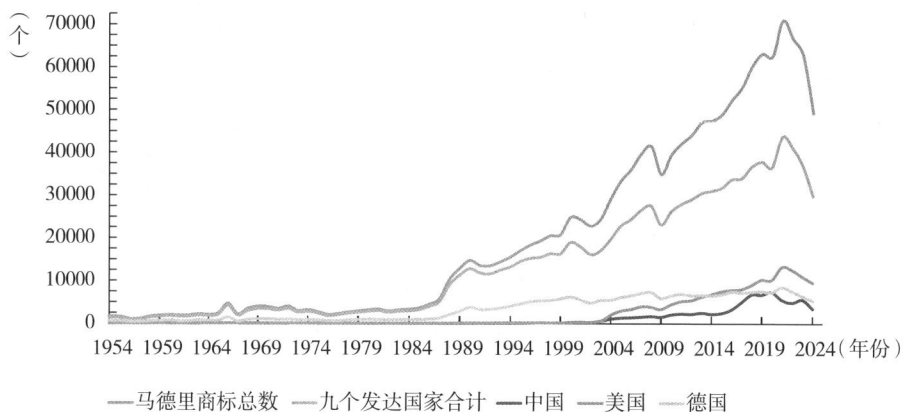

附图1　1954—2024年马德里商标新注册数

制图人：徐昂

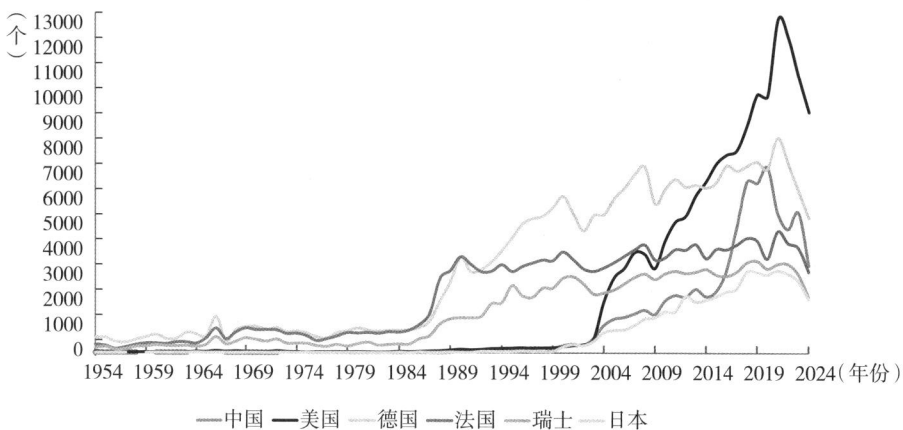

附图2　1954—2024年六国马德里国际商标新注册数

制图人：徐昂

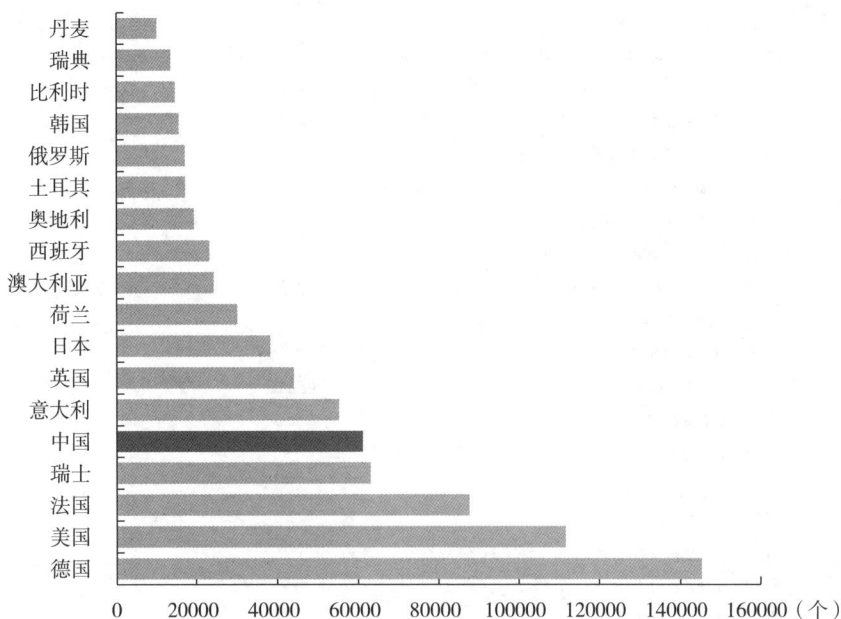

附图 3a 2024 年 7 月末各国有效商标存量（前十八名）

制图人：徐昂

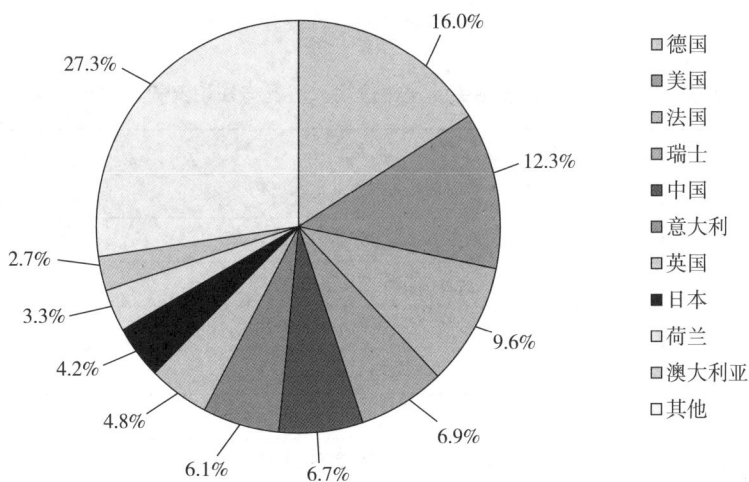

附图 3b 2024 年 7 月末各国有效商标存量占总数比（前十名）

制图人：徐昂

（个）

国家	数值
德国	666
瑞士	442
法国	422
美国	194
荷兰	187
日本	186
意大利	161
奥地利	118
丹麦	114
英国	114
比利时	109
中国	85
韩国	84
西班牙	84
俄罗斯	72
芬兰	60
瑞典	60
卢森堡	57
新加坡	50
斯洛文尼亚	46

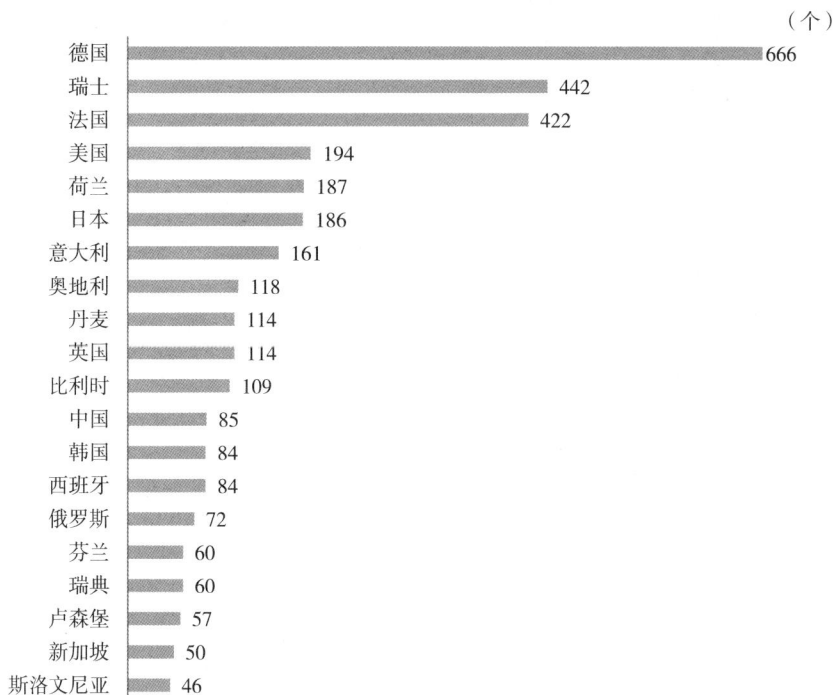

附图 4　二十国马德里商标注册数前十五名企业有效商标持有数中位数

制图人：徐昂

附表 1　全球品牌发展相关的法律法规、贸易与知识产权条约与协定

时间	名称	中国是否加入
1884 年生效	《保护工业产权巴黎公约》	是
1887 年生效	《保护文学和艺术作品伯尔尼公约》	是
1891 年签订	《商标国际注册马德里协定》	是
1928 年生效	《工业品外观设计国际注册海牙协定》	是
1957 年签订	《商标注册用商品与服务国际分类尼斯协定》	是
1958 年签订	《保护产地名称及其国际注册里斯本协定》	否
1961 年生效	《保护表演者、录音制品制作者和广播组织罗马公约》	是
1968 年签订	《建立工业品外观设计国际分类洛迦诺协定》	是
1970 年签订	《专利合作条约》	是
1971 年签订	《保护录音制品制作者禁止未经许可复制其录音制品公约》	是

续表

时间	名称	中国是否加入
1971 年签订	《国际专利分类斯特拉斯堡协定》	是
1973 年签订	《建立商标图形要素国际分类维也纳协定》	否
1977 年签订	《国际承认用于专利程序的微生物保存布达佩斯条约》	是
1979 年生效	《发送卫星传输节目信号布鲁塞尔公约》	是
1979 年签订	《保护原产地名称及其国际注册里斯本协定》	否
1981 年签订	《保护奥林匹克会徽内罗毕条约》	否
1991 年签订	《国际植物新品种保护公约》	是
1994 年生效	《商标法条约》	是
1994 年生效	《北美自由贸易协定》	否
1995 年签订	《与贸易有关的知识产权协议》	是
1995 年生效	《服务贸易总协定》	是
1996 年签订	《世界知识产权组织版权条约》	是
1996 年签订	《世界知识产权组织表演和录音制品条约》	是
2000 年签订	《专利法条约》	否
2006 年生效	《商标法新加坡条约》	是
2013 年签订	《马拉喀什条约》	是
2018 年生效	《全面与进步跨太平洋伙伴关系协定》	否
2020 年生效	《视听表演北京条约》	是
2020 年签订	《美墨加协定》	否
2020 年签订	《区域全面经济伙伴关系协定》	是

制表人：王佳

附表2　十二国马德里商标拥有数前三的企业情况

序号	国别	商标持有企业简称	马德里商标持有数	序号	国别	商标持有企业简称	马德里商标持有数
1	中国	华为 Huawei	739	19	英国	葛兰素 Glaxo	1176
2	中国	荣耀 Honor	292	20	英国	联合利华全球知识产权 Unilever Global IP	373
3	中国	小米 Xiaomi	146	21	英国	J&P 科茨 J&P Coats	158

续表

序号	国别	商标持有企业简称	马德里商标持有数	序号	国别	商标持有企业简称	马德里商标持有数
4	德国	汉高 Henkel	1436	22	日本	资生堂 Shiseido	694
5	德国	历德 Lidl	1372	23	日本	任天堂 Nintendo	445
6	德国	宝马 B.M.W.	1102	24	日本	禧玛诺 Shimano	333
7	美国	苹果 Apple	1060	25	荷兰	联合利华知识产权 Unilever IP	884
8	美国	微软 Microsoft	546	26	荷兰	皇家菲利普 Koninklijke Philips	705
9	美国	美国艺康 Ecolab USA	343	27	荷兰	阿克苏诺贝尔涂料国际 Akzo Nobel Coatings International	612
10	法国	欧莱雅 L'oréal	2886	28	奥地利	红牛 Red Bull	333
11	法国	比奥法尔马 Biofarma	977	29	奥地利	拜奥吉纳 Biogena	243
12	法国	赛诺菲 Sanofi	628	30	奥地利	Hofer	221
13	瑞士	诺华 Novartis	2045	31	韩国	三星电子 Samsung Electronics	474
14	瑞士	雀巢 Nestlé	1777	32	韩国	现代汽车 Hyundai Motor	375
15	瑞士	先正达 Syngenta	703	33	韩国	爱茉莉太平洋 Amorepacific	346
16	意大利	费列罗 Ferrero Rocher	423	34	丹麦	诺维信 Novozymes	259
17	意大利	斯特兰蒂斯欧洲 Stellantis Europe	344	35	丹麦	洛科威 Rockwool	203
18	意大利	菲迪亚制药厂 Fidia Farmaceutici	304	36	丹麦	灵北 H.Lunbeck	198

资料来源：WIPO Global Brand Database。　　　　　　　　　　　　　制表人：徐昂

附表3　各阶段中国企业马德里商标注册数前十五企业情况

历史时期	商标持有企业主营行业	当期马德里商标注册数	历史时期	商标持有企业主营行业	当期马德里商标注册数
1994—1998	烟草	10	1999—2003	信息技术设备	15
	航空	6		食品饮料	10
	家用电器	5		日用化工	8

续表

历史时期	商标持有企业主营行业	当期马德里商标注册数	历史时期	商标持有企业主营行业	当期马德里商标注册数
1994—1998	服饰鞋帽	4	1999—2003	食品饮料	4
	烟草	4		服饰鞋帽	4
	信息技术设备	3		烟草	4
	农产品加工	2		家具制造	4
	照明设备	2		商务服务	3
	家用电器	2		信息技术设备	3
	日用化工	2		批发零售	3
	设备制造	2		汽车	3
	家装材料	2		轮胎	2
	医疗器械	2		服饰鞋帽	2
	家用电器	2		批发零售	2
	日用化工	2		服饰鞋帽	2
2004—2008	金融	10	2009—2013	商务服务	144
	烟草	10		信息技术设备	27
	食品饮料	9		食品饮料	14
	汽车	9		医疗器械	14
	服饰鞋帽	8		娱乐	13
	烟草	6		汽车	12
	服饰鞋帽	6		家用电器	12
	儿童用品	6		研发	11
	烟草	6		信息技术设备	11
	金融	6		医疗技术服务	10
	化工	6		农药	9
	烟草	5		汽车	8
	汽车	5		家用电器	8
	信息技术设备	4		航空	7
	工程服务	4		体育用品	7

历史时期	商标持有企业主营行业	当期马德里商标注册数	历史时期	商标持有企业主营行业	当期马德里商标注册数
2014—2018	信息技术设备	117	2019—2023	信息技术设备	570
	信息技术设备	98		信息技术设备	166
	食品饮料	82		信息技术设备	97
	家用电器	66		信息技术设备	75
	商务服务	57		家用电器	67
	其他电子设备	51		电子商务	50
	信息技术设备	50		汽车	49
	商务服务	45		汽车	46
	烟草	36		食品饮料	37
	商务服务	35		电动自行车	32
	医疗器械	33		娱乐	26
	农药	31		白酒	20
	食品饮料	22		家用电器	19
	食品饮料	19		文具	19
	化工	18		信息技术服务	19

资料来源：WIPO Global Brand Database。 制表人：徐昂

附表4 （商标）尼斯分类（第十一版）

代码	类别概称	代码	类别概称
1	化学品	24	织物及纺织品
2	油漆、清漆、保护剂	25	服装、鞋帽
3	香料和精油	26	蕾丝、刺绣、花边
4	肥皂和洗涤剂	27	地毯、垫子、油毡
5	医药、兽药、农药	28	玩具、体育用品、圣诞装饰品
6	普通金属	29	肉、鱼、家禽及野味
7	机械设备	30	咖啡、茶、可可、糖
8	手工具和器具	31	谷物、面包、糕点、糖果
9	科学仪器	32	啤酒、矿泉水、软饮料

代码	类别概称	代码	类别概称
10	医疗器械	33	酒类
11	照明、供暖、制冷、通风装置	34	烟草
12	运输工具	35	广告、商业
13	武器、弹药、爆炸物	36	保险、金融
14	贵金属及其合金	37	建筑、修理
15	乐器	38	通信
16	纸张、纸板及纸制品的印刷品	39	运输、仓储
17	橡胶、橡胶制品	40	材料处理
18	皮革、人造革及其制品	41	教育、培训、娱乐
19	非金属建筑材料	42	科学、技术服务
20	家具、镜子、相框	43	餐饮住宿
21	家用器皿、炊具	44	医疗美容
22	绳索、篷布、袋子	45	法律服务、安全和社会服务
23	纱线、线		

资料来源：国际知识产权组织官网。 制表人：郭王玥蕊

后 记

　　2024 年是习近平总书记指示"推动中国制造向中国创造转变、中国速度向中国质量转变、中国产品向中国品牌转变"的第十年。在过去的十年间，中国的改革开放和社会主义现代化建设取得巨大成就，经济转型升级效果显著，高质量发展成为全面建设社会主义现代化国家的首要任务。

　　品牌是高质量发展的重要象征，加强品牌建设是满足人民美好生活需要的重要途径。近年来，我国品牌建设取得积极进展，品牌影响力稳步提升，对供需结构升级的推动和引领作用显著增强。同时，随着新一轮科技革命和产业变革深入发展，品牌发展理念和实践深刻变革，中国品牌的发展水平与全面建设现代化国家的要求相比仍有差距。

　　2016 年 6 月，国务院办公厅印发了《关于发挥品牌引领作用推动供需结构升级的意见》，提出设立"中国品牌日"。2022 年 7 月，国家发展改革委等部门联合印发《关于新时代推进品牌建设的指导意见》（以下简称《指导意见》）。《指导意见》将一般产品与企业的品牌建设，提升到"培育产业和区域品牌"的高度，指明"传递中国品牌理念，不断增强全球消费者对中国制造、中国建造、中国服务的品牌认同"的发展方向。

　　为适应新时代新要求，高质量推进品牌建设，上海社会科学院经济研究所与中国传媒大学擘雅品牌研究院合作，成立品牌研究课题组，创立"品牌蓝皮书"系列，并完成《中国品牌发展报告（2025）》。这是聚焦新时代高质量发展的要求、开展理论创新研究的全新尝试。近年来，上海社会科学院经济研究所顺应国家高端智库建设要求，依托学科优势，开展学科发展与智库建设双轮驱动，服务各级政府和企业，在宏观经济形势分析、区域经济发展、金融与资本市场、贸易中心和自贸区建设、能源交通和低碳经济、社会和人口、创新经济和创新产业等领域有大量研究成果积淀，并长年向社会定期发布《上海经济发展报告》《上海浦东经济发展报告》等科研成果。

根据《指导意见》，到2035年，中国品牌建设将实现显著成效，布局合理、竞争力强、充满活力的品牌体系，中国品牌综合实力将进入品牌强国前列。毫无疑问，品牌在推动高质量发展、贯彻新发展理念、构建新发展格局等方面的具体作用，将成为未来深入研究的重要议题。在加快中国品牌建设的过程中，最重要的市场主体是企业；同样也亟待社会各界深入认识品牌巨大的社会溢出和对全球财富的转移能力，一起关注、支持中国品牌建设，营造良好的品牌环境，并加入到对品牌问题的探讨中来。

在《中国品牌发展报告（2025）》付梓之际，课题组真诚地感谢擘雅集团、传媒大学教育基金会、中国大百科全书出版社及上海社会科学院相关部门的支持，感谢为本书的写作和出版付出辛勤努力的所有研究和工作人员。擘雅品牌研究院名誉院长、擘雅集团董事长、恒源祥集团创始人刘瑞旗先生对本课题给予了全力支持，多次参加工作会议，并提出深刻见解。两位副主编徐昂、李政阳也在京、沪两地间的项目筹备、沟通与落实过程中，付出了大量的时间与精力。

沈开艳

2024年12月